〈21世紀版〉身体批評大全

巽孝之＋宇沢美子編

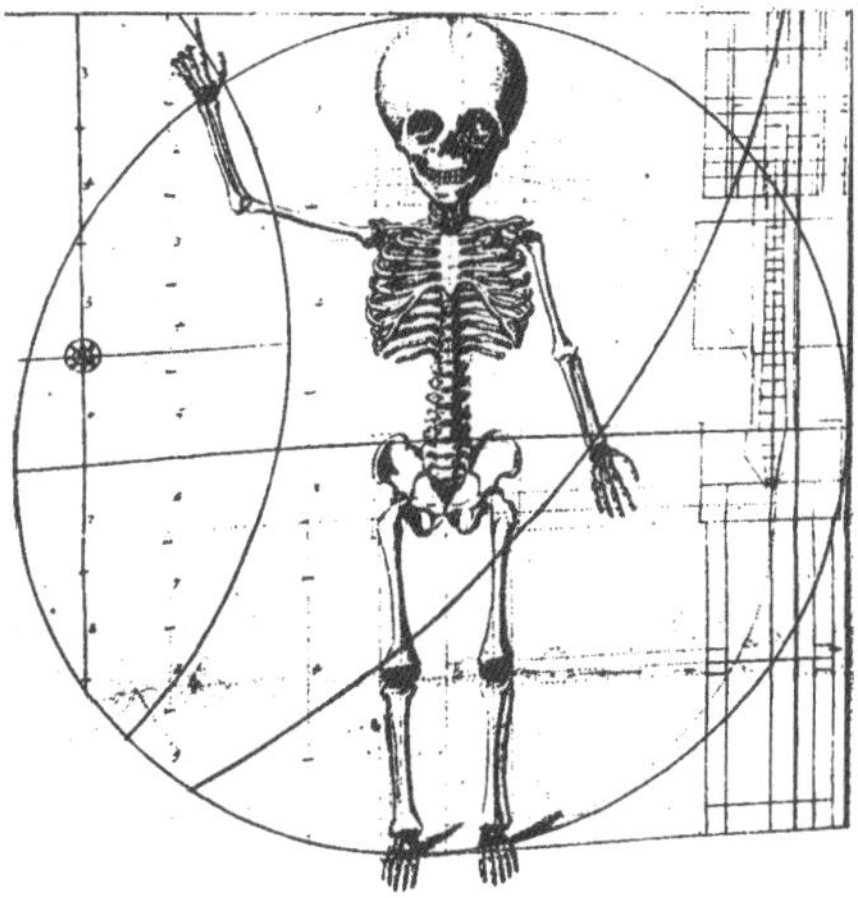

新曜社

はじめに

『〈二一世紀版〉身体批評大全』への招待

巽孝之＋宇沢美子

人は各々の身体（イメージ）を基として、世界を測り、計り、図るものである。生まれながらにして、五感の他「数覚」を持つ人類は、自己を成立させるためにも、世界を認知、構築する上でも、身体（像）を基本としてきた。が、はたして人はどれだけ身体（像）の多様なありようを理解しているのだろう？　近くて遠い、よく知悉しているようでいて、未知なる存在であり続ける身体……このような、形而下から形而上までをつなぎ、様々な矛盾を孕む身体（像）をとりあげ、実体としての・概念としての・言語としての・表現媒体としての「身体」の意味を掘り下げること。

本書は二〇一七年度から一八年度にかけて、慶應義塾大学三田キャンパスで行った文学部総合講座「メディアとしての身体」の全容であり、冒頭の一文は、このテーマで始めるさいに、講座運営スタッフが掲げた趣意書である。芸術、運動、パフォーマンスの他、文学系、社会科学、自然科学や科学技術系などの、多彩な学知における身体を鍵として、個のセクシュアリティから、国家、戦争に至るまで、日常から非日常的想像力世界まで、と話題を限りなく広げていくことを目論んだ。春・秋学期ともに学内外の講師によって、通常の文学部の講義の範疇を超えて、学際的かつ間領域的な講座を学生に提示する。

結果、講師陣は、めくるめくほど多彩な講義を展開した。表面上同じカテゴリーに属するように見える講義群も、少し角度を変えれば、別のカテゴリーを抱えていることが浮かび上がってくる。そのため本書にまとめるにあたり、編集部一同、これをいかにまとめるべきか、頭を抱えたものだ。書籍の性格上、図版とテクストのコンビネーションも考えなければ一向に進まない。二転三転ののち、かくしてわれわれは、思い切ってオーソドックスな発想へと回帰し、本書を左の七つのセクションに分けた。

国家
セクシャリティ
演劇
場所

人間科学
祝祭
エスニシティ
人文学

二〇世紀には人文学が衰え人間科学が発展したという単純素朴な図式はおなじみだが、慶應義塾大学文学部ではその双方が併存し、いまなお切磋琢磨している。とりわけ文学部文学専攻においては、基本的にタテ割りの人文学伝統が強いため、一世紀近く以前からの古代中世文学の研究が死守されており、英米文学専攻に至っては、シェイクスピアすら比較的最近の劇作家とみなされていた。しかし一方では、社会学専攻や人間科学専攻のように、前衛芸術的実験の精神を大胆に取り入れ、タテ割の伝統にヨコ槍を突き刺す試みも少なくない。その結果、アメリカ文学専攻においても民俗学考古学専攻においてもヒップホップを研究対象とする学生は珍しくなくなっている。実に興味深い現象と言うほかない。

こうしたタテ割とヨコ槍が交錯する地点こそ、本書が狙う身体批評の最前線である。したがって、このように人文学と人間科学、文学と文化、伝統と前衛が絶え間なく循環するダイナミックな知的風景を最も効果的に演出するために、編者たちは頭をひねり、前述のセクション分けにさまざまな思いを込めた。

もちろん、人文学の伝統は演劇と国家をめぐる想像力が不可欠であり、人間科学の範囲はエスニシティや祝祭、そしてセクシァリティも包括するだろう。また、劇作家を多く含めた演劇のセクションから読み進め、コスプレイヤーをも含むセクシュアリティのセクションへ立ち至ると、読者は演劇的想像力が深まり、改めて前者を読み直したくなってくるはずだ。同じことは他のセクションにも当てはまる。国家をめぐる思索はエスニシティや祝祭をめぐる考察と切っても切れない。人文学研究の先端と人間科学研究の先端も熟読するうちにどこか袖触れ合うことが判明するはずだ。そして、結果的にありとあらゆるカテゴリーを網羅することになった本書は、身体批評のフロンティアを十全にご披露できるはずである。

もくじから順に読み進む必要は全くない。お好みのセクションからページを開き、一服したければ一味異なる体裁のコラムやエッセイを、あるいは第一線のクリエイターによる活気あふれる対談を堪能していただければ、編者一同、これに優る幸せはない。

もくじ

〈21世紀版〉身体批評大全

序・二一世紀身体批評事始

巽 孝之

1 身体・肉体・主体

世に身体はあふれている。

コロナ禍の緊急事態宣言下ですら、とりわけ二〇二〇年から二一年にかけてのわが国では五六年ぶりに開かれる東京オリンピックへの期待も手伝い、否応なしに身体像が氾濫し、新聞雑誌はもとよりテレビからインターネットに及ぶディスプレイにおいても大都市の随所に聳える巨大ヴィジョンにおいても、メディアヒーローたちの華麗な姿がひっきりなしに躍り続けたものだ。そんなある日、ほぼ一年ぶりにリモート環境を離脱し、都心のスクランブル交差点にさしかかった瞬間、私は一つの幻視を経験した。

たしかに、コロナ禍以前の都内に比べて通行人は少ない。しかし、ここで奇妙に映ったのは、コロナ禍以前より進行していた渋谷駅周辺の高層ビル改築および新築が、未曾有の世界的大災厄にもかかわらず、いささかの休みもなく進行してきたように思われたことだ。それは、もし都市を行き交う人々がゼロになっても進行するのではないか。仮に半世紀前の小松左京のパニック小説『復活の日』（一九六四年）のように疫病の果てに全面核戦争が起こり中性子爆弾が投下され、市民すべてが息絶えたとしても、そんなことにはおかまいなしに都市文明のプログラムは稼働し続け、人類の肉体を模造し理想的な身体としてマルチメディアに流通させ続けるのではないか。その時、そもそも人類が身体を元手に競争や戦争に明け暮れていた歴史は神話となり、都市文明を制御するＡＩはあたかもスタニスワフ・レムの『インヴィンシブル』（旧邦題『砂漠の惑星』、一九六四年）のように生命なき進化を継続し、果てはラナ・ウォシャウスキー監督の『マトリックス・レザレクションズ』（二〇二一年）の大団円で描かれたように、そうした人類史上の神話すら自分自身のサバイバルのためにまんまと再利用していくのではないか。

荒唐無稽な妄想かもしれない。

しかし、二〇世紀末における後期資本主義の暴走が、マルチメディア消費社会の欲望に応じて理想的身体を追い求め、それが編み出した基準に応じて人類の現実的肉体との間に齟齬が生じ、実存的主体を疎外してきたのは否めない。若年層における薬物依存や摂食障害、社会的引きこもりの増大がその一局面であることを疑う者は、目下少ないだろう。そして現代を支配する生物学的精神医学は、こうした精神疾患を全て脳の器質的異常に還元しようと試み、薬物療法ばかりをますますエスカレートさせる。理想的身体を持続可能にするのも薬物、それによって罹患する精神疾患を治療するのも薬物だとしたら、どちらの道を選んでも出口なし。残るのは、資本主義的搾取機構のメカニズムと理想的身体による現実的肉体の弾圧および実存的主体の空洞化のみ。

2 とうに身体の未来を過ぎて——ジャコまたはレディー・ガガ

こんなふうに考えるのも、私は本書に四半世紀ほど先立って身体論アンソロジー『身体の未来』(トレヴィル、一九九八年)を編むさいに、その序文をポップの帝王マイケル・ジャクソンの整形疑惑から切り出したからだ。すでに一九九三年二月に「皮膚が白くなる病気」にかかっていることを宣言した彼は、それこそ『スリラー』(一九八二年)のゾンビならぬ一種のフリークスとして見られるようになり、一挙手一投足がスキャンダルの対象と化していた。しかし、整形については、それまで七回にもおよぶ施術の結果、美しく尖鋭なる鼻梁が形成されたのはよかったものの、そのあげくとうとう鼻の組織が死に絶え変色をきたし、このうえさらに整形するなら鼻そのものを切除するしかないところまで来てしまったというのである。タブロイド版芸能情報誌『スター』一九九七年一二月三〇日付のオリヴィア・アレグザンダー執筆による特ダネ記事「ジャコの整形悪夢」によれば、彼は担当医に向かって「どうか鼻を救って！」と懇願したという。

たかだかゴシップ好き芸能週刊誌の真偽不明な煽り記事として、それこそイエロー・ジャーナリズムの典型として読み捨てることも可能かもしれないが、この序文で私は渦中のマイケルの中に、ダナ・ハラウェイいわくのレーガン政権以降におけるサイボーグ・ポリティクスとそれを支える多民族的混成主体の可能性が芽生えているのを指摘した。当時の基本的な構えは、いまに至るもゆらいでいない。とりわけ、のちの二〇〇四年にはマイケルの幼児性愛／幼児虐待疑惑が露呈し、そして二〇〇九年の急死の時には薬物が決定的役割を果たしたとなれば、鼻をめぐるスキャンダル以降の展開は、稀代のポップスターの歩みそのものが本質主義との闘争と共に高度資本主義的搾取の犠牲の例証だったことが判明しよう。彼は長く西欧白人家父長的凝視によって形成されてきた自らの黒人的肉体から個人的に民族離脱すべく自己の身体を徹底的に切り刻み、黒人でもなければ白人でもない、真の意味でポスト・コロニアルな人工的混成主体として再発明しようとした、最も実践的な構築主義者ではなかったか。実際彼のポップは、黒人音楽の類型だったソウルというより、むしろ黒人音楽を摂取した白人音楽の帰結を再回収したロックそのものを指向するところから成立していた。

二一世紀も最初の四分の一を早くも通過しようとしている現在、マイケル・ジャクソンの水準を超えようとするのは、レディー・ガガぐらいであろう。彼女は自分自身が鼻の造型にコンプレックスを持ちながらもそれをバネにして変幻自在な身体演出を試みた。もともと性的少数派を代表するLGBTQ（レズビアン、ゲイ、バイセクシュアル、トランスセクシュアル、クエスチョニング）運動を強力に支持してきた彼女は、二〇一一年には自らリーゼント頭でタバコをふかす不良ロックンローラー風の「ジョー・カルデローネ」として男装し、それを同年のシングル『You and I』のジャケット写真に使用して、メディアを驚かせた。ジョーになりきった彼女によると、レディー・ガガはこう語ったという。

「ジョー、あたしは実在してないの、虚像なのよ。あんたとあたしは……そうね、リハーサルみたいなもんかしら」。

かと思えば、彼女は純真な歌手志望の少女がロックスターとの恋愛を経て自らポップスターへ成長していく『アリー／スター誕生』（二〇一八年）から上昇志向で華麗なる財閥一族に輿入れし殺人にまで手を染める『ハウス・オブ・グッチ』（二〇二一年）まで、映画においても圧倒的な演技力を発揮してきた。特に後者では、天真爛漫な娘が残虐非道な悪女に転じるプロセスを、スレンダーな身体から小太りの身体へと巧みなメーキャップで変容させて表現したところは、見事というほかない。身体と主体との間に本質的類縁関係を前提とせず徹底的に撹乱していくその積極的パフォーマンスは、ほとんど構築主義の上限を超えている。かつてバーバラ・スタフォードは『ボディ・クリティシズム』（一九九一年）において、一八世紀以降の光学的テクノロジーの発展により、それまで人間の視覚では見えなかった身体内部が可視化されていった過程と、とりわけ顕微鏡によって身体の裏返しが可能になった視覚革命を前提に霊魂の唯物論的可能性すら考察し、エズラ・パウンド的モダニズムを刷新した新たな人文学的展望ニュー・イマジズム（プラグマジズム）を示したが、二一世紀を代表するショウビジネスは、視覚が消費する身体像がいかに主体の本質論を切り刻み換骨奪胎し化学的再結合を図るかを探る超構築主義、いわばハイパー・コンストラクティヴィズムの地平を拓く。

3 アバターという義体――メタヴァース到来

そんなレディー・ガガの目眩く『ハウス・オブ・グッチ』が公開された二〇二一年は、まさにフェイスブック社改めメタ社の仕掛けるメタヴァース元年に当たる。この概念「メタヴァース」は三〇余年前にポスト・サイバーパンク作家ニール・スティーヴンスンの発表した長編小説『スノウ・クラッシュ』（一九九二年）に準拠する。同作品において、ゴーグルに描かれた画像とイヤホンに送り込まれた音声によって出現する仮想空間、通称メタヴァースは世界中に広がる光ファイバー・ネットを通じて一般人がアクセス可能なソフトウェアの集合体である。内部の〈ストリート〉全体は、半径一万キロ余りの黒い球体の赤道部分をめぐる巨大な遊歩道の体裁を採っており、全長六万五千五百三十六キロに及ぶため、地球の円周より遥かに大きい。アルゼンチン作家ホルヘ・ルイス・ボルヘスの作品に倣えば、極大宇宙すら孕んでしまう極小地点アレフのごとき逆説的な世界が、仮想現実だからこそ成立しており、その内部の開発は、三次元空間の物理法則の及ばない特殊空間も含めて、今現在も続行中だ。現実世界で六〇億から一〇〇億の人間が暮らしているとしたら、そのうちコンピュータを自分自身で所有し使用できる境遇にあるのが六千万、所有していなくても何らかの制度の恩恵により使用可能な人数が六千万、しめて一億二千万人が常時、このメタヴァースにたむろしている計算なのである。

もっとも、これは一九九〇年代初頭の本書執筆時におけるデータであり、当時はスマートフォンもなくコロナ禍でリモート勤務・リモート学習を迫られる時代も予測できていないから、二一世紀の現時点でメタヴァースを再構築するとなれば、その住人は少なく見積もってもSNS使用率トップのフェイスブックが記録する二八・五三億人以上、すなわち全地球人約八〇億の三分の一以上になるだろう。

ここで肝心なのが、メタヴァースの住民が生身の現実的肉体とは異なる仮想上の身体、すなわちそれぞれのアバターを用いて仮想空間生活を楽しんでいることである。今日、アバターと聞けば真っ先に、ジェイムズ・キャメロン監督のアカデミー賞受賞映画連作『アバター』（二〇〇九年）と『アバター：ウェイ・オブ・ウォーター』（二〇二二年）を思い起こすだろう。外宇宙探索のために人造生命体を作り地球人の意識と結合するというアイデアそのものは、半世紀以上も前に米国作家ポール・アンダースンが木星を舞台に据えた「わが名はジョー」（一九五七年）で展開した。さらに六〇年代以後にいわゆるメディア社会が成立した後には、ジェイムズ・ティプトリー・ジュニアによるサイバーパンクの原型とも言われる元祖ヴァーチャル・アイドル小説「接続された女」（一九七三年）が特異点を成し、それをパラダイムとして八〇年代から九〇年代にかけてはジョン・ヴァーリイの「ブルー・シャンペン」（一九八一年）やウィリアム・ギブスンの「冬のマーケット」（一九八六年）、『あいどる』（一九九六年）、飛浩隆の『ラギッド・ガール』（二〇〇六年）、アーネスト・クラインの『ゲームウォーズ』（二〇一一年、のちスティーヴン・スピルバーグが小説原題通りの『レディ・プレイヤー1』として映画化［二〇一八年］）などの作品群が書き継がれていく。

スティーヴンスンの『スノウ・クラッシュ』におけるメタヴァースのアバター自体は、現実世界とあまり変化がない姿をすることが多いが、以後のアバター群は仮想現実ならではの理想的身体をまとうケースが多い。ただし、ギブスンに関する限り、『ニューロマンサー』（一九八四年）で電脳空間を経由した主人公ケイスが女性主人公モリイの肉体的生理を我がもののように擬験《シムスティム》する性倒錯や、『あいどる』が描く電脳空間で最も生き生きと活躍するヒロインのひとりが、実はメキシコの環境汚染で身体障害を負った寝たきり女性のアバターであるという生態学的悲劇をも、忘れるわけにはいかない。

4　脳髄帝国主義批判——夢野・ホブスン・イーガン

他愛もないポップカルチャーにおける単なる流行のように見えるだろうか。

しかし、後期資本主義のハイパーメディア産業が再創造する理念としての身体が、伝統的に脳髄に宿ると信じられた実存的な主体とそれがまとう生理的な肉体との関係性を問い直すばかりか両者の関係性が必ずしも必然的ではないこと、それればかりか主体と肉体との関係はいくらでも切断し、多くの可能性に照らしていくらでも化学的に再結合しうることを普遍化するとしたら、それはデカルト以来の家父長的西欧形而上学を根本から切り崩すだろう。アバターという義体の蔓延は、生まれ持った性別どころか人種すらも、自身の主体的選択により、あるいはメディア・テクノロジーの自走により、ランダムに再結合＝再組織化可能な時代の到来を意味する。かつて西欧形而上学は、ロゴス中心主義のもと家父長的主体こそ脱肉体的魂であって、一方、女性的肉体を物質性と連動するものと見る視点を助長してきたけれども、そうした前提を批判するジュディス・バトラーが『問題《マ》＝物質《ター》となる身体』（一九九三年）において、フロイト＝ラカン批判の果てに「レズビアン・ファルス」という実験的概念を提起したのも、まさに魂と肉体、主体と身体の二項対立を根本から脱構築する試みだった。

かつて私は二〇世紀末、戦後の日本人が伝統的天皇制と西欧的民主主義がハイブリッドしたサイボーグ的主体、いわば擬似日本人とも呼べる混成主体になっている事態を「ジャパノイド」と形容したが（『ジャパノイド宣言』一九九三年、*Full Metal Apache*［2006］で再理論化）、クール・ジャパン以後の二一世紀にはこの名称はむしろ、日本人以上に日本文化に造詣が深く日本精神の継承者としか思われぬ欧米人たちに捧げ直すべきかもしれない。ヒップホップ以後の現在では、黒人音楽を摂取した白人音楽をさらに国籍を問わず再摂取するグローバルな主体が、人種を問わず「アフリカノイド」と呼ばれることとも、これは無縁ではない。この現象は、もともと主体と身体の本質的同一性そのものが神話であり、両者がたえまなく乖離と再統合を繰り返す人工的構築性の方が自然だったかもしれない可能性を浮かび上がらせる。

こうした発想の先人としては、我が国を代表する幻想作家・夢野久作が伝統的精神医学へ挑戦した一九三五年の一大奇書『ドグラ・マグラ』において、脳髄帝国主義への徹底した批判を試み、最終的には「西欧的学術」に「日本民族の血」を対置させる物語を紡ぎ出したことが想起されよう。同書で描かれる九州帝国大学精神科学教授・正木敬之博士が提唱したのは、狂人が精神病院に入るというよりは、だいたい地球全体で狂人でない者などいないとする「狂人の解放治療」理論であり、「脳髄は物を考える処に非ず」というテーゼを証明する「脳髄論」であり、そして人間の胎児というのは生まれ出るまでの間に古代から未来までの人類史をひととおり経験してしまうという、「心理遺伝」にもとづく「胎児の夢」理論である。彼は夢と主体を無縁のものとして、生物学的再解釈を加えている。「夢というものは、その夢の主人公になっている細胞自身にだけわかる気分や感じを象徴する形象、物体の記憶、幻覚、連想の群れを、理屈も筋もなしに組み合わせて、そうした気分の移り変わりを極度にハッキリと描きあらわすところの、細胞独特の芸術という事が出来るであろう」（三一書房版夢野久作全集第四巻『ドグラ・マグラ』一四〇頁）。

それから半世紀以上を経た二〇世紀末、あたかも夢野の脳髄論を実証するかのように、アメリカ人精神分析医・神経科学者のアラン・ホブスンは、反フロイトの旗の下に、夢というのが決して主体の無意識下に抑圧された記憶の変貌した結果ではないこと、夢というのは睡眠時の脳が内部発生した信号を組み合わせて何とか辻褄のあった物語を創作しようとしているにすぎないことを指摘し、REM睡眠を開始／終了させる細胞群をも発見している。いいかえれば「夢を見るのは人間ではない、夢を見るのは脳の勝手」というわけだ。脳は人間内部に住まって共生中の人間ならざる芸術家、人間ならざる幻燈術の使い手であり、それ自体が人間から独立した生物なのかもしれない。これまで精神的超越性を担保してきた脳髄そのものがいつもすでに一個の独立した身体であったのかもしれない。

一九九〇年代より頭角を現したオーストラリア作家グレッグ・イーガンの傑作短編「適切な愛」（一九九一年）においては、列車事故で再起不能の重傷を負った夫のクローンが成長するまでの二年間、保険会社の提案により、彼の脳髄を自らの子宮の中に収納し生物学的生命維持を行う妻の姿が描かれるが、そこでは脳髄と身体の分離再結合可能性がより徹底的に模索されている。本作品の狙いは夫婦愛や母性愛の本質を問い直す点にあるが、その境地をさらに発展させれば、生まれ持った生物学的肉体と性的主体との間に矛盾を感じる同一性障害問題のみならず人種的少数派の諸問題をも解決しうる新たな物語が幻視されるだろう。

5　裏返された岬、地球という身体

脳髄と身体の間の必然性が問われ、脳髄や魂の唯物論が以前以上に現実的説得力を持つのはなぜだろうか。

ここで、かつて一九九一年、ベルリンの壁が崩壊し米ソ冷戦が解消寸前だった時期に、フランスを代表するポスト構造主義哲学者ジャック・デリダが、長く文明の先導を担ったヨーロッパという岬《キャップ》＝先端＝頭（cap）が根本から変革を迫られており、他の岬と共に岬の他者を模索する必要を説いたことを思い出そう。デリダはフランス第三共和政を代表する詩人兼批評家ポール・ヴァレリーの『ヨーロッパの偉大と衰退についてのノート』（一九三一年）からヒントを得て、ヨーロッパが「地理上の先端＝岬《キャップ》」であるばかりでなく、今日普遍化した文明の理念を表象する精神的キャップ（先端＝指導者）、かつ人類＝人間性の普遍的本質にとってのキャップ（先端＝頭＝資本）として前進する＝突き出ていくとともに、最先端のみならず究極目的をも表象してきた歴史を要約する。そして同時に、二〇世紀末を迎え「老いたるヨーロッパ」が自分自身の同一化に関する言説及び対抗言説の可能性を「すべて汲み尽くしてしまったように見える」とも付言する。

つまり、九一年当時において中央ヨーロッパと東ヨーロッパを襲った激震——すなわちソ連のペレストロイカに加え、民主化や再統一、市場経済への参入、政治的・経済的自由主義への接近——を踏まえ、ベルリンの壁崩壊後、ソ連消滅前夜の脈絡を目撃したデリダは、ヨーロッパこそが最先端にして究極目的であるという、長く疑われることのなかった前提が危機に瀕していることを痛感したがために、ヨーロッパ以外の岬とともに、そもそも岬という概念そのものの他者を深く思弁したのである。先端に突き出した突出部としてのヨーロッパは他者に対して「突出する＝言い寄る＝先行投資する［faire des avances］」のを止めることはない。そう、他者を「引き入れ、誘惑し、産出し、おのれを増殖させ、養い＝耕し、愛したり犯したりし、犯すことを愛し、植民地化し、おのれ自身を植民地化するために」（『他の岬』高橋哲哉・鵜飼哲訳、みすず書房、二〇一六年、三九頁）。

ふりかえってみれば、二〇世紀前半にヴァレリーも指摘したように、ヨーロッパという岬＝先導者が存在したからこそ、それを模倣したアメリカ合衆国は米西戦争に勝利し、大日本帝国は日清戦争に勝利するに至った。だが、二〇世紀後半、それも米ソ冷戦解消前夜のデリダは、すでにこのようにヨーロッパが文明世界全体の先端的な脳髄であり、それに続くアジア大陸をはじめとする世界全体がその身体だという構図そのものが、賞味期限を迎えていることを感知したのではなかったか。

そして冷戦解消後一〇年ほどの間は、アメリカニズムがグローバリズムの別名たりうる時代、すなわちアメリカ合衆国が新たな岬となり世界各国にアメリカ流民主主義と自由主義を流通させ浸透させる時代が続いたものの、二一世紀に入るやいなや、二〇〇一年九月一一日にサウジアラビア出身の過激派テロリストのウサーマ・ビン・ラーディン率いるアルカイダが仕掛けた同時多発テロによって、ニューヨークの世界貿易センターやワシントンDCの国防省という、まさに国家的脳髄の数々が壊滅的な打撃を被る。それは、米ソという巨大な二項対立によって封圧されてきた多様な差異が、ヨーロッパからアメリカへと継承されたキリスト教系脳髄帝国主義、デリダいわくのロゴス中心主義を根本から転覆させた瞬間だった。

それから二〇年余を経て、我が国を代表する手練の物語作家・篠田節子は二〇二一年に発表した長編小説『失われた岬』(角川書店)において、模範的な主婦から元青年実業家、そしてノーベル文学賞作家までが次々と謎の失踪を遂げ北海道は旭川に近いカムイヌフ岬へ消えていくというミステリーから語り始め、はて原因は新興宗教か麻薬組織か生物兵器研究かとさまざまな噂を散布しながら、高度成長と最終解脱の両極から成るシステム自体を粉砕しかねない驚天動地の物語を紡ぎ出す。一九九一年、米ソ冷戦解消前夜を捉えたデリダがヨーロッパという岬そのものの危機を実感した一方、その二〇年後の二〇二一年、米中関係がますます緊張を増す時代を見据えた篠田が極東という岬自体の危機を幻視したのは必然と言うほかない。

かつて日本SFの巨星・小松左京は高度な哲学的思弁に満ちた短篇「岬にて」(一九七五年)において、架空のシャドウ群島はコープス島のスカル岬に集う神父や僧侶や芸術家など隠遁者たちが麻薬を嗜みつつ、そこを「地球から宇宙へ突き出した岬」すなわち「地球という船の舳」と再定義し深い思弁をめぐらすさまを描き出した。一九六〇年代、生態学的建築家リチャード・バックミンスター・フラーは地球自体を有限な資源を搭載した宇宙船とみなしたから、おそらくは小松もその影響を受けていたはずだが、彼は舞台であるコープス島に死骸（corpse）のイメージを、スカル岬には髑髏（skull）のイメージを被せており、岬が脳髄でそれを先頭とする島が身体として類推されている点では、デリダに一五年ほど先駆けているだろう。

しかし現在、そのように幻視されてきた地球という身体自体が、さまよえる脳髄部分を次々に粉砕され、致命傷を負っている。デリダが岬《キャップ》（cap）の概念の中に先端や頭ばかりでなく資本《キャピタル》（capital）をも思い込めたのは、資本主義の袋小路の打開策をも、「他の岬」の中に期待したからではあるまいか。じっさい、それから三〇年を経た現在、資本主義経済を優先させたあげくの環境破壊によって、地球温暖化や三・一一東日本大震災をはじめとする多様な災厄が降りかかり、コロナ禍をもまたその副産物のひとつに数え上げる向きは決して少なくあるまい。

だが、スロヴェニア出身で現代を代表する思想家スラヴォイ・ジジェクは、マイク・デイヴィスを参照しつつ、戦後のベルリンにおける植物遷移を見ると新たに優占種として繁茂したのは外来のドイツとは無縁な植物だったという事実や、アメリカ西海岸を襲った森林火災の破壊力が水素爆弾数百発のメガトン数に匹敵する事実に着目し、人類はたんに自然を破壊しているのみならず、人類の存在する余地のない「新しい自然」を「共同で創造している」のだと断言する（『パンデミック 2――COVID-19と失われた時』原著二〇二〇年、Pヴァイン、二〇二一年）。それは「新しいひどく邪悪な自然」かもしれないけれども、それは人類以上に自然という身体そのもの、そしておそらく地球という身体そのものが、人類の通俗的倫理観の水準を超えた叡智によってサバイバルしようと企んでいる証左であろう。

参考文献

グレッグ・イーガン「適切な愛」（一九九一年）、山岸真編・訳『しあわせの理由』（早川文庫、二〇〇三年）所収。

小松左京「岬にて」（一九七五年）、『ゴルディアスの結び目』所収（徳間文庫、一九九〇年）。

篠田節子『失われた岬』（角川書店、二〇二一年）。

巽孝之『ジャパノイド宣言——現代日本ＳＦを読むために』（早川書房、一九九三年）。

巽孝之監修『身体の未来』（トレヴィル、一九九八年）。

ジャック・デリダ『他の岬——ヨーロッパと民主主義』高橋哲哉・鵜飼哲訳、國分功一郎解説（原著一九九一年、みすず書房、二〇一六年）。

夢野久作『ドグラ・マグラ』（原著一九三五年、夢野久作全集第四巻、三一書房、一九九八年）。

Butler, Judith. *Bodies That Matter: On the Discursive Limits of "Sex."* Routledge, 1993. 佐藤嘉幸監訳、竹村和子・越智博美ほか訳『問題《マター》＝物質となる身体——「セックス」の言説的境界について』（以文社、二〇二一年）。

Stafford, Barbara Maria. *Body Criticism: Imaging the Unseen in Enlightenment Art and Medicine.* The MIT Press, 1991. 高山宏訳『ボディ・クリティシズム——啓蒙時代のアートと医学における見えざるもののイメージ化』（国書刊行会、二〇〇六年）。

Stephenson, Neal. *Snow Crash: A Novel.* 1992. Bantam Doubleday Dell, 2000. 日暮雅通訳『スノウ・クラッシュ』（アスキー、一九九八年）。

Tatsumi, Takayuki. *Full Metal Apache: Transactions between cyberpunk Japan and avant-pop America.* Duke UP, 2006.

Žižek, Slavoj. *Pandemic! 2: Chronicles of a Time Lost.* Polity, 2021. 中林敦子訳、岡崎龍監修・解説『パンデミック２——COVID-19と失われた時』（Ｐヴァイン、二〇二一年）。

I 国家

法における身体

身体は何を媒介するのか？

大村敦志

はじめに――法における身体[1]

法において身体はどのように扱われているか？　この問いに答えるのは、ある意味では簡単であり、ある意味では難しい。

法律家（弁護士や裁判官・検察官）やその予備軍である法科大学院の学生たちの多くは、たとえば、次のように答えるだろう。憲法では、人身の自由は人権として保護されている（憲法一八条）。民法では、人身損害に対しては損害賠償請求権が認められる（民法七〇九条・七一〇条）。刑法では、人を傷つけた者は傷害罪で処罰される（刑法二〇四条）……。「身体」に対して法的保護を与える主な法律を列挙することは、それほど難しいことではない。では、なぜ身体は法的に保護されるのか。そう問われれば、身体は人（個人・人間）にとって重要だから、という答えが返ってくるだろうが、さらに、なぜ重要なのかと問われると、答えに窮する人も出てくる。多くの教科書にはそんなことは書いていないからだ。[2] 少し考えて、「優秀」な法律家や学生たちは、それは人々（社会・国民）が身体は重要だと考えているから、と答えるだろう。なぜ人々がそう考えるかについては哲学者にでも聞いてください、と付け加えるかもしれない。[3] 法は社会的な価値を実現しているに過ぎないというわけである。な～んだ。だから、法律家って面白くない。

法学者である（狭義の法律家ではない）私には、多少面白い答えが期待されている（と思う）。そうなると、答えは少し難しくなる。「身体に対する法的保護」以外の切り口が必要になるからである。実は、法律家も別の切り口を挙げることはできる。しかし、複数の切り口を統合して「法の解釈」を展開するのが、法律家ならぬ法学者の役割であろう。[4] さらに、「メディアとしての身体」という本書の原企画の趣旨に適合した（少なくとも関連性のある）答えをと言われると、難易度は格段に高くなる。しかも、法学者としては、多少は法学界の関心とも切り結ぶようなことを言ってみたい。さて、どうしたものか……。

私は、次のように考えてみることにした。[5]「法における身体」という問題を立てるとすると、そこでいう「身体」とは、法的には「人」の身体のことだろう。[6] そうであれば、「人」とは何か、から考え始めるのがよいのではないか（I）。これによって、「人」にとって「身体」はいかなる意味を持つ、と法が考えているのか[7]を明らかにする手がかりが得られるのではないか。その上で、これまで「身体」を持たないと考えられていた存在を「人」と認めるとすると——これは法学界の関心事の一つだ——、どんなことが問題になるのか、という問題を考えてみてはどうか（II）。この問いを通じて、「人」と「身体」の関わり方に対する法の見方を読み解くことができるのではないか。そして、そこに「メディアとしての身体」に接続可能な何かが現れるのではないか。

そんなにうまく行くんですか？[8] さあ、わかりません。しかし、締切も目前なので、ともかく考え始めてみることにしよう。[9]

I　法人格——身体なき主体

法学の基礎をなす民法には、第一編「総則」中に「人」という章が設けられているが、その冒頭に置かれた規定は「私権の享有は、出生に始まる」（民法三条）というものである。この規定は私権享有の開始時を定めたものであるが、その前提として「凡ソ人ハ私権ヲ享有（ス）」（旧民法人事編一条）という書かれざる原則規定が観念されている。（民法の母国であるフランスなどとは異なり）プロ向きの法典を標榜する日本の民法の世界では、「大切なことは目には見えない」のである。個人的には困ったことだと思っているが、その点はさておき、（すべての）人が権利を享有する、[10] これが民法のイロハのイであることを確認しておこう。言い換えると、人とは権利を享有する主体（法主体）である、人は権利を享有する能力（capacité）を持つ、ということになる。このように把握された人の地位を「法人格（personne juridique）」と呼び、人の能力を「権利能力（Rechtsfähigkeit）」と呼んでいる。では、法人格（権利能力）を持つのは人だけか。以下では、この問題を考えてみたい。順序としては、まず、各国の民法は、法人格につきどのように定めているかを紹介し（1）、その上で、動物やＡＩは法人格を持ちうるかを考えてみたい（2）。

1　法人格とは何か？

（1）原点としてのフランス法：人＝法主体

近代民法の出発点となったフランス民法（一八〇四年）は、「すべてのフランス人は私権を享有する」（仏民八条）と定めている。法主体を「フランス人」に限っている点は別にして、ここでは、中間団体を嫌ったフランス民法には「法人（personne juridique）」に関する規定がないことを指摘しておく必要がある。フランス民法の第1編「人（について）」にいう（法主体としての）「人（personnes）」には「法人」は含まれない。なお、現在のフランス法では、「人」を「法人」と区別するために、「自然（による）人（personne physique）」、「法人＝観念（による）人（personne morale）」という用語が用いられている。

（2）変則としての日本法？：人＋法人＝法主体

このフランス民法の延長線上に日本民法は位置づけられる。すなわち、現行の日本民法（一八九八年）においては、第一編「総則」の「人」の章に続いて「法人」の章が設けられているのだが、このことは、「人」と「法人」とは異なるものであることを前提としている。フランスと同様に（実際には、次に述べるドイツ法の影響を受けて）「自然人」という用語が用いられることがあるが、「自然人」こそが「人」であり、「法人」はこれに準ずる存在であるという観念が、条文上はなお残存している。

(3) 展開としてのドイツ法：人（自然人＋法人）＝法主体

これに対して、ドイツ民法（一九〇〇年）は、ある意味では画期的な一歩を進めた。ドイツ民法は、第一編「総則」第一章「人」を、第一節「自然人」（現在では、消費者・事業者の概念が加えられ、「自然人、消費者、事業者」となっている）と第二節「法人」に分けるに至ったのである。つまり、そこでは「人」は、「自然人」だけでなく「法人」を含む上位の概念とされたわけである。言い換えるならば、「人」はもはや「自然人」に限らず、「法人」をも含む概念になったわけである。

(4) 逸脱としての中国法？：法的主体（自然人＋法人）＝法主体

それでも、ドイツ民法典までは法主体を表すために「人」という言葉を用いていた。ところが、中国民法総則（二〇一七年）はさらに大きな一歩を踏み出した。そこでは、自然人・法人の上位概念として「法的主体」という用語が採用されたのである。立法者は、従来は法人とはされてこなかった団体にも法人格を認めるために、（法人の概念を拡張せずに）「人」を「法的主体」に置き換えた。このことの潜在的な意味は極めて大きい。なぜなら、そこには「法的主体」であるためには「人」であること（「法人」のように「人」と擬制されること）はもはや必要ではないという考え方が見て取れるからである。

こうして「法人」の登場にもかかわらず、「人」概念を（そのまま、あるいは拡張して）維持するという考え方――「人間中心主義（humanism）」とも呼べる――は、（その善し悪しの評価は別にして）いまや乗り越えられつつあるのである。

2　動物やＡＩは法人格を持ちうるか？

以上の展開を念頭に置きつつ、人以外の存在（動物やＡＩ）を人と同視できるか、という問題を考えてみよう。ここで、「人と同視する」とは「法人格を持つ」「法主体となる」ということだとすると、法理論上の答えはイエスである。法人格（法主体となる）とは、私権を享有することができるということであった。このことを、法人格とは権利義務の帰属点のことである、法主体となるとは権利義務の帰属点となるということである、と言い換えてもよい。このように考えるならば、「人」（自然人）以外のものが法人格を持ってはいけない理由は見当たらない。実際のところ、「法人」とは、「人」（自然人）以外の存在に法人格を認めるための法技術にほかならない。したがって、ドイツ法はもちろん、フランス法・日本法においても、動物を「法人」としてしまえば、動物は「法人格を持つ」「法主体となる」ことになる。これはＡＩについても同じである。

もちろん、動物に権利義務を帰属させても、「動物」が自分で権利を行使することはできない。しかし、それは法人一般について言えることである。会社（株式会社）は法人であるが、「会社」が自分で権利を行使するわけではなく、誰か（権限を持つ役員や従業員）が会社の名において権利を行使している。同様のことは、実は自然人にも言える。生まれたばかりの乳児は「人」であり、権利義務が帰属することがありうる（たとえば、父親が死んだ場合には相続人として財産を相続する）。しかし、「乳児」が自分で権利を行使するわけではなく、その法定代理人（通常は父母）が乳児の名において権利を行使する。

「動物」についても、同様に法定代理人さえ決めておけば問題はない。ＡＩの場合、権利帰属については問題がないが、権利行使についてはやや微妙な点がある。それはＡＩが自動的に行う判断に基づいて、ＡＩが権利行使することが認められるかという問題が生ずるからである。しかし、これも一定程度では認められると解することができる。たとえば、未成年者の場合、自分の財産を自分だけで処分することはできない（法定代理人の同意を要する）のが原則であるが（民法五条一項本文）、「目的を定めて処分を許した財産」については、未成年者は（法定代理人の同意なしに）目的の範囲内で自由に処分することができる（民法五条三項）。ＡＩに法人格を認めた場合、ＡＩに帰属させた財産の一部につき、目的を定めてＡＩに自動的に運用させるということは、十分に考えられるだろう。

さらに、中国法のような考え方に立つならば、動物やＡＩを法人とするという擬制を用いることなく、法主体とすることも可能になろう。

Ⅱ　法人性？——受傷と受苦／行為と所為

動物であれＡＩであれ、ヒト以外のものに法人格を認める（民法の「人」とする）ことに、法技術上の困難があるわけではない。では、動物やＡＩを人と同視できるかという問いは、何を問題にしているのだろうか。ここで手がかりとしたいのは「人格権（droit de personnalité）」である。人格権の概念は一九世紀に登場し、二〇世紀を通じて法の世界に定着してきた。日本の民法には人格権に関する明文の規定はないが、「他人の身体、自由若しくは名誉を侵害した者」に損害賠償責任が課されることを示す規定（民法七一〇条）は、人格権の存在を前提としていると解されてきた（この条文から人格権には、人身（身体）に対する権利と（狭義の）人格（精神）に関する権利が含まれることがわかる）。また、判例も正面から人格権を認めている（たとえば、最高裁は輸血を明確に拒否をしている患者の意思に反して輸血を行うことは、人格権の侵害にあたるとしている[11]）。結果として今日では、「（広義の法人格）＝（狭義の）法人格 or 権利能力＋人格権」という見方がとられるようになっている（以下では、広義の法人格を「法的人格性」と呼び、これをさらに拡張したものを「法人性」と呼ぶことにする[12]）。そこで問いは次の形をとることになる。動物やＡＩに、ヒトと同様に人格権（ここでは身体に対する権利）を認めることはできるか（1）。できる／できない、として、そのことは「身体」の位置づけ（意味づけ）とどのようにかかわるか（2）。

1　動物やＡＩに「人格権」はあるか？

（1）被害主体性

「身体」に対する権利としての人格権を問題にする場合、動物とＡＩとは分けて考えなければならないように見える。というのは、動物には身体があるのに対して、ＡＩには身体がないからである。しかし、話はそう簡単ではない。現行の日本法の取り扱いと対比しつつ考えてみよう。

現行民法の下では、動物は「人」ではない。では何か、と言えば「物」、より詳しく言えば「動産」であり（民法八六条二項）、他の物とともに「人」の財産の一部となる。だから、ペットを傷つけると、それはペットの飼い主（持ち主）の財産権（動産の所有権）を侵害したことになる。この場合、賠償金は所有者に帰属する（所有者の財産が増える）ことになる。これに対して、ペットに法人格を認め、さらに「身体」に対する権利を認めるとなると、賠償金はペットに帰属する（ペットの財産が増える）ことになる。

では、ペットの名において求める損害賠償とはどのような損害に対する賠償なのだろうか。人間の場合には損害は、積極的損害（医療費など）、消極的損害（逸失利益）、精神的損害（慰謝料）に分けられる。ペットの場合、確かに医療費はかかるだろう。しかし、AIの場合にも、プログラム等が毀損された場合にはやはり復旧費用がかかる。積極的損害は「身体」に限って生ずるわけではない。これは消極的損害についても同様である。ペットは稼働することによって金銭を獲得するわけではないが、金銭を獲得する動物も存在する。AIについても同様で、システムがダウンすれば、得られるはずの金銭（利益）が得られないことはありうることである。問題は精神的損害である。ペットである動物が傷つけられた場合、飼い主はその痛みを自分の痛みのように感じる。だから慰謝料請求権を認めるべきだという議論もある。苦痛を感じる動物（二〇一五年改正によって新設された仏民法五一五―一四条は「動物とは感覚のある生物である」と定義している）であれば、苦痛を感じる動物に賠償金を帰属させることも考えられないではない。もっとも、その場合、何が慰謝されるのかは明らかではない。しかし、極言すれば、これは生まれたばかりの乳児（あるいは意識不明の状態に陥った病人）についても同様である。こうして考えてくると、動物、さらにはAIに慰謝料請求権を認めることも全く不可能というわけではない。人間がそこに痛みを投影できるような存在であるかどうか（苦痛に対する共感性の有無）が問題なのかもしれない。

(2) 責任主体性

動物やAIが他者の所為によって損傷を被った場合の被害主体性（ここでは特に自らの名で慰謝料請求権の請求をなしうるか）に関する検討は、動物やAIがその所為によって他者に損傷を与えた場合の責任主体性（ここではその名において有する財産から賠償を支払わせうるか）にかかわる問題の検討を要請する。ここでも現行法から考えてみよう。現行の日本民法には、動物が生じさせた損害に関する規定が置かれている。すなわち、動物が他人に生じさせた損害については、「動物の占有者」が賠償の責任を負うのが原則とされている（民法七一八条一項）。ＡＩが生じさせた損害については明文の規定は存在しない。しかし、ＡＩがある物に格納されている場合（人型ロボットや自動運転の自動車など）には、製造物責任法や自動車損害賠償保障法の適用が問題になりうるだろう。もし適用が認められるならば、製造者や運行供用者が賠償責任を負うことになる。

動物や「物化されたＡＩ」につき人間（製造者・運行供用者など）に責任を認めうるとすれば、この責任を動物・ＡＩに帰属させることはできないだろうか。ここでも生まれたばかりの乳児などとの対比が有用である。現行法の下では、一定年齢以下の子どもについては、その者の責任は問われない（民法七一三条）。その代わりに監督義務者の責任が問われる（民法七一四条）。ここにあるのは、「自身の行為の責任を弁識するに足りる知能」（責任能力と呼ばれる。民法七一三条参照）を持たない者の責任は問えないという考え方である。そうなると、ＡＩならばともかく動物の責任は問いえないだろう。もっとも、ここでの考え方は過失責任主義（なすべきことを知りつつ、しなかったことに対する責任）を前提としているが、無過失責任主義を採用するならば話は違ってくる。特にＡＩの場合、その作動がもたらす危険性に鑑みて、無過失責任主義を採用することは十分にありうる選択肢である。

では、「物化されないＡＩ」の場合にはどうだろうか。ＡＩに集積された個人情報が外部に漏れたといった場合に、現行法の下では誰が責任を負うかと考えてみると、これにピッタリと当てはまる規定は見当たらない。ＡＩも誰かが製造したものには相違ないが、製造物責任の「製造物」は「製造又は加工された動産」であるので、ＡＩが物化されていない場合には適用は難しい。もちろん、特別法を作って、ＡＩ製造者に責任を負わせることは不可能ではないが、何かしっくりしないものが残る。

2　受苦圏・責任圏と身体性

ここまで簡単に検討した被害主体性・責任主体性のうち、被害主体性の存否の判断には、感受性を担う身体性の有無・態様が影響を及ぼしているかもしれない。また、責任主体性の存否の判断は、（身体性に表象される）有体性と所為性のどちらかがなければ、（存在そのものであれその製造者であれ）責任を負わせるのは難しい、という感覚と結びついているかもしれない。

感受性にせよ有体性・所為性にせよ、そこには程度が存在する。このことを考えあわせるならば、さらに次のように言えるかもしれない。ここで問題とされているのは「人間」を中心とする受苦圏・責任圏のどこに、それは位置するのか（中心からどれだけ離れているか）ということである。そして、私たちは、その判断にあたって「身体」を一つの基準としている、と。では、なぜ「身体」が基準の一つになるのかといえば、「身体（corps）」を観念することは、そこに宿る「心魂（âme）」を観念することを含意するからではないか。ここに「メディアとしての身体」が現れることになる。実際、フランス法系の国々（それを継受した非西洋諸国も含めて）においては、「身体」は「物」ではないと考えられてきたし、身体からの分離物・生成物を「物」と同視することにも根強い抵抗感があるのは、そのためであろう。

おわりに――法的人格性の拡張、あるいは身体なき身体性について

以上に述べてきたことは、一言で言えば、「心身」は一体であるということに尽きてしまうが、本稿では、あれこれの法律あるいは法理に現れる法律家（法学者）の見方は、結局、このように説明されるだろうという見方を示したことになる。それ自体は平凡なことであるが、「結局」に至る過程で多少意味があると思われるのは、身体性を感受性（受動的身体性）と有体性・所為性（能動的身体性）に分けた上で、それぞれには程度があるのではないかとした点であろうか。しかし、これらの点は、より立ち入った検討の仮説（指針）にすぎない。

さらに本稿には次のような方向性が内包されている。一方で、従来の「（広義の法人格）＝（狭義の）法人格 or 権利能力＋人格権」の図式は拡張される必要があるのではないか。「人」だけでなく「人的」なものを把握するには、新たに付加された「人格権」では十分とは言えない。「＋人格権」はより緩やかな概念によって代替されるべきなのではないか。他方で、法的な意味での

「人性」（「法人性」と呼んでおく）の基準を緩めていくと、あるいは、「法人性」の構成要素である「身体性」の基準（感受性、身体性・所為性）を緩めていくと、「身体なき身体性」を認めることになるのではないか。そうなれば、「物化されないＡＩ」の身体性も肯定されうることになる。

ある意味でこれは、「メディアとしての身体」を「メタファーとしての身体」に転化させるということだが、考えてみると、一九世紀末から二〇世紀初めに確立された法人理論は、すでに「メタファーとしての身体」という考え方に立っていたとも言える。法人理論は私たちが典型的な法人として捉えている団体の法人格を正当化するために、法人は有機体にほかならないと考えていたからである。動物やＡＩに法人格を与えうるかという法人論の最前線にいたはずの私たちは、こうして法人理論の出発点へと立ち戻ることになる。[13]

注

1　「はじめに」とⅠⅡの導入部分に注の形でいささか冗長な解説を付したが、これは、非法律家であろう（大半の）読者に、法律家（そして法学者）とはいかなるものか、その思考様式をお伝えしたい、同時に、読者の中に含まれる（わずかな）法律家（そして法学者）に向けて、非法律家に法を語るとはいかなることか、その思考様式をお伝えしたい、と考えてのことである。そうしたことに関心のない読者は、注は読み飛ばしていただいて支障ない。なお、煩雑さを避けるために、ⅠⅡの本論部分の注は省き、必要な補足は本文中に括弧書きなどで示した。

2　憲法・民法・刑法など「実定法」と呼ばれる各法領域には、「教科書」と呼ばれる標準的な解説書がある。

教科書のあり方は国により時代により異なっているが、一般に日本の教科書には、どうなっているか（制度の要件効果）は詳しく書かれているものの、なぜそうなっているのか（制度の存在理由）についてはあまり書かれていない。

❖3　法を支える価値判断（たとえば「身体は重要である」）は、法の外にあるという見方である。仮に、ある法律家が「私は、〜という理由で、身体は重要であると思う」と述べても、それはその人の個人としての価値判断であり、法の価値判断ではない。この問題を追求する個人は哲学者ではありうるが、法律家ではないし、法哲学者でもないというわけである。こうした見方（法実証主義と呼ばれる）は古くから存在するが、現代日本の若い世代の法律家（＋その予備軍たる法科大学院生）に広がりつつあるように思われる。

❖4　一般には、「法の解釈」とは、個々の条文の意味を明らかにする作業（interpretation）を指す。しかし、それとは別に、「法の解釈」には、複数の条文によって構成される制度やある法領域、さらには法全体の意味を明らかにする作業（herméneutique）も含まれる。法律家（lawyer）ならぬ法学者（jurist）の役割は後者にあると私は考えている。ちなみに、現代フランスにおいて法学者に求められているのも、このような作業（法の体系化）である。「法における身体（corps dans le droit）」あるいは「身体と法（corps et droit）」などというテーマ（問題）は、日本ではなじみがないが、フランスの法学教授資格試験では出題されうるテーマ（問題）である。

❖5　以下は、民法学者である私の見方である。憲法学者であれば、別の発想をするかもしれない。なお、憲法と民法の発想の違いはいくつかあるが、本稿においては、「個人」に対象を限定するか、個人以外のものも対象に包摂するか、という点に現れる。

❖6　自明のことのように聞こえるが、必ずしもそうではない。後述するように、「動物」の「身体」は人の「身体」とは区別されているからである。この点から出発すれば、「メディアとしての身体」という観点への通路が開けるのではないか、というのが本稿の思惑である。

❖7　注意すべきは、「私」がどう考えるかではなく、「法」がどう考えているか（と私が解釈するか）がここでの問題であるということである。法学を学ぶ(広義の法学者になる)とは、法の世界観を理解して「私」の世界観に取り込むと同時に、「私」の世界観を「法」の世界観に及ぼしていく「構え」を身につけることである。二〇世紀前半の日本の法学者・穂積重遠は、このことを「非法律家を法律家に、法律家を非法律家に」と表現していた(私の観点からは、「法律家」を「法学者」と読み替えることになる)。

❖ **8** 「うまくいく」には二つの意味がある。一つは、「メディアとしての身体」との接続という課題(一般市民あるいは他分野の研究者の関心)に答えられるかという意味であり、本稿の置かれた状況に固有の問題にかかわる。もう一つは、このような考察(広義の解釈)が、法学者の法理解や法律家の法実務(狭義の法解釈)に影響を与えうるかという意味である。従来、法学者には法実務への影響を与えることが求められてきたが、それ以外にもなすべきことはある。

❖ **9** 本稿は、慶應義塾大学文学部総合講座「メディアとしての身体」での口頭報告(二〇一七年一二月二六日)を出発点としているが、この時の報告原稿そのものは別途公表してしまったので、その一部をさらに展開した内容のものを新たに書き起こした。なお、この新稿のアイディアは、直接には台湾の東呉大学における講演「法人論の過去と未来――財団から動物・AIへ」(二〇一八年一一月一二日)に由来する。同大学の関係者の方々にこの場を借りて、御礼を申し上げる。

❖ **10** 「私権」を「権利」に置き換えたが、「私権」とはすべての「権利」から「公権」を除いたものである。では、「公権」とは何かが問題になるが、最も狭い考え方は公権=参政権という考え方である。これによると、私権とは参政権以外のすべての権利ということになる。日本の通説は私権をより狭く解するが、ここではこの問題には立ち入らない。

❖ **11** 最高裁判所の判決は、同種の事件に直面した裁判所において先例として参照される。その際に判決から抽出された法規範を「判例」(あるいは判例の準則)と呼ぶ。法律家(法学者)は、「法律」としての民法(民法典とも呼ばれる)だけでなく「民法」に関する判例をも含めて、「民法」と呼んでいる。言い換えると、「民法」のルールの源(法源と呼ぶ)には「法律」(および「慣習」)のほか「判例」があると言ってよい。なお、判例は裁判所・判決決定の別・裁判年月日・掲載雑誌によって特定（引用）されるほか、「○○事件（○○判決）」という通称が用いられることもある。本文に挙げた最高裁判決は、「最判平一二・二・二九民集五四―二―五八二」（民集は「最高裁判所民事判例集」の略）として引用され、「エホバの証人輸血拒否事件」などと呼ばれる。

❖12　この「拡張」が、本稿において私が、様々な読者（一般市民、隣接領域の研究者、法学者・法律家）に提示したい主張（広義の解釈）であるということになる。

❖13　身体性を捨象した法人論の極北において、なお、法人を法人たらしめるのは何か。問われるべき問題はここにある。その際の素材となるのは、フランス法がいまもなお正面からは認めようとしない「財団（fondation）」（財産の集合体に法人格を認めるもの）であろう。身体性とは全く無縁な「財団」を法人として認める方策は二つある。一つは法人＝法人格と割り切る考え方であるが（日本ではこれで済ませることが多い）、もう一つは法人の「目的」（民法三三条二項に現れる概念）に着目する考え方である。本稿の考察も、本来はこの点を加味しないと完結しないのだが、この点の検討は別の機会に行いたい。

帝政末期ロシアのスポーツと身体

巽由樹子

ロシアという国は謎めいていて、その身体観も独特であるように思われる。たとえばユロージヴィ（瘋癲行者）【図1】。擦り切れて汚れた衣服で、ときには裸体をさらして徘徊した彼らは、東方キリスト教の信仰においては、孤独の中、神に近づくために奇矯な振舞いをする人として崇敬された。一九世紀の詩人、フョードル・チュッチェフの「ロシアは頭ではわからない……できるのはただロシアを信心することのみ」という詩句もたびたび引き合いに出されて、ロシアは特別だという印象を強めてきた。

だが、近年のロシア史研究にはそれとは異なる動きが現れている。ロシアを特殊と見做すのではなく、西欧と共時的に近代化を経験した痕跡を見出そうとする潮流だ。そうした中で、帝政末

【図1】瘋癲行者、聖ワシリイのイコン

期ロシアの身体について多くの新しい知見を紹介したのが、アメリカの研究者ルイーズ・マクレイノルズによる『〈遊ぶ〉ロシア――帝政末期の余暇と商業文化』（二〇一四年、法政大学出版局：原著は二〇〇三年）である。冷戦期の敵国たるソ連が消滅した後に執筆活動を本格化させたからか、あるいは、ハワイ大学という、ロシア研究者としては異例の地で長年教鞭をとったからなのか、彼女はイメージを一新する歴史像を描き出した。すなわち、都市大衆がレジャーやショッピングを楽しみ、ナイトクラブに繰り出す帝政末期のロシアだ。そうした余暇のうちの一分野として開花したのがスポーツだった。

その立役者は、ゲオルギー・リボピエル伯爵という貴族と、ヴラジスラフ・クラエフスキーという医師である。彼らはヨーロッパの身体文化運動を知ると、ロシアでも運動競技による個人の身体の健康の実現に尽くそうと、スポーツ雑誌で理論や実践を紹介した。そしてジムを開設して、アマチュアの運動愛好者を集めるとともに、プロのアスリートを育成する場とした。やがて一八九六年、ペテルブルク運動協会の設立に至る。

スポーツ誕生という時流に乗って名を挙げたのが、イヴァン・レベヂェフだ。もともとサーカスでどさ周りして力持ちの芸を見せていた彼は、通信教育でボディビルを教えはじめ、さらに、運動競技としてのレスリングの興行で成功した。観戦型の商業スポーツたるプロレスが生まれたのである。その人気は全国に広がり、ポルタヴァのイヴァン・ポドドゥブヌィや、その弟子でニージニー・ノヴゴロドのニコライ・ヴァフトゥロフ【図2】といったレスラーが現れて世界チャ

【図2】レスラー、ニコライ・ヴァフトゥロフ
（Russkii sport, 1917, No. 22）

【図3】自転車選手、A. I. ケッペル
(Sport, 1900, No. 1)

ンピオンとなる。

他にも多様なスポーツが広まり、競技団体が設立された。たとえばロードレースは、自転車が安価で手に入れやすかったため、労働者層も含めて愛好者を増やした。ペテルブルク－モスクワ間のレースの際、未舗装の道で選手が大腿部を壊死させ死亡するといった悲劇はあったものの、一八八八年に設立されたモスクワ自転車クラブは全国の主要都市に支部を置くに至り、一八九七年、ペテルブルク自転車クラブの会員は五〇〇名に達した【図3】。また、サッカーは、モスクワ、ペテルブルクの工場でお雇いイングランド人がチームを結成して指導したのを契機としてブームになり、一九〇九年にはプロ・リーグが誕生した。

こうした民間の競技団体が中心となり、ロシアは一九〇〇年夏のパリ大会でオリンピックに初参加した。やがて国家が、この国別対抗の運動競技会が「大国」としての地位を示す絶好の場だと気づいたことで、一九一三年にキエフ、一四年にリガで全ロシア・オリンピック【図4】が開催される。一六年のオリンピック・ベルリン大会に向けた、ロシア選手の成績向上が目的であった。

さて、歴史学の見地から考えたとき、スポーツは、ただ逸話として面白いのではない。その浸透と組織化の背景に、ロシア社会における主役の交代が見えることが重要なのだ。たとえば狩猟は、一八五二年刊のイワン・ツルゲーネフ『猟人日記』が、若い領主が農奴をお供にロシア各地で狩猟の旅をする物語であったように、かつては貴族のたしなみだった。ところが一八六一年の農奴制廃止後、猟友会を結成し、スポーツとして狩りをするハンターとなったのは、主として都

【図 4】第 2 回全ロシア・オリンピック
（K sportu, 1914, No. 27）

市に暮らす市民だった。ヨットもまた、一九世紀半ばは、皇族の支援を受け、大貴族を会員とする首都ペテルブルクの特権的クラブの専有物だったが、一八九二年にはモスクワやヴォルガ川流域に二二のヨットクラブが現れ、都市の富裕層が上流の模倣をしながら楽しんだ。つまり身体を動かし、楽しみを享受する主体が、身分制エリートから職能エリートたるミドルクラスへと拡大したのだ。社会の主役が交代したとき、帝政が旧態を維持することは難しかった。

帝政末期のロシアのスポーツ活動は、一九一四年の第一次世界大戦の勃発によってアスリートたちの多くが戦地に送られたことで下火となった。だが一九一七年の一〇月革命後のソヴィエト＝ロシアでは一旦は、スポーツがブルジョワ趣味と批判され、愛好者団体は消え、数々のスポーツ雑誌も廃刊されたとはいえ、次第に社会主義体制下の労働者のスポーツ組織が再編されていった。やがて二〇世紀後半には、ソ連と東欧諸国の選手によるスパルタキアーダ――革命精神の体現者とされるスパルタクスの名を冠した総合体育祭――の開催に至る。社会の主役はミドルクラスから労働者に移ったのだ。

スポーツを切り口に主体の変化を見出すアプローチは、今、新たな段階を迎えている。二〇二二年に始まったウクライナ侵攻をきっかけに、ロシア・ソ連史研究はこれまであまりにロシア中心で、領域内の諸民族の意志を見過ごしてきたのではないか、という反省が広がったからだ。近代化するロシア帝国や社会主義ソ連のスポーツマンたちは、ミドルクラスや労働者であると同時にどこを出身地としたのか。その民族的出自は身体の振舞いにどう影響したか。あるいはしていなかったか。危機がもたらした視角とはいえ、それは人の身体により丁寧に、より豊かに迫る可能性を与えてくれるのである。

近世イスタンブルにおける「王の祝祭」

藤木健二

トプカプ宮殿やアヤソフィア・モスクといった著名な歴史的建造物が並び立つイスタンブルの旧市街にはアトメイダヌと呼ばれる広場がある。トルコ語で「馬の広場」を意味するアトメイダヌはローマ・ビザンツ帝国時代の競馬場（ヒッポドローム）を起源とし、オスマン帝国による征服後もトルコ系遊牧民の伝統的な馬上競技（ジリト）などが行われた。一五八二年、このアトメイダヌを中心として帝国史上他に類をみない盛大な祝祭が開催された。第一二代君主（スルタン）ムラト三世（在位一五七四―九五年）の命による「王の祝祭」である。

オスマン帝国の首都イスタンブルでは歴代のスルタンによって一五〇回にも及ぶ「王の祝祭」が開催されたといわれる。そこでは王子の割礼や王女の婚約・結婚といった王族の通過儀礼のほか、ヨーロッパ諸国やイスラーム諸王朝からの外交使節の来訪、戦争の勝利などが祝われた。その間、豪華な宴や多様な見世物が絶え間なく続けられ、帝国内外からあらゆる人々が公式・非公式を問わず観覧者や参加者として訪れた。これらの祝祭の期間は大規模なものでも二、三週間が普通であったが、王子メフメトの割礼式とその祝賀を目的とした一五八二年の「王の祝祭」は五〇日以上にわたって続く異例の大祭であった。

その準備は一年以上前から進められた。アトメイダヌに面するイブラヒム・パシャ宮殿がスルタンや来賓の観覧場所として改築されたほか、割礼式の責任者と多数の警備係が任命され、羊・山羊・砂糖・小麦などの食糧や燭台・織物・花火用の葦などの物資が各地から取り寄せられた。またフランス、スペイン、ローマ教皇、オーストリア、ポーランド、イラン、インド、ウズベクなどのヨーロッパやアジアの諸国・諸勢力に対して招待状が送られた。帝国内の総督や政府高官、保護国の君主らも同様に招待された。

祝祭は一五八二年六月二日、割礼に向けた儀式を旧宮殿で済ませた王子メフメトが大行列を伴ってイブラヒム・パシャ宮殿に到着したのを機に始まった。来賓として招かれた諸外国の使節たちは随時スルタンのいる宮殿に出向き、本国から用意した贈り物を献上した。サファヴィー朝の大使イブラーヒーム・ハーンは豪華な衣装を着た二〇〇人の従者を連れて宮殿に入り、ヴェネツィアの使節は金糸の刺繡が入った四着のローブなどから成る一五〇点もの贈り物を献上したという。

会場ではさまざまな見世物が披露された。王子のために象や馬、麒麟、鳥、魚などを模した多数の巨大な砂糖菓子が運びこまれ、音楽演奏や舞踏が行われた。そのほかにもヨーロッパやイランとの戦争を再現した大規模な模擬戦や、綱渡り・皿回し・馬の曲乗り・石柱登り・宙返りといった曲芸や軽業、ジリト・馬上弓術・レスリングなどの種々の競技、竜・城・花・モスクなどの巨大な模型の披露、豚・狼・兎・狐の狩猟、麒麟・象・ライオンといった珍しい動物の披露などがあった。また身体に剣や矢を突き刺す手品のような芸や、イスラームの学者（ウラマー）による聖典『クルアーン』の読誦やイスラーム諸学の知識を競う催し、ギリシア系の人々による「ヘラクレスの一二功業」と呼ばれる伝統的な見世物も行われた。夕方になると花火やイルミネーションが会場を盛り上げた。

こうした華やかな祝祭の様子は『祝祭の書』（スール・ナーメ）に記録された。トプカプ宮殿の工房で働く宮廷直属の詩人や絵師、職人らの手によるこの書物には、当時の儀礼や見世物の詳細な記録に加えて、スルタンや来賓たちへの賛辞、贈り物や来賓の一覧などが韻文と散文を交えて記された。写本によっては色鮮やかな多数の細密画（ミニアチュール）が挿入されることもあった。これらは文化史や美術史、社会史といったあらゆる分野の歴史研究における重要な史料のひとつである。なお、「チューリップ時代」（一七一八―三〇年）のスルタンとして知られるアフメト三世（在位一七〇三―三〇年）が四人の王子の割礼と王女の結婚を祝って開催した「王の祝祭」においても、同じく多数の細密画を含む『祝祭の書』が作成された。

スルタン・ムラト三世は「王の祝祭」に集うあらゆる人々に対して幾度となく豪勢な食事を振る舞い、金品を施した。ある日の夕方には四〇〇〇皿のピラフと六〇〇〇個のパン、二〇頭分の牛肉が民衆に振る舞われたほか、別の日にはイェニチェリやスィパーフといったスルタン直属の数千の兵士たちも巨大な天幕の下で食事のもてなしを受けた。ときにあまりに多くの人々が食事にありつこうと殺到したため会場は大混乱に陥った。他方、スルタンは宮殿の窓やバルコニーから民衆に向けて金銀の貨幣やパン、銀製の器、毛織物などをばら撒くこともあった。こうしたスルタンによる施しは毎日のように行われたが、その他にも借金の返済ができずに囚人となった者をアトメイダ

「パン屋の行列を描いた細密画」

Nurhan Atasoy (ed.), *Surname-i Hümayun, 1582, An Imperial Celebration*, İstanbul: Koçbank, 1997.

ヌに連れ出させ、貨幣の入った袋を渡して釈放を命じるといった慈善もみられた。王子メフメトの割礼式では、貧しい子供や孤児たちにも無償で施術を行わせた。ただし王子が宮殿のなかで施術を受けたのに対して、彼らの多くは屋外のアトメイダヌで施術された。このように「王の祝祭」において大々的に展開されたスルタンの慈善は、ある種の見世物としての性格を帯びていた。そこには帝国内外の人々に対して、イスラームの善行である自発的な「喜捨」、すなわち貧者や弱者への施しに励む敬虔で公正な自身の姿を明瞭かつ視覚的に示そうとするスルタンの意図があったのである。

こうした儀礼や見世物と並行して行列も連日のように行われた。役人や軍人、宗教関係者、商工民、農民、芸人などの多様な人々が参加したが、そのなかでも圧倒的多数を占めたのは都市の商工民であった。彼らは職業ごとに集団を成してスルタンら観衆の前を練り歩いた。商工業の高度な専門分化がみられた当時のイスタンブルには、パン屋、肉屋、大工、馬具職人、時計職人、料理人、燭台職人、裏地用の布を織る職人、藁の敷物を織る職人などの多種多様な商工民が存在しており、行列に参加した集団の数は二〇〇を超えたと考えられている。その多くは店舗や工房を模した「山車」を引いて、或いは馬や牛に引かせてアトメイダヌに現れた。その店舗や工房には売り物や商売道具が飾り付けられ、彼らはそこで日頃の仕事を実演してみせた。短時間で一二〇足の靴を編んだ靴職人のように卓越した技術を披露して賞賛される者もあった。また、樹木ほどの高さのある紙製のチューリップや、大人四人でどうにか運ぶことのできるケーキといった職業を象徴する巨大な模型も運び込まれた。衣装に工夫を凝らす集団もあり、鏡職人は小さい鏡をつなぎ合わせた服を、紙職人は紙でできた服を、毛皮商人は夏にも拘らず毛皮のコートを着て登場した。

彼らはスルタンの前で横一列に並び、賛辞と祝賀の意を込めたパフォーマンスを披露したのち、職業に関わる高価な品を献上した。先述の『祝祭の書』には、水運搬人は「ディメトカ（現ギリシアのディデュモテイコン）で作られたグラスのようにスルタンの前に並び、水のように顔を地面に擦り付け、飛び去り、散っていった」とあり、漁師は「船を押してスルタンの前に運び、マストのように直立し、帆のように腕を伸ばし、重い錨が沈むように地面にひれ伏した」と記されている。

この行列での活躍によってコーヒーハウスの店主たちは望外の褒美を与えられた。当時のイスタンブルでは新来のコーヒーがイスラーム法の定める「ハムル」（酔わせるもの）としてしばしば非難の的となっていた。そのためコーヒーハウスも取り締まりの対象となることがあったが、彼らが精巧でユーモアに富む山車を周到に用意して行列に臨むと、それを見たスルタンは彼らに対してコーヒーハウスの取り締まりを控える旨の約束をしたのである。このように行列は、商工民を始めとする多様な社会集団がスルタンや公衆に対して何らかの主張や訴えを表明する場であった。そしてそのことが彼らの行列への意欲を一層かき立て、より魅力的な演技や表現につながったのである。

「王の祝祭」は、王子の割礼式の祝賀といった本来の役割に加えて、スルタンが帝国内外の人々に自身の富と権力を誇示し、支配の正当性を再確認させる場でもあった。またそれと同時に、商工民を始めとする一般の庶民が単なる観覧者としてだけでなく演者としても参加することのできる開放性を備えていた。そのため祝祭は、スルタンや多様な社会集団が互いに接触し、交流する「媒体」となり、さらにはそこで披露された演技や表現が、演者の主張や訴えを他者に発信する「媒体」ともなり得たのである。

最後の会津藩主・松平容保の晩年

松平保久

　幕末、会津藩の歴史は悲劇の歴史として知られます。世界的にも「パクス・トクガワーナ」と称される徳川幕府二六〇余年の安定政権が崩壊し明治維新が急速に進行する激動の時代に翻弄された会津の歴史は特筆されるべきものです。とりわけ最後の会津藩主、松平容保の激動の人生は注目に値します。

　【写真1・2】の二枚の写真はともに松平容保です。**【写真1】**は五八歳で逝去した容保、晩年の写真。**【写真2】**は二八歳で京都守護職に任ぜられた時の写真です。凛々しく決意に溢れる二八歳の表情に比べて晩年の写真は深い憂いを帯びており、隔世の感があります。この二枚の写真はその表情の違いが置かれている境遇の違いを表しています。まさに「メディアとしての身体」を象徴しているような気がします。

　幕末、一八六二年、混迷する京都の治安維持を図るべく幕府が新設した「京都守護職」。この困難な役職を務めた事から会津藩はいきなり激動の幕末の最前線に引き込まれます。

【写真1】

【写真2】

　若き日の松平容保の写真からは、この困難な要職を遂行するに当たっての不安と、一方で徳川幕府の安泰の為に身を挺する覚悟が窺えます。しかし時代は大きく動き会津藩が想像だにしなかった方向に世の中は動くのです。一八六八年一月、鳥羽伏見の戦いが勃発。薩長を中心とする新政府軍と幕府軍は遂に衝突します。大兵力なのに新政府軍にわずか三日で敗退。そして、総大将の慶喜はなんと江戸へ逃げ帰ってしまうのです。それも会津藩主・容保を無理やり一緒に連れて。

　抗戦の中核であった会津藩主、容保が残っていては戦は収まらないと考えたのでしょう。総大将が敵前逃亡した訳です。慶喜は「錦の御旗」が上がった以上、朝敵になりたくなかったようです。みずからは謹慎、そして容保にも江戸城登城禁止。会津は見捨てられた形です。

　その後三月には江戸城が無血開城され名実ともに徳川幕府は崩壊したにもかかわらず、新政府軍は一方的に「逆賊・松平容保は徳川慶喜の反逆を助けた張本人であり、徳川家にも大不忠の者。断固追討せねば朝廷のためにもならない」と全くの屁理屈をつけ会津は言われ無き朝敵の汚名を着せられます。会津藩は新政府に恭順の意を示しますが一切聞き入れられません。新政府軍は怒涛の勢いで会津に攻め込みます。孤立無援の中で会津藩は籠城戦に突入します。一か月に及ぶこの悲惨な会津戦争は援軍も見込まれない中、昼夜に及ぶ砲撃にさらされ、ついに九月二二日、容保は降伏を決意します。【写真3・4】は、降伏に際し藩主・松平容保公から差し出された降伏文書の写しです。私はこの降伏文に容保の悲痛な想いが込められていると思っています。

『臣、容保　謹んで言上奉り候。拙臣儀、京都在職中、朝廷に莫大の鴻恩《こうおん》を蒙り奉りながら、万分の微忠も報い奉らず、其の中当正月中、伏見表に於て暴動の一戦仕り、近畿を憚らず、天聴を驚し奉り候段深く畏れ入り奉り候。実に天地に容れざるの大罪、身を措く処無き仕合せ、只々恐懼《きょうく》仕候。熟々相考候得ば天下の大乱を醸し、無罪の人民塗炭の苦を受けしめ候儀、全く臣、容保の致す所に御座候得ば、此の上いか様の大刑仰せ付けられ候得共、聊か御恨み御座無く候。只、国民と老幼婦女とに至り候ては、元来、無知無罪の儀に御座候得ば、右等一統、御赦免成し下され度く、何国までも哀訴奉り候。其れに依って従来の兵器忝く皆差し上げ奉り、早速開城、官軍御陣門へ降伏謝罪、寺院へ籠り居り、罪を待ち奉り候。此段万死を冒し、大総督府御執事迄嘆願奉り候。誠恐誠皇　頓首再拝　慶応四年九月二十二日　源　容保　謹上』

容保公の気持ちはどんなだったのか。孝明帝より絶大なる信頼を得てひたすら京都守護職の任務にあたった自分がまさかこのような謝罪文を書く事になるなど思いもよらなかったでしょう。容保公の真意とは全くかけ離れた全面謝罪。忸怩たる思い。この文書を読むと容保公の深い無念を感じます。

【写真3】

臣容保不忍謹而奉言上候抂臣儀
京都在職中蒙
朝廷莫大之鳩恩+カラ萬分之徴
裏々不奉報其内当正月中於
伏見表暴動之一戰豈意行違
不幃近幾不驚
大聽深々奉懼候乎未引續
追遂奉抗敵王師聊共頭題之

【写真4】

豈誤今更何共可申上樣無御
座實に不容天地之大罪措皇に
無所人民塗炭之苦ヲ爲之受候
次夢全臣容保之所致に御座
候得者此上如何樣之天刑被
仰付候共聊御恨無御座候
臣父子共家来之死生偏に奉
仰 天朝之聖斷但國民
共歸女子共に至候而八元来無知
無罪之儀に御座候得共一統之
御赦党被仰伏候樣代而奉
歎訴候依之従来之諸兵器
悉皆奉差上速に開城官軍
御陣門に引降伏奉謝罪候
以上万一も王政御復古出格之
御憐愍ヲ以テ至仁之御覽

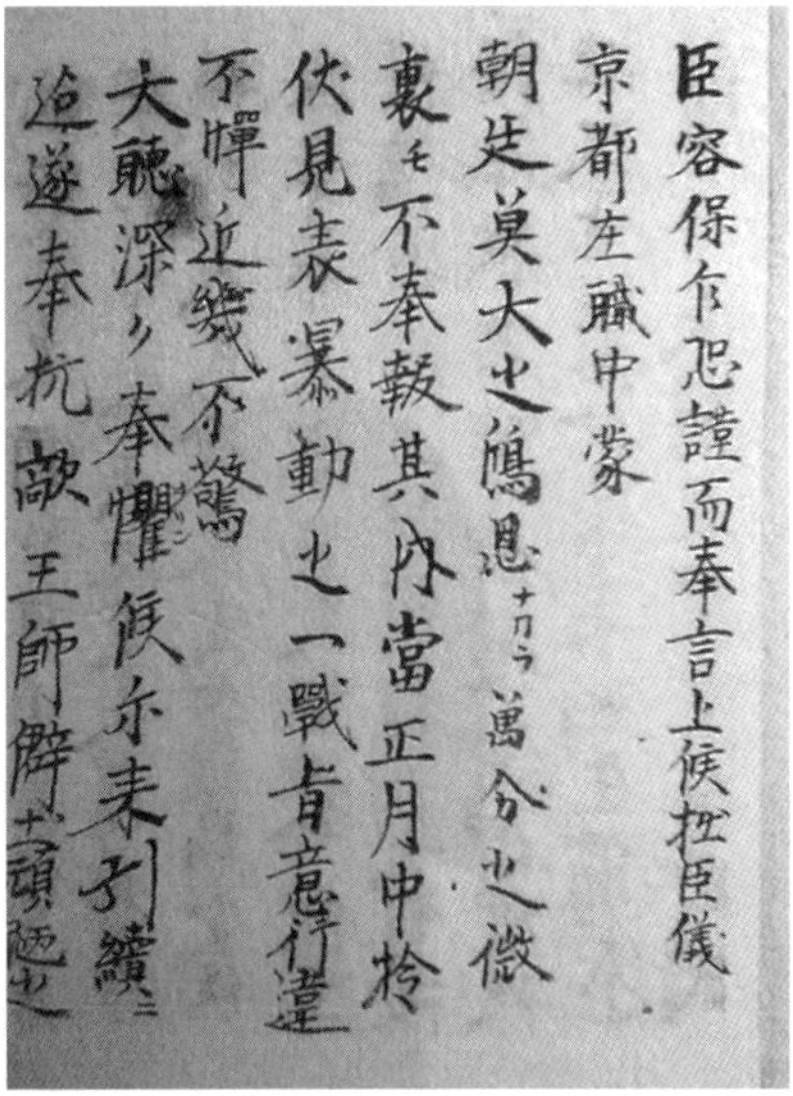

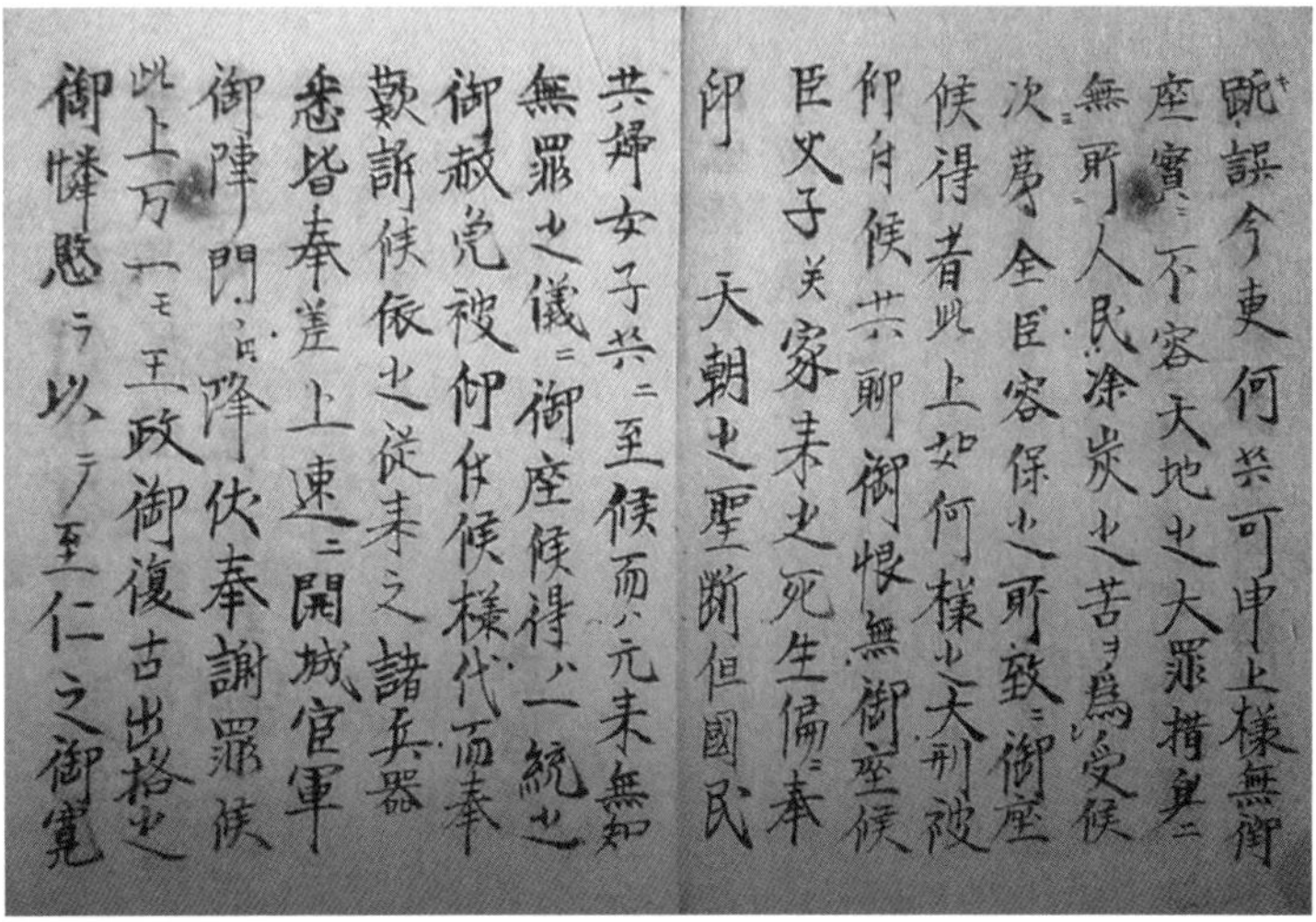

明治三年四月、松平家の再興が許されると幼い容大公を藩主に擁き、家老であった山川大蔵を中心に「斗南藩」が誕生します。陸路、海路で困難な旅を続けながら一万七〇〇〇人の会津人が移住します。しかし、そこは荒涼としたとても「新天地」と言える土地ではなかったのです。しかし、じっと耐え忍んでいつか恨みを晴らし、会津藩を再興する。そんな当時の会津人の想いもむなしく明治四年一〇月廃藩置県により僅か一年半あまりで斗南藩は消滅します。東京に蟄居していた容保公は斗南を訪ね旧藩士たちに廃藩を布告します。「余の為に斗南の地で大変な苦労をして会津藩を再興すべく努力した皆々の事を想うと胸が引きちぎられる想いだ。報いる事の出来ない容保を許せ」と涙ながらの別れを告げました。

戊辰戦争から六〇年後の昭和三年、会津にとって大変大きな出来事がありました。容保公の孫のお一人で会津松平家の松平節子様が昭和天皇の弟君、秩父宮雍仁《やすひと》親王に嫁がれます。会津松平家から皇室にお輿入れする。その時、会津の方々はこれで「朝敵」の汚名が晴れたと大変な歓喜の渦に包まれました。丁度、この昭和三年は戊辰戦争から六〇年、奇しくも暦が戊辰の年と言う巡りあわせでした。

会津の激動の幕末は大変厳しい結末を迎え終わりました。明治になってからの容保は「往時の事は茫々として何も覚えていない」と多くを語らず戊辰戦争やそれ以前の話をほとんどしなかったと言います。ただ、旧会津藩士の慰霊などの会があると必ず出席していたようです。容保にとっては京都守護職就任から会津開城までの数年間はあまりに激しすぎる時間が過ぎて行ったのだと思います。しかし残されたいくつかの和歌や漢詩に容保の想いが窺えます。

『なき跡を　慕うその世は　隔たれど　なお目の前の　心地こそすれ』

この和歌は戊申殉難者二三回忌に容保が詠んだと言われる和歌です。「激動の時代から随分時間がたったがまだ、往年の平穏な時代もすぐ目の前にあるような気持ちすらする」と徳川幕府安泰の時代を回想する気持ちなのかも知れません。

『古より英雄数奇多し　なんすれぞ　大樹連枝を棄つる　断腸す三顧身を許す日
涙を揮う南柯夢に入るとき　万死す報恩志未だ遂げず　半途の墜業恨み何ぞ涯
暗に知る気運の推移し去るを　目黒橋ほととぎす啼く』

こちらの漢詩には幕府が崩壊し徳川慶喜が謹慎、蟄居。容保らも登城禁止を命ぜられた時の悲壮な気持ちが詠まれています。

「昔から英雄といわれる人は数奇な運命に翻弄《ほんろう》されると聞く」「なんということか、大きな木が枝を捨てた」という意味で、大樹というのは徳川本家を指し、会津藩は見捨てられたという恨み節です。「涙を拭い儚い夢に入るとき、徳川本家への恩に報いなければならない立場にあるが、その志がまだ遂げられない。先祖からずっと受け継いだ仕事を中途半端で落としてしまった。その恨みはまだ尽きることはない」と自責の念に駆られています。「目黒の橋でホトトギスが鳴いている」ホトトギス（不如帰）は中国の故事には帰りたくても帰れないと言う意味もあるようです。

会津藩初代藩主　保科正之が定めた会津藩の憲法「家訓一五か条」の第一条には何を差し置いても徳川将軍家への絶対的な忠誠を尽くすべしと謳っています。最後の藩主、松平容保は愚直にこの訓えに従った結果、会津藩滅亡と言う悲惨な結果を招きました。容保の無念、そして何より家臣、領民に塗炭の苦しみを与えてしまった事に対する自責の念は想像を絶します。若き日の容保、晩年の容保二枚の写真はまさに激動の人生を物語っています。まさに「メディアとしての身体」が発信されているのではないでしょうか？

集団的示威行動と民主主義

渡邊太

集団的示威行動は、一般にデモ（デモンストレーション）といわれている。一定の場所に停止してでも行われるが、一般には集団行進の形態で行われることが多い。通常プラカード、旗等を掲げたり、鉢巻き、たすき等を着用したり、シュプレヒコール、労働歌を高唱したり、拡声器を用いたりして行われる。[1]

1　選挙と直接行動

市民革命の流血を経て、自由と平等の理想は前進と後退をくりかえしながら獲得をめざされてきた。近代民主主義は、君主や貴族が特権を独占する政治を否定し、誰もが平等である限りにおいて自由にふるまうことができる政治をめざす。特権階級を認めないことは、自由と平等の条件である。

「人民の、人民による、人民のための政治」とエイブラハム・リンカーンの言葉で表現されるように、民主主義の政治は、集団の成員が、自分たちのことを自分たちで決める政治である。自分たちで議論して、集団の運営を決めていく。代議制民主主義では、選挙を通じて選出された議員が市民の代表を務め、議会で議論する。市民は代議員の選出にかかわることを通じて政治的決定に関与する。選挙で誰に投票するか。一票を投じる行為が市民の政治的な意思表示となる。

選挙の機会は、頻繁ではない。数年に一度の国政選挙と数年に一度の地方選挙。数年間のうちでも投票所に足を運ぶ機会はせいぜい数回程度である。自分たちで決めるのが民主主義の政治だとしたら、政治的な意思を示す機会が年に数回程度しかないのは少なすぎる。

民主主義における意思表示の方法は、選挙だけではない。もうひとつの意思表示の方法は、直接行動である。集会やデモ行進などの集合的示威行動は、表現の自由として保障された権利である。直接行動は、選挙とは異なり原理上はいつでも、どこでも実践できる。選挙は、代表への白紙委任を意味しない。代議員の言動はつねに監視され、ふさわしくないと判断されればいつでも直接行動の圧力にさらされる。

政治的無気力派や政治的無関心派の冷笑的な常套句として「デモでは何も変わらない」という

ものがあるが、それは間違いである。直接行動は議会への圧力として十分に効果的である。直接行動は民主主義の身体表現なのだ。先の常套句に関しては、むしろこう考えるべきだろう。「デモでは何も変わらない」という見解が広まることによって得をするのは誰なのか、と。代表が代表しない事態は、民主主義の機能不全に他ならない。

2 二〇一〇年代の集団的示威行動

二〇一〇年代、日本社会で起こった大規模な集団的示威行動（デモンストレーション）としてよく知られるのは、二〇一一年の原発事故以降の脱原発運動と、二〇一五年の安全保障関連法案反対運動の二つである。[2]

脱原発運動はとりわけ二〇一二年の春から秋にかけて大きな盛り上がりを見せた。中心には、毎週金曜日夕方六時に始まり夜八時に終わる首相官邸前抗議行動があった。官邸前抗議は、組織や団体に所属しない市民が多数参加した運動として注目され、誰もが参加できる無党派の運動として報じられた。[3]

党派にとらわれない戦術のひとつが、抗議の焦点をひとつに絞るシングル・イシュー（single issue）の運動スタイルである。官邸前抗議の呼びかけでは、「反原発・脱原発というテーマと関係のない特定の政治的テーマに関する旗やのぼり、プラカード等はご遠慮ください」という注意書きが添えられた。原発に反対する立場を同じくしても、個別の論点に関して所属や党派によって見解は分かれることが多い。異なる思想や党派であったとしても、脱原発・反原発というひとつの争点に関しては立場を共にし、共同行動を可能にするのがシングル・イシューの方法論だった。それはまた、デモや集会を党派的なものとして敬遠しがちな市民にとって、参加のハードルを低くする戦術でもあった。

二〇一五年の安保関連法案反対運動では、SEALDs（自由と民主主義のための学生緊急行動）をはじめとして、昨今一般に政治に無関心とみられてきた大学生や若い世代の参加が注目を集めた。ヒップホップの音韻的要素を取り入れたコール、オキュパイ運動からインスパイアされたコール&レスポンス（「民主主義ってなんだ!?／これだ！」「国民！／なめんな！」等）、一人称単数で語られる日常言語のスピーチ、代理店広告やファッション・ブランドのロゴを想起させるデザインのフライヤー（ビラ）やプラカードなど、新規で洗練されたスタイルが印象的だった。

私が気に入った安保関連法案反対運動のコールに、「自民党なんか感じ悪いよね」（じみんとう・なんか・かんじ・わるいよね）というものがある。これは次期総裁を狙う自民党・石破茂が当時の総裁・安倍晋三を牽制すべく「自民党、感じが悪いよね」という国民意識が高まると危ないと発言したことに由来するコールで、いわば石破茂をヒップホップ的にサンプリングしたものである。

文化やアイデンティティの観点から社会運動のサブカルチャー化を指摘する富永京子によれば、「若者の社会運動」では運動の見せ方・伝え方への配慮が特徴的で、「古い社会運動」に参加する層とは異なる同世代に伝わる表現と運動イメージの構築に工夫を凝らす（富永、二〇一七、一二六頁）。ターゲットとして想定されるのは政治に関心のない同世代であり、若者たちが親しむストリートブランドのロゴを引用したデザインのフライヤー等は、そうした表現戦略の一例であり、セグメント・マーケティングの手法にも近い。

新しい運動スタイルは、現代の若者たちが考える「古い社会運動」への否定的なイメージ形成の裏返しともいえる。特殊な人びとだけが参加する過激な運動というイメージや、日常言語とかけ離れた独特の用語、旧態依然として様式化されたシュプレヒコールへの違和感が、彼ら彼女らを異なる新しいスタイルの創出に向かわせた。そして、そのことが報道や論説でも注目され、新世代の社会運動として一躍脚光を浴びることにもなった。

SEALDsの奥田愛基は、「やっぱり学生という記号が意味する、「デモ＋学生＝最悪」みたいなイメージを変えてあげないと、これから何も出てこないと思って。学生につきまとう否定的な記号性を一回崩したかった」（高橋・SEALDs、二〇一五、五一—五二頁）と述べている。作家の高橋源一郎はSEALDsメンバーとの鼎談のなかで、「小熊さんたちも関わっていた脱原発デモで最終的に二〇万人集まったでしょう。それまで政治に関心がなかった普通の人たちが『デモしていいんだ！』ってことになったんだよね」（高橋・SEALDs、二〇一五、一〇五—一〇六頁）という。[4]「普通の市民」の参加が二〇一〇年代の新しい社会運動のトレンドとして強調される。

新旧の対比で語られる運動スタイルの相違をめぐって、社会運動のなかでは対立と分断も生まれた。「古い社会運動」参加者にとって、団体旗や組合旗をもってデモに参加することにはそれぞれの理由と主張があるし、様式化されたシュプレヒコールにも親しみと思い入れがある。「普通の市民」というマジョリティのイメージを前面に押し出すことは、マイノリティの居心地を悪くさせることも懸念される。運動スタイルをめぐっては、Twitter（現X）をはじめとするSNS（social networking service）上で議論も交わされた[5]。

だが、そうはいっても実際のデモ現場では無数に多様な社会運動のスタイルが混じり合う。二〇一五年安保法案反対運動のなかで私が参加した京都のデモでは、デモ行進の先頭に近いところではヒップホップ的な速いテンポの「アベはやめろ！」（三連符：♪♪♪《あべは》♪♪♪《やめろっ》）のコール＆レスポンスが響いていたが、多数の参加者を集めて長く伸びたデモ行列の中盤から後尾の部分では歩き疲れたベテラン勢が伝統的なテンポで「アーベはやーめろー！」（四拍子：♩《あーべー》♩《は》♩《やーめ》♩《ろー》）とコールする姿が見られた。多数の人びとが結集するデモにおいては、伝統的なスタイルと新しいスタイルは否応なく混在するし、ひとつのサブカルチャーに染まることはおそらく不可能である。

二〇一一年以降の脱原発運動や二〇一五年安保闘争のなかで注目を集めた運動スタイルは、「普通の市民」の参加を強調するものであった。シングル・イシューを掲げるのも、市民参加のハードルを低くするための戦略である。脱原発の官邸前抗議では、毎週の定期行動を持続するために警察の介入を招く不規則な事態を回避すべく現場の秩序が重視された。警備にあたる警官隊との協調的な行動も、市民参加の促進要因とされる。

日頃から社会運動に関心を寄せ、デモ参加経験もある特殊な人びとではなく、「普通の市民」が足を運んだからこそ、あれだけ大きな運動が盛りあがった。それまで社会運動にかかわった経験がない「普通の市民」が立ち上がった結果、近年にない大規模な社会運動のうねりが巻き起こった。そうした物語のなかで想定される「普通の市民」とは、いったい誰のことを指すのか。

二〇一八年にフランスで燃料税をめぐって発生した「黄色いベスト運動」と呼ばれる政府への抗議行動では、抗議に参加する市民が高級車を横転させて火を放ち、ショーウィンドウを破壊し、警察車両に向けて投石するなどの姿が見られ、暴動と報じられた。格差社会や富裕層に対する怒りが原動力となるデモのなかで表現としての暴力が行使されるのはグローバルスタンダードであり、群衆の集合行動が暴動の要素を帯びることは珍しくないが、こうした報道に接して「日本ではこんな過激なデモは起きない」というコメントが寄せられることもある。だが、そんなはずはなく、歴史をふりかえれば日本でも「暴動」と呼べる群衆行動はいくつも見られた。一九六〇〜七〇年代の闘争の時代はいうまでもなく、敗戦後ゼネストに向かう労働運動、戦前の米騒動、幕末の「おかげまいり」「ええじゃないか」、さらに古くは一揆や踊り念仏など、噴出する群衆の暴力は日本社会の伝統でさえある。

3　大衆のラディカリズム

社会思想史を専門とする酒井隆史は、日本特有の集団的示威行動といわれるジグザグ・デモの社会運動における帰趨を検討している（酒井、二〇一三）。「ワッショイ」というかけ声のもと、駆け足でリズムを刻みながら激しく蛇行するジグザグ・デモは、海外でスネーク・ダンス（snake dance）として紹介され、国際的にも注目を集めた。「ジグザグ」という字面は角ばった動きを連想させるが、実際の動きとしては複数の隊列が多方向的な渦巻き運動を同時多発的に展開するものである（英語のスネーク・ダンスは言い得て妙である）。ジグザグ・デモが広く認知されたのは、一九六〇年安保闘争の報道を通じてだが、そのルーツは戦前にまで遡ることができる。一九二〇〜三〇年代の労働運動ですでにジグザグ・デモが行われていたことが証言されている。

警官隊を攪乱し、祝祭的な高揚のなか群衆のエネルギーを解放するジグザグ・デモは、そもそもデモ規制を目的とした公安条例に反するものである。空間の秩序管理を何より重んじる警察権力が押しつける規律に対して、叛乱する群衆の力はジグザグ行進によって解放される。これには警官隊も手を焼いた。さらに、ジグザグ・デモは不規則な「へたりこみ」（座り込み）の戦術と組み合わされることで、警察によるデモ規制に対する複合的な抵抗として大いに効力を発揮したという。

ジグザグ・デモは管理された空間の秩序を攪乱し、人びとの自由な所作の幅をひろげ、抗議の意思をより明瞭に表現することで統治者を震撼させる実践である。群衆行動が制御不能になるとき、政治的圧力は最高潮となって群衆の潜在的な力が最大限にまで高められる。文句があれば黙っていない。これが、民主主義の原則である。力ずくで押さえつけられれば、かえって反発力も高まるのが群衆の身体である。

だが酒井によれば、一九六〇年安保闘争はジグザグ・デモの高揚が絶頂を迎えるとともに急速な凋落を示す転換点でもあった。兆しは運動の内側に生じた。岸政権による強行採決が市民の憤激を招き、国会前で連日の集団的示威行動が常態化するなか、運動内で日本共産党を中心にジグザグ・デモに対する批判が高まる。背景には、左派勢力の分裂と新左翼の誕生があり、党派対立の延長線上にジグザグ・デモ批判が位置していた。

ジグザグ・デモ批判の論旨は、いわくジグザグ・デモは大衆に支持されず統一行動をかき乱す、いわくジグザグ・デモは市民に迷惑をおよぼす、など。酒井によれば、こうした運動内からのジグザグ・デモ批判の論調は、集団的示威行動としてのデモじたいの正当性を喪失させかねないものであり、「整然としたデモ」が望ましいとする論調は統治する側の当局によるデモ規制をうかと招き入れるものであった。結果、ジグザグ・デモの凋落が始まる。

過激で乱雑なジグザグ・デモが大衆的でない（大衆的支持を得られない）とする主張は、一見、正しいように思える。だが、本当にそうか。ここでは、「大衆」をどのような存在としてとらえるかが問われているのである。

すべてを「整然」というかたちに統制することが、スキのない「統一と団結」をもたらすという発想は、「だれもが参加できる」というふうに、どのように「民主的」にみせかけようと、「大衆」を同一のイメージによって幻想的にぬりこめ、受動的で操作可能なものとして把握するやり方と裏腹であり、こうした大衆の行動のもつしばしば保守的ともラディカルともなりうる、複雑で突破口に充ちた実態をみえなくするか、あらかじめ排除してしまうのだ。

（酒井、二〇一三、四〇八頁）

ジグザグ・デモを批判する運動指導部が想定する「大衆」は、受動的でコントロール可能な存在として想定されている。そのような「大衆」を導き、統一的な行動で勝利に導くべく、運動方針が決定される。ここでの「大衆」は「普通の市民」とも響きあう。そこで見えなくなっているのは、ジグザグ・デモに共鳴する人びとの姿である。酒井は、ジグザグ・デモに飛び込んだ女性の証言や、メーデーに際してジグザグ・デモをくりひろげる全学連主流派が警官隊に包囲されそうな局面で群衆があいだに割り込んでジグザグ・デモを守り、「ポリ公かえれ」という言葉を浴びせた事例を紹介している。ジグザグ・デモのリズムが「大衆」の心情と共鳴する瞬間は、かつて確かにあった。ジグザグ・デモが祭りにたとえられるのは、「ワッショイ！」というかけ声ばかりでなく、本源的に「大衆」のリズムに則っていたからである。

六〇年安保から時代はすこし下るが、一九六〇年代後半の群衆行動についての平井玄の指摘も重要である（平井、二〇一三）。新宿騒乱をはじめとして路上の前線で目立ったのは全共闘や新左翼の学生運動だったが、その周囲には無数のラディカルな野次馬たちがひしめいていたと平井は証言する。

警棒と大楯をブン回す機動隊の無茶苦茶な規制に大声で怒り、ガードレールに追いつめられた隊列の後ろから、ビン、カン、ゴミの類を思いっきり投げつける。歩道の人波に逃げ込もうとする学生にスッと道を空けたかと思うと、追いすがる私服に満員電車状態の歩道のどこからか足が出る。その足をかけた者をゴボウ抜きしようとした別の私服をさらに群衆の一団が囲む。そんな光景に何度か出くわした。そのうえ、猛り狂った機動隊が丸ごと排除にかかればクモの子を散らすようにいなくなってしまうのである。そして、いつの間にかまた別の場所に流れていく。

（平井、二〇一二、一一一頁）

学生活動家たちが投石のために歩道の敷石を剝がして細かく砕く作業に苦心していると、人だかりのなかからヒュッと出てきて段差の角に嬉々として石塊を叩きつける腕利きの労働者たちの姿も見られたという。平井は、必ずしも運動の主体ではないこれらの人びとを「スーダラ節を歌う野次馬たち」と独特の言い回しで表現している。確固たる主体ではないが、ただの客体でもない。革命の責任など知ったことではないが、「前衛諸派」の呼びかけに対してそれぞれのやり方で、てんで勝手に応答した野次馬たちの群れが路上にあふれていた。

ところで、なぜ『スーダラ節』なのか。平井は、体の前で腕をブラブラさせる植木等の「スーダラ踊り」に、公序良俗や立身出世を笑いとばす身振りを読みとる。酔い潰れたサラリーマンが「分かっちゃいるけど、やめられねぇ」と居直り、「スラスラ、スイスイ」と素っ頓狂に騒乱の街にくりだす『スーダラ節』に、海路や鉱山を流れゆく労働者が騒擾のなかで歌った労働歌を重ねあわせるところが一流の平井節である。

「スーダラ節を歌う野次馬たち」は、「決して『否定』によっては動かない。わけの分からない『歓び』に導かれて動き出す」（平井、二〇一三、一一三〜一一四頁）。路上にあふれだしたデモ隊の群衆の形姿は、歓びの情動の表現である。警官隊が死守したい公序良俗の空間秩序にもたらす亀裂から噴出する歓びの情動こそが、野次馬たちを惹きつける。その裏には、日頃の鬱屈と忍従に彩られた面従腹背があっただろう。鬱屈と忍従から祝祭的歓びへという情動のダイナミズム！　野次馬たちもまた「大衆」であることは間違いない。ただ、きわめてラディカルな「大衆」である。

4　政治的アクションのために

「普通の市民」が参加しやすいようにデザインされたデモは、いわばマーケティングの発想に近い。マーケティングは消費者の動向を探るとともに、消費者の動向をつくり出す。消費社会論が示すように、消費者の欲望は資本主義の経済システムによって形づくられる。拡大再生産を実現するには、生産された商品は購入されねばならない。消費者の欲望は、資本の自己増殖過程に組み込まれ、商品と共に日々生産されている。消費者の自由は、与えられた選択肢のなかから選ぶ自由である。所与の選択肢の在り方そのものを問う自由は、消費者的な主観とは異なる主観性から生まれる。

集団的示威行動は通常、社会経済生活を営む場所を一時的に占拠し、人びとの集合的な意思表現のための広場へと転換させるものである。そこでは明確に、空間の秩序が転換される。トラックの荷台にスピーカーを積んで音楽を流しながら行進する近年のサウンドデモに限らず、あらゆるデモが祝祭的様相を帯びるのは、空間の意味秩序の転換による。

「普通の市民」が参加しやすいようにデモをデザインすることは、既存の秩序の枠組みのなかで抗議の意思を示す上では実効的であり、おそらくは動員数の増加にも貢献しただろう。既成の枠組みのなかでの政治的アクションを「政治1」、既成の枠組みじたいの解体と再構成をともなう政治的アクションを「政治2」として区別するならば、「普通の市民」の参加を促すデモのデザインは「政治1」にあたり、デモ規制を攪乱するジグザグ・デモや無責任な野次馬たちの不規則な行動は既存の秩序じたいを解体する「政治2」の実践にあたる。

既存の秩序を乱さない限りにおいて統治者にとって「政治1」は「想定内」のものだが、秩序を惑乱させる「政治2」は「想定外」の事態となる。公安条例をはじめとするデモ規制の目的は、「政治2」を未然に防ぐことである。「政治2」では、統治者が市民の代表であるという建前が欺瞞に過ぎないことが、白日のもとにさらされる。特定の政策の個別の論点に関して代表していないというのではなく、代表という擬制の核心が暴露されるのである。

「政治1」と「政治2」を二者択一的にとらえるべきではないだろう。いかなる政治も複数の戦線でのたたかいを同時進行することが必要で、「政治1」はいつでも「政治2」への伏線であり導入部として位置づけることができる。「政治1」にとって「政治2」は非合理的で不穏な動きに見えるかもしれないが、ラディカルな変革なくして実は些事さえ動かせない。勝ち取ったと思うそばから奪われていく経験は、被支配階級の遺伝子に刻まれている。三代（以上）つづく政治家たちが大臣を歴任する政治体制は、もはや身分制であり貴族政治と考えるべきである。財界との縁戚も濃密である。高貴な身分に生まれた者どもにとって下々の統治と管理は本能的所作であり、身分制の根幹が揺らぐような政治的暴露に対しては敏感に反応する。「片側一車線三列縦隊」という徹底的な管理のもとに置かれたデモ隊をさらに攻囲し、わずかでも車線をハミ出そうものなら瞬時に取り押さえんとする警官隊の緊迫した身体は、身分制秩序の最上層を占める者たちのいわば末梢神経である。

民主主義は、特権階級を認めない限りにおいて誰もが自由で平等であることを理想としたはずである。二〇一九年春、天皇退位と即位、新元号への移行をめぐる国民的熱狂をみると天皇制の根深さが感じられた。右を見ても左を見ても天皇礼賛。出遅れまいと、勝ち馬に乗りたい心情がメディアミックスの疑似イベントを通じて煽られる。だが、その軽薄さはラディカルさと表裏一体でもある。保守的にもラディカルにもなる「大衆」の両義性は、本質的に軽薄なのだ。天皇制の存続を至上目的とする皇族たちは、かえって一連の国民的熱狂に心底畏怖したかもしれない。実現は決して容易なことではないものの、原理上、皇室賛美の国民的熱狂は天皇制打破のエネルギーに転換可能なものだからである。

現状では、いうまでもなくその兆しは皆無である。事態は後退しつづけている。「大衆」の情動を管理するあらゆる作為は、上からも下からも徹底されている。万事休す。ジグザグ、スーダラする余地は、それでも群衆の身体に宿る、と信じたい。力は、我らの内にあるのだ。

注

1 『新　警備用語辞典』立花書房、二〇〇九年、一九〇頁。警察関係者向けの学習辞典。

2 他にも無数の運動が各地で起きているし、その持続性において決定的な重要性をもつ沖縄の反基地闘争も二〇一〇年代に重大な局面を迎えているものの、ここではマスメディアで注目されたことも含めて社会現象化した二つの運動をあげた。

3 官邸前抗議を呼びかけた首都圏反原発連合のスタッフである野間易通は、報道で「組織の旗の上がらない一般市民のデモ」と盛んに強調された点に触れて、実際の現場では労働組合や新左翼党派の旗や幟が掲げられていたが、党派によらない市民の参加が報道ではニュースバリューとして重視されたことを指摘している（野間、二〇一二、一六〇頁）。

4 「小熊さん」とは社会学者の小熊英二を指す。

❖5 「ユニオンぼちぼち」の高橋慎一は、「若者の社会運動」をめぐって状況を単純化した批判の応酬ではなく、また新旧や世代では括れない分断について、起きた出来事のディテールの正確な分析と分断を乗り越える実践を描く必要性を指摘したが、まったくその通りだと思う(高橋、二〇一九、九―一〇頁)。

参考文献

平井玄『彗星的思考――アンダーグラウンド群衆史』平凡社、二〇一三年。

野間易通『金曜官邸前抗議――デモの声が政治を変える』河出書房新社、二〇一二年。

酒井隆史「Notes on the Snake Dance/Zigzag Demonstration」(天田城介・角崎洋平・櫻井悟史編『体制の歴史――時代の線を引きなおす』三六三―四二七頁)、洛北出版、二〇一三年。

高橋源一郎・SEALDs『民主主義ってなんだ?』河出書房新社、二〇一五年。

高橋慎一「コメント『若者の労働運動』の現在――ユニオンの世代交代論について」(『職場の人権』第一〇五号、八―一一頁)、研究会「職場の人権」編、二〇一九年。

富永京子『社会運動と若者――日常と出来事を往還する政治』ナカニシヤ出版、二〇一七年。

[付記] 本稿は「直接行動と民主主義――抗議行動の戦術をめぐって」(『鳥取看護大学・鳥取短期大学研究紀要』第八五号、二〇二二年、一五~二七頁)に加筆修正したものである。

帝国の身体
ストラダヌス、ガスト、バルトルディ

巽孝之

アメリカという時空間は、たえずフロンティアを更新することで移動している。もちろん、ふつうフロンティアといったら、一八九〇年のサウスダコタはウーンデッド・ニーの虐殺によりアメリカ原住民が全て制圧された瞬間に消滅したというのが教科書的な記述だが、しかしのちの一九六〇年にジョン・F・ケネディ第三五代大統領候補がニュー・フロンティア構想を打ち出すのを引くまでもなく、フロンティアの概念は一枚岩では切れない。かくして、アメリカは地上のフロンティアから宙空のフロンティアへ、物理的なフロンティアから抽象的なフロンティアへ、そしてさらには内宇宙と外宇宙が交わりとてつもない共同幻想が集団的に増幅されかねない電脳的なフロンティアへと、めまぐるしくフロンティアそのものの本質を塗り替え、私

たちがこれまで自然であり環境であると信じ込んできたものの輪郭自体を問い直す。

1　ヴァイキングから始まる

その意味で、私は長くアメリカの歩みをフロンティア更新に伴うロード・ナラティヴとして捉えてきた（『アメリカ文学史のキーワード』ほか）。一〇世紀後半の北欧系ヴァイキングから一五世紀の南欧系コロンブスに代表される大航海時代に及ぶヨーロッパを突き動かしたものが、西へ西へ向かえばどこかに黄金の国ジパングがあるという大西洋中心の幻想だとしたら、一七世紀ピューリタンたちは北米東海岸という地上に神の国を建設するべく丘の上の町（city on a hill）を築くという幻想に突き動かされたのだし、一八世紀共和国の成立以後には、ヨーロッパとアフリカ、アメリカ両大陸を循環する三角貿易が、激動する近代世界システムの夢と悪夢を凝縮した。一九世紀初頭にはルイスとクラークの探検隊が西海岸に到達し、その結果、一九世紀中葉には「明白なる運命《マニフェスト・デスティニー》」のスローガンに呼応するかのようにオレゴン州ポートランドをめざすオレゴン・トレイル（一八四二年―六〇年）が成立し、やがて一八四八年以降には、西漸運動のきっかけとしてカリフォルニアの金鉱すなわちエル・ドラドを求めて労働者たちが大移動するゴールドラッシュが見られる。ようやくフロンティアが消滅したとおぼしき一九世紀末には、エジソンの白熱電球発明に根ざすかたちで都市空間を光と色とガラスで彩る百貨店消費空間が新たなるフロンティアとして生まれ落ち、それはライマン・フランク・ボームの『オズのふしぎな魔法使い』（一九〇〇年）の人気と相俟って、再び人々の関心を東海岸へ、こんどはニューヨーク・シティへ向かわせる。一九二〇年代には高層ビル開発とともにレーダーなど電波空間を空中に建築するとともに飛行機の夢を膨らませる宙空指向（air-mindedness）が増長し、一九二〇年代後半には映画産業の隆盛とトーキーの導入に伴う東海岸のブロードウェイから西海岸のハリウッドへの才能大移動、いわゆるハリウッド・ゴールドラッシュが起こる。

2 アメリカという身体

しかし、人はナラティヴだけでは動かない。そのナラティヴに伴うメディア的身体を経てこそ、一つのフロンティアからもう一つのフロンティアへと、絶え間ない移動を繰り返すのだ。

一〇世紀のヴァイキングたちはアメリカ原住民との戦いに勝てる見込みがなく割に合わないと判断したがゆえに、当時は自らヴィンランドと名付けたアメリカから手を引いたのだが、コロンブスに続くアメリゴ・ヴェスプッチがこの土地を近代科学的に正確に測量し、これが巨大な島ではなく未知の大陸であることを明かしてからというもの、ヨーロッパの植民地主義が頭をもたげる。それを促進したのは、ほかならぬ裸の女性によって表象されたアメリカ、すなわち身体を得たアメリカなのだ。北欧系ヴァイキングたちのヴィンランド表象に欠落しており、南欧系ヴェスプッチたちのアメリカ表象で初めて創出されたものこそは、この新世界たるユートピアを表現するための身体であった。グレイル・マーカスとヴァーナー・ソラーズ共編になる『ハーバード版新アメリカ文学史』（二〇〇九年）の記述が一五〇七年、世界地図に初めてアメリゴの名を起源とするアメリカという新大陸名として記された瞬間から始まっているゆえんは、ここにある。

それはちょうど、ピーテル・ブリューゲルにも多大な影響を与えたネーデルランドの画家ヒエロニムス・ボス（一四五〇年頃―一五一六年）が、通称「快楽の園」として親しまれるマニエリスム三連祭壇画を製作していた時期に当たる。一般には、ボスが同作品を制作した期間は一四九〇年から一五一〇年にかけての期間だったと言われるが、昨今では、ボスの没年一五一六年の翌年にはもうブリュッセルの貴族ナッサウ家のアンリ三世の館にこの作品が置かれていたという事実を考えると、真の注文主は当のアンリ三世だったのではないかという説が有力だ（神原正明『「快楽の園」を読む――ヒエロニムス・ボスの図像学』講談社、三一九頁）。彼は一四九二年のコロンブスのアメリカ発見ならぬアメリカ到達にも深い関心を抱き、一五〇一年から〇二年の間にはスペインを訪問し、新世界においてスペイン人が目撃した新奇な事物のスケッチも集めていた。ゆえに、そうした最新情報をアンリ三世がボス本人に伝えたとしたら、そして当時の新世界がまだ新大陸ではなくアジアの一部だと誤解されたままだったとしたら、「快楽の園」に裸の男女が入り乱れ西洋と東洋が混じり合うエキゾティックな雰囲気が溢れている理由も判明しよう。

こうしたマニエリスム手法は、やがて同じくネーデルラント系、現在のベルギー北西部の都市ブリュッへ生まれのヨハンネス・ストラダヌス（一五二三―一六〇五年）の筆になる作品に基づき同じくオランダはアムステルダム西方の都市ハールレム出身でのちにアントワープで活躍する版画印刷出版社のフィリップ・ガレ（一五三七―一六一二年）&セオドア・ガレ（一五七一―一六三三年）父子が一五八〇年に制作した木版画「アメリゴ・ヴェスプッチのアメリカ再発見」にも反映している。極めて皮肉なのは、ちょうどアンリ三世がスペイン旅行を終えた頃に当たる一五〇二年から〇三年にかけての期間というのが、コロンブスの仮説を否定すべく、ヴェスプッチが自身の航海と計測をもとに、この新世界がアジアの一部でも島でもなく大陸であることを綴った書簡集『新世界』が出版された時期に当たっていることだろう。かくしてストラダヌス＝ガレによる『アメリゴ・ヴェスプッチのアメリカ再発見』の絵は肉感的な裸の女性がハンモックに横たわり、堂々たる盛装にして右手には南十字星をあしらった旗を、左手には天体観測儀を携えたヨーロッパ人アメリゴと対面しているという構図を押し出した。つまり、文明人は男性的で着衣だがアメリカそのものは女性のように美しく豊かな自然を表象しているという対照。ここには前者がすでに南十字星を元にアメリカ大陸の計測を終えて後者を植民地に仕立て上げ、キリスト教化していこうとする意志がありありと窺われる。ところが、その背景をまじまじと見てみれば、背後には何と彼女の仲間である野蛮族たちが、どうやら人肉を焼いて食らうべく火を起こしているのが見えるので、文明人自身も決して危険を免れているわけではない（ヒュー・オナーズ『新たなる黄金の国』、一九七五年、八四―八九頁）。げんに、この一年前、一五七九年にフィリップ・ガレが制作し、のちに彼の画集『プロソポグラフィア』（一六〇〇年）にも収められることになるもう一枚の「アメリカ」

ヒエロニムス・ボス『快楽の園』(c.1490-1510)

ストラダヌス＆ガレ『アメリゴ・ヴェスプッチのアメリカ再発見』(1580)

では、同じ豊満にして官能的な裸の女性がアマゾンの女戦士よろしく左手には長い槍を、右手にはそれで刈り取ったと思しき白人男性の首を携え闊歩するという構図が見られる。昨今の性差理論ならば、女性化された植民地が男性性の象徴たる帝国主義者へ報復する構図とも解釈できるかもしれないが、これは端的に蛮族をキリスト教信仰すら持たない無神論者の人食い人種とみなすステロタイプ化だろう。アメリカは豊饒で魅力的な可能性を秘めているかもしれないけれど、だからこそ未踏の大地ならではの危険も孕むがゆえに注意してかからねばならない、にもかかわらず、まさに野蛮だからこそ文明国が教導してやらねばならないというロジックに基づく擬人化による植民地支配正当化のアレゴリーが、ここには表現されている。

3 戦闘美女から帝国の女神へ

やがて一七世紀のイギリス系ピューリタンによる植民地時代を経た一八世紀中葉、ヨーロッパ啓蒙主義の影響下、アメリカ独立革命時代を迎えると、三角貿易の帰結として独自の利潤を落とせるようになった植民地が徐々に経済力も政治力も軍事力もたくわえるようになり、宗主国と植民地内部における矛盾が生じるようになった。かくして、植民地時代から独立革命時代にかけて、アメリカにおけるナショナリズムの勃興が見られるとともに、それまで搾取されるばかりであった女性像は、もはや同様の苦境にある姉妹たちとともに、あえて武器を取り敵と闘うという女性像へと変貌を遂げていく。

げんに一七五〇年には、性悪な夫に見棄てられて子供も死産に終わる女性ハンナ・スネルが、のちに一大決心をして銃を取り女性兵士として活躍していく記事が人気を呼び、一七七五年、すなわち独立戦争の前年には当時の年鑑『トマスのニューイングランド・アルマナック』の呼び物としてページを飾っていた。ジェイ・フリーゲルマンもいうように、さて彼女を棄てた夫が「自然に背く男」なのか、それとも銃を取る女の方こそが「自然に背く女」なのか、それは容易には断定しえない。しかし、子供に先立たれ武器を取るハンナの闘争的ヒロイニズムが、イギリス国王の自然ならざる暴挙に断固抵抗するアメリカ植民地の自然なる情緒と絶妙に共振し、独立宣言起草者トマス・ジェファソン自身にも感銘を与えたであろうことは、容易に推察できる。

歴史をふりかえれば、一五世紀のフランスにて百年戦争の折に、祖国救済のご神託を受けイギリスを相手に戦い、オルレアンを奪還した愛国少女ジャンヌ・ダルクの例はもとより、我が国でも、清朝王族の血を引く王女として生まれ、辛亥革命で滅ぼされた清朝復活のため日本軍の満州建設に協力した女スパイ川島芳子の例が、たちまち思い浮かぶ。少女漫画の世界でも、手塚治虫の描く『リボンの騎士』のサファイアや池田理代子の描く『ベルサイユのばら』のオスカルまで、男装の騎士、男装の兵士のキャラクターには事欠かない。第二次米英戦争の折には、ナサニエル・カヴァリーがまさしくこうした戦闘美女をフィーチャーした『女水兵ルーシー・ブルーア』(一八一五年)までが発表されている。

ナサニエル・カヴァリー
『女兵士ハンナ・スネルの
驚くべき人生と冒険』(1775)

ナサニエル・カヴァリー
『女水兵ルーシー・ブルーア』
(1815)

だが、このようにイギリスとの二度にわたる戦争を経たアメリカ合衆国は一八二六年にはジェイムズ・モンロー大統領の年頭教書において、のちに「モンロー・ドクトリン」としてアメリカニズムそのものの根幹を成す東半球と西半球の間の不干渉主義を歌い上げた。西半球を代表するアメリカは大西洋を超えた東半球に干渉しないから、東半球にも西半球には干渉するなと強く要請する外交宣言である。これは一見したところ、独立宣言の精神を継ぐポスト植民地主義精神の発露のように響くが、やがて、民主党系でニューヨークを本拠地とする『デモクラティック・レビュー』誌の編集長ジョン・オサリヴァンが一八三七年に提唱した「ヤング・アメリカ運動」、および彼が四五年に提唱した「明白なる運命」(Manifest Destiny) のうちに批判的発展を遂げるのを見ると、事はそう単純には割り切れないのがわかるだろう。前者「ヤング・アメリカ運動」は「全ての歴史は書き換えられねばならない」「政治学と全ての倫理的真実は民主主義の原理に照らして再吟味されねばならない」「全ての伝統的な思想と新たな問題意識は多かれ少なかれ人間存在に直接関わるものとして再検討されねばならない」と見て社会改革と自由貿易、および領土拡大を推進するヴィジョンで、その結果、四五年にはエドウィン・ド・レオンとジョージ・ヘンリー・エヴァンスにより「アメリカ青年党」が結成された。後者「明白なる運命」はまさにその結成の同年に、白人アングロサクソン・プロテスタントを中心とする多数派が北米大陸における先住民を制圧し、その西海岸まで全面的に支配することこそが神の摂理であるかのように提起するヴィジョンで、すでに一八三〇年にチョクトー族、セミオール族などのインディアンをミシシッピ川以西へ駆逐する強制移住法の規模をさらに拡大した（エドワード・ウィドマー『ヤング・アメリカ』、一九九九年、四五―六三頁）。

こうしたアメリカ領土拡張主義が孕む膨張主義的感覚は、まぎれもなくのちのアメリカを民主主義国家ないしポスト植民地主義国家どころか、立派な帝国主義国家へ拡大させていく要件であり、その結果、一八四五年には、文字通りヤング・アメリカを体現する民主党系のジェームズ・ポークが第一一代アメリカ合衆国大統領に収まり、当時、一九世紀中葉のアメリカ思想をリードしたラルフ・ウォルドー・エマソンの超越主義的感覚やウォルト・ホイットマンの破天荒にして宇宙論的な詩学とも連動した。げんに、当時のアメリカは早々とモンロー・ドクトリンを破るかのように、一八五三年、東半球は極東に位置する日本を黒船で開国させ、捕鯨基地として利用しようと企てていたのだから。したがって、共和党系第一六代大統領エイブラハム・リンカーンの主導になる南北戦争は、むしろそれ以降にアメリカが西部を完全支配するために絶対必要なステップと見なすのが正しい。

そしてここでも、そうした「明白なる運命」という抽象概念に具体的にして魅惑的な女性的身体が与えられる。

ニューヨークはブルックリンを根城にするジョン・ガストが発表した『アメリカの進歩、または明白なる運命』（一八七二年）が、それだ。当初はアメリカを陸路で旅行し太平洋沿岸まで行こうとする人々のための観光ガイドブックに寄せられた絵画であったが、やがてそれは「明白なる

ジョン・ガスト『アメリカの進歩、または明白なる運命』(1872)

運命」のみならずアメリカにおけるフロンティアの意義を解説するにも絶好の一枚として、多くの教育機関でも使われるようになる。アンダース・ステファンソンによればまさに一九世紀中葉のアメリカでは終末論的プロテスタンティズムとユートピア的流動化が極致に達しており、その瞬間をこの絵画は絶妙に掌握している（『明白なる運命』五頁）。

実際、この作品をじっくりと見るならば、この巨大な女神はその頭上に「帝国の星」なる冠を被り、右手には啓蒙的教育の象徴たる教科書を抱え、左手にはそうした知識を瞬時にして伝達することのできる電線を絡ませている。女神が東から西へ進んでおり、東側の明るさに対して西側の暗さが対照的なのは、東部がすでに啓蒙され文明化されている一方、西部はまだ光で照らして教育を施さねばならない部分を多く残しているためだ。この絵画が一九世紀中葉における交通機関の百科図鑑になっているのも、忘れてはなるまい。西部の方へ逃げていくインディアンたちは馬などに引かせる橇に頼るばかりだが、白人たちは幌馬車やポニー・エクスプレスを駆使し、東からは鉄道も走っている。高度なテクノロジーを持つ西洋白人がアメリカ原住民を駆逐しつつ、この西漸運動によって北米全土を制圧し文明化しようという試みを最も美しく合理化するために、この華麗な女神の身体がたゆたっているのである。

4　ナラティヴが受肉するとき

そして「明白なる運命」と表裏一体を成す「ヤング・アメリカ運動」のヴィジョンの方も、「ヤング・アメリカ」と命名された三本マストの快速帆船クリッパーという船体とともにそれを広く宣伝するポスターにおいて、星条旗を背にした美女というメディア身体を与えられた。

快速帆船ヤング・アメリカ号はニューヨークの造船業者ウィリアム・H・ウェッブの手によって、快速帆船ブームのピークと呼ぶべき一八五三年に建造され、同年四月三〇日にデイヴィッド・S・バブコックを初代船長に出帆した。奇しくも、マシュー・ペリー提督による黒船が「明白な運命」のスローガンの果てに大西洋からインド洋を経由して日本を開国させたのと同年である。当初はニューヨークからサンフランシスコへ一一〇日間をかけて、サンフランシスコからホノルルまで一二日間をかけて航行したが、やがてその停泊地には香港やフィリピンのマニラが含まれるようになる。一八五七年には香港からオーストラリアのメルボルンへ赴くさいに八百名もの中国人苦力を乗せている。一八六五年にはマニラからニューヨークへ大量の砂糖や大麻の積荷を輸送した記録もある。五八年にはイギリスのリバプールからメルボルンへ航行した記録や、五九年にはニューヨークからサンフランシスコへ行く途上でマストが折れたため南米ブラジルはリオデジャネイロで修繕したという。かと思えば、六二年には南米ペルーのカヤオからベルギーのアントワープへ航行する途上でやはりマストが折れ、イギリスのプリマスで修繕し、六三年によ

G・F・ネズビット
『ヤング・アメリカ』(1863)

フレデリク・バルトルディ
『自由の女神』(1886)

ウジェーヌ・ドラクロワ『民衆を導く自由の女神』(1830)

うやくアントワープからニューヨークへ帰国している。

要するに、ヤング・アメリカ号は欧米間ばかりでなく極東から太平洋をも横断するスケールで世界を股にかけて多くの乗客とともに貨物を運んだ快速帆船だったのであり、一八八六年まで、すなわち三三年間は克明な航行記録が残っている。それは「明白なる運命」と紙一重だったヤング・アメリカ運動の権化が全地球的なネットワークを構築していたことを意味する。そして、まさにその最盛期は南北戦争の渦中たる一八六三年から六四年にかけて、ジョーンズ船長が率いていた時代であり、その際のポスターに、今日ならばあたかもウジェーヌ・ドラクロワが一八三〇年のフランス七月革命を主題にした『民衆を導く自由の女神』（一八三〇年）を彷彿とさせる戦闘美女がフランス国旗ならぬアメリカ国旗を背後に先頭を切って前進して行く勇姿があしらわれメディアに流通したことは、間違いなくアメリカン・ナショナリズムを沸騰させたであろう。ジョン・ガストが描き出した帝国の女神とG・F・ネズビットが視覚化した戦闘美女を凝視すればするほどに、両者のイメージが一八八六年、フランスがアメリカ独立革命百年を記念してフレデリク・バルトルディに制作依頼し寄贈することになった自由の女神像の中に溶け合っているように感じるのは、決してわたしだけではあるまい。

人はナラティヴに感動する。しかし、ナラティヴだけでは、国は動かない。個人の感動を超えて国民が行動に訴えるのは、ナラティヴがメディア的身体をまとって受肉し具象化した瞬間である。ナショナリズムの蠱惑と陥穽が、そこにある。

引用文献

Honour, Hugh. *The New Golden Land: European Images of America from the Discoveries to the Present Time*. New York: Pantheon Books, 1975.

Marcus, Greil and Werner Sollors, eds. *A New Literary History of America*. Cambridge: Harvard UP, 2009.

Stephanson, Anders. *Manifest Destiny: American Expansionism and the Empire of Right*. New York: Hill and Wang, 1995.

Widmer, Edward L. *Young America: The Flowering of Democracy in New York City*. New York: Oxford UP, 1999.

神原正明『「快楽の園」を読む——ヒロエロニムス・ボスの図像学』河出書房新社、二〇一七年。

巽孝之『アメリカ文学史のキーワード』講談社、二〇〇〇年。

『アメリカ文学史——駆動する物語の時空間』慶應義塾大学出版会、二〇〇三年。

Ⅱ セクシャリティ

モードと政治的身体
色彩とファシズムと計測をめぐって

長澤均

西欧を呑み込んでいく黒服

およそ多くの服飾史がモードと政治の関係に切り込まず、たんに貴族・有産階級の衣服のフォルムの変遷しか記述してこなかったために、政治とモードの関係、あるいは共犯性について語られることはこれまでほとんどなかったし、「社会性」という繕った鎧の下でモードというものが、じつはきわめて性的でもあったことも等閑視され続けてきた。

モードが関わった政治と性についての記述が欠落した状態が続くなら、服飾史とはいつまでたっても本質が解かれることのない表層の様式史でしかない。それほどにモードは政治と性に深く関与してきたと思うが、ここではモードと政治の関係についてのみ話してみたい。

たとえばイタリア・ファッショが民兵組織「黒シャツ隊（Camicie Nere）」の主導でファシズム政権を確立したとき、あるいは黒色の制服を着たナチス親衛隊（SS）が、褐色の制服を着たナチス突撃隊（SA）を粛正したとき、明らかにそこには政治と不可分に存在したモードが立ち現れていた。

衣服が政治の表徴となった現場。ただし王権政治の時代にもファシズム期にもいえることだが、衣服はずっと政治に関与してきたわけでもない。ブルジョアジーの勃興により紳士服が黒で平準化され、だれもが同じようなスーツを着るようになった一九世紀後半以降、衣服は王権政治の時代ほどは政治に関与しなくなっていた。というのも衣服の平準化によって、権力そのものが「匿名化」したからである。

絶対王政の時代、王は誰よりもきらびやかで高価な衣服をまとうことで権力を誇示したが、ブルジョアジーの時代にはきらびやかな衣服による権力誇示というシステムは終焉を迎えていた。だから二〇世紀の衣服は、かつてほどは政治に関与しない、それこそモダニズムの産物となるはずだった。しかしそうともならなかった。ファシズムが別のかたちでの権力的モードというものを形成したのだ。それがイタリア・ファッショの黒シャツ隊であり、ナチの制服だった。

ここでモードにおける「黒」の歴史を辿っておく必要がある。

一八世紀のロココ風俗華やかなりし頃、男性は女性に負けじと孔雀のように色彩豊かな服を着て、化粧をして付けぼくろまでしていた。そのあたりはスタンリー・キューブリックが映画『バリー・リンドン』(一九七五)で詳細に描いている。

しかし一六世紀にふたつの勢力が、このきらびやかで色彩に満ちた服飾文化に楔を入れていくことになる。片方の勢力はスペインの宮廷とヴェネツィア貴族に発する黒いモードである。スペインのフェリペ二世(一五二七—一五九八)は全身、黒の衣服をまとうことを好んだ。他の色はシャツの白か、宝飾品の輝く色だけである。フランス宮廷の流行とはまったく異なるこのスタイルは、スペインの宮廷を中心に各国に広まっていく。同時期、ヴェネツィア貴族も黒服に赤を合わせるなどといったシックな組み合わせを好んだ。これが南方からジワジワと中欧に向かっていった黒服の流行である。

同じ時期、北方ではルターの宗教改革が始まっていた。ルター派にせよ、カルヴァン派にせよ、反カトリシズム側はカトリックの華美を批判していたから、プロテスタントの衣服は基本的には黒服中心である。僧職に就かない人間でも、男性には地味な色の服が推奨された。一七世紀にはシャツ以外、黒をまとった「プロテスタント服」とでもいえるスタイルが商人たちのあいだで確立される。こうして北方からも黒服の波が中欧に押し寄せていった。

そこにロマン派が興る。ロマン派の色彩は黒だけではない。鮮やかな赤や暗いブルーなどの色彩は残っていた。だがそこには黄色やピンクはない（一八世紀ロココのフランス貴族が着用したルダンゴトには鮮やかな黄色の生地が使われたりしている）。ロマン派的心性、あるいは激する心情を表現するために、黒と赤などといった対比的な色彩が好まれた。黒は死や忠誠の表徴であったし、赤は血や熱情の表徴だったから、この色彩はロマン派精神にはぴったりだった。

ロマン派の狼煙を上げるきっかけともなった若きヴィクトル・ユゴーの戯曲「エルナニ」（一八三〇）上演は、反対する古典派の大ブーイングによってひとつの文化的事件となったが、このときユゴーのもとに馳せ参じたジェラール・ド・ネルヴァル、ペトリュス・ボレル、テオフィル・ゴーティエら〈若きフランス＝Jeunes-France〉派の面々が、フランス文学におけるロマン派を形成する。

テオフィル・ゴーティエ、一九歳！　彼はこのとき黒の上下に中には真っ赤なウェストコート（チョッキ）をまとっていた。以来、ロマン派青年の間では、黒に赤を合わせることが流行したという。のちの吸血鬼文学でのドラキュラ伯爵やアルセーヌ・ルパンなどの黒のマントの裏地が赤なのも、ロマン派由来なのである。

こうしてヨーロッパは一九世紀半ばまでには、この南方からの黒と北方からの黒の波に呑み込まれてしまった。バルザックは「われらはみな葬式に出るように黒服を着ている」と書き、ボードレールもまた「われわれはみな、どこかの葬式に出る途中なのだ」と同時代の風俗を記した。

色彩の喪失、それこそ近代資本主義の形成が男性モードに直裁にもたらしたものなのである。

白色崇拝と男性性憧憬

この黒もしくは暗色の男性モードの一方で、繊維産業の飛躍的拡大とともに白い織物が大量に生産されるようになる。まず、女性がカルソンなどの下着を着けるようになる。そしてハンカチを筆頭に白物といわれる布が家庭に普及し、女性がそれを管理するように社会システムがつくられてゆく。黒服の男性は真っ白なシャツを着なければならなかったし、女性の下着は白く「清純」であらねばならなかった。

この白という無彩色のために漂白産業が興り、洗濯女という一八世紀には牧歌的だった職業が、一九世紀には工場労働のようにシステム化されてゆく。修道院が修道女に課す最大の労働は白物管理となった。貴族・ブルジョワ家庭から出る白物を洗濯し、アイロンをかけて戻すことによって、修道院経営の一助としたのである（このあたりは映画『ソフィー・マルソーの三銃士』［一九九四］によく描かれている）。

黒と白というふたつの彩度なき色彩は一九世紀後半の大きな思潮となり、しかもそれらは男性性、女性性という性のシステムを強化する役割を果たした。

男性性というものが一九世紀に勃興した背景には、プロテスタンティズムによる近代資本主義の発展という経済からの要請と美学的要請とが、車の両輪として働いていた。

美学的には一八世紀の美術史家ヨハン・ヨアヒム・ヴィンケルマンからの影響が大きい。芸術は自然を理想化すべきもの、として古代ギリシャをこの理想に据え、古典美模倣を説いたヴィンケルマンの美学は、じつは一九世紀からファシズムまで続く美学的なふたつの事象の大きな伏流となった。

ひとつにはヴィンケルマンが「古代ギリシャは純白の文化であった」と論じたために、発掘されたときには着彩されていた古代遺跡が色を剝ぎ落とされるという事件につながっていく。大英博物館に一九世紀前半に収められた古代ギリシャ・ローマ遺物が白いのは発掘後に彩色を落とされたからであり、その背景にはヴィンケルマンの思想の影響があった。彼の美学は、新古典主義美学から一九世紀後半の白と黒の隆盛にまで影響を持ったのである。

こうして白の「理想化」と白への崇拝がヴィンケルマンによって準備された。

プリニウスに倣って絵画に対する彫刻の優越性を説いたヴィンケルマンは、古代ギリシャの彫像（彼が古代ギリシャのものと思って見たものはローマ時代の模刻であった）の美とは、「人間から浄化された神的なものの表現であると考えた」（G・L・モッセ『男のイメージ』）。これがその後の身体美の理想や男らしい肉体、さらにいえば「男らしさの復権」につながっていく。

ヒトラーが寵愛した彫刻家アルノ・ブレーカーの作品【図版1・2】には、このヴィンケルマン的な「男らしさの復権」が顕著だった。ブレーカーが範とした古代ギリシャのラオコーン像に「衰弱と死」の美を見出したのもヴィンケルマンである。

ロココ時代の男性が極めて女性的風情だったのと比べると、新古典主義以降の男性は、頰髭を

【図版1】ラオコーン像
1506年に発掘された古代ギリシャの彫像、ラオコーンの「苦悶する肉体」造形は、ヒトラーお気に入りの彫刻家、アルノ・ブレーカーにも強大な影響を与えた。

【図版2】アルノ・ブレーカーはヒトラー首相官邸入り口の彫像を作り、パリ占領のときは建築家アルベルト・シュペアと一緒にヒトラーに同行したことで知られる。彼の彫刻は年々、誇大妄想的になり巨大なやぐらを組んで巨大な像を彫った。

伸ばしたり外見からして大きく変化した。一九世紀後半には、成人男子に髭は必須のものとなり、それは「立派」さの表徴ともなった。カイゼル髭のような風俗は、われわれが西洋中心の美学に馴らされているから不思議とも思わずに見てしまっているが、未開部族の風俗を珍奇と思うならカイゼル髭も同様である。

こうして男性美＝男らしさは一九世紀後半から重要なテーマとなっていく。スポーツクラブが興るのも一八六〇年代くらいからである。チームを組んで対抗する。クラブのユニフォームが作られる。そのなかで男性の「たくましさ」が競われていく。こうしたことが一八六〇年代から一八八〇年代にかけて一気に現れるのである。その底流にはスポーツが、社会主義、インターナショナリズム、ニヒリズムなどの防波堤となるという一種の社会衛生学があったことも看過できない。

モダニズムが内包した単一記号性

ここまで書けばわかるように、ファシズム期に顕在化する重要な要素が団体スポーツの誕生にすでに含まれている。チームという組織での対抗、およびユニフォーム、制服である。ここでイタリアの黒シャツ隊を思い起こしてほしい。一九世紀までの華美な軍服の歴史が黒シャツに受け継がれたと類推するのは難しい。それまでの軍服には儀礼的要素も含まれていたのだから。それよりもむしろスポーツクラブのユニフォームの発展型として黒シャツがあったのではないか？スポーツ的身体の危険性。それはヴィンケルマンの美学が孕んでいたものであったし、一九〇〇年代からドイツ、スイスで興った自由裸体文化運動（Freikörperkultur）にも通底していたものだった。

もう少しだけ「黒」に言及しておこう。古来から黒色は悪魔的なものや死のイメージにつながっていたが、一方で気高さの象徴でもあった。六世紀に創建されたカトリックのベネディクト会の修道僧は黒の僧服を着た。会の戒律は「服従」「清貧」「童貞（純潔）」だった。

プロテスタントの黒服についてはすでに触れたが、彼らが色彩を排除したのは、色彩そのものを不道徳とみたからだった（たしかに印象派やフォービズムの絵画を見れば色彩とは「快楽」であるとわかるだろう）。歴史的に負の側面（直接的には死、黒死病＝Black Death、Schwarzer Tod、Peste noire）を表徴していた色彩が、一六世紀以降、大きく変わり、二〇世紀に大転換を遂げる。黒色の意味の転換が進んでいく。ファシズム期には「黒」は死を怖れぬ勇敢さ、忠誠心の表徴となっていたのである。そこにヴィンケルマン以降の理想の肉体美崇敬が入り込み、色彩とフォルムの両面、すなわち服飾そのものからファシズムは心的にも準備されていったのである。

そして極めつけはナチス親衛隊（SS）である。冒頭で書いたようにナチスの政権獲得までその実働隊となったのは褐色の制服を着たナチス突撃隊（SA）である。ところがあまりに暴力的でチンピラの集合体のようであった突撃隊は、「合法的」に政権を取ったヒトラーには邪魔者になっていく。ナチ党に資金援助した企業家らにとっても突撃隊の無法ぶりは目に余るものがあった。こうして一九三四年にヒトラーと親衛隊による突撃隊粛正が起きる。代わって大きな権力を握ったのが黒服の親衛隊であった。

親衛隊の制帽にはドクロの徴章があしらわれている。黒服とドクロの徴章。ふつうに考えれば死や恐怖を感じさせるようなものが、当時のドイツ国民には破壊された秩序を再興する表徴のように見えたのである。

ファシズム期とはじつに「視界の悪い」時代であった。一九三〇年代のさまざまな局面にみられたこの視界の悪さについては、またいつか別の論考を準備したい。

しかしモダニズムとは、そもそも「視界を拓く」システムではなかったのか？　一九一〇年代から興った文化・芸術、あるいは社会システムにおけるモダニズム運動が、視界を拓くようで、結局は視界を閉ざしていくシステムに巧妙にすり替わっていったことに関して、もっと言及される必要があるのではないか？

このモダニズムの局面からイタリア・ファッショの服飾的表徴について顧みたい。

イタリア・ファシズム運動が黒シャツ隊（Camicie Nere）によって権力を奪取したのち、黒という色彩はイタリアのさまざまな組織に敷衍されていった。衣服でいえば傘下の女性組織からファシスト青少年団（Opera Nazionale Balilla）に至るまで、黒シャツが制服として用いられ、黒が社会を征服していく。黒という単色による社会階級の平準化である。社会から「細部」というものが消え、黒という色彩に呑み込まれていく。多かれ少なかれ、この事情はナチス・ドイツに引き継がれる。すなわち一六世紀から一九世紀にかけて西欧を呑み込んだ黒の潮流が、万華鏡によく喩えられたカラフルな一九二〇年代(Roaring Twenties)からトーンの少ないファシズムへと、まるで早回しのように再度、社会を呑み込んでいくのである。それはイタリア・ファッショ政権誕生の一九二二年からナチス政権誕生の一九三三年までのたった一〇年ちょっとのことだったと言えばイメージしやすいだろうか。

しかしイタリア・ファッショがナチス・ドイツと違ったのは、指導者が古代ギリシャ・ローマ信奉とともにモダニズム美学をも称揚していたことだった。ナチスも古代ギリシャ・ローマ的なものを美の規範にしたが、モダニズムには行かずハイマート(Heimat)といった郷土愛、土俗的美学=農業ロマンティシズム(Agrarromantik)のほうに向かった。

モダニズム志向のイタリア・ファッショに、アヴァンギャルドであった未来派の面々からテラーニらのモダニズム建築家らが協力したのは有名な話だが、これはファッション界にまで及ぶ。アルファベットのイニシャルがデザインとして衣服にあしらわれるようになったのは一九二〇年代。流行としては一九三〇年代のリゾート服においてだった。これは現在のストリート・スナップの先駆者であるフランスの写真館〈セベルジェ兄弟社〉の残したリゾート写真からわかる。左胸や胸のセンターにアルファベットが一文字配された服が、なぜか突如、流行し始めた。

この先駆となった事象がある。一九二〇年のオリンピック、アントワープ大会で初めて五輪マークが大々的に使われるようになり（考案は一九一四年）、選手のスポーツ着の胸に配され宣伝に使われたのである。ちなみにまだこの時期は、各種の競技で選手の服はバラバラで、ゼッケンも付けたり付けなかったりと現代では想像もできないくらいオリンピック競技服に「統制」はなかった。

ムッソリーニは、のちにファシスト青少年団＝バリッラの胸にM（ムッソリーニのMである）のイニシャルが入った制服を支給する【図版3】。一九三〇年代にはイタリア・スポーツ界でも胸にMの大きなイニシャルが入ったランニング・シャツが支給されるようになった【図版4】。いや、それどころではない。Mの文字をパターン化してテキスタイルにし、女性のドレスがつくられるようにまでなる【図版5】。これはムッソリーニが強要したのではなく、民間の織物業者が当時の民衆のファッショへの熱狂を「商売になる」と踏んで考案したものである。

ムッソリーニという表徴は先端のファッションの細部にまで食い込んだのだ。これがイタリア・ファッショのモダニズムであった。一九一九年にトゥータ＝TuTaという極めてシンプルで斬新なユニセックスのモダニズム衣服を考案したタヤートが、ムッソリーニ政権下で服飾産業管理の要職に就いたのも、ファッショ下のモダニズム事情をよく表している。

アルファベットのイニシャルというのは、一種の記号化である。ひとつにはそのアルファベットが表徴として表しているものであり（ムッソリーニのM）、ひとつには異なる個体から単一記号への合一志向でもある。一九三〇年代のリゾート／スポーツ・ファッションに一気にアルファベッ

【図版3】バリッラ
バリッラはイタリアのファシスト党の青年組織として1926年に組織され、8歳から加入でき制服も支給された。たすき状の留め金としてムッソリーニのMがデザイン化されている。

【図版4】Mのランニング
1932年から40年にかけてイタリアで開催された大学生のスポーツ祭典〈リットリアーリ＝littoriali〉で、胸にムッソリーニのMのイニシャルを縫い付けた水泳選手。この大会では人文字でMを作ったりさまざまな場でMが多用された。

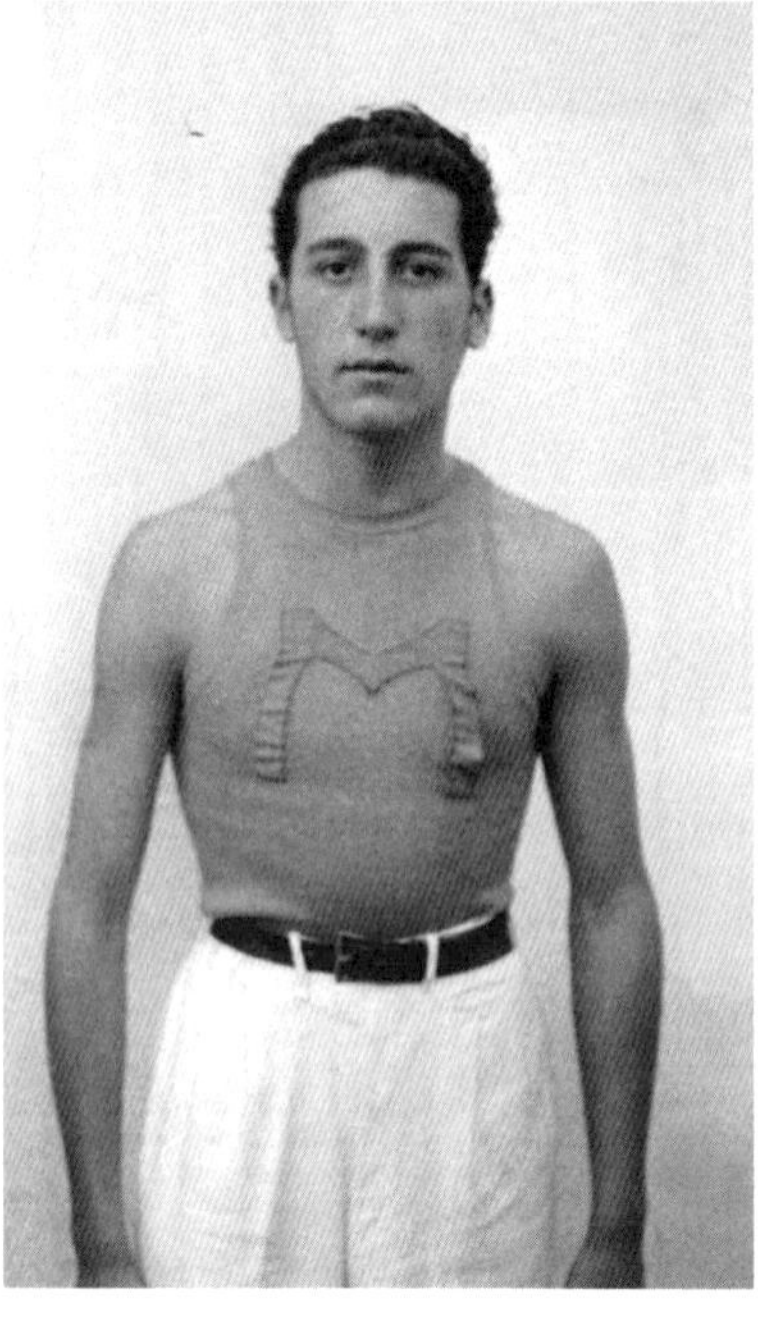

【図版5】Mのドレス
1936年に発表されたムッソリーニのMをあしらったテキスタイルのシルク・ドレス。

トのイニシャルが出現したのは、こうした記号化への欲求が一九三〇年代の心理の深層に流れていたからではないだろうか？「M」のイニシャルが胸にあしらわれた制服を着た集団が立ち現れ、それは新生イタリアを象徴するかのような光景として雑誌などに掲載されていく【図版6・7】。

ムッソリーニが組織した団体には個人が存在しているのではなく、同じ服を着て整列した無数の複製可能な肉体があるだけである。だが、その光景は当時の多くの人々にとっては美しく思えたのだ。のちにレニ・リーフェンシュタールはこの肉体の複製可能性をナチス党大会映画『意志の勝利』（一九三四）でグロテスクなまでに演出する。戦後、レニはナチとの共犯性を否定し続けたが、むしろレニがナチ以上にナチを美学化したのだ。

メジャリングと身体複製

肉体の複製性には、イニシャル（ムッソリーニのM）のような単一マークによる同一志向以外、もうひとつメジャリング（身体計測）の発達が大きく関わった。これもまたモダニズムによる身体の規格化のひとつである。

衣服のための採寸は長い紙を用意して身体に当てて印を付け、それを基に生地を裁断して縫製していた。一八二〇年代になってようやく紙または布に計測目盛りが付いたメジャーで計測し裁

【図版6】オリンピック
1936年にベルリン・オリンピックを特集した『ベルリン絵入り新聞』の表紙。胸の5輪マークは、ムッソリーニのMマークが流行った時期と期を同じくしている。

【図版7】GIL
1936年に組織されたイタリアの青年組織〈GIL（＝Gioventù Italiana del Littorio)〉の定期刊行誌『Il Quaderno』の表紙。少年の服の胸にはMとGILの文字がデザインされている。

断するようになる。そして一九世紀半ばには現代の巻き尺のような計測器の特許請願、あるいはもっと奇っ怪な測定器の特許請願ラッシュが始まる。計測の近代化が始まったわけである。

一八七九年にはアメリカで「マクダウェル・ガーメント・ドラフティング・マシーン」(MGDM)という身体計測器の特許が申請された。金属製のゲージを身体の各部に当てて、ネジで固定してサイズを出すというものだ。まるで鳥籠(ケージ)に入れられた身体のようになる【図版8】。この発展型としてイタリアではルイジ・ブランキーノがネジ留め部分を可動性にして身体にメジャーを当てて各部を計る器具を発明する。これもまた鳥籠のような拘束具風の器具である。計測によって身体を「収める」。その収容感というのが如実にメジャー器具の形態に現れていた【図版9】。

これは一九三四年(『意志の勝利』と同じ年!)にアメリカで特許が申請され、そこには「テーラーのための身体計測器具」と付記された。しかしこの器具が広範に使われたという形跡はない。だが重要なのはこの時代の計測への意志だ。

計測とはモダニズムの産物であり、そのモダニズムは規格化を内包し、その規格化はファシズムを準備していたのである。さらに規格化による複製性だけでなく、計測によって身体をその数値のなかに「収容」するという、数値による拘束が政治体制とも連動していく。

イタリア・ファッショはいち早く制服を規格化し、党員に広く制服が行き渡るようにした。制服の美学には計測が必要だったのだ。ちなみに一九二〇年代の各国の共産党組織、青年団にも制

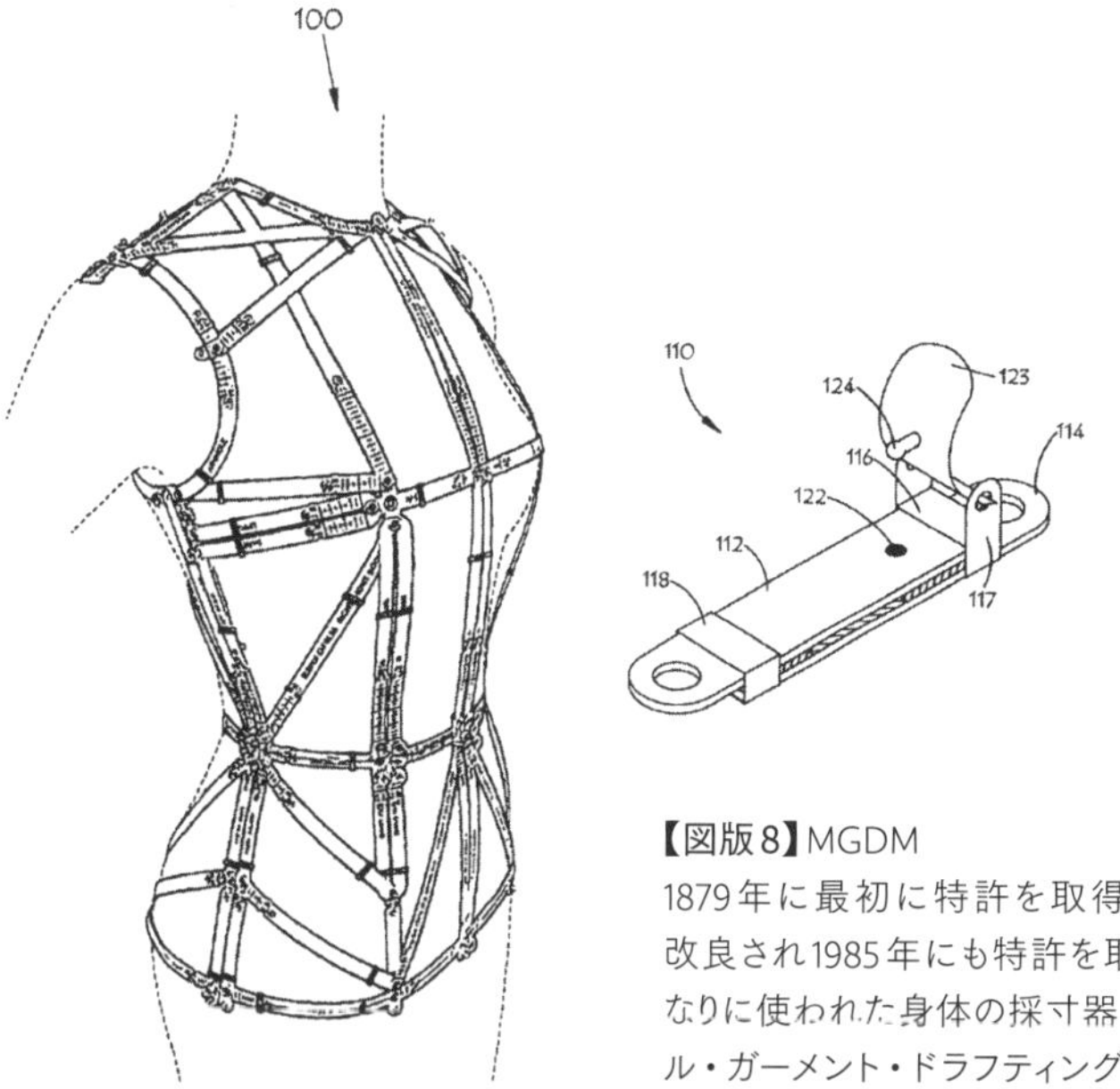

【図版8】MGDM
1879年に最初に特許を取得し、その後、改良され1985年にも特許を取得してそれなりに使われた身体の採寸器〈マクダウェル・ガーメント・ドラフティング・マシーン〉。

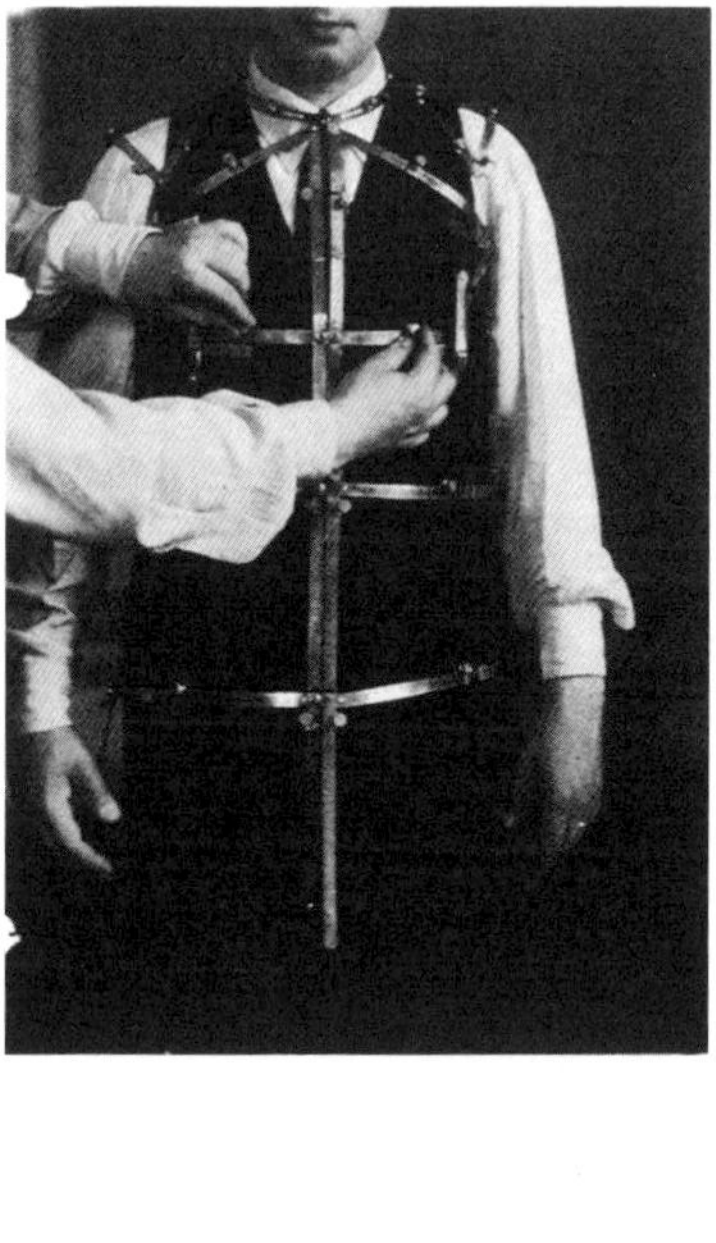

【図版9】Branchini
イタリア人ルイジ・ブランキーノが発明した身体計測器。1934年にアメリカで特許を取得している。

服のようなものはあったが、規格化が遅れたために、それは「細部のパーツが統一」され、「身体にフィット」した格好良いものにならなかった。ヒトラー・ユーゲントがその制服の細部の意匠とフィット性によって青少年を誘惑したゆくたては、最近の海外TVドラマ「バビロン・ベルリン」の第一七話にも描かれている。

一九二〇年代の写真には器械パーツ、たとえば歯車などの連続性を撮ったものが多く現れる。アメリカのマーガレット・バーク＝ホワイトや、ソ連のロトチェンコの作品がその筆頭だろう。その「部品」と「連続性」は、ファシズム下では、まさに身体がそうあるべきものとして提示されていく。モダニズム美学にはファシズムが内包されていたということを、バーク＝ホワイトやロトチェンコは図らずも指し示してしまったわけだ。

ナチス＝国民社会主義ドイツ労働者党は、その前身にさまざまな右翼オカルティズム団体の影響や人脈をもって誕生したが、ナチが計測システムを取り入れると、それはモダニズム的な計測意志でありながらきわめて反近代を志向することになる。

ユダヤ人であることを骨格から計測するために、ナチは人種学者ロベルト・ブルガー・ヴィリンゲンが開発した〈プラストメートル＝plastometer〉なる奇っ怪な測定具を用い始めたのだ。鼻の幅や長さ、頭蓋骨の大きさなどから「人種的」にユダヤ人であることを測定しようとした【図版10】。

ここにおいて測定という〈近代〉システムは、いかようにも〈反近代〉たり得るものとして現前し始める。そこに一九世紀からの〈優性思想〉が絡むことによって、測定そのものがひどくグロテスクな「選別」の様相を帯びてゆくことになる。

これはナチス特有の反近代的志向による測定の反動だったのかもしれない。

プラグマティズムのアメリカではこのような反近代的なことは起こらない。衣服に絡めていえば、測定は軍服の大量供給に大きな役割を果たした。いくつかの測定を基にS、M、Lといった型をつくり、そのどれかに身体を当てはめる、それが第二次世界大戦でのアメリカの軍服生産の最大の成果であった。

メンズの既製服で、いまでも使われる「36、38、40、42……」などといった何段階ものサイズを大量の軍服供給にも当てはめるのは無理があった。それをアメリカの戦時局は大きく三つのサイズに簡略化することで解決したのである。

アメリカでの功利的な計測志向は、女性の美を測るためのスリー・サイズという概念を生みだす。一九二一年に始まった〈ミス・アメリカ・コンテスト〉の当初のタイトルは〈bathing beauty revue〉であり、史上初めて「水着」女性を審査するものだった。それまで公には測られることのなかった女性の身体は数値化して提示され、早くも一九二〇年代に瘦せるためのフィットネス・マシーンが大々的に売られるようになっていく【図版11】。

男性の身体も同様で、ボディ・ビルディングが急速に人気を伸ばしたのは一九三〇年代、その伏線にはジョニー・ワイズミュラー主演の『類猿人ターザン』（一九三二年）があった。それまで

【図版10】プラストメートル
ドイツの人種学者ロベルト・ブルガー・ヴィリンゲンと彼が開発した人種測定器〈プラストメートル〉。

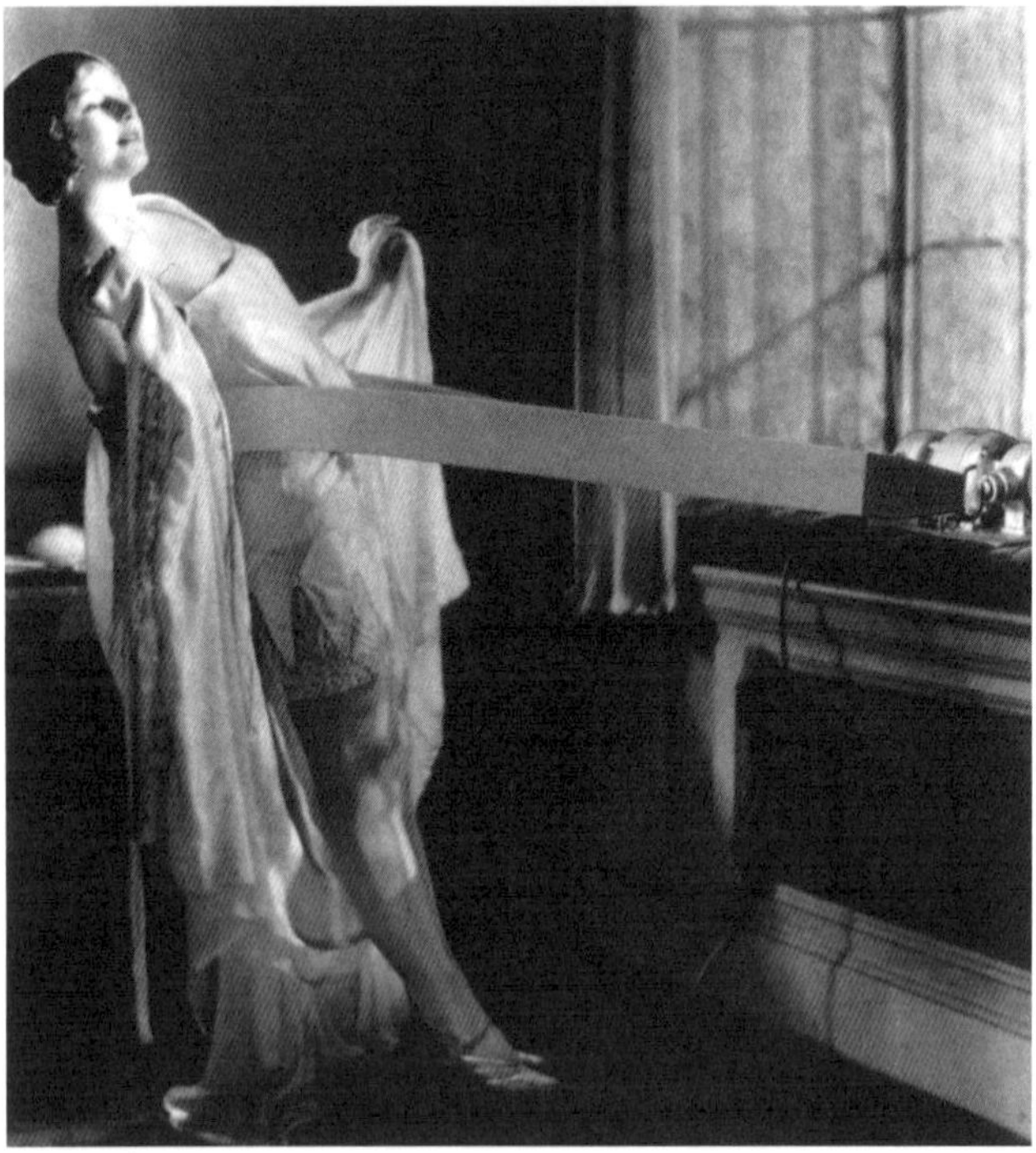

【図版11】Vibro-Slim
1920年代にアメリカの婦人雑誌などに盛んに広告がうたれた痩身器具〈Vibro-Slim〉。

胸を隠すタンクトップ型の衣裳を着ていたターザン映画シリーズで、ワイズミュラーが初めて下半身だけの衣裳となり胸を露わにしたのである。男の「胸板」もこのとき以降、女性からの「批評」の対象となった。計測は平準化のための機能の最たるものだが、その一方で計測によって「特化」される肉体も生みだしたのだ。

これはヴィンケルマンからファシズムにまで通底した肉体美志向のわかりやすい結末だったのではないだろうか。それはファシズム体制が終焉したあともずっと続いていく。もはや計測なしに美は計れない。一方でモードの終焉という事態が二一世紀に入って現実になりつつある。もはや衣服において革新すべき意匠はないのだ。ここで計測による美を無化しようとするモードが立ち現れる。二〇一〇年代以降に顕著な身体へのフィットをまるで無視した高級ブランドのモードの潮流などがそれである。

まるで近代を乗り越えようとしつつあるかのような仕草で、しかしこれは近代の向こうに別の近代を構築しているようなものにも思える。まったく政治体制とは関係ないところにモードは存在できるようになったが、この近代システムのなかで差異的フォルムを探求している限りは、きわめて政治的なのだ。

近代を延命させるための意匠でしかないという意味において、モードはつねに政治的であるとしか言いようがない。

新・独身者機械論序説

新島進

一九五四年、フランスの文筆家ミシェル・カルージュが主著『独身者機械』でおこなった考証は半世紀を超えた今も参照され続けている。いや、実際には、論考自体ではなく「独身者機械」という語が独り歩きし、現代人の想像力を刺激しているといったほうが正しいだろうか。孤独なセクシュアリティとテクノロジーで「独身者機械（Les machines célibataires）」——この二語を組み合わせ、カルージュに世界解明の光を与えたマルセル・デュシャンはあらためて現代の錬金術師とみなせよう。かつ本邦においては日本語のインパクトが絶大だというローカルな事情もある。ウィリアム・ギブスンのcyberspaceに「電脳空間」という訳語をあてた黒丸尚の才知が思い出される。この漢字四文字がどれほどの地殻変動を日本語による想像の世界にひき起こしたことか。

試しに「独身者機械」という語が喚起するものを思い浮かべてみるとよい。それは即座に、多様かつ強迫観念的なイメージをもたらすはずだ。機械化、産業化、都市化、ネットワーク化によって個が疎外された社会、婚姻率と出生率の低下、増えるばかりの精神的、法的な独身者。そして日々更新されるクローン技術、遺伝子工学による性を介さない人工生殖の展望。アイラ・レヴィン『ステップフォードの妻たち』（一九七二年）のロボットワイフもはや諷刺、皮肉にはならず、あるいは中国でラブドール産業が急成長しているといった報道はなにを意味するのか。性産業がヴァーチャルリアリティ、ロボティクス、AI技術の日進月歩に新たなビジネス機会をうかがう一方、人権団体は人類数千年の悲願である性搾取終焉の福音とするか。そしてテクノロジーの加速を促すのはつねにそれを外挿《エクトラポレート》するイマジネーションだ。ここ十年における北米の実写作品ならば、たとえばアレックス・ガーランド監督『エクス・マキナ』（二〇一五年）のエイヴァ、ドゥニ・ヴィルヌーヴ監督『ブレードランナー 2049』（二〇一七年）のジョイなど、彼女たちも現代の未来のイヴの一例に過ぎない。日本の漫画アニメ作品についてはそれこそ枚挙に暇がないが、記憶に新しいところでは杉浦次郎『僕の妻は感情がない』（二〇一九年〜）などが挙げられよう。

　加えて多くの作品は、実社会での独身者と、自らがそのコンテンツであるメディアとの関係を主題化する。セクサロイドがアニメーションにおける身体性を顕わそうとして舞う映画『イノセンス』（二〇〇四年）において押井守監督は、旧邦訳版『独身者の機械』から複数の語をカットアップしたが、[1] それは些細な逸話に過ぎず、むしろ『イノセンス』という作品がアニメという装置を問い直しているアニメ作品であることが独身者機械神話との真の接点なのだ。つまりアニメというメディア自体もまたメタレヴェルの独身者機械なのである。この構造は、アニメとアニメを観る／つくる者との関係を何度もループしながら問い続けた庵野秀明監督『エヴァンゲリオン』シリーズ（一九九五年〜二〇二一年）についてもいえることだろう。

畢竟、以上を踏まえると「独身者機械」という語は、まずは実社会における性／愛の孤独と科学技術の関係を。そして文学、美術、映像作品の主題としてのそれを。さらに、その二つの次元のあいだの媒体、つまりメディア（出版物、テレビ、映画、パソコン、携帯端末といった各種装置と各分野の産業、たとえばアイドル産業）それ自体を、重複を厭わず含意する。いうまでもなく作品は実社会から生まれ、仮面に覆われたその真の顔を表象と物語の力によって露呈させ、一部の作品はその仕組み自体をメタ的に主題化することでマンネリズムにピルエットを加える。これはすべての商業的なコンテンツにあてはまることだが――多くの映画は映画の映画である――独身者機械については「機械」という語がカヴァーする事象が作品の主題とその媒介《メディア》にまたがるため三者の分別が曖昧である。いや、むしろ独身者機械とは実社会の独身者と機械、作品の主題、メディアの三位一体《トリニティ》として存しているのだ。

こうして独身者機械はわれわれに強い示唆を与え続け、独身化と機械化を加速させるばかりの二一世紀はなおもそのアクセルを踏みこむが、そのぶん、始祖たるカルージュの独身者機械論と

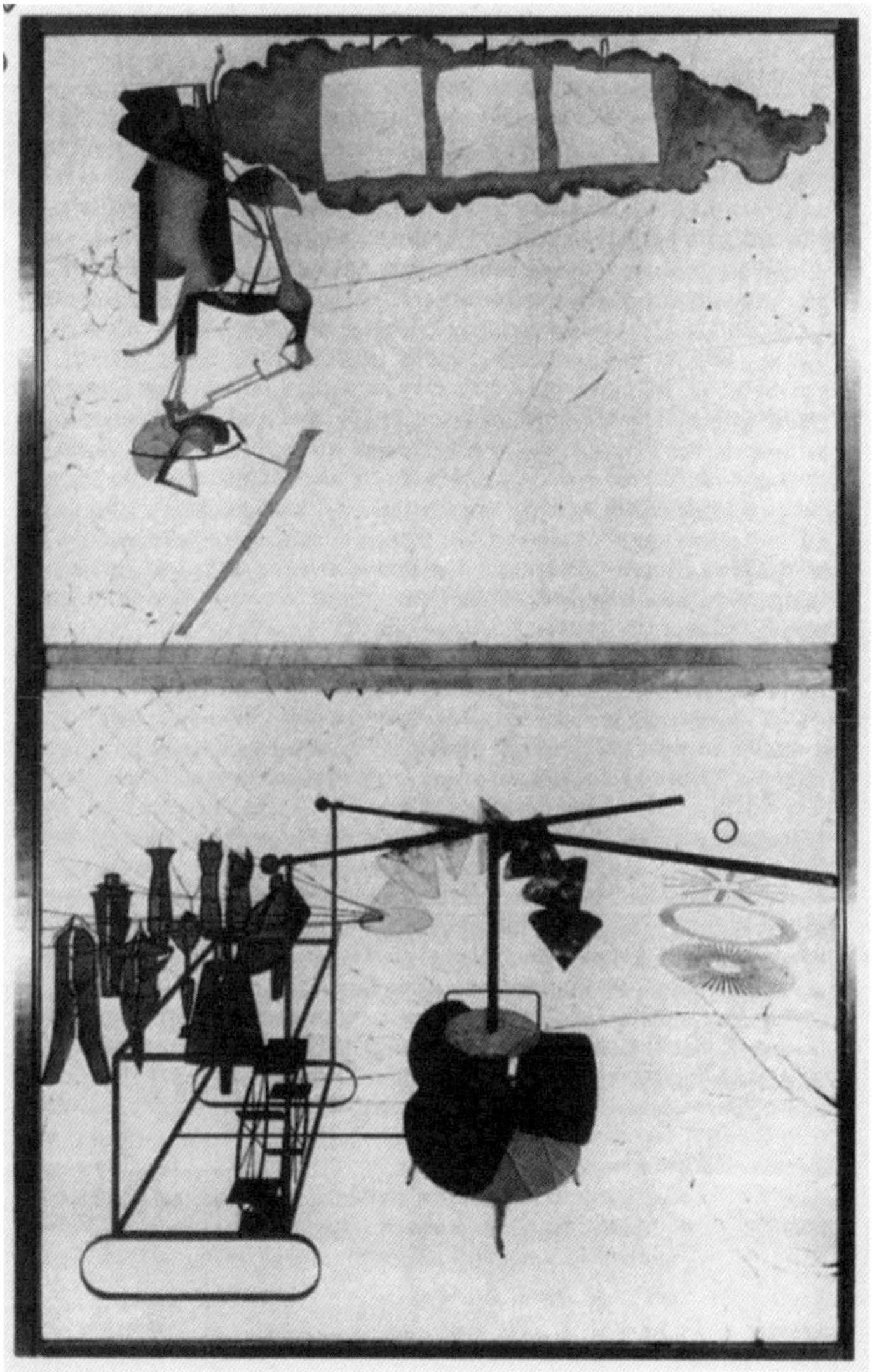

【図版1】マルセル・デュシャン
『彼女の独身者たちによって裸にされた花嫁、さえも』の〈大ガラス〉。
ミシェル・カルージュ『独身者機械』（新島進訳、東洋書林、2014年）よりの距離は開くばかりになっている。メディア社会における孤独を考える鍵概念として独身者機械に興味を惹かれ、カルージュの本を手にしても、そこで分析されているのは門外漢には疑問符しか浮かんでこないデュシャンのオブジェ作品であり【図版1】、用いられているのは「客観的偶然」といった聞き慣れないジャーゴンであり、本気なのか煙に巻こうとしているのか判断に迷うこじつけ的な解釈であって、これでは途方に暮れるよりほかない――それは筆者が大学で独身者機械について講義する際、一部の学生の反応として実体験していることでもある。では「独身者機械」という蠱惑的な語、ならびに概念を今後も批評装置として活用するためにはどうしたらよいのか。まずはカルージュの論考の背景、その出自を今一度整理し、再確認すること。そのうえで独身者機械論を二一世紀社会に準拠した新たな装置にアップデートすることが必要であると思われる。そして、その手続きは独身者機械論がポストヒューマンの身体、その表象と深く関わることを明らかにする。なぜなら新世紀の独身者機械は、身体と世界とのあいだに置かれるメディアの謂として定義できると本論は考えるからである。ここでは以下、カルージュの独身者機械神話を現代からふり返る形で解体、再編したうえで、来るべき新たな独身者機械論の序説を述べてみたい。

カルージュは、一九世紀後半から二〇世紀前半の美術や文学作品に現われたいくつかの想像上の機械に、一見それとはわからない共通の特徴を見いだし、これを「独身者機械」と命名した。

また、それらが歴史的文脈やジャンルを超えて作中に身を潜めていることから——二大独身者機械の作者であるマルセル・デュシャンとフランツ・カフカに人的な交流はなく、作品の文化的背景やジャンルも異なる——独身者機械を、人の想像力を統べる現代の神話とした。簡素にまとめるなら、独身者機械神話作品は「機械化、恐怖、性愛、宗教もしくは反宗教の衝突」[2]が生む悲劇を描く。そこで男女[3]は互いを求めつつも愛と生殖を拒否、結果、エロティクな行為は単なる機械的工程と化し、性は失楽園以前にあった神聖を失う。

著者のミシェル・カルージュ（一九一〇年〜一九八八年。本名ルイ・クチュリエ）は、アンドレ・ブルトンを中心に興った詩学、芸術の刷新運動、シュルレアリスム運動に感化され、一九三〇年代初頭に生地ポワティエからパリに上京、保険会社に勤務しながらグループとの交流をはじめた。一方で彼は敬虔なカトリック教徒であった。第二次世界大戦に動員され、復員後は、占領下のパリやその近郊で開かれていたカトリック知識人のサロンや集会に通って人脈を広げた[4]。戦後、カフカやシュルレアリスムに関する研究書を矢継ぎ早に刊行、独身者機械論の最初のヴァージョンも一九四六年に書き終えている。その方法論は、本論冒頭に「読書をしていると想像力が衝動にかられてひとりでに《オートマティック》働きはじめ[5]」とあることや、神話という批評装置、そして至高点や客観的偶然といったブルトンの理論が用いられていることからもシュルレアリストのそれと認めることができる。ただし教会と、反教的な集団に同時に属するという矛盾は、後述する理由によってカルージュ自身の裡では解消されていたと思われるが、一部のシュルレアリストの理解は得られず、一九五一年、グループからは除名される。一九五四年、『独身者機械』の初版（増補改訂版が一九七六年）の刊行以後は文学研究から離れ、カトリック聖人であるシャルル・ド・フーコーの伝記などキリスト教関係の著作、あるいはSF文学作品を物し、またUFOの研究をおこなっていた。なお、カルージュは大学のような研究機関には属さない、いわゆる在野の知識人であり、戦後はカトリックの修道会であるドミニコ会が運営する出版社セルフに編集者兼ライターとして勤務、その傍らで自身の著述活動に勤しんだ。ただし彼自身は修道士でも聖職者でもない一般信徒《ライック》である。こうしたアカデミスム、シュルレアリスム、カトリシスムにおける二律背反的ともとれる立ち位置はカルージュという思想家の特色であろう。同様に（？）彼は独身者ではなく妻帯者であり、たくさんの子女に恵まれた父親だった。

ともあれ独身者機械論の萌芽においてカルージュのカトリック信仰を軽視することはできない。欧米社会の近代化とはいうまでもなくその非キリスト教化と換言できる。科学の進歩、日常生活に横溢する機械は宗教、性における伝統的価値観に揺さぶりをかけた。そして独身者であることはキリスト教に基づく規範に反する在り方だ。また、この時代、ニヒリズムと対峙した多くのカトリック知識人は伝統からの逸脱に警鐘を発しつつ、新たな思想——たとえばコジェーヴ／ヘーゲル、精神分析、マルクス主義——を踏まえ、信仰の問い直しを余儀なくされていた。カルージュがカフカの作品に強い関心を寄せてモノグラフを著し、独身者機械論でも再度語り直しているのは必然といえる。同論によれば、カフカ『流刑地にて』（一九一九年）で描かれる処刑機械の機能不全は社会と宗教との不調和を意味し、自ら機械にかかり、聖寵を得られずに犬死にする将校は、ユダヤ=キリスト教における神の戒律を放棄した独身者なのであった。また、デュシャン〈大ガラス〉の解釈においては、独身者のひとりである僧侶のいる領域が「墓場」と命名されていることから作品の反宗教性を指摘し、そうした意図をそもそも欠いているデュシャンを鼻白ばませている。ほかの主要独身者機械作家、たとえばオーギュスト・ヴィリエ・ド・リラダン伯爵はカトリック作家であり、ジュール・ヴェルヌはカトリック教徒ではあってもカトリック作家とはしがたいが、〈驚異の旅〉に各種の機械が登場すること以上に、ヴェルヌ作品における神性の問題がカルージュの興味を惹いていたのは間違いない。『超人の神秘神学』（一九四八年）ほかの著作においてカルージュは、ネモらを神なき世界において神に代わらんとした超人として捉え、これをプロメテウス神話になぞられて分析している。こうした論説は、精神分析の応用とともに、カルージュとも交流のあった別のカトリック知識人マルセル・モレにも共通しており（六）、両者はこうして一九六〇年代から本格化する、前時代の大衆的冒険旅行作家の再評価に先鞭をつけることとなった。❖6

また、カトリック信仰とは矛盾するシュルレアリスム信奉も、ニヒリスムを克服するための、カトリックとはまた別の神秘思想を見いだしたためではなかったか。違いは、そこに神の存在を認めるか否かなのだ。アンドレ・ブルトンが『シュルレアリスム第二宣言』（一九三〇年）で提起した至高点という概念は、カルージュにとって『ヨハネ黙示録』の新しいエルサレムと結びついていたはずだ。その神秘思想をして、本来的には相反する二つの潮流がこの文筆家の裡では撞着を起こしていなかったと思われるのだ。

以上の整理はカルージュを読み解くためのヒントとして今後も機能することだろう。一方、独身者機械論を、時代と地域を越え、グローバルな現代社会の諸相とその鏡像に対応させるためにはどうしたらよいのか。ここで敢えてカルージュの本質であった、欧米社会の非キリスト教化がひき起こした精神的危機と、その打開策としてのシュルレアリスム的方法論を脇に除け、還元的になるのを承知のうえで、今日の機械が男女の性／愛とそのイマジネーションに対してなにをなしているのかを単純に考えてみたい。ヴェルヌ『カルパチアの城』（一八九二年）で描かれた独身者機械は、今日でいうホログラム装置である（【図版2】。この挿画では歌姫がスクリーンに映っているように描かれているが、テクストの記述とはやや齟齬がある）。それは男たちの前に、現実には存在しない理想の女性を立体的に映し出すも、その装置という媒介《メディア》によって、独身者と花嫁との現実的、物理的、身体的接触は阻まれている。つまりカルージュが分析した機械とは今日、種々に形態を変える投影装置《プロジェクター》を指すと考えてよいのではないか。ならば独身者機械とは現実の代わりに性／愛の対称となる幻影を視聴覚テクノロジーで映し出す装置。しかしそれは身体的接触を阻むことで両者を疎外する透明な衝立であり、現実と夢想の媒介、つまりはメディアの謂とできるのではないか。カルージュの独身者機械論においてそれは二〇世紀初頭に映画となって融合する前世紀の発明品、つまり写真術と蓄音機が生む幻想だった。ヴェルヌにおいてはその前身、近代絵画と歌劇、肖像

【図版2】ジュール・ヴェルヌ『カルパチアの城』の原書挿画（レオン・ベネット画）

画とオペラ座が新たなテクノロジーによって書き換えられている。カルージュが、映画というメディア誕生から約十年後の一九一〇年に生誕し、商業映画の黎明期に青年期を過ごしていること――リアルタイムで観てはいないかもしれないが、たとえばフリッツ・ラング監督『メトロポリス』公開は一九二七年だ――は偶然ではあるまい。理想と現実、精神と肉体の狭間をめぐる問いは古典的命題であり、かつては夢や神秘体験がその媒介となっていたが、近代においては視聴覚情報再生テクノロジーが合理的にその境界を揺るがし、現代においては、それがさらに激しい揺さぶりをかけている点が新しい。

こうした観点からカルージュの独身者機械論を眺め直すと、想像の機械群はメディアの技術的進歩に沿った形で再編可能となる。それは光学器機幻想（ガラス、レンズ）、ピグマリオン幻想（ロボティクス、プロジェクション）、そして仮想現実幻想（フルダイヴ）と大きく三つのステップを踏んで進化しているだろう。お望みならその各々をプレ独身者機械、モダン独身者機械、ポスト独身者機械と呼んでもよい。

プレ独身者機械――この初期段階ではメディア自体が作品の主題をなし、男性要素と女性要素は副次的な役割しか果たさない。カルージュは、デュシャンの「花嫁」、「独身者」という語に導かれ、これを次のピグマリオン幻想と強引に結びつけようとしたが、それは不要な作業だったかもしれない。そもそもカルージュの独身者機械論はデュシャンのオブジェ作品『彼女の独身者たちによって裸にされた花嫁、さえも』、通称〈大ガラス〉（一九一二三年に未完のまま放棄）を分析した論考であり、「独身者機械」もデュシャンの制作メモにあった語から採られているが、このオブジェ作品がガラスでできていることが、メディアとしての独身者機械を原始的な形で、ゆえに、きわめて単純明快に象徴する。それは視覚（精神の扉）のみを通し、物理的接触を妨げる媒介《メディア》だ。デュシャンが「われわれが何気なく見ている三次元のオブジェは、すべて、われわれが知ることのできない四次元のあるものの投影なのです❖7」と語ったように、〈大ガラス〉とは精神世界と物理世界の狭間に、視覚を介して屹立する非網膜的絵画というメディアである。また、すでに「投影」という言葉が用いられていることから、あらためてこの作品こそが始祖の独身者機械であると断ずることができる。

そして〈大ガラス〉は、レーモン・ルーセル『アフリカの印象』劇場版（一九一二年）でデュシャンに霊感を与えた、「ガラス（verre）」の水槽に入れられた「ミミズ（ver）」（フランス語で同音異綴語）から発想された❖8。ルーセルは語のズレを利用した創作方法〈手法〉で知られるが、この詩人はまた、『眺め』という詩作品があるとおり、視覚情報を「韻文（vers）」に変換することを飽くことなく探究した詩人でもあった。つまり、視るとはなにかが問題なのであり、その点でも非網膜的絵画に挑んだデュシャンとの親近性を指摘できる。それを映してルーセル作品の機械は多く、視聴覚情報の記録再生装置である。『アフリカの印象』ではフォガールの録画植物、ルイズの写生機械、ダリアンの原始的な仮想現実装置❖9、『ロクス・ソルス』には今日のヴォーカロイド技術を思わせる音声合成装置❖10、そしてガラスの檻のなかで無限に演じられる死体劇場。これらはすべて現実を二重化する装置、メディアであり、ここにおいてカルージュがルーセルを〈プレ〉独身者機械詩人のひとりとしたことが正当化される。

プレ独身者機械の象徴的なマテリアルであるガラスはこうして、絶対に超えられない「次元の壁」[11]としてさまざまな比喩形象を担う。それは現と幻を分かち、男と女を分かつ透明な壁である。相手の姿が見え、声が聞こえても、触れることはできない。独身者機械神話を非接触の悲劇の神話と読み替えたとき、われわれは新たな段階、ピグマリオン幻想へと導かれる。

モダン独身者機械――このカテゴリーの独身者機械はピグマリオン神話が近代科学によって刷新されたそのヴァリアントであり、説明に贅言を要しまい。時代が遡るが、その原初はE・T・A・ホフマン『砂男』（一八一六年）に見いだせる。主人公ナタナエルは望遠鏡、ガラスに準じるレンズを通して自動人形オランピアを見、その理想を欲した。フロイトにいわせればそれは自己愛の一形態であった。独身者はメディアに映る花嫁を一方的な性／愛の対象とするも、それは理想、自己の投影でしかなく、また、次元の壁を越えて接触することは絶対的に禁じられている。非接触の悲劇はメディアとしての独身者機械のもっとも単純化された、もっとも汎用的な在り方だ。ガラス、レンズはやがて映画のスクリーンとなり、テレビの画面となり、パソコンのモニターとなり、スマートフォンの液晶となり、VR装置のゴーグルとなり、まだ名もなき来るべき器機となって花嫁と独身者を隔て続けるだろう。プレ独身者機械では曖昧であったが、このカテゴリーの作品では独身者と花嫁（独身者の機械）が登場人物としてより明確な形で現われ、そのあいだの性／愛が主題となる。モダン独身者機械が一九世紀から二一世紀の今日に至るまでどれほど量産されてきたか、されているかはその類例を挙げるまでもあるまい。ここでは二つのことを簡素に指摘しておく。

カルージュがこのタイプの独身者機械を明確に定義するのは――そして筆者を新たな独身者機械論に導いたのは――ジュール・ヴェルヌ『カルパチアの城』の分析においてである。カルージュは先に述べたとおり、第二次世界大戦後のヴェルヌ再評価に大きく寄与したが、一九五四年の『独身者機械』初版にヴェルヌ論はなく、一九七六年に刊行された増補改訂版において新たな一章を加え、『カルパチアの城』を論じている。その二〇年のあいだにおこったメディアの進化といえばテレビの普及にほかなるまい。これがカルージュに新たな手がかりを与えたのだと想像できる。また、ヴィリエ・ド・リラダン伯爵『未来のイヴ』（一八八六年）における独身者エワルド卿の花嫁は、女性型アンドロイド（今でいうガイノイド、作中では「アンドレイド」という造語が用いられている）、ハダリーであり、プロジェクションよりもロボティクスが問題になっていると思われるかもしれないが、[12] ハダリーとは、独身者が、恋人とのすでに過ぎ去った睦まじい恋の場面をくり返し演じるための機械と解すことができ、いわば女優機械であって（ハダリーのモデルであるアリシアがそうであるように）、そうであれば独身者が花嫁を招く自城の部屋は、ルーセルの死体劇場と変わるところはないのだ。またエワルドはアリシアに対する肉欲を失っており、エディソンはそれをしてエワルドにハダリーを授ける。つまりアンドレイドは物理的な実体であれ、ハダリーが作中、何度も「影」と呼ばれるとおり、その本性はエワルドの心に投影された影であって、ここから『未来のイヴ』は、劇場から映画への移行を描いた作品ともできるのである。それをしてあらためてここでヴェルヌとヴィリエの二大モダン独身者機械の類似性が浮き彫りになる。[13]

ポスト独身者機械——そしてテクノロジーの進歩は投影から仮想現実へと独身者たちを誘う。現在、一般に商品化されているVR器機は投影装置の延長でしかなく、録画再生された映像音声を目と耳に送っているだけであって、ウィリアム・ギブスンが一九八〇年代のSF文学作品〈スプロール〉シリーズで描いた仮想現実、作中の造語では「疑験《シムスティム》」とは異なるものである——この点で「ヴァーチャルリアリティ」という語はしばしば混同されて用いられている。SF文学の想像力では、別世界へのアクセスは知覚器官を介さず神経接続《ニューロ》によってなされ、そうした真の仮想現実空間では身体的な感覚（触覚、嗅覚、味覚）も再現されて現実との錯誤を完膚なきものとする。そこから、今ここの現実への疑念という哲学的主題がSF作品の十八番となる。この種の仮想現実はウォシャウスキー兄弟（現姉妹）監督『マトリックス』（一九九九年）で広く認知され、近年ではダニエル・クワン、ダニエル・シャイナート監督『エブリシング・エブリウェア・オール・アット・ワンス』（二〇二二年）のマルチヴァースや、日本の大衆作品で隆盛を極める〈異世界〉ものに技術的根拠を与えるフルダイヴといった科学的幻想にひき継がれている。そして、この幻想の最初の機械は、カルージュが独身者機械論の最後に俎上にあげたアドルフォ・ビオイ・カサーレス『モレルの発明』（一九四〇年）に登場する完全映画である。[14] 完全映画は映画と違い、視聴覚以外の身体的感覚をも独身者に提供する。そうした世界でついに独身者は花嫁との聖婚を果たし、その孤独は埋められるのだろうか。少なくともモレルの完全映画は、島という限られた空間での一週間の出来事をループ再生するだけだ。それも恐ろしいことに、理論上は永遠に。

ディディエ・アンズューは『皮膚‐自我』（一九八五年）においてモレルの完全映画を「皮膚のユートピア」と称した[15]。独身者機械神話が非接触の悲劇の神話であれば、それは当然、その裏返しとして、各々の作品が多かれ少なかれ、皮膚の表象、皮膚幻想であることを意味することになる[16]。独身者機械作品で幻想される皮膚は、メディアで隔てられた孤独な精神を、その不充足を映す。偽アリシアに受肉する前のハダリー、偽マリアになる前のマシーネンメンシュの甲冑姿、それは接触を拒むかのように、ガラスのように冷たいイメージを見る者に与える。マトリックス空間で物理法則を無視して舞うトリニティはボンデージ姿である。アンドロイドとは皮膚を纏った機械であり、その皮膚は独身者の幻想が育まれる場となる。このことはわれわれの注意を、プレ独身者機械の一柱、カフカの処刑機械へとひき戻す。そこで起こる皮膚の損傷は、非接触の神話を逆説的に顕現させているように思えてならない。

二〇二〇年代初頭の感染症の拡大は、われわれにメディア——すっかり定着したZOOM画面——越しのコミュニケーションを強い、日常化させた。だが、われわれは久しく前からそうしたメディアにとり囲まれ、それに媒介されればされるほど、人はますます疎外されていたのだ。感染症の拡大はこの目に見えないメディアを、矛盾《ディス／コミュニケーション》した交感の装置として顕在化させたに過ぎない。メディア越しに交感し、メディアによって分断される性／愛、そしてその状況のメタファーとなる身体の表象。二一世紀の想像力において、シン独身者機械論を通して語られるべきことは多い。

❖注

❖1 新島進「解説——ミシェル・カルージュと独身者機械」（ミシェル・カルージュ『独身者機械』新島進訳、東洋書林、二〇一四年、二九八頁）

❖2 ミシェル・カルージュ、同、三一頁。

❖3 カルージュの論考ではつねに花嫁と男性独身者が問題になるため本稿では一貫して「男女」と表記するが、今日の尺度に照らさずとも、性／愛を結ぶのはもちろん男女とは限らないので、あくまで便宜上の表記である。独身者が男、花嫁が女という役割固定についても同様。

❖4 詳しくは、新島進「ヴェルヌとルーセルを論じるカルージュとビュトール」（「慶應義塾大学日吉紀要フランス語フランス文学」七四号、二〇二二年）

❖5 ミシェル・カルージュ、同、三四頁。

❖6 Marcel Moré, *Le Très Curieux Jules Verne*, Gallimard, 1960. モレについて日本語で読める論考としては、石橋正孝「神ジュール・ヴェルヌと鳥たちの世界」（岡部杏子・福田桃子編著『鳥たちのフランス文学』、幻戯書房、二〇二四年）

❖7 マルセル・デュシャン、ピエール・カバンヌ『デュシャンは語る』（岩佐鉄男・小林康夫訳、ちくま学芸文庫、一九九九年、七六頁）

❖8 同、六一ページ。なおデュシャンは——ルーセル以外の誰しもが——このとき、ルーセルが〈手法〉を使って作品を書いていたことを知らない。

❖9　ルーセルはおそらく、ジュール・ヴェルヌ『シャーンドル・マーチャーシュ』(一八八五年)の一節からこの装置を発想している。

❖10　詳しくは、新島進「人工の声をめぐる幻想——ヴェルヌ、ルーセル、初音ミク」(塚本昌則・鈴木雅雄編著『声と文学』、平凡社、二〇一七年)

❖11　SAM (samfree)『ルカルカ★ナイトフィーバー』(二〇〇九年)の歌詞より。

❖12　人工の皮膚を持ち、触れられるアンドロイドが描かれた作品を非接触の神話とできるかは作品毎に考察が必要だろう。だが、多くの場合、それを受け入れる独身者は人間性を失っているはずだ。

❖13　この二作品の相同性、両作家の影響関係についてはやはりモレの研究が先駆的である。ただしヴィリエがヴェルヌを読んでいるのは間違いないが、ヴェルヌもヴィリエを読んでいたとするモレの主張は、可能性はあるものの明確な根拠を欠く。Marcel Moré, *Nouvelles Explorations de Jules Verne*, Gallimard, 1963.

❖14　詳しくは、新島進「『モレルの発明』から『ニューロマンサー』へ」(慶應義塾藝文学会編「藝文研究」一一九 - 一号、二〇二〇年)

❖15　ディディエ・アンジュー『皮膚 - 自我』(福田素子訳、言叢社、一九九三年、二一二頁)

❖16　詳しくは、新島進「ブレる皮膚——光学器機幻想と〈皮膚 - 自我〉」(日本人形玩具学会編「人形玩具研究——かたち・あそび」二八巻、二〇一八年)

連合赤軍事件と女性の身体
桐野夏生『夜の谷を行く』を読む

小平麻衣子

1　回帰する記憶

その時は鮮明だが、覚めてみるとどことなく薄暗かったように思える夢。作中の西田啓子がかかわった連合赤軍事件が、東日本大震災を契機にたちもどる。啓子が、夜の谷間を恐れながら歩くように手繰り寄せる記憶は、東日本大震災が悪夢であるように、現実であった。

戦後に左翼運動が盛んであった時期、武装革命を目指したグループが潜伏した山岳ベースで、政治的な反省を迫る「総括」という名目において、リンチ殺人が繰り返された。一九七一年〜七二年のことである。連合赤軍とは、共産主義者同盟赤軍派と京浜安保共闘革命左派という方針を異にする二つのグループが、武装闘争という共通点で連合して組織されたものである。その後、山岳ベースから逃亡したメンバーが宿泊施設に人質をとって立てこもったあさま山荘事件が起こり、彼らの逮捕によって、一連の事件が明るみに出た。それまで左翼思想は学生運動も支えてきたが、この陰惨な事件は、多くの人を決定的に左翼活動から離れさせることになったとされる。桐野夏生『夜の谷を行く』(文藝春秋、二〇一七年)は、この山岳ベース事件に取材した小説である。この作品を通して、創作と歴史的事実を行き来しながら、女性身体が政治の言葉といかなる関係として描かれているかをみてみたい。

　リンチ事件にかかわったことで服役した主人公の啓子は、その後は過去が知られるのを恐れ、関係者との接触を断ち、沈黙を守って独りで暮らしてきた。だが妹の娘が結婚することになり、結婚式への出席や海外旅行をめぐり、啓子の前科に強い感情を持つ妹・和子との対立は再燃し、過去の事件を説明しなければならなくなる。折から、連合赤軍のリーダーの一人であった永田洋子が獄死し、それをひとつのきっかけに、事件を調べているという男性の介在によって、同じ時期を共にした人物との縁がつながっていく。

　実在の永田が死んだのは二〇一一年二月五日。折から東日本大震災が起こり、多くの人の死、それに付随するトラウマや記憶への注目、国家への意識、自粛などの相互監視にみられる社会の風潮が折り重なるなかで、啓子は過去をたどっていく。桐野夏生は、事件の当事者に取材をしたというが[❖1]、西田啓子は、虚構化された人物であろう。

2 連合赤軍とフェミニズム

連合赤軍事件について、小説という虚構が迫る〈真実〉とは何なのか。これまでも歴史的事件を題材とする小説を書いてきた桐野らしく、最後にあっと驚く仕掛けは用意されているが、実在の人物について何かが明かされる衝撃とは異なる。一般的に、一連の事件を語る時、グループの成立や分裂、合流にかかわる政治的立場の詳細が重視されるが、この作品はそれには踏み込まずに事件の特殊化を避け、現代社会の問題を照射する。浮かび上がるのは、啓子がなぜ事件を語らないのか、をめぐる真実である。

浮くことが嫌がられる現在の風潮では、自分が正しいと信じることを口に出すことすら、憚られる。啓子が通うジムでは、ちょっとした主張や言動がきっかけで、グループができたり他を排除したりする日常の風景がある。啓子がこれらを受け流すのは、前歴を知られないように目立たなく装うからだが、同調する言葉だけを重ねることもしない、一抹の批判でもあるだろう。啓子の連合赤軍への参加も、信念があってのことであった。かつての仲間と再会した際には、おのずと議論が白熱するが、それが互いの相違を理解へ導く道である。啓子は、「何て言えばわかってくれるのかしら」（四一頁）、「あなたは何もわかってないし、全然変わらないからよ。論争になると、そうやって上から目線で、あたしを論破しようとする。その癖、頑固で聞く耳を持たない。」（一一三頁）、「あなたの気持ちがわかっていたってことね。」（二〇五頁）と異なる場面で繰り返し言い、対立する妹もまた「許すも許さないもなくて、あたしは啓ちゃんがわからないんだと思う。」(二六〇頁)と述べるなど、わかることをめぐる戦いは頻出し、言葉で説明すること、それによって〈わかる〉のか〈誤解〉なのかに啓子はこだわりをみせる。

ただし、啓子の明晰さは、周囲の女性たちとの対峙によって容赦なく掘り崩され、あるいは沈黙を余儀なくされる。ほぼ唯一関係を保ってきた妹との対立だけでなく、再会した事件の当事者たちとの解釈の食い違いによって、啓子が事件に対して持つ記憶は、根拠を失っていく。というよりは、記憶自体を抑圧してきたことがあらわになっていくのである。現実に犠牲になった一人、金子みちよは、総括の過程で、リーダーの一人である永田洋子に「森さん(リーダーの森恒夫――小平注)をどう思う?」と問われたのに対し、「目が可愛いいと思う」と答えたとされる。[2] 小説では、「性的にも主導権を握りたがる」と森が批判し、妊娠したまま殺された。そのことを啓子は徐々に思い出し、幹部が、産む性やセクシュアリティ、それに起因する女性の優位性を忌避したことが浮かび上がってくる。「総括」は、左翼団体において、取り組んでいた闘争や活動が一段落した際に、成果や反省点を振り返って今後を展望する行為のことだが、山岳ベースのきわめて閉じた関係によるゆがみが、政治行動やそれを支える論理的正しさとは無関係な点にも向けられ、リンチに至った。その理不尽な対象となったひとつが女性の身体であったのである。

啓子は永田の部下であった。彼女はそのリンチに加担していたのだろうか、逃亡してきたのだろうか? 小説が進むにつれて、実は連合赤軍の女性たちには、山で子どもを生み育てるという遠大な計画があったこと、妊婦や保育士、教員が含まれていたのはそのためであったということが、作中の人物・君塚佐紀子との再会や金村邦子の談話によって徐々に取り戻されていく。だから、啓子が思い出せずにきたものは、連合赤軍の「兵士」となるために抑圧した自らの女性性や、それをめぐるふるまいなのであるといったんは読むことができる。

　ここでの女性性とは、主に妊娠する身体である。啓子が事件を周囲に話す際、いつも肝心なところで言いよどみ、「言語化できないから」（四〇頁）、「言葉で説明できないもの」（二五八頁）と述べていたものが、周囲が思うような思想や組織への信奉や神話化ではなく、自身の女性身体の経験であったことは、政治の言葉と身体の物質性の齟齬を際立たせる。かつて大塚英志は、『彼女たちの連合赤軍』（文藝春秋、一九九六年）で、連合赤軍の女性が「かわいい」という発言を理由に殺されたことに注目し、一九八〇年代に興隆した『ａｎ・ａｎ』（マガジンハウス）、『りぼん』（集英社）、サンリオ文化などの「かわいい」消費文化を先取りした彼女たちを、一九六〇年代から続く政治的男性は理解できなかったと解釈して、時代の象徴的な交代を論じた。だが、この〈戦う〉かつ〈かわいい〉女性像は、それまでの戦う男性性から降りた男性にとって、戦いを代行しつつ、降りたことを明示してくれる表象として必要であったのだといえる。男性自体が男性性の呪縛から自由になることはむろん重要だが、それが女性のためになるかは別問題である。一九八〇年代以降は女性の側でも、男性を支える〈母〉のようにはなりたくない〈娘たち〉のフェミニズムが大きくなり、[3] 大塚の言うような表象と重なるところもあったとはいえ、『夜の谷を行く』

はこうした記号としての少女とは一線を引いて、妊娠・出産する身体に着目し、妊娠する身体と政治的言説との関係を、当時に立ち戻って考え直そうとする。

歴史をふりかえれば、赤軍と革命左派が合流してできた連合赤軍では、女性に関する考え方の温度差があったことは、よく指摘される。赤軍が女性蔑視の風潮が強かったのに対し、永田洋子が率いる左派は、女性の解放を掲げてもいたのである。事件後の永田の有名な手記が『十六の墓標』（彩流社、一九八二年）であるが、そこには、女子学生亡国論が堂々と主張されるような時代において、自身が在学した薬科大出身の女性が、就職に際して採用が制限されることや、回転の早い労働力として使われていること、離職率も高いことなどを議論し、女性解放問題から共産主義の勉強を進めていく様子が描かれている。女性差別を問題化する真剣さや聡明さに異常性は感じられない。

だが、永田に対する第一審の判決文には、「被告人永田は、自己顕示欲が旺盛で、感情的、攻撃的な性格とともに強い猜疑心、嫉妬心を有し、これに女性特有の執拗さ、底意地の悪さ、冷酷な加虐趣味が加わり、その資質に幾多の問題を蔵していた」（一九八二年六月一八日一審判決、中野武男裁判長）とあった。メンバーに対する虐待が女性の性質によるものとされたのである。作品に登場することはないが、ウーマン・リブを牽引した田中美津は、殺人に同情する危険をあえて冒して「永田洋子はあたしだ」（『日本読書新聞』一九七二年六月）と述べた。類似の思いを抱いた女性があったことは、道浦母都子の一首「私だったかもしれない永田洋子 鬱血のこころは夜半に遂に溢れぬ」（『無援の抒情』雁書館、一九八〇年）などからもうかがえる。根強い女性への偏見や抑圧が共有されればこそ、永田たちがどこで間違ったのか、女性たちによって問われ続けてきたのである。田中が中心となったリブ・センターの一部は、連合赤軍女性被告の救援にも携わっていた。[4]

3　合わせ鏡の悪夢

小説に戻れば、永田たちにウーマン・リブと接点もあるような女性の問題への着眼があったにもかかわらず、男性たちが女性を排除して成り立たせている〈人間一般〉という政治の言説に洗脳され、それが忘れられていったというのは、一つの妥当性のある事件解釈である。小説中では金村邦子が西田啓子を許せない理由は、次のように述懐されている。

でもすべて、森が男の暴力革命に巻き込んでしまったんだと思っています。そして、その片棒を担いだのが永田。／永田には、もっと女の側から戦ってほしかったと思っています。（中略）西田さんはこのことを取り調べでも、公判でも、もっと主張すべきだった。それが残念なんです。（中略）西田さんが、教師というのは本当に頷けます。彼女は、その場で求められている正答しか言わない。だから、生き延びたんだと思います。（二七九頁）

ところが、小説に導かれて啓子の悔恨と覚醒に至るなら一定程度は溜飲を下げられるはずのこの事態は、歴史的記録を参照するとき、複雑化する。というのは、男性論理への違和感や子どもたちへの希望自体は、永田洋子の手記『十六の墓標』にも既に書かれているからである。それぞれの出来事に対して、当時の自分が十分に女性の視点を持ちえなかったことが事件につながったと、永田自身がしきりに反省しているのである。次の引用で言及される遠山美千代もまた、おしゃれをしていたことをきっかけとして殺された一人である。

ところが、私たちはそう（マルクスやエンゲルスを現実の女性の状況分析と結びつけること──小平注）しようとはせず、文字通り教条的に受け取った。そのため、婦人解放のためにどのような戦いが問われているか考えることさえせずに、女性が戦うことそれ自体が婦人解放の道であり、社会主義革命の道と思い、党派主義（セクト主義）的な政治活動それ自体を盲目的に正しいものと考えていった。（中略）
遠山さんと私との決定的な相違は、遠山さんが高原氏と結婚するなかで自分が女であることを知り、人間として生きるために女であることを切り捨てて活動していくことが、実際には「中性の怪物」として「人間味のない政治」を行っていくことにしかならないことを理解し活動のなかで可能な限り女らしく生きていくことが人間らしくということにつながっていくと思うようになったことである。

（永田洋子『十六の墓標』彩流社、一九八二年）

だから、別人として創作されながら、啓子という人物の気づきには、永田の反省が重ね書きされていると言ってもいいが、そうみるとき、事は一層不穏になるだろう。生き埋めにされたフェミニズムを掘り起こすのは、歴史の検討としてもあるべきである。ただし、永田の場合には、事後的に述懐された女性の視点が、事件を反省したのだから正しいといえるのか、反省する態度こそが、裁判や世論も含めたその場の権力にすり寄り、残虐な結末に邁進させた「総括」の精神構造から抜け出ていないと考えるかによって、それはそのままフェミニズムの正しさに跳ね返ってくるともいえるからである。フェミニズムが教条的で正しさを振り回しているだけだとする形骸化は、例えば女性嫌悪的な男性によって行われるだけではない。同じことが女性たちによって担われ、よく似た論理でむしろ他者を抑圧してきたことを、事件から時を隔てた私たちは既に知っている。

例えば、内藤千珠子は、二〇一〇年代に日本で激化した在日外国人に向けられたヘイトスピーチなどの活動が、多くの女性によっても担われていたことを取り上げ、彼女たちが「左翼的な既存権力やメディアの嘘とネット空間における真実という二項対立」の中で、歴史や在日特権について前者の嘘に騙されていた〈被害者〉として自らを認識し、ヘイトを権力に対する抵抗として位置づけていると指摘していた（『愛国的無関心――「見えない他者」と物語の暴力』新曜社、二〇一五年）。内藤は、フェミニズム運動にかかわってきた北原みのりが、愛国運動の手作り感や真面目さや、いらだちを「私が知っていたものと遠くはない」[5]と記していたことにも言及している。フェミニズム運動が女性であることを共通点として時に海外の女性と手を携えてきたことと、国家への帰属をアイデンティティとする愛国運動は、まったく立場が異なるといえるが、ショッキングにも、互いを非難する論理は似通っている。自らをその覚醒ゆえに〈正しい〉と信じるのなら、〈正しさ〉の共存や交渉はなく、相手を批判しつくす殺伐とした光景が広がる。西田＝永田は、合わせ鏡になったフェミニズムの悪夢である。

　これとは別な話題としては、トランス女性がトイレや浴場などの女性専用空間を利用することに対し、女性たちが脅かされるとして反対する動きもわれわれが目にしてきたところである。恐怖を感じる事実をないがしろにはできないとはいえ、女性が脅かされていることへの抵抗が、トランス女性への排除へと向かい、深刻な対立を引き起こしてきた。[6]

　そして、これらはSNSの興隆などを背景に、論理的な言葉であることによって圧倒的な力を発揮する。論理的に正しいということは、正義なのだろうか。そして正義が並び立つとき、正義というものは成り立つのか、信じるということだけがその解決法なのか。何を女性という共通性で言い表せるのか、身体が政治的言説に取り込まれずにあることは可能なのか。啓子が、女性であることの重さを再認識したとしても、それはゴールであるどころか、始まりでしかない。

4　小説という夢だけが思い出せること

付け加えれば、こうした悪夢は、作中人物の言動だけでなく、小説それ自体の機能によって助長されるものである。この作品は、現実の当事者の手記に似せるような、啓子の一人称は採用していない。歴史的な事柄を記述するのにふさわしく、主に使われているのは三人称の記述である。ところが、これは客観的な事実であるかのようにみえるが、そもそも小説という媒体が虚構とみなされることに加え、構成によってはいとも簡単に虚構に寝返る。

例えば、啓子がかつての同志だった君塚と再会し、別れた後に過去が描写される場面がある。「うっすらと雪に覆われた県道は、車の轍だけが二本、黒々と長く延びていた。その道を、ぼろぼろの乗用車で迦葉ベースから下りて来た。／運転しているのは、被指導部の近藤良夫。二十二歳になる革命左派の男性兵士で、親しくはないが、もちろん山に入る前から知っていた。／近藤は高校生の時から京浜安保共闘に入り、……」（二二六頁）と続く。

啓子が乗っている車を外から写しているかのような描写や、ここで初めて登場する近藤に関する整然とした注記により、第三者が過去の事実を記述したようだが、すぐに、これは啓子が転寝中に見た夢であったことが明かされる。続けて、夢の不正確さや中途半端さを払拭するかのように、啓子が自ら記憶を確認していくが、その思考は同様に第三者的であり、啓子の理性や客観性を証するとともに、逆説的ながら、そうであるがゆえに以前の夢に連続して事実を形成するものとなる。だがそれはさらに、他の当事者の記憶や解釈によって相対化されもする。記憶は細部まで明晰であるほど、その人だけの解釈が練り上げられたということなのかもしれない。どこまでいっても現実のような夢のような不分明な印象は、こうした文体の工夫によって与えられ、悪夢は醒めきらない。

ただし一方で、夢のごとくに独自な物語を紡ぎだせる小説という媒体であればこそ、秘密めいて目を背けられていた歴史的事実を新たな解釈として思い出すことができたのであり、そのこと自体が事実に光をかざす。結末では、啓子は自身が否認していた自らの子どもを産む身体を突きつけられ、これまでの否認が、金子への罪障感という人間的な感情によるものであったことを示して、救いも見せる。とはいえ、正義が乱立する悪夢を克服するのは容易ではなく、子どもを産む身体を通じた連帯を取り戻したことが光明というわけでもない。ようやく記憶から掘り起こされた、山岳ベースで子どもを産み育てるユートピアも、それ自体の現実味のなさを指摘する金村の証言とともに現れるにすぎないし、また啓子は、殺された金子みちよから、「この子を助けて、革命戦士にして」と頼まれたというが、それぞれの当事者の記憶が異なることを通りすぎた後では、その記憶が啓子の解釈に過ぎない可能性も払拭できない。女性たちの連帯のようなものは掘り起こされたが、ユートピアはそのままディストピアである。だから、ミステリーを駆使する作者に対する、最後には真相を明らかにしてくれるという期待とは裏腹に、この小説が提示する真実とは、安易な意味づけを拒否することであり、向き合い続けることなのだといえるだろう。

歴史のトラウマは、小説という夢を通してのみ思い起こせる場合があり、身体を通じた連帯の（不）可能性と、政治的言語と身体の関係の考究は、連合赤軍事件を通して見える現代的問題である。さて女性身体をめぐる事実としては、子どもを産むことを中心化したリブ・センターは、「中絶禁止法に反対しピル解禁を要求する女性解放連合（中ピ連）」と深刻な対立も経験した。桐野夏生は、『オパールの炎』（中央公論新社、二〇二四年）で今度はその中心人物、榎美沙子を新たな解釈から描くことに取り組んだ。小説は別々の世界としてあるが、両者を架橋することで見えてくる身体をめぐる政治の場もある。それがどのように現代の私たちを産んだのかは、私たち自身のさらなる課題としてある。

参考文献

❖1 「山で子どもを産み育てる計画も…桐野夏生が描く「連合赤軍」の真実」『週刊朝日』二〇一七年四月七日号（ウエブサイト https://dot.asahi.com/articles/-/111552?page=4、2017/03/30/ 07:00、最終閲覧二〇二四年八月二九日）。

❖2 永田洋子『十六の墓標』（彩流社、一九八二年）。

❖3 上野千鶴子『女という快楽』（勁草書房、一九八六年）「第8章 日本型フェミニズムの可能性」では、本来の母性主義フェミニズムはそれとは異なると保留をつけながらも、日本のフェミニズムの母性主義の危険性を主張していた。また、江藤淳『成熟と喪失――〝母〟の崩壊』（河出書房新社、一九六七年）が述べた〈母の崩壊〉について、「母であることを運命づけられていたはずの女自身の選択」を読み解いている（上野千鶴子・小

倉千加子・富岡多恵子『男流文学論』筑摩書房、一九九二年)。

❖4 「座談会 リブセンをたぐり寄せてみる」(『全共闘からリブへ 銃後史ノート戦後編8』インパクト出版会、一九九六年)。

❖5 北原みのり・朴順梨『奥様は愛国』(河出書房新社、二〇一四年)。

❖6 藤高和輝「ポストフェミニズムとしてのトランス? ——千田有紀「「女」の境界線を引きなおす」を読み解く」(『ジェンダー研究』二〇二一年)では、トランス排除的なフェミニズムが、トランスジェンダー女性を暴力的主体として、「社会的合意の達成」を妨害する主体として表象している例を分析している。

トランスジェンダー学生のアドミッションと女子大学のミッション

日米の事例を中心に

髙橋裕子

はじめに

二〇一八年七月一〇日、お茶の水女子大学は「女性と性自認しているトランスジェンダー学生を二〇二〇年度から受け入れる」という決定について記者会見を行った。本決定の背景について国内外の視点から考えてみたい。[1] とりわけ日米の伝統ある女子大学に焦点を合わせて、ここ数年の動向を整理する。そのことを通してトランスジェンダー学生のアドミッションと女子大学のミッションがどのように捉えられているのかを検討する。

米国での事例

米国では、筆者がフルブライト客員研究員としてウェルズリー大学に滞在していた二〇一三年から一四年にかけて、セブンシスターズと呼ばれる歴史的に重要な女子大学（現在も女子大学を維持しているのは五校：マウントホリヨーク、ブリンマー、ウェルズリー、スミス、バーナード）が、同様の課題に取り組んでいた。

全米で注目されるようになった一つのきっかけは、二〇一三年にスミス大学に出願していたカライオピー・ウォン（Calliope Wong）氏が、性自認は女性でありながらも連邦政府による学費援助の申請書類に記載された性別欄が男性であったため、大学が入学出願者の対象から除外したことだった。スミス大学の在学生が、この決定に対して激しい反対運動を展開し、大きく報道されることとなった。結局ウォン氏は他大学に入学したのだが、本事例は、トランスジェンダー学生の受け入れがどの女子大学にも共通する課題であることを顕在化させる役割を果たした。

米国の教育省は二〇一四年四月二九日、教育機関での性差別を禁じた法・タイトルIX（一九七二年制定）によって、トランスジェンダー学生が差別から守られなければならないと発表した。この発表に後押しされた形で、マウントホリヨーク、ブリンマー、ウェルズリー、スミス、バーナードの五つの各大学が二〇一四年から一五年にかけて次々に、出生時に男性と割り当てられたが女性と性自認する、いわゆるトランス女性を受け入れるアドミッションポリシーをウェブサイトに公開した。

二〇一四年以降の五女子大学の文書化されたアドミッションポリシーを確認して分かることを整理しておきたい。

第一に、五女子大学とも創設時からの女子大学としてのミッションと特色を重視し、女子大学であるという高等教育機関としてのアイデンティティを堅持する方針を、検討のための特別な会議体を設けて、専門家を含む学生、教職員、卒業生の相当数の意見を聴取し、審議を重ねた上で、再確認していることである。

第二に、五女子大学とも女性に特化した言語（gendered language）の使用を継続していくことを宣言していることだ。学内に男性と自認する学生がいたとしても、大学のアイデンティティとして女子大学であり、シスターフッド、卒業生（alumnae）等といった、女性形の名詞や人称代名詞を使用し続けることを確認している。これは女性が大学で中心に据えられていることと関係が深い。共学大学と類似したキャンパス文化になってしまっては、女子大学としてのミッションが果たせないという判断が背景にある。

第三には、出願の時点において、性別については自己申告制であり、学生自身の性自認を重視していることである。政府機関が発行する身分証明書や出生届のような文書によって性別を決定しないという方針に五つの大学とも一致した。ある意味、それほどジェンダーアイデンティティが流動的なものとして広く捉えられていることを示唆している。

第四には、いったん入学した学生に対しては、性別が女性から男性に変更された場合でも、学生のニーズに対応できるよう支援していくという方針を明示していることだ。具体的には、卒業要件を満たせば学位は授与するし、また、転学を希望する場合にも必要なガイダンス等を提供していく姿勢を明示した。

二一世紀に躍進する米国の女子大学に共通する特徴は、性的マイノリティの権利保障を含む人権、環境、平和等、あらゆる社会正義（social justice）への深いコミットメントにある。これらの女子大学は、一九世紀後半、市民としての諸権利が女性に認められていなかった時代に創設された女性のための高等教育機関であるからこそ、性（性別に加え、ＳＯＧＩ[2]と言われる性指向・性自認も含む）、人種、民族、階級、宗教、国籍、地域、障害等による差別や偏見を撤廃し、ガラスの天井を打ち破る社会変革の推進力となる女性の輩出に尽力してきた長い歴史を有している。スミス大学の学生がトランスジェンダー学生を拒否した大学側に抗議の声を上げたのも、そのような社会正義に深い関心をもつ大学が、リベラルアーツ教育を通して市民としての諸権利を擁護する高い意識を醸成してきたからこそと言えよう。

ウェルズリー大学に入学した最初のトランスジェンダー学生

二〇一五年三月に新しいアドミッションポリシーが発表されてから数年して、本ポリシーに基づいてウェルズリー大学に入学した最初のトランス女性の一人が様々な媒体に紹介されている。「ウェルズリー大学、最初のトランス学生が入学――女子大学の変化を示唆」[3]というAP通信の記事（二〇一七年九月五日）を参照しつつ、ニノツカ・ラブ氏（Ninotska Love）というエクアドル出身の学生がウェルズリー大学に入学するまでの経緯を紹介したい。誕生時には男子の性を割り当てられたが性自認が女子であったラブ氏は、母国での迫害から身を守るため、メキシコを経てテキサスに逃れた後、米国への亡命が認められた。米国での最初の仕事はノースカロライナ州の大学で寮の清掃を担当したという。ニューヨークに移り、ラガーディア・コミュニティカレッジで学び、優秀な成績を修めたため、カプラン教育基金から支援を受け、四年制大学へ編入する扉を開くことができた。

ラブ氏自身が執筆した二〇一七年九月一二日付けの記事が『ハフポスト』に掲載されている。[4] そこには五歳の頃から性別違和を意識し、男子校に通いながらも通りの向かいにある女子校に通えることを夢見ていたことが記されている。しかし、ある日、女性として働いていた、クラブでのショーを終えた後、襲撃を受け、生きる資格がないと暴言を吐かれた。命の危険を感じて取るものも取りあえずメキシコに逃げ、アメリカに入国。ノースカロライナを経てニューヨークに移動してからカウンセラーや弁護士などの直接的な支援を提供するメンターとの出会いがあり、女性にトランジションすることができた。カプラン教育基金から支援を受けて、ウェルズリー大学に見学に行った際に、直感的にここで学びたいと思ったという。将来は自身の経験を活かし、ラテン系の人びとや移民、性的マイノリティのメンターとなることを目指している。究極の目標は、「トランスジェンダーの人びとが直面する医療や法律面の困難な問題を社会が理解できるよう貢献すること」、そして、「我々も他の人たちと同様に愛と尊厳に値する人間であることを示すこと」と率直に書き表した。

日本での事例

日本の女子大学の場合はどうだったのか。二〇一五年二月二五日、日本学術会議に性的マイノリティに焦点を絞った初めての分科会、「法学委員会　社会と教育におけるＬＧＢＴＩの権利保障分科会」（以後、ＬＧＢＴＩ分科会）が立ち上がった。委員長は当時、奈良女子大学副学長の三成美保教授。筆者も本分科会のメンバーとして、二〇一六年五月二一日の日本学術会議公開シンポジウム「教育におけるＬＧＢＴＩの権利保障――現状と課題」において、「アメリカの大学におけるＬＧＢＴＩの権利保障」と題して、特に、米国の女子大学とトランスジェンダー学生の受け入れについて報告を行った。（ＬＧＢＴＩ分科会は本シンポジウムの成果として、三成美保編著『教育とＬＧＢＴＩ

をつなぐ―学校・大学の現場から考える』青弓社、二〇一七年五月を出版。筆者の報告は、第八章「トランスジェンダーの学生受け入れとアメリカの名門女子大学――もう一つの『共学』論争後のアドミッションポリシー」〔二四七―二七三頁〕として所収）

シンポジウム終了後に同じテーマでの講演を筆者に依頼してきたのが、日本女子大学人間社会学部LGBT研究会メンバーの一人であった。二〇一七年二月二五日に開催された同大人間社会学部学術交流シンポジウム『多様な女子』と女子大学――トランスジェンダーについて考える」では、二〇一五年末に日本女子大学附属中学校に電話で寄せられた「一本の問い合わせ」に学園全体がどのように向き合ったかが紹介された。その「一本の問い合わせ」とは、戸籍上男子の小学四年生の母親から、「性同一性障害」の診断書があるので男児の受験が可能であるか、というものだった。プロジェクトチームを立ち上げて検討した結果、「時期尚早」という判断に至ったわけだが、その模索の過程や残された課題を外に広く開いた日本女子大学の推進力こそが、本課題を国内すべての女子大学に問う重要な契機となった。（本シンポジウムの成果公表として、日本女子大学人間社会学部LGBT研究会編『LGBTと女子大学――誰もが自分らしく輝ける大学を目指して』学文社、二〇一八年四月を出版。筆者の報告は、「アメリカの女子大学におけるトランスジェンダー学生の受け入れをめぐって――セブンシスターズを中心に」〔四二―五四頁〕として所収。）

メディアの影響力と日本学術会議の提言

メディアも重要な役割を果たした。シンポジウムで扱われた課題は朝日新聞（二〇一七年三月二〇日）に「『心は女性』女子大入学可能に？　日本女子大、検討へ」という見出しで掲載され反響を呼んだ。さらに、同紙は四月に全国の七六女子大学の学長を対象にアンケート調査を行い、トランスジェンダー学生の受け入れについて検討の有無や性的マイノリティの学生支援について問いかけ、六四大学から回答を得た（回答率八四パーセント）。このアンケート調査結果が、六月一九日の朝日新聞に掲載され、出生時は男性と割り当てられたが女性と性自認しているトランスジェンダー学生の受け入れを「五校が検討中、三校が検討予定」であり、さらに「検討するべき課題」と回答した女子大学が四一と六割を超えていることも明らかにした。

国内の女子大学の現状を映し出すこのようなアンケート調査が行われたことで、多くの女子大学は本課題を初めて「発見」、あるいは、「再認識」し、早晩取り組まなければならない課題であることを知らされた。二〇一七年一〇月七日に京都ノートルダム女子大学で開催された女子大学連盟総会でもトランスジェンダー学生の受け入れがアジェンダに取り上げられた。日本女子大学が情報交換会の事務局となり、同年一二月一九日には一八女子大学が参集して、本課題の取り組み等について話し合った。

また、日本学術会議のＬＧＢＴＩ分科会は公開シンポジウムを計三回開催。その成果として提言「性的マイノリティの権利保障をめざして――婚姻・教育・労働を中心に――」（二〇一七年九月二九日）を纏め、その中に女子大学におけるMTFトランスジェンダー学生の「入学保障」も盛り込んだ。提言の中の、『文科省通知』にしたがって性自認に即した学校生活を保障されているMTFが、女子校・女子大に進学できないとしたら、それは『学ぶ権利』の侵害になると言えよう」（一四頁）という一文は、本章の冒頭で紹介したお茶の水女子大学の決定の根拠にもなっている考え方だ。[5]

結びにかえて――ミルズ大学が表明した「トランスインクルーシブ」という方針

あらためてトランスジェンダー学生の人権への対応は、一つの〈点〉としてではなく、様々な拠点で連なっている〈面〉として捉えなければならないことが分かる。このプロセスは米国の女子大学と連動したトランスナショナルな動きに併せて、国内の動きにみられるようなローカルな繋がりに影響を受けてもいる。二〇一八年のお茶の水女子大学の決定の背景には、このような多様な拠点での活発な議論や積極的な活動があった。

最後に、米国の西海岸にある女子大学の動向を紹介して本稿を結ぼう。カリフォルニア州オークランドにあるミルズ大学は、ジョージア州アトランタ近郊にあるアグネススコット大学とともに、トランスジェンダーの学生を最も早くから受け入れてきた女子大学の一つである。ミルズ大学は「トランスジェンダー及びジェンダー的に流動的な（gender fluid）な学生を受け入れるための報告書」[6]を公表している。本報告書は二〇一三年に改訂されたもので、「ダイバーシティと社会正義委員会、ジェンダーアイデンティティと表現のサブコミティ（Gender Identity and Expression Sub-Committee of the Diversity and Social Justice Committee）」が作成したものだ。

その序章の中で、女性が歴史的に高等教育から排除されるカテゴリーであったからこそ、排除され周縁化された女性たちに教育の機会を提供する強い願望と情熱を持った教育者たちが女子大学の創設を志したことに、女子大学の源流があったことを示唆しつつ、「文化的、経済的、政治的システムで同様に抑圧されているトランスジェンダー及びジェンダー的に流動的な人びとは高等教育の場においても周縁化されたり十全な参画から排除されたりしている現状がある」と指摘する。「トランスジェンダー及びジェンダー的に流動的な人びとの教育は、二一世紀の女子大学に論理的に当然の帰結としてフィットするように思われる」と述べ、「トランスインクルーシブ〔トランス学生を包摂する：引用者注〕という方針は、女性の経験や貢献、リーダーシップを中心に据えることでジェンダーの抑圧に対抗してきたミルズの長い歴史に一致するものである」と強調する。すなわち、「トランスインクルーシブということは、女子大学としてのミッションを消し去ることではなく、アップデートすることである」とアピールした。トランスジェンダーとジェンダー的に流動的な人びとの抑圧は、性のバイナリー、すなわち性別二元論のシステムにそのルーツがあり、このバイナリーのシステムこそ女性蔑視と家父長制に由来するものであるという。だからこそ、ジェンダーに起因する性的マイノリティの抑圧の問題に先進的に取り組むべきというスタンスを示したのである（三頁）。

本報告書が示唆している通り、本課題に取り組むことは、二一世紀における女子大学の意義をアップデートするニーズと向き合うことでもある。女子大学とは、いわば男性として誕生し男性と性自認している人たちを正規の学生としては受け入れていない教育機関であるが、そのような教育空間で多様な女性たちが高等教育を受ける意義はどこにあるのかと問われるからだ。

「ジェンダー・ギャップ指数二〇二四」が一四六カ国中一一八位の日本社会では、女性は未だ社会のあらゆる分野において充分に参画していないという現状がある。一人ひとりの個性を育む卓越したリベラルアーツ教育のもとで、誰ひとりとして取り残さないインクルーシブなリーダーシップのあり方を探っていくこと、そして社会正義に深い関心を寄せ、社会変革の牽引者となっていく多様な女性を育てていくことが、これからますます求められていくだろう。さまざまな分野で力量を発揮している女性リーダー層をロールモデルとしながら学ぶこと、他の機関や組織では十分に達成されているとは言えない、女性の経験や貢献が中心に据えられたユニークな環境の中で育まれることは、今こそ意義があると言える。

この閉塞した日本社会や不安定な世界を救うために、女子大学がそのミッションを、そして堅持してきた教育理念を、新しい言葉で言語化していかなくてはならない。

❖注

❖1　二〇二四年一二月時点で受け入れの時期は異なるものの、同様の決定を行なった国内の女子大学は奈良女子大学、宮城学院女子大学、日本女子大学、ノートルダム清心女子大学、津田塾大学である。また、広島女学院大学は、「二〇二六年度から認める方向で調整中」である。

❖2　SOGIは、sexual orientation gender identity の略。

❖3　“Wellesley College Welcomes First Transgender Students, Signaling Shift At Women‐s Colleges,” https://www.wbur.org/edify/2017/09/05/ninotska-love-transgender-woman-wellesley, 二〇一九年五月八日アクセス。

❖4　“My Journey to Being Accepted as an Out Transgender Woman at Wellesley College,” https://www.huffpost.com/entry/my-journey-to-being-accepted-as-an-out-transgender_b_59b8273be4b0390a1564d940, 二〇一九年五月八日アクセス。

❖5　http://www.scj.go.jp/ja/info/kohyo/pdf/kohyo-23-t251-4.pdf, 二〇一九年五月八日アクセス。

❖6　“Mills College Report on Inclusion of Transgender and Gender Fluid Students: Best Practices, Assessment and Recommendations,” (April, 2013) https://www.smith.edu/admission/studygroup/docs/Mills-College-Report-on-Inclusion-of-Transgender-and-Gender-Fluid-Students-Best-Practices-Assessment-and-Recommendations.pdf, 二〇一九年五月八日アクセス。なお、二〇二二年にミルズ大学は、その歴史的な特色を維持しつつノースイースタン大学の傘下に入った。https://mills.northeastern.edu/about/, 二〇二四年一二月一二日アクセス。

［付記］本稿は、初出の「「心は女性」の学生を女子大が受け入れる意味――トランスジェンダーを巡る歴史的経緯とは?」東洋経済オンライン（二〇一八年七月一四日）、https://toyokeizai.net/articles/-/229478, を基底にし、同じく初出の「トランスジェンダーの学生をめぐる入学許可論争とアドミッションポリシー――二一世紀のアメリカにおけるセブンシスターズの女子大学を中心に――」『ジェンダー史学』第一二号、二〇一六年、五一—一

七頁の一部を用い、加筆修正を加え、「トランスジェンダー学生の受け入れと女子大学のミッション―日米の事例を中心に」として『女たちの二一世紀』(九八号、二〇一九年六月、アジア女性資料センター、三一―三六頁)に掲載した拙稿に若干の修正を加え転載したものである。『ジェンダー史学』に掲載された拙稿は、本文三四頁で紹介した『教育とLGBTIをつなぐ――学校・大学の現場から考える』(青土社、二〇一七年)に転載されている。また本稿は、文部科学省科学研究費補助金基盤研究(C)「セブンシスターズの歴史と女性のリーダーシップ教育」(二〇一四―二〇一七年度)及び、文部科学省科学研究費補助金基盤研究(C)「セブンシスターズにおけるトランスジェンダー学生への支援とリーダーシップ教育」(二〇一九―二〇二四年度)の研究成果の一部である。

コスプレする身体

小谷真理

幻想世界を、現実化する試み

コスプレとは、コスチュームプレイの略。アニメ、ゲーム、映画、小説など、既存の作品に登場する特定のキャラクターに準じた仮装をする行為をさす。二次元の存在を三次元化するのであるから、かなりの跳躍力を必要とする。特に問題になるのは、現実の肉体だ。二次元と言っても、元々現実の肉体をデフォルメした描写世界である。それを現実の肉体で表現するには、単に元に戻せば良いというわけではない。尾鰭がいっぱいついた幻想の世界へ、現実の肉体を合わせようとすることに他ならないのだ。かなり高度な技術力とアイディアが必要とされる。常軌を逸するほどのイマジネーションと、ＴＰＯの厳しい現実世界のお洋服のルールを逸脱する行為なのだから、決意がいるし、そもそも演じる対象であるキャラクターへの愛がなくてはやってられない。かなりの準備とエネルギーを費やしても、結果がぶざまなものに終わってしまうことも少なくない。現実の肉体は、大変に、改変の難しい、重い存在なのだ。

ところが、幻想の存在になろうと試みるコスプレ的行為は、見た人の心を捉えずにはいられない。たとえ、それが元のキャラクターと体型その他が一致していなくても、非現実的で不自然なゴール地点を目指す行為は、人を引きつける。最初の衝撃で「元のキャラクターへの冒瀆行為だ！」と怒り、ぶざまな姿に苦笑しながらも、異質性は忘れられないものとなる。やがて「自分だったらこうする」と思い始め、むらむらと「やってみたい」と思うようになる。コスプレの異世界性が、人の心を捕らえる瞬間である。

思えば、コスプレのそもそもの始まりこそ、そうした原初的な欲望の伝播を映し出していたものだった。

ここで日本におけるコスプレの前身ともいえる、ポップカルチュアにおける仮装の上陸とその受容と変容の流れを追ってみよう。

現代日本のサブカルチュアのルーツはその始まりにおいてはジャンルＳＦと関わっていることが少なくない。ＳＦの世界では、もともと主要な話題が、エイリアン、ロボット、タイムマシン、ロケットといった非日常的なオブジェが頻出し、それらをモチーフとした奇想天外な物語で溢れている。そのため、SF読者は、日常性に彩られた現実感を逸脱する発想に慣れている。コスプレ、BL、特撮、フィギュア、ゲーム、ホラー、異世界ファンタジーなどのルーツを探っていくと、SFのカルチュアに行き当たる。それは、主流と考えられているカルチュアからの逸脱した感性に関わっているがために、そうした仮想世界への関心が高く、同時にそれを現実化しようとする創造力が高いためではないだろうか。

さて、コスチュームプレイ、あるいは、短く、コスプレという言葉で呼ばれるサブカルチュアが登場し、一般にまで認知されるようになるのは一九八〇年代初頭のことである。

ウェブで流通している情報によれば、アニメ文化の専門誌の一つである『マイアニメ』（秋田書店）誌一九八三年六月号に掲載された記事が一つの契機と考えられている。記事の担当者は、高橋信之、吉岡平、町山智浩で、記事のタイトルは、「コスチューム・プレー大作戦」[1]。

この一般メディアに登場した「コスチューム・プレー」「コスプレ」（←省略形）というタームを造語として考え出したのは、高橋信之だという。高橋信之は、日本SFファンダム（SFファンのコミュニティをさす言葉）では、SFファングループ〈宇宙軍〉の創設者であった。

同記事を読むと、件のサブカルチュアが、アンダーグラウンドではすでに所与のものであり、それがようやくマスメディアとして記されたということが見てとれる。それでは、所与のものであるサブカルチュアはどのように生まれ、どのように発展してきたのであろうか。

仮装文化受容史概説　①船戸牧子

以下は、海外のコスチューム・ボールの文化が日本SF界に紹介され、紆余曲折を経て、「コスプレ」ということばが一般化するまでの経緯である。

まず話は一九六八年に遡る。わが国で唯一のSF専門誌『S・Fマガジン』（早川書房）のその年の二月号に、海外のイベントの紹介記事が掲載された。執筆者は、アメリカ在住の翻訳者・船戸牧子。第二五回世界SF大会ナイコン三のレポートである。世界SF大会とは、The World Sience Fiction Conventionといい、一九三九年以来、SFファンらが自主的に立ち上げSFファンによって運営されてきた国際的年次イベントだ。SFファンの集まりは一般にコンベンションと呼ばれ、小さな同人が毎週行う集まりから、世界SF大会のように、国際的な規模のものまである。SFファンは、その逸脱した文化的背景から孤独な趣味人として暮らしていることが多く、同好の士を強く求める傾向がある。世界SF大会の第一回目は、一九三九年にニューヨークで開催され、「ナイコン（Nycon）」の愛称で呼ばれるイベントだった。以後、現代まで続く歴史的なイベントなのである。

一九六八年当時、同誌でのこうした海外大会に関するリアルなレポートは、初めての試みであった。船戸は次のように報告している。

「参加者およそ一七〇〇人。アメリカのハート、ニューヨークで開催された第二五回世界SF

大会は、アメリカのファンを一堂に集めて、華やかに、盛大に執り行われた。このレポートは、友人知己だれ一人としていないこの大会に、日本人の一ファンとして参加した体験を綴ったものである」(一三〇頁)。

船戸が記事の中で取り上げた仮装企画は、「クールなSFファッションショー」。これは、「ギャラクシー主催のファッションショー」とあるが、日本の浴衣姿を真似たモデルの姿もあり、それに鼻白んだ船戸は「この姿のどこが未来なのか」と酷評する。

もっとも船戸は、会場外で出会った当時の奇抜なファッション(おそらくサイケデリックな服装)の方に感動し「ステージから、ひょっこり抜け出てきたようなこのいでたちは、ショーの舞台ではなしに、当たり前の生活の場である街中でみると、はるかに鮮烈なSF的効果を発揮していた」と記している。SFファン的なエキゾチシズムが不興を買った一例だが、コスチュームの企画は複数あったようで、まず「未来ファッションショー」を写真で紹介。次に、「グロテスク・アンド・ファンタジー」の項目では次のように記している。

「さて、次なるハイライトは、コスチューム・パレード。これは、ファッション・ショーよりはるかにバラエティに富み、いくつかのアクションも加わって、楽しいみせものであった」。

パレードの様子は詳しく描写されているが、驚くべきは次の記述だ。「アポロンの妖術の衣装をまとったリン・カーター」が入賞したと紹介している。リン・カーターは英国のファンタジー作家で、「バランタイン・アダルトファンタジー叢書」を監修し、異世界ファンタジーの流行を牽引した実績で知られるようになる。すでに当時からカリスマ的な存在だった。時代的には、J・R・R・トールキン『指輪物語』（一九五四年）がバランタイン社から刊行されて数年しか経っていなかった頃だから、まさに自ら扮装してファンタジーの伝道師として活躍していた様子が窺える。

写真は四枚掲載されていて、いずれも仮装のものであった。キャプションの文言は、「コスチューム・ボールに登場した二女神、太陽の黄金のリンゴと月の銀のリンゴを表しているとのこと」（一三六頁）、「コスチューム・パレードの入賞者」、「コスチューム・ボールに登場した宇宙怪物」（一三七頁）、「コスチューム・ボールに登場した宇宙怪人」（一三八頁）。

船戸は、名物編集者として名を馳せていた作家のジョン・キャンベルが、こうしたパーティーを「コスチューム・ボール」（ボールは舞踏会の意味、仮装舞踏会のこと）と呼んでいたことも、この記事の中で紹介している。海外大会では、コスチューム・ボールのほか、通常はマスカレードという言い方がなされており、基本的に和製英語から普及した「コスプレ」に当たる言葉はまだ使われていない。

船戸のレポートは、当時のSF関係者の中に、一定の衝撃力を持って受け止められた。というのも、翌月の『S・Fマガジン』誌三月号には、早速読者のお便り欄である「てれぽーと」にSF翻訳家で作家の柴野拓美の投稿が見られるからだ。柴野は、一九五七年に、のちに小松左京や光瀬龍といった第一線で活躍するSF作家たちを育てることになるSF同人誌『宇宙塵』を創刊し発行し続けてきた編集長である。自身が同人の編集長として作家をサポートし、海外作家とも交流しながら、揺籃期のジャンルSFを育成する役割を果たしていた。普段は滅多に『S・Fマガジン』誌に登場することもない高名な柴野が、わざわざ「てれぽーと」で発言したことは、その衝撃の深さを物語っている。

彼の記述は興味深い。「二月号、船戸牧子さんの『ナイコン三レポート』がたいへん有意義でした」と、船戸の功績を讃えながらも、先を越されたことに対する複雑な心境を次のように、チラリと覗かせ、チクリと刺しているからだ。

「ひとつ惜しかったのが、船戸さんが日本の大会にまだ一度も出ておられないため、比較してのご感想がなく、また日本ファンダムと接触がないための誤解もいくつか見られたこと」。

しかし、彼こそはこのレポートの重要性を最も理解し評価している人物といえよう。時は一九六八年。世界SF大会を模した年次大会・日本SF大会が一九六二年に始まってから日本SFが急成長してきたのを誰よりも知っていたのは柴野だった。いよいよ海外のファンとのダイレクトな交流が本格的に始まろうとしている時代がついに到来したことを察していたのである。

仮装文化受容史概説 ②柴野拓美

柴野の行動は早かった。すぐに彼自身の渡米の可能性を探り、日米SFファン同士の交流を深めるために設立された米国のSFファンダムの基金（TOFF）を得るや否や、アメリカのSF界を見聞するべく、渡米する。

かくして、一九六九年には柴野は自らの同人誌『宇宙塵』に都合一〇回ほどの連載として渡米報告を掲載した。タイトルは「TOFF第一号レポート」。柴野は米国の大会のみならず、米国の各地のSFファンを訪ね歩く、文字通りSF行脚の旅に出かけたのである。

さて、柴野のレポートの中での仮装関係の情報はどうなっているのだろうか。

『宇宙塵』一三五号（一九六九年七月号）掲載の「TOFF第一号レポート（八）」が、第二六回世界SF大会ベイコン（Baycon）（一九六八年）を報告している。名称が「ベイコン」なのは、サンフランシスコ湾岸地域（ベイエリア）にあたるバークレーで開催されたからだ。

「翌日のファッション・ショウなど、ハーフで撮る羽目になった」（三三頁）。

「プロ展示室ではじまった『スター・トレック・エピソード』（ファンが各キャラクターに扮して寸劇を見せる）を眺めている」（三四頁）。それらの記述に混じって、下記の文言が目を引く。

「八時。さあいよいよ本日のメイン・イヴェント、仮装ショウ『ギャラクシイ・オブ・ファッション』の開幕となる。会場の大食堂に早めに行ってみると、細めの柱が立ち並んだ中央付近に仮装ステージが設けられ、薄暗い右手奥のほうでは、サイケなスライド・スポットがくるくる回転する中で、ロックバンドが演奏を開始したところだった。だんだん客がつめかけ、ステージの近くにカメラをかまえてしゃがみこむものが増えてくる。そのうちに、……これもどういうキャラクターなのか、私にはわからなかった。」（四三～四五頁）。ハードＳＦのマニアであり硬派で理論家として知られる柴野がコスチュームショーを、馬鹿にもせず、むしろメイン・イベントとして楽しんでいる様子が記されているのだ。

さらに、『宇宙塵』一三六号（一九六九年九月号）に掲載された「ＴＯＦＦ第一号レポート（九）」では、ベイコンレポートの続編のなかで、中世の衣装をつけてのトーナメントの様子がレポートされている。しかも、ファンタジー作家のランドール・ギャレットが中世風の衣装を身につけて参加しているというのだ。プロ作家が、作家然としているわけではなく、扮装するほどファニッシュに参加している、ということ自体が衝撃的と言わんばかりであった。

柴野による詳細な連載は、日本ＳＦ大会をプロモートするＳＦファンの間に、瞬く間に広がった。その記事を舐めるように読んだＳＦファンが、海外のＳＦ大会へ行ってみたいという強い憧れを持つようになったのは言うまでもない。

果たして四年後の『Ｓ・Ｆマガジン』一九七三年一二月号には、京都在住のＳＦファン川合康雄と、のちに東京創元社編集者となる新藤克己による「世界ＳＦ大会　トルコンII・レポート」が掲載されている。同年八月三一日から九月二日にかけて開催された世界ＳＦ大会トルコン二の見聞記だ。開催地は「トルコン Torcon」の名称が示すようにカナダのトロント。彼らが見聞した仮装企画は、コスチューム・ショーという言葉で紹介された。

「二日目の夜（９／１）のお楽しみは、何といってもコスチューム・ショーであろう。アメリカ各地のファンが趣向を凝らしての扮装には、思わず拍手も飛び出そうというものだ。／最近のコスチュームショーでは、SF的なものに代わってファンタジー的なものが主流を占めているということだったが、なる程、出てくるものはほとんどがヒロイックファンタシーの主人公達である。／あまりの素晴らしさに写真を撮るのも忘れて見とれていると、突然会場の角から拍手に混じって笑い声が起こった。首を伸ばしてそちらを見れば、頭に大きな円盤をつけ、宇宙大作戦（スタートレック）に出てくる宇宙船《エンタープライズ》号の扮装をした人と、こちらは《エンタープライズ》号の宿敵、クリンゴン宇宙船の扮装をした人が格闘の真っ最中である。この時ばかりは会場の観衆総立ちで《エンタープライズ》に応援の拍手を送ったのであった。／結局ロバート・ブロック審査委員長以下の審査によって、最も美しい、最もベミッシュ、等の賞が選ばれたのだが、右の《エンタープライズ》が最もファンニッシュである、という賞を受けたのは当然として、アイスキング・オヴ・クリスタルのアイスキングに自ら扮したリン・カーターが、最も作中人物に似ている、ということで賞を受けたのが目を引いた」（二〇四頁）。

記述の詳細さと長さはこの二人にとっても心惹かれる企画だったことを裏付けるものであろう。アメリカでの強烈な体験は、やがて彼ら二人がスタッフとして参加することになる一九七四年の八月三日から四日に渡って開催された第一三回日本SF大会ミヤコン（MiyaCon、開催地は京都だったので「ミヤコン」というわけだ）の「コスチューム・ショー」の企画に結実した。これがSFファンの間で評判になったのは、すぐに柴野の編集する『宇宙塵』に複数のレポートが掲載されたことでも窺える。

「見る」カルチュアから「演じる」カルチュアへ

こうしたSFファンの間で新奇な話題であった「仮装」が拡散するうちに、それは周辺カルチュアにも広がった。

SFファンであり、九州のSF同人誌『てんたくるず』の同人メンバーにして第八回日本SF大会、キューコン（KYUCON、この名称はもちろん九州初の大会だったため）の実行委員でもあった米澤嘉博が、SF大会に常設されていたディーラーズ・ルーム（いわゆる同人誌販売場）を独立させたイベントを立ち上げた。それが、今日「コミックマーケット」略して「コミケ」の名で国際的に知られるようになる同人誌即売会だが、そこへ「仮装」が飛び火する。コミケの第一回目が一九七五年一二月二一日、場所は、日本消防会館である。参加数は七〇〇名三二サークルが参加した。コミケットの規模は漫画やアニメファンの数とともに瞬く間に膨れ上がり、一九七六年四月に開催された第五回目にはトリトンの扮装をした少女が現れた。続く、一九七六年七月に開催された第六回目にはコミケのスタッフの企画で、ガッチャマンの企業仕様スーツを借りた扮装も登場した。そして、その二年後コミケットの赤字対策として、「コミケット・スペシャル――ハデハデコスチュームセール会」も催される。米澤はコミケットの運営を軌道に乗せながら、自覚的に仮装を呼び込む企画を立てていたようである。

一方日本SF大会では、ミヤコンの後途絶えていた仮装関連企画が、第一七回日本SF大会アシノコン（ASHINOCON、一九七八年八月一八日―一九日、芦ノ湖ホテル、箱根開催）で復活する。それまでの仮装企画は、ショーや寸劇といった「見せる」企画であったが、アシノコンの場合、一般のファンがコスチュームを着てパーティーに出席する、コスチューム・パーティー、つまり「扮する」企画であった。コスチュームを着ていたのは、全体の一割にも満たない、総勢二〇名ほどであったが、それでも、コスチューム・パーティーと呼ぶにふさわしいインパクトを与えた。

ここで一つ事件が起きる。通常、SF大会自体は、クローズドのイベントであり、その内容がSF専門誌以外の一般メディアで報じられることはほとんどなかったが、一九八〇年前後の日本はSFブームの最中にあった。『スター・ウォーズ』の第一作目が一九七八年に公開されて反響があり、と同時に『宇宙戦艦ヤマト』などの劇場公開により、アニメブームが既に始まっていたからだ。[2]

アシノコンの翌年一九七九年には、そうしたSFブームと同時に、それに付随して目につくようになった特異な行動をとるメディアファンの様子が注目されるようになっていた。このファニッシュなカルチュアがNHKの「若い広場」のSF特集として大きく取り上げられる。この時に扱われた特異なSFファンこそ、今で言うオタク第一世代のことである。

このとき仮装パーティーの様子が写真とともに放映され、以後、日本SF大会ではコスチューム・ショーの企画が立ち、一方コミケットの方では販売会自体にコスプレの姿が頻出するようになった。

『コミックマーケット三十年史　Comic Market 30's File』の中では、一九八〇年の九月に開催された第一五回コミケット（C15）について「コスチュームプレイヤーが激増し、会場の狭さも相まって、コスプレに対する批判が徐々に出てきました」と記され、その二年後である一九八二年の八月八日に開催された第二十一回コミケットでは、〈コミケット・カタログ〉の代表挨拶（「コミケットカラノゴアイサツ」）で、主催者の米澤嘉博が、「コミケットは準備会が創る物でもなければサークルが売るだけでもありません。同人誌、コスチューム・プレイETCといった様々な表現を通じて、会場にやってきた人達が一つのコミュニケーションを行う。それがコミケットの第一目的です」と述べている。「コスチューム・プレイ」というタームがコミケで使用されていることがわかる。❖3

このイベントでは、コスプレ自体がマスコミでも大きく報道されることになった。その理由の一つが、C21には、のちに漫画家となる一本木蛮が、高橋留美子『うる星やつら』に登場する「ラムちゃん」の仮装で参加し、途中で片胸がはだけて話題になったという事件が週刊誌で報じられてからだった。❖4

こうしたファンカルチュアの流れを背景に、八三年に一般メディア誌である『マイアニメ』（秋田書店）誌に「コスチューム・プレイ」、「コスプレ」という言葉が登場し、以後定着するようになった。

以上が、「コスプレ前史」に当たる歴史的経緯の概略である。まさしく海外のマスカレードが日本のコスプレへと変化・発展していった流れだということがわかる。

初期の言葉も「コスチュームショー」から、「コスチュームプレイ」という言葉に変わっている。ショー、つまり現実の中で区切られた舞台という幻想空間から発信される情報が、見るだけに留まらず、幻想の存在に自己を重ね、現実の世界で自らに演じるものになった歴史である。

コスプレイヤーは見ることによって消費する視聴者から、創り演じる創造主体へ転換する。SFやファンタジーのファンカルチュアは、受け入れがたい現実世界を受け止めるのに、いったん幻想の世界で問題点を再考し、そこで得る思索力を持って現実を再解釈することによって、あるいは、幻想の力を現実化することによって、現実を変貌させようとする。コスプレイヤーはその意味ではまさに、肉体の力を借りて、それを成し遂げようとする、ジャンルの求道者に他ならない。

問題なのは、肉体だ。

しかし、ひとたび肉体に着目すると、それはいつもスキャンダラスな事件を呼び込み、トラブルから炎上することが少なくない。

その時に問題になるのは、いつも現実の肉体なのである。

例えば、異世界を舞台にしたSFやファンタジーを前提とする漫画やアニメの世界をそのまま現実化しようとすると、服装においてTPOをわきまえることを常識とする現実世界では、忌避もされるし、コスプレイヤー自身の精神性が疑われる。脳内の幻想世界と、肉体の現実世界との不一致によるトラブルである。

また、コスプレイヤーと一般のジャンルファンの間には時として深刻な闘争を引き起こす。オリジナルを偏愛し、現実から一線を画した異世界性をこよなく愛するファンにとって、現実を思い起こさせるプレイヤーの見た目は、しばしば夢を台無しにする代物だからだ。

幻想世界の人間らしからぬ細い肉体描写は、生々しい現実の肉体とはかけ離れた存在であり、偽るにもかなり高度な技術を必要とする。無意識的なルッキズムによる侮蔑は頻繁に起こりうる。

コスプレイヤーの身体は、幻想と現実の境界面にある。その身体は一方では、現実を異化する言語の可能性を示唆するものである。プレイヤーの見た目は、幻想世界への愛にあふれたものであるから、下手な説明を必要としないファン同士のコミュニケーションでは、熱烈なシンパシーを巻き起こす。

しかし、現実的な肉体の生々しさは、幻想に飛翔するイメージを冒瀆するものとして糾弾されることも少なくない。

幻想世界という異言語世界を翻訳するためのツールである肉体は、コスプレの世界では、重い枷となることが多い。時折、コスプレはいつも身体性に裏切られるカルチュアの一つではないかとすら思えてくる。

そんな肉体の問題を解消するためなのか、昨今のコスプレ文化は、写真や映像を使った方法論が非常に発展している。

スタジオを借り、写真を撮り、それを編集・加工するということが一般的になってきているからだ。中には、芸術と見まごう写真を作り出していることも少なくない。インターネット世界では、その専門的なウェブサイトがあるほどだ。

見るカルチュアから演じるカルチュアへ、そして、撮影し加工するカルチュアへ。現実と幻想の境界面に立たされるコスプレ身体像の行方から、ますます目が離せない。

注

❖1　http://www.hard.co.jp/cosplay_01.html

❖2　大和田俊之による小谷真理インタビュー。小谷は、アシノコンに参加して仮装していたが、その詳細を語っている。https://www.futurelearn.com/info/courses/intro-to-japanese-subculture/0/steps/23609

❖3　一九八二年のコミケットカタログでは、コスプレという言葉が使用されている。これは❖1による高橋信之が「造語として思いついた」という文言と矛盾しているようだが、当時のファンカルチュアでは同質性の強いファンが集結していたことから、同時発生的にその言葉が発想・使用されるようになっていたと考える方が自然である。

❖4　この話は面白半分に取り上げられたが、漫画家の一本木蛮は、その後、『同人少女ＪＫ』という自伝的な漫画『同人少女ＪＢ』（双葉社、二〇一一―二〇一四）でこの事件を取り上げ、自身の視点から事件を捉え直している。

Pan-Exoticaのエロティック・アート

拡張するメディアとしての身体

川合健一

Pan-Exotica ?

一九九八年、セゾングループ傘下の旧トレヴィル（一九八五〜一九九八）を離れエディシオン・トレヴィルとして再出発を図ろうとした時、きまぐれにもこれからひとりで続ける出版活動の核となる美術書に何かレーベル名をつけようと思い立った。それが「Pan-Exotica」だった。

Pan- は「汎〜」、Exotica は「異国風『風変わり』なもの」「異国趣味の文学作品や美術作品、奇習」などという意味。Pan-Exotica はその合成語。そこには、あらゆる「エキゾチックなもの」「エロティックなもの」「セクシュアリティに関わるもの」というニュアンスも込められている。

とにかく非日常的なもの、幻想的なもの、秘教・異教・異郷的なもの、精神世界的なもの、審美的・耽美的なもの、ゴシック的なもの、グロテスクなものなどを対象にしようと命名したのだが、いざ始動してみるとPan-Exoticaの本は、「汎～」でもなく、一般に期待されている「エキゾチック」「エロティシズム」「セクシャリティ」だけでもなく、なんだかひどく偏った志向性をもったレーベルとなった。要は中心文化よりは、周辺好きの私の性癖を反映させたのにすぎなかった。それは旧トレヴィル時代から引き継がれていて、そしていつの間にかこういう作家たちの作品集が並ぶことになった。

H・R・ギーガー、ボブ・カルロス・クラーク、空山基、松井冬子、ズジスワフ・ベクシンスキ、ルーカス＝スピラ、伊豫田晃一、山本タカト。

エロティック・アートのパラダイム・シフト

美術史において、〈裸体〉〈性愛〉ほど頻繁に表現されてきたテーマはない。仮にこうしたテーマを扱う美術をエロティック・アートと呼ぶ。西欧美術史で一般的に解説されるエロティック・アート（特にヌード表現）を眺めると、ユダヤ＝キリスト教的文脈（人間のセクシュアリティを生殖目的に厳しく限定し、性愛の逸楽や裸体を神への冒瀆として覆い隠し、逆説的にヌード像への激しい渇望を表現のエネルギーとする）と古代ギリシャに始まるヘレニズム的な文脈〈神人同形論〉に導かれた生命感みなぎる理想化された裸の肉体）とのふたつの流れに行き当たる。

旧トレヴィル時代（一九八五―一九九八）、シュルレアリスムの芸術家ハンス・ベルメール（一九〇二―一九七五）の人形写真集『La Poupée』（一九三六）を再編集した『The Doll』（一九九五）を出版した。その書影は人間とサイボーグが共存する近未来世界を描いた押井守監督作品『イノセンス』（二〇〇四）でも重要なシーンで登場した。ベルメールは球体関節人形写真集のほか『イマージュの解剖学』（一九五七）というデッサン集ものしていて、どちらも少女の身体をイメージの中でエロティックなパーツとしてバラバラに解体、究極のエロス的生き物としてのイマジナリーな少女を再構成した。このシュルレアリスムの台頭を考えると、一九世紀から二〇世紀にかけて、ひとつにはフロイトの精神分析学による「性」領域の重要性への注目が、エロティックなテーマに対するユダヤ＝キリスト教的拘束からアーチストたちを解放し、その後のアートの動向に大きな影響を与えた。そしてデュシャンの『1．落ちる水　2．照明用ガス、が与えられたとせよ』（一九四六―一九六六）によって芸術表現におけるヌードとエロティック表現をめぐる長い葛藤の歴史は終わったとされる。

もはや神話や聖書のなかに主題をもとめることなくエロスを自由に表現することができる。芸術活動が人間存在の根源に横たわるこの重要なテーマを遠巻きにする理由もなくなった。

ボブ・カルロス・クラーク（1950～2006）
エロティック写真のクリシェを逆手にとりながら、車やバイクの広告写真のメタリックな光沢感を強調する撮影技術をベースに、シュルレアリスム、ポップアート、あるいはフォトモンタージュの手法を採り入れ、フェティッシュという人間の根源的な欲望をボンデージ・アートとして昇華させた写真作品を産み出した。ラバーやレザー、PVC、金属素材を使い人体の官能性を引き出すためにデザインされたボンデージという衣装。フォルムを矯正されフェティッシュ・エロスの化身と化した肉体。ここにはヌードという大衆的なエロティック・アートの既成概念を非ヌードのエロスへとシフトさせ、機械や無機物、ケミカル素材と人体との混交、それによる身体のメタモルフォーゼが夢見られている。

空山基（1947〜）
ソニー初代アイボのデザイナーでありセクシー・ロボットで一躍有名に。巽氏や小谷氏が唱導するサイボーグ・フェミニズムにインスパイアされた＜ガイノイド＞なるコンセプトでロボット、サイボーグ、BDSMアートを大胆に組み合わせ近未来的なクール・フェティッシュ美学を発展させたピンナップ・アートの革命児。2019年度クリスチャン・ディオールのフューチャー作家。空山のヴィーナスたちはピカピカに磨き上げられたメタルの肌を持ち、マン＝マシーン化した肉体には性ホルモンをドーピングする無数のチューブ群が接続されている。

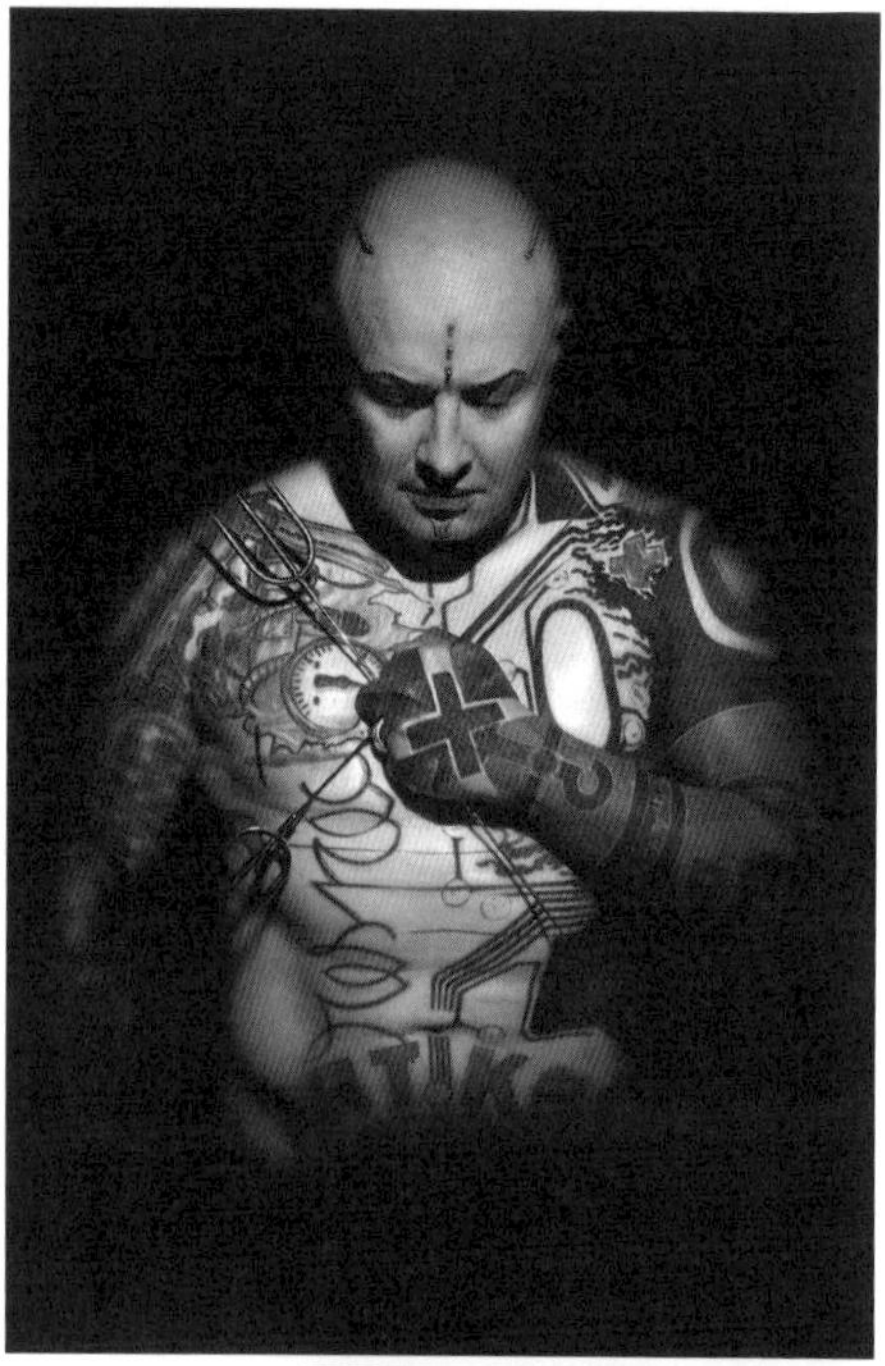

ルーカス＝スピラ（1966〜）
異郷としての身体を目指すフランスの身体改造家（ボディ・アーチスト）。
日本の刺青美に魅せられ身体がキャンバスになることに覚醒。ファキール・ムサファーを先達に、文明やテクノロジーによって鈍麻した人間の身体性をボディ・モディフィケーションによって再び回復し、身体美学の可能性を追求しようとするモダン・プリミティブ運動の代表的アーチスト。

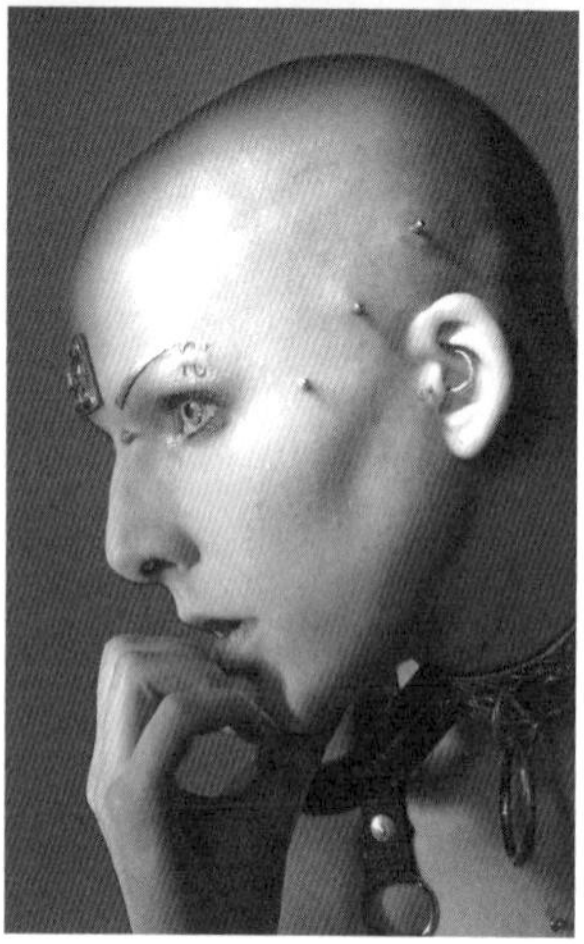

 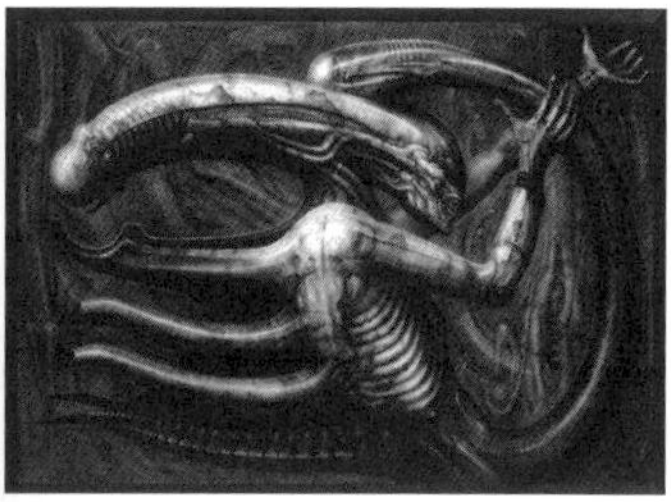

H. R. ギーガー（1940～2014）
映画監督リドリー・スコットの名を一躍世界に轟かせたSFホラー映画の傑作『エイリアン』（1979）のクリーチャー・デザインと映画美術を担当したスイスの画家、造形作家。彼が〈バイオメカノイド〉と名付けた人体と機械が複雑に混交したエロティックな生命観はPan-Exoticaが志向する美術のひとつの到達点を示していた。神秘主義、性愛的黒魔術、生体廃墟趣味が圧倒的な密度で注ぎ込まれ、これまでのどんな芸術潮流とも異質な未知の美的暗黒領域が生み出された。「リーII」は、拳銃自殺した恋人・リーを女神として永遠化した生体廃墟の肖像神殿。

山本タカト（1960～）
散りばめられたグロテスクとアラベスク。繊細華麗な筆使いで美少年美少女の肉体を異形の幻想生命体へと昇華させ、エロスの化身として神々しいまでにイコン化する。浮世絵や欧米の世紀末美術・幻想美術に強い影響を受けながら、浮世絵ポップと呼称する独自の幻想世界を作り上げた。世界中で圧倒的人気を誇る日本を代表する現代耽美アートの至宝。

松井冬子（1974〜）
代表作のひとつ「浄相の持続」は、鎌倉時代、移り変わる死の諸相を描いた「九相図」に範をとった現代「九相図」の傑作。伝統的な日本画の技法や表現にこだわる現代美術家でもある。自身のDV体験と身体損傷を作品化した世界。肉体の内側がめくれ上がり内臓や血管や神経束が剝き出しの肉体の超然としたヴィーナスの艶姿。切り裂かれ食いちぎられ、心身があらゆる角度から抉られ、かつエロティックで美しい裸身。ダ・ヴィンチやバザリウスの解剖図絵にもまさる現代日本画が到達した21世紀的境地。

伊豫田晃一（1976～）
美神と獣神たちの饗宴。変身譚の復興。現代に甦るロマン派の胎動を高らかに告げるイマージュのアルス・ノヴァ。写実主義に背を向け、なみなみならぬ文学的・神話的ディレッタンティズムを発揮した幻想絵画を得意とする。メタモルフォーシスの美学を現代絵画に招来する新進気鋭の画家。ネオ・マニエリスムの旗手。

ズジスワフ・ベクシンスキ（1929～2005）
ポーランドを代表する孤高の現代幻想芸術家。アトリエで17箇所におよぶ刺し傷によって数奇な芸術家人生を閉じた。言い知れぬ寂寥感と恐怖に支配され永遠の廃墟と化した時空が基調の重苦しい作品群。それでも彼の画幅にはたえずエロスの魂が虚ろに木霊している。死、腐敗、損壊の芸術家として知られる。

一九世紀のエロス表現の転換点とも言える「性」の認識に対するパラダイム・シフトによって二〇世紀に入ると、様々なアーチストによる無数のエロス的作品が爆発的に生み出されていった。デュシャンは「私はエロティスムを信じていますが、それは、本当にそれが世界中でかなり一般的なもの、人びとが理解しているものだからです」。

Pan-Exotica作家の何人かは二〇世紀初頭から半ばにかけて変化してきたこうした美術の動向に影響を受けた。我々の出版活動はその、後夜祭をさらに盛りたてようとする試みだった。

身体改造・身体変工

Pan-Exoticaの作家たちの多くの表現活動に共通する特徴がある。それはヘレニズム的な身体の理想美から大きく逸脱する〈身体改造〉や〈身体変工〉と呼ばれるような可塑性に富んだメディアとしての身体を扱おうとする偏執である。

「〈身体変工〉とは生きている人体の一定部分に、長期的ないし不可逆的な変形や傷を、意図的につくる習俗」（吉岡郁夫）のことで、最新の学術調査によれば、旧人類（ネアンデルタール人の頭蓋変形）からすでに行われていたと報告されている（言語活動、芸術活動、身体装飾、着衣、埋葬儀礼なども旧人類に確認されている）。実に四万五千年以上前から、場合によってはもっと遡る。そして今も連綿と続く――呪術的、宗教的、儀礼的、社会的、医療的、美容的、性快楽的、娯楽的、刑罰的な――

人間だけが享受しうる固有の衝動なのである。

タトゥやピアスはもとより（『魏志倭人伝』によれば倭人は鯨面文身を施し、縄文人は土製の大きなピアスをつけていたという）、中国の纏足は二〇世紀に入るまで約千年近く続き、紀元前に誕生したハイヒールの原型は一五〜一六世紀に現代のハイヒールへと発展するが、足の形を尖塔状に変形させ外反母趾を生み出す最新のピンヒールの形状は纏足に通じるだろう。また紀元前一五〇〇年頃のクレタ島の蛇女神像に原型がみられるコルセットが、ありえないほど極端な砂時計型シルエット（タイトレーシング）に行き着いたのはつい一九世紀末であり、人気女優のウエストまわりを修正したブロマイド写真のイメージを女性たちが熱狂的に真似た結果であった。ヴィクトリア朝時代、貞淑を強調するシンボルだったコルセットは、いまやＳＭコスチュームのアイコンになった。ちなみに一九世紀、キリスト教の威光の後退は、副産物としてサディズム＆マゾヒズムという心理複合を生み出し（鹿島茂）、ＳＭは遊びになった。

二〇世紀に入るとグラビア雑誌、映画、ＴＶなどマスメディアが、そして二一世紀に入るとインターネットや携帯写真が地球全土に撒き散らす膨大な美貌のイメージ群によって、大衆の身体変工への欲望がさらに煽られ人類にかつて経験したことのないほど大々的な美容産業の隆盛をもたらした。その施術のバリエーションはもはや〈モダンプリミティブス〉の身体改造をも凌ぐ情熱と言える。長きにわたりヨーロッパを席巻し理想化された身体を目指したヘレニズム的身体美学も今や博物館の展示物となった。

複数のイマジナリーな自己像

ラカンの〈鏡像段階〉は、人間主体の形成が生後六か月から一八か月、子供が鏡の中に見つける鏡像を同一化し自我の輪郭のひな形として内在化していくことを理論化したものとされる(鏡が一般に普及するのは実は一九世紀になってかららしい)。しかし人間の自己探求は胎児の段階ですでに始まっている。妊娠二か月後には胎児は母体のなかで自分の手で口の周りを、次に顔を触りだし、指を一日何回も唇に置くようになるという。胎児は羊水を介して母が食べた食物、音声、感情の変化、外界の光を感じとり母と自分とが分泌しあうホルモンのカクテルに浸されながらあらゆる感受機能の複合体として外界に生まれ出る準備を整える。

子供にとって〈世界〉と〈自己〉との関係は妊娠中から出産直後も、他者＝母親との相互共振関係のなかで育まれ(母は原初の鏡だ)、母親、父親、家族、コミュニティ、社会、そして言語の獲得や各感覚機能・身体機能の発達にともなう外在世界との相互共振を通じ、終わることのない自己像・自己意識探求の旅に出るのだ。この外在世界もラカンによれば象徴界(文化)――すなわち言語(記号、文法、文化、規則、制度、権力)によって分節化されて初めて理解可能となる。

象徴界は世界把握の窓としてたちあらわれるが、人間の「主体」がその大文字化された象徴界でのみ発現されるとすれば逆説的にそれは「主体」にとっての「監獄」となる。

フランスの思想家フーコーは象徴界(記号、文法、文化、規則、制度、権力)に「人間の生」がぶつかってその不安定さを露呈させることを「外の思考」と呼んだ。与えられた身体や自己イメージの加工、改変の欲望のいくつかは象徴界のなかですでにヘゲモニー的イデオロギーと化した美のイメージの模倣にすぎない場合もあれば、体制化した象徴界に風穴をあける「力の衝突」（ドゥルーズ）であるかもしれない。

しかし、今や人間の「主体」を省察する議論も新しい局面に立たされている。象徴界はもはや鉄格子のはまっていない、いつでも脱獄可能な「監獄」だとしたら、「主体」幻想に縛られず書き換えや拡張が可能で、あるいはアバターを使って別の人格になりすますことができるとしたら（SNS上で別人格やアプリを使って性別や風貌を変えたり）、エクササイズやスポーツによる肉体の改造、あるいは際限のない美容整形、性転換、アニメ・キャラになりすますコスプレ、化粧や衣服交換によって既成のジェンダー観と戯れ一時的に異性間を往復する遊びももはや特殊とは言えない。従来なら病理・依存症・倒錯というレッテル貼りをされたかもしれない症候群と遊戯との境界線はきわめてあやふやになってきた。今や〈複数のイマジナリーな自己像〉の時代が到来しているとも言える。

いやいや、それも象徴界が再帰的にわれわれを内部に取り込んでしまう罠なのだろうか。

ポスト＝ヒューマンあるいは
皮膚《ダーマ》プラスチックが作り出すあらたなる官能的身体

人間を他の哺乳類と区別する最大の特徴は巨大な脳だ。ネアンデルタール人（ホモ・サピエンスよりも大きな脳を持っていたとされる）も含めホモ族のみがこの巨大な思考装置を備えている。この巨大な脳は、身体にも大きな消耗をかし、おびただしいエネルギーを消費させる。体重の二〜三パーセントを占める脳だが平静時においても脳だけで消費エネルギーの二五パーセントを使ってしまうという。「太古の人類は大きな脳の代償を二通りのやり方で支払った。まず、より多くの時間をかけて食べ物を探した。そして、筋肉が衰えた。（中略）人類は二頭筋にかける資源の一部をニューロン（神経細胞）に回した」（エヴァル・ノア・ハラリ）。二足歩行によって遠近感に秀で遠くまで視界が広がり、無毛化は発汗システムの効率化をはかり長時間獲物を追い続けることを可能にした。集団で狩猟を行うことでよりたくさんの獲物を捕ることができた。言語による相互のコミュニケーションはもちろん眉や強膜（白目）の発達で待ち伏せ時にはノン・バーバル・コミュニケーションが可能となった。退化した筋力を補ったのは道具をつくる手足や指、口を動かす繊細な筋肉だった。飛び道具を制作することで危険な猛獣たちとの接近戦を回避しながら狩猟をすることが可能になった。家畜化された狼＝犬との連携プレイがそれを助けた。芸術活動も並行して開始されていた（紙が発明されるはるか以前では圧倒的に動産芸術である小型女体像が多数だ）。火を使った調理の開始は味覚を増し、栄養面で巨大な脳を維持するために役だった。

　これらのすぐれた能力を与えたのは大脳新皮質だ。「ドーパミン」の大量分泌によって刺激を受け、生殖と生存の喜びはもちろん、好奇心を養い、さらには一見役に立つかどうかわからなそうな物事に人間を長期間熱中させ、生まれ持った肉体をトレーニングによって増強したり施術によって変工したり、化粧や衣装を変えることで社会階層や役割を誇示したり気分をあげたり落ち着かせたりした。また大脳新皮質は人口が増え社会が複雑化すると個々人に「人格」をあてがい「主体」として振舞うようにさせた。

「人格」「主体」の理解は、近現代を通じて哲学的な問題だったが、今日では、アバターを使って複数の「人格」を楽しんだり別の「主体」のふりをする遊びすら広がっている。現代の人間が対峙する外界はコンピュータやコンピュータがつくりだすバーチャル・リアリティの世界、シミュラクル（ボードリヤール）の世界であり、そのサイバー社会から発生する事象が現代生活の糧をもたらし、また娯楽を提供する。

　ＡＩ科学者レイ・カーツワイル（一九四八〜）は二〇〇五年「ＡＩが人類の知能を超える瞬間（シンギュラリティ＝技術的特異点）は二〇四五年に訪れる」と予言した。「人類に代わって汎用ＡＩ、もしくは機械と融合する人間＝ポスト・ヒューマンが地球の支配者となり、大宇宙に進出する」、そして二一〇〇年には、「人間の知能はＡＩとのハイブリッドで現代の数千億倍まで〝拡張〟される」とぶち上げた（近年カーツワイルはシンギュラリティ到来の予測を前倒ししている）。

それらの言説はかつてサイケデリック・ムーブメントを主導し、後に「宇宙移民」「知性増大」「生命拡張」からなるＳＭＩＩＬＥプロジェクトを提唱、晩年はサイバー社会の未来に人類の可能性を見出したティモシー・リアリー（一九二〇〜一九九六）の思想を彷彿とさせる。このティモシー・リアリーの主著『神経政治学』（一九七七）も一九八九年にトレヴィルから翻訳出版された先駆的なPan-Exotica的思想書だった。あるいはイーロン・マスクのニューラリンク（脳とコンピュータをつなぐインターフェイス［ＢＣＩ］の開発）を想起するかもしれない。

「皮膚《ダーマ》プラスチックが普遍化した近未来のパリ。とあるハイテク・ファッション産業が広く売り出した衣服は、それを着た人間の神経系ばかりかやがては肉体的・精神的組成のすべてを記憶するようプログラミングされていた。ファッション・モデルの脚に綾なすスパイダーシルクの網タイツにいちど触れれば、それは生身の脚以上に生々しく彼女の高揚を、彼女の官能を、彼女の孤独までも伝えてくれる。酒を注ぎに来たウェイトレスをふと見上げれば、それは某女性の身体情報をすべて吸収したヴィクトリア朝風パーティドレス、いや正確には衣服になった女性。そう、いったんこの形状記憶衣服に身柄を預けさえすれば、死してのちもなお衣服の中に生き続けることも夢ではない」（リチャード・コールダー『アルーア』［浅倉久志訳、トレヴィル、一九九一］巽孝之解説より）。

異才Ｒ・コールダー（一九五六〜）の衝撃的小説デビュー作品にして巽孝之氏がその世界に魅了

され編纂解説したこのめくるめく退廃的なポスト・サイバーパンク美学。これもまたすぐれてPan-Exotica 的世界を先駆的に描写した小説だ。

カーツワイルやリアリーやマスクがたどり着いたビジョンを肯定的にとらえるのか否定的にとらえるのか？ あるいはコールダーの世界を小説として楽しむのか未来図としてとらえるのか？ それらは既存の世界の「外」に出ようとしているのか？ 単なる悪夢なのか？ 一方で Pan-Exotica 的世界だと言いながら、正直 Pan-Exotica 的にはまだその答えを持ち合わせてはいない。

身体改造・身体変工の誘惑。解体され再構築される身体、ヌード表現への倦怠、苦悩の感情であれオルガスムスであれ脳内に渦巻く（ホルモン）の激流を視覚化しようとする叫び、美醜概念の解体・転倒、あくなき肉体のメタモルフォーシス、脳神経系・身体・ファッションの融合、そして（ポスト）サイバーパンク時代のエロティシズムとファンタズムへの情熱。編集者としてどれも美しいと思い出版してきた作品ばかりだ。そして Pan-Exotica の作家たちはそんな表現を作品に打ち出しているのである。

Pan-Exotica レーベルが目指すアートとは？ 果たしてアートのその「外」を目指すことができるのだろうか？ その分からなさが「外」なのだろうか？

III 演劇

居る身体、居ない身体

千木良悠子

媒介としての身体

しばらく公演を打っていないが、私は劇団を主宰していて、演出や劇作を担当している。今回は自分の経験をもとに、演劇をする身体について考えてみたい。

幼い頃は大変な引っ込み思案だった。幼稚園では他の園児たちの輪に入れず、彼らの視線が怖かった。ある日思いついて、教室にあった四角いクッションを重ねて壁際に囲いを作って隠れてみたら、暗闇が居心地良い。その日は帰宅時間まで一日中、囲いの中にいて、自分が幼稚園の教室に居ないかのような気分を楽しんでいた。

小学校に上がってからも、しばらくは人と関わるのが苦手だった。休み時間になると、クラスメイトはほぼ全員、当時流行っていたドッジボールで遊ぶのだが、参加するのが嫌なので、気配を消したつもりになって一人で裏庭を散歩していた。でも、それもやっぱり寂しくて、悩んだ末に、小学校三年か四年のある朝、廊下で最初に顔を合わせたクラスメイトに、自分から「おはよう」と挨拶をしてみた。すると相手の子は不意を突かれ、私の存在に初めて気がついたような顔をして「おはよう」と返事をしてくれた。いつのまにか難しく考えてしまっていたのだが、「なんだ、挨拶すればいいのか」と拍子抜けした。その日をきっかけにクラスメイトに、教室に居る人として認識され出したように思う。

その後、中学受験をして中高一貫の女子校に入った。そこは小学校よりはずっと平和で居心地が良かった。成り行きで、友人と一緒に演劇部に入った。「お芝居だから」というエクスキューズで、自分の言葉ではない戯曲の台詞を喋り、思い切り笑顔を作っているうちに、日常生活で人と喋るときも、言葉や表情が表に出てきやすくなってきた。以前より社交的で明るい性格になった気がして、張り切って演劇部の活動に勤しんでいた。

身体というのは不思議で、一人で自身の内面を見つめている場合には、単に自意識の容れ物であるが、他者に向かって「おはよう」と言葉を発声したり、顔の表情を作ったり、身ぶり手ぶりを付け加えていくと、コミュニケーションを媒介する道具となって相手にメッセージを伝え出す。

その二つの身体のあり方が、どう繋がり合っているのか、今でもよく分からないが、自分の思考や人に伝えたいことが、常にそのまま声や身体で表現できるわけではないようだ。挨拶や、演劇部で習った芝居の身ぶりなどという、全くオリジナルではない、古めかしい作法が他人とのコミュニケーションを促すきっかけになったりする。「居ない人」を装っていた幼稚園から小学校低学年までの期間は、自分と他人という二者の関係に閉じ込められ、息を潜めているような状態だった。その二者を繋げ、自分が「居る」ことを他人に認識させるためには、「挨拶」や「芝居」のような、三つめの要素を介在させる必要があるのかもしれなかった。

大学二年か三年の頃から大学の外部の劇団に参加するようになった。一九九九年に東京湾の埋立地の倉庫で行われた公演のダンスシーンで身体が勝手に動くということを初めて経験した。ミュージシャンが打楽器を叩いてる横で、強い照明を浴びて踊っている最中、自分の意思ではなく何かに身体が動かされている、という感覚を味わった。頭は冷静で、決められた振付を踊っているだけだが、自分ではない別の力に手足を動かしてもらっているかのようだった。後から後からエネルギーが湧いてくるような高揚感もあり、普段よりも自分らしく居られると感じた。

前後するが、一九九八年の夏に初めての短編小説「猫殺しマギー」を書いたときも、手が自分の意思と関係なく動いた瞬間があった。指が勝手にパソコンのキーボードを叩いていて、結末は決めていないのに、もうこの先何を書けば良いのかを指が知っている。できあがった小説は拙いものだが、誰かが知らない間に書いてくれたようだ。と同時に、何よりも自分を的確に表現していると思えた。

小学校のドッジボールに加わるのも嫌だったぐらいだから、他人から命令されたり、束縛されたりするのが苦手だ。なのに、小説を書いたり舞台で踊っている最中、自分以外の何かに身を委ねている、と感じられた瞬間の身体は、束縛されるどころか伸び伸びと心地よく動いていた。他人の目など関係なしに。小説や演劇のフォーマットを通して私の身体は舞台の上やパソコンの前に「居る」ものになったのだ。

身体と「形式」

二〇一一年の劇団旗揚げから、大小含めて約一〇本の芝居を作・演出した。いまだ、独自の演出術などは開発できていないが、過去のビデオを見返すと、旗揚げ当時よりは俳優の演技を整理するのが上達したように思う。作品の方向性に合わない芝居をしている俳優は、なんだか霧がかかったように暗く沈んで見える。逆に良い演技をしている俳優の身体はくっきりと明るく浮き上がって、より強く目の前に「居る」と思える。なぜだろう、と考えたとき、スーザン・ソンタグの『反解釈』の記述を思い出した。

書籍タイトルと同じ「反解釈」という文章の中で、ソンタグは、ヨーロッパ人がプラトンの時代から「外見」と「中身」あるいは「形式」と「内容」をつねに切り分けてきたと指摘している。

ラスコーの壁画が描かれた遥か大昔には、芸術は呪文であり儀式であり、魔術であった。だが、時代が下って、ギリシアの哲学者プラトンやアリストテレスが活躍した頃になると、「芸術は現実の模倣である」という考えが生まれた。これは後に引き継がれ、多くの芸術家や批評家は、今も現実の模倣でしかない芸術を擁護するために「内容」と「形式」を分けて、芸術には「内容」があってそれを解釈せねばならないと考えている。ソンタグは「解釈とは芸術に対して知性が恨みを果たそうという試み」とまで言う。「形式」にもっと注目し、芸術を経験するための感覚を取り戻さなければならない。

『反解釈』の他の章で、ソンタグは映画監督のロベール・ブレッソンについて論じており、なんとブニュエルやベルイマンやフェリーニよりも高く評価している。ブレッソンの映画においては「彼の創り出すフォルムが、彼の言いたいことに密着し、それを完全に表現している」と言う。たとえば、ドストエフスキー原作、ブレッソン監督の映画『やさしい女』の冒頭は、開け放されたバルコニーに通じる扉、激しく揺れる安楽椅子、植木鉢の載った机がゆっくり手前に倒れてくるという映像で始まる。続いて、青空をバックにふわふわと落下してくる白いスカーフの艶かしい動き。それら物たちの存在感は、舞台稽古で良い演技をしている俳優の動きにどこか似ていて、「くっきり浮き上がっている」。スクリーンのこちら側に物たちが飛び出してくるかのようだ。この冒頭の場面では、この映画がどういうスタイルで何を描こうとしているかが余すところなく表現されている。物語上は「支配的な夫との生活に苦しんだ若い妻がバルコニーから飛び降りた」という非常にドラマティックな出来事が起きているのだが、その際に現実に生じるのは扉や椅子や机やスカーフといった身の回りの物たちのドミノ倒しのような連続運動だ。物の動きという「外見」は、妻が命を絶ったとか、夫がそれをどう感じたかとかいった物語の「中身」以上に、作家がこの世界をどう見ているかを伝える。人の生き死にを超越した、絶対的な秩序に基づいた完全な世界。丁寧に撮られた物たちの動きは今にも手で触れそうだ。

私も、俳優たちに芝居の演出をつけながら、芝居全体のフォルムを探そうとしているのかもしれない。これから出来上がろうとしている作品の「内容」ではなく「形式」に俳優がどこまで近づいているか。身体が「くっきり見える」か否か、はそれを指し示す道標なのかもしれない。「形式」が立ち現れてくれれば俳優の身体は舞台の上に「居る」ことを始める。

死体の前で身ぶりを示す

二〇一六年の夏にジュネの『女中たち』という三人芝居を浅草橋の古民家で上演した。小さな会場の公演だったので、主役の女中姉妹のうち、姉のソランジュという役は私自身で演じた。だが本を黙読している段階では、じつはテキストの意味を理解できていなかった。キャストを決めて稽古を始めて、膨大な台詞をわからないなりに暗記しきった後、「通し稽古」をしてみたら戯曲の理解が一気に進んで驚いた。言葉の意味が呆れるほどに明解で、曖昧な台詞や不必要な台詞が一つもない。台本を完全に諳んじて、さらに喋りながら動けるようになることを演劇人たちは「台詞が身体に入った」と言う。その段階に入ってようやく俳優は、あれこれ余計なことを考えず、役として舞台に立てる。『女中たち』は俳優に台詞が入り、身体が戯曲の暗闇に沈み込んで初めて、精緻に配置されていた言葉の意味が輝き出す戯曲なのだ。太陽が沈み隠れなければ空の星が見えないように。

ジュネが身体について書いた文章として思い出すのは、『シャティーラの四時間』という有名なテキストだ。身体と言っても、彼が描写したのは死体についてだ。レバノンのベイルートにあるパレスチナ難民キャンプ・シャティーラで、一九八二年九月の約三日間にレバノンの親イスラエル派民兵組織による大量虐殺事件が起こった。ジュネはそのときにちょうどベイルートにいて、事件の直後に現場を視察に行き、地に投げ出された夥しい死体のありさまを描写した。「一人の死者を注意深く眺めていると奇妙な現象が生じる。体に生命がないことが、体そのものの完全な不在と等しくなる。というよりも、体がどんどん後ずさっていくのだ。近づいたつもりなのにどうしても触れない。これは死体をただ見つめている場合のことだ。ところが、死体の側に身をかがめるなり、腕か指を動かすなり、ちょっとした身ぶりを示すと、途端にそれは非常な存在感を帯び、ほとんど友のように打ち解ける」。

ジュネの政治的な態度はじつにストレートだ。彼はパレスチナの戦士の美しさや彼らの革命の正当性を夢みるように語る。戦士たちと行動を共にし、シンパシー以上の「愛」を表明して、その戦う姿に美や官能を感じ取る。「自分はイスラエル軍を憎んでいると感じた」とも言う。ジュネはインタビューの中で「西洋社会は二つの大戦の後始末やホロコーストやヨーロッパ・ユダヤ人排斥のつけを、アラブ世界でもっとも弱いパレスチナ人に払わせた」と言い、「革命あるいは解放というものの——猥たる——目的は、美の発見、もしくは再発見にある」と言い切る。女性も男性も、政治的な解放によってのみ美しくなり得ると。

『女中たち』も、革命を描く物語だった。身分の低い女中姉妹は、主人のいない間に奥様の服をこっそり着て「奥様と女中ごっこ」の遊びをする。演劇の中で妄想される奥様殺害計画が、次第に実行に移されていく中で価値の転覆が起こりはじめる。汚物が宝石となり、虐げられた召使いたちが聖者の群れとなる。理屈としてはわかるのだが、女中ソランジュを演じる上で、私は女中と奥様の身分がひっくり返る本物の「革命」の存在を心底からは信じられないという弱点があった。自分の演技が嘘っぽくなっていないかと心許なかった。自らを根っからの犯罪者と見なしていたジュネと違って、私は差別や犯罪が存在しても片端から隠蔽される日本という国に育っている。だから、人間が政治的に解放され、美しくなるという情景を、ある種のファンタジーのように捉えてしまう。しかし非現実な夢を見ているのはどちらだろうか。

ここまで考えて、やっと気がつく。「死体」が「存在感を帯び」「友のように打ち解ける」という描写は、その「内容」以上に「形式」によって革命に近づこうとする表現なのだ。「死体」が「友」になるという到底なし得ない逆転を、言語表現の上で達成することで、革命戦士たちに共闘の意が表明されている。すでに言葉の上で幾度も価値の転覆を起こしてきたジュネにとって、革命によって人間が美しくなるというのは、疑いようもない事実だった。その美の只中にあって、彼は自分を単なる観客や傍観者に留めておくことに我慢がならず、だからこそ事件直後にシャティーラに駆けつけたし、「死体」に「ちょっとした身ぶり」を示すことで、「死体」と同じ舞台の共演者であろうとしたのではないか。彼は人間の身体というものが、「身ぶり」一つで「死体」と「友のように打ち解け」てしまうほど、そもそも演劇的な性質を備えていることも十分に知っていた。

俳優というものは本来、このときのジュネのような心づもりで、舞台に立つべきなのだろう。自分が美と信じるものの只中で愛する対象の「側に身をかがめるなり、腕か指を動かすなり、ちょっとした身ぶりを示す」。そんなことがもしできれば、俳優の身体は輪郭を持って輝き出すに違いないのだ。

冒頭で、子供の頃の自分が、幼稚園や学校に馴染めなかったという話をした。それは当時、引っ込み思案だったせいもあるが、それ以上に、私は人間同士のコミュニケーションが、形式的で儀礼的な身ぶりや手ぶりや言葉の交わし合いから徐々に構築されていくものだということをよく分かっていなかったのだ。コミュニケーションとは、もっとその場にいる人の愛情から自然に発生するものだと思い込んでいて、ただ漫然と誰かに話しかけてもらえるのを待っていた。

しかし小学校の廊下で、クラスメイトに自発的に「おはよう」と言ってみた瞬間に世界が変わった。大げさに言ってしまえば、その四つの音の組み合わせを「挨拶」と定めて継承してきた人間の言語の歴史がその場に立ち現れて、私の身体にスポットライトを当てた。クラスメイトの側も私を相手役と認めて咄嗟に返事をした。それはまさしく、ある種の演劇の始まりだった。

いまだに覚えているぐらいだから、相当な衝撃を受けたのだろう。このときに人間の身体の動きや演劇的なものに興味を持つ下地ができて、今に至っているのだと思う。

参考文献

スーザン・ソンタグ『反解釈』(高橋康也ほか訳、筑摩書房、一九九六年)
ジャン・ジュネ『シャティーラの四時間』(鵜飼哲・梅木達郎訳、インスクリプト、二〇一〇年)

舞台芸術活動における私のヴィジョン

宇吹萌

　舞台芸術は娯楽であると同時に、現代社会において希薄になりがちなコミュニケーションを促進するツールとして機能しながら経済を回している。観客は観劇するために交通機関を利用して劇場へ足を運ばなければならない。誰かと一緒に観劇する場合は作品についての議論を交わしたり、開演前や終演後に食事をすることも多い。舞台芸術には観劇体験そのものだけではなく、経済を回しながら人と人との交流を後押しするサロンとしての機能も備わっているのだが、観客は娯楽を提供されているという実感こそ抱いても、観劇することで自らも当事者として社会活動しているのだと実感するまでにはなかなか至らない。そのため、生活に余裕がなければ、舞台芸術は生きるために必要なものとして見なされず、切り捨てられてしまいがちである。

　舞台芸術活動における私のヴィジョンは、舞台芸術の作り手として質の良い作品を創り続けながら、コミュニケーションのツールとしての舞台芸術の本来の機能を、作り手と観客が一緒になって発揮できるような場を増やしてゆくことである。

私は、文化庁の新進芸術家在外派遣制度の演劇分野の派遣員として、二〇〇二年から二〇〇四年の二年間、アメリカ合衆国ニューヨーク州にて戯作修行をした。アメリカ同時多発テロからちょうど一年後のニューヨークでは、イラク戦争へのカウントダウンが始まっていた。そのような状況下ではかなり活動が制限されるだろうと覚悟していたが、引っ越してみるとむしろ街が活気づいていたことに驚かされた。さすがにテロ直後は自宅に引きこもる市民が多かったらしいが、ニューヨーク市がその状況を打開するために打って出た経済政策に街が救われた。その経済政策とは、五〇〇ドル分の買い物をしてその証拠としてレシートを持っていけば、好きなブロードウェイの作品のチケット一枚と交換できるという画期的なものだった。この経済政策は、もともとの舞台芸術ファンの背中を押すだけではなく新たな客層の獲得にも一役買い、それまで劇場に足を運ばなかった市民が舞台芸術を見直すきっかけにもなった。ニューヨークは元来、金融と芸術の街なので、芸術活動が経済を回しているという実感を得やすい街ではある。それに対して、残念ながら日本はまだ観客が受け身で、観劇体験は作り手から提供されるものだという認識から抜けきれていない。

二〇一一年、東日本大震災直後は中止になってしまった公演が多かったのはやむを得ないが、落ち着きを取り戻してからも客足が伸びないことが主な理由で公演中止が後を絶たなかったのにはショックを受けた。「こんなときだからこそ」と劇場へ足を運んだニューヨークの市民とは対照的に「こんなときに」と自粛ムードが蔓延した背景には、舞台芸術の役割を「観劇体験」のみで捉えている人がいかに多いかを証明したように感じた。

震災は様々な問題を浮き彫りにしたが、人と人とのふれあいがより一層求められるようになったことで、ライブが見直されるきっかけにもなった。

それもそのはず、舞台芸術はその起源を遡ってみると原始信仰や宗教行事と深い関連を持っている。天災や病や争いなど人間の力だけではどうにもならない不安を払拭しようとする人間の切なる行為が発達した形が現在の舞台芸術なのであり、舞台芸術はその始まりから人間が生きる上で必要不可欠な行為として今日まで続いてきた。当時のツイッター、フェイスブック、インスタグラム……とSNS上では日々膨大な情報がワンクリックで飛び交う。それに比べて、一回性で再現不能な舞台芸術はいつ滅びてもおかしくないと言われてきたが、なくなる気配は一向にない。

技術によって更新されてしまう分野が多いなかで、「生」である舞台芸術は唯一無二の力強いコミュニケーションのツールとして生き延びてきたといえる。世の中の傾向としても、数年前から断捨離という概念が大流行し、物質的な豊かさよりも精神的な豊かさを重視する傾向にある。揺らぎやすい現代社会において、人と人が「生」でふれあう場を提供する舞台芸術にとっては、再びチャンスが到来したのではないか。

私が書いている不条理劇というジャンルは、観る人によって解釈がまるで違うところが面白い。二〇一八年は『おしゃべり』と『チョコチップクッキー』という二本の公演を行った【図版1・2】。『おしゃべり』はマンションの住人らの無関心が招いた孤独死をテーマにした作品で、コミュニケーションの重要性を訴える内容だった。

ザ・スズナリにて上演した『チョコチップクッキー』は、チョコチップクッキーを食べることが禁じられた架空の街において、タブーを犯してしまった主人公が街を追われながら、その過程で自分を取り戻してゆく姿を描いた不条理劇である。

観客がああでもない、こうでもない、と想像力を羽ばたかせながら楽しそうに劇場を後にする姿を見るのがとても嬉しい。観劇体験をより豊かなものにするために、最近はアフタートークやワークショップも行っている。

ワークショップに関しては、ここ数年「ワー

【図版1】『おしゃべり』2018年3月、八幡山ワーサルシアター ©Rising Tiptoe

【図版2】『チョコチップクッキー』2018年10月、ザ・スズナリ ©Rising Tiptoe

ルド・カフェ」方式を用いた対話の場「演劇カフェ」の開催に力を入れてきた。ワールドカフェとは、カフェのようなリラックスした環境で、四~五人単位でメンバーを変えながら話し合う会話の形式で、参加者は皆対等な立場で話し合うことがルールとされている。作り手と観客が作品について対等な立場で話し合うことで、観客の当事者としての意識が強まることは、舞台芸術の普及に大いに役立つ。

これからも、作品内容の独創性や完成度を追求しながら、舞台芸術の本来の機能を作り手と観客が一緒になって発揮できるような場を増やしてゆくことが、舞台芸術活動における私のヴィジョンである。

インタラクティブに創造する身体

応用演劇の立場から

佐々木英子

1　はじめに

「どうしたら身体性を取り戻せるかわからない」——ある若者の悲痛な心の叫びだった。「つながりたい」とインターネットで他者につながり続けているうちに自他の境界を見失い、「他者の言葉にのっとられ自分の言葉がわからなくなった」という。

近年、生成ＡＩが一般化し、テクノロジーが飛躍的な発展を遂げると共に、人間の身体もデカルトの二元論から錯綜体として多元的に論じられ、既に脳チップやメタバースにまで拡張される新たな領域に入ってきた。

一方、日本ではネット依存の中高生が九三万人（厚生労働省調査、二〇一八）に上り、ＮＨＫが、若者が多用するＳＮＳで多くの人につながりながら孤独を感じる「つながり孤独」を特集。さらに、テクノロジーに起因する「共感性」の著しい低下が報告され（ローゼン、二〇一二）、ネット依存と乖離性障害の相関性も示唆されている（中西、二〇〇五)。人間形成の途上にあるはずの若者が、冒頭のような生きづらさである「身体性や自我喪失の危機」に陥ることは、もはや特別な時代ではないのだ。

では、自我はどのように形成されるのだろうか?「行為、相互作用、変容を通した芸術」(Thompson, 2003)である、応用演劇を用いた場の過程では何が創造されるのだろうか? それはインターネット社会の課題の一つである「身体性や自我の回復」に作用するのだろうか?

本稿では、G・H・ミードの相互作用論を中心に、本稿と同タイトルの講義内で筆者が行った応用演劇の体験ワークを例として、その過程で創造されうるものについて検討する。

2 人間形成と相互作用

人間形成とは遺伝子×環境であり、人間は環境との相互作用によって形成される(リドレー、二〇〇四)という。演劇に関する相互作用といえばドラマツルギーの社会学者ゴッフマンだが、客体としての自己を中心に論じ、新型の応用演劇が掲げる「真実性」と対峙するため、ここではシンボリック相互作用論の源流である、一九二〇年代のアメリカの社会心理学者で哲学者のG・H・ミードの理論を参考にする。

ミードによれば、自我は意識のうちに、「主我」(I)ではなく、まず対象としての「客我」(me)として現れる。つまり自我形成は、まず他者の視点となりシンボルを通して「役割取得」し自我に統合する社会的過程である。この過程で「自分自身との相互作用により解釈過程を生み、この働きにより人間は主体的存在となる」(船津、一九八三)。

行為が有機体と環境を結び付け、人間は「問題的状況」において行為を停止し「遅延反応」を示し、内的な思考を活性化させ新たなものを創発する(船津、二〇〇〇)。また、「環境への働きかけという人間の間協定主体性は、マインドを持つことによって、形成可能」となる（ミード、一九三四）という。このように、人間は行為を通して他者に出会い、自己に取り込んだ他我との対話を通して自我を社会的に形成し、遅延を起こし思考することで、自己と現実を再創造する。

アメリカのパフォーマンス研究者R・シェクナー（一九九八）は、再現された行動は、「私ではないが、私でなくもないもの」である対象を「私でない」要素が「私でない」という性格を失うことなく、二重否定性をもって「私」になる「過渡的な行動」であると述べる。再現を用いる、演劇、遊び、儀礼などに共通するこの過程はミードの自我形成の過程とも重なる。

さらに、これらは脳神経「ミラーニューロン」の作用を想起させるものでもある。ミラーニューロンとは、一九九〇年代、猿に発見された神経細胞であり、英国の演出家ピーター・ブルックが「ミラーニューロンの発見によって神経科学は演劇界では長らく常識だったことをようやく理解し始めた」と述べたように（イアコボーニ、二〇〇九）、演劇の力の基盤である共感、感情移入、模倣、他者理解などを司るものでもある。

「ゆりかごの中に鏡はない。しかし、（赤ん坊は）既に鏡を持っている」（メルッォフ、一九七七）、「赤ん坊は模倣によって学習する」（イアコボーニ、二〇〇九）といわれるように、ミラーニューロンは、赤ん坊が生まれた時から存在するが、母親の表情の模倣やごっこ遊びなど他者の行為を内的な鏡に映し出し再現することによって初めて反応し、「自己」として「人間として」個を発達させていく。また、アリストテレス（松本・岡訳、二〇一四）が「人間は最も再現（模倣）を好み、再現によって最初にものを学ぶ」と述べたように、この相互作用は人間が最も好むものであると考えられる（佐々木、二〇二三）。ミラーニューロンシステムによる身体性を通した人間形成には、無意識的な情動的共感（自我）だけではなく、意識的な認知的共感（遅延とマインド）も育んでいく点も、ミードの論と共通している。

3　応用演劇の体験ワーク「てのひらヒストリー」

応用演劇とは、一九九〇年代半ばに用語を得て急速に発展してきた、普段演劇をしない人たちのために演劇様式（芸術様式）を道具とする「応用された演劇」を表す包括用語である。二一世紀型においては、脆弱な状態にある個人やコミュニティの解放やエンパワメントを目的に、芸術家により利他的に行われることが多い。また、コミュニティやお互い「の（of）、のための（for）、による（by）」演劇であり、個人の生活を促進させ、より良い社会を創造しようとする人間中心の学びの場ともいわれる。

ところで、ここに一枚の写真がある。あなたはこの手に何を感じるだろうか？

――これは、晩年、車椅子での生活になってからも、手だけで踊り続けた舞踏家の大野一雄氏の手である。「手の中にも宇宙がある」といわれるように、そこには魂の動きを世界に立ち現わせ続けてきた、芸術家の身体としての唯一無二の存在感がある。

しかし、多元的な時間を生きる無数のニューロンを携え統合しつつ、他者と共有する「今ここ」の時空を生きる「有機体」としての私たちにも、二つとして同じ身体も体験もない。生まれてから全ての体験を共にしてきた私たちの手もまた、かけがえのない唯一無二の身体なのだ。

二〇一七年秋、筆者は本稿と同タイトルの授業において、座学の講義と、相互に模倣を行うミラーゲームを含むいくつかのシアターゲームの後、ペアワークにより、応用演劇の手法の一つであるドキュメンタリーシアターの体験ワーク「てのひらヒストリー」を実施した。

ワークでは、まず、紙に互いの手形を丁寧に描き取り、てのひらから想起される子供時代の記憶

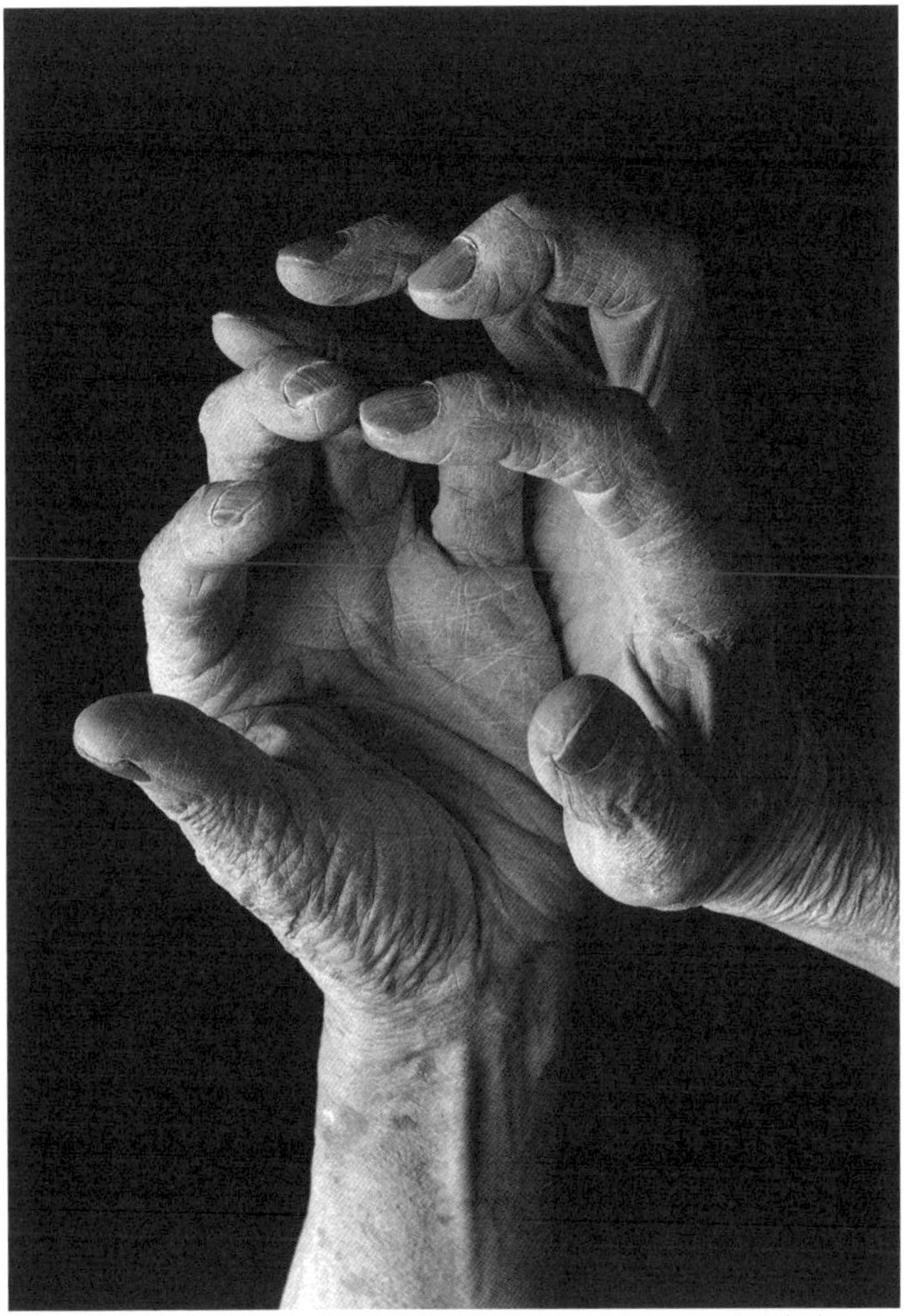

© Martin Richardson
(『MOMENTUM』1997 より)

を語り合い、それを傾聴し合った。そして、互いのエピソードを刺激に詩などを創作し、互いにそれをプレゼントし対話した。

ワーク後、全体で作品をいくつかシェアしたが、それぞれが多様で真実性に満ちた魅力溢れるものであった。

体験後の感想には「体験型の授業は初めてで面白かった」「関わり合いが楽しかった」という多くの感想と共に、「自然と初対面の相手と打ち解けて、普通の授業のときに感じる他人との壁は消えていた」「普段のコミュニケーションと違い、身体全体で相手を感じ取ったり、相手の話から作品を考えたりする中で、他者を深く理解する感覚を味わった」「プロセスにおいて、自身の中に新しい価値観が生じたように感じた」、また、「初めての人ともすぐ親しくなれるという点は身体がもつ弱点でもあると思った」などがあった。

4　相互作用による多元的な再創造

ここで、ワークの過程を相互作用による創造の過程として捉え直してみよう。まず、互いの手を型取る行為を通し、私ではないが私でなくもないものに出会い始める。次に、過去の時間的パースペクティブと対話し、現在に再構成し言語化する。聞き手は話し手の時間的パースペクティブに身を置き、シンボルを通して自己の言葉に変換していく。そして、詩といった芸術様式に守られた安全でリミナルな時空で、私ではないが私でなくもないものになり、それと対話し、再構成し言語化する。これは、二重否定性をもって私になる過程でもある。過去の体験の話し手は、今度はそこから創られた詩の聞き手となり、客体化された自己の記憶に新たに出会いそれと対話し、自他の同化／異化を行いつつ自我に再統合する。以上の相互行為により多元的な刺激を受け、内的／外的に変容し、現実が再創造される。

また、先の感想を振り返ると、まず、「楽しかった」という感想はアリストテレスが触れた人間生来の喜びによる可能性がある。また、ミラーニューロンにより情動的共感と認知的共感が刺激されることで「壁の消失」「他者理解」が生じたと考えられる。さらに、「新しい価値観の誕生の感覚」が他者の新たな視点を取り入れ自我が再統合される感覚とすれば、このワークの過程で自我が再創造されていたことが示唆される。

一方で、「初めての人とすぐ仲良くなれることは弱点でもある」という感想のように、情動的共感だけで認知的共感が作用していない場合は、アウグスト・ボアールが、受け身的な共感を、対象に同調することで自らの行動に至らない「恐るべき武器」（ボアール、一九八四）と語った通り、弱点となりうる。また、共感性に限らず、演劇の力について、場の目的に合わせた使い方、導き方をしない場合、逆効果になりうることは注意すべき点でもある。

以上から、身体性を多元的に用いて相互作用を行う応用演劇の場において、ミクロかつ内的には「共感性」と新しい価値観を再統合した「自我」が、外的には「社会性」が、また、マクロでは「作品」と「現実」が再創造されると考えられる。

さらに、応用演劇の過程は、現代における若者の身体性を人間同士の相互作用に安全に戻し、自我の回復と形成にも作用するといえる。なおかつ、時空を超え多元的に刺激し合い、有機的な「つながり」を体験するため、蔓延する孤独感の緩和、解消の一助にもなりうる。

5　おわりに

近年、ネット上には身体を伴わない脳化コミュニティが溢れている。世界中に瞬時につながるデジタル世界と、有機体としての身体をもつアナログ世界の速度／距離のひずみは、既に社会現象となって立ち現れているが、長らく顧みられていない。

人間は、ミードがいうように反応するだけの無脊椎動物とは異なり、他者の行為を自分の中に取り入れ、自我を形成する社会的動物である。そして、その人間形成には、環境との相互作用のみならず、自分自身との相互作用、遅延と思考、つまり認知的共感が必要なのだ。

応用演劇とは、船旅のようなものである。目的地だけではなく、リミナルな「過程」に喜びがあり、それ自体が目的でもある旅だ。旅の過程に没入し、その旅を終え現実に戻った時には、自己の中で何かが再構成され少しばかり新しい自分に変容しているのである。

タイパ、コスパが追求される現代で、失われた身体性や自我を回復し、多元体としての人間におけるデジタルとアナログのひずみを有機的に最適化していくために、あえて、応用演劇のような場を試す価値は大いにあるだろう。

参考文献

小川英司『G・H・ミードの社会学』(星雲社、一九九二年)

佐々木英子『アプライドシアター/ドラマ(Applied Theatre/Drama)とは何か?――変容する用語と場のパラダイム』(『演劇教育研究』六、六一五―二三頁、二〇一五年)

佐々木英子「演劇の力に関する考察――応用演劇における『浄化』『異化』『共感』の作用を中心に」(『近現代演劇研究』一一、一一―二七頁、二〇二三年)

佐藤卓己編『岩波講座現代 第9巻:デジタル情報社会の未来』(岩波書店、二〇一六年)

中西摩衣「青少年期におけるインターネットの使用と解離心性との関連についての一考察」(『研究助成論文集(明治安田こころの健康財団編)』四一、一一五―一二四頁、二〇〇五年)

船津衛編著『感情社会学の展開』(北樹出版、二〇〇六年)

船津衛『自我の社会理論』(恒星社厚生閣、一九八三年)

船津衛『ジョージ・H・ミード――社会的自我論の展開』(東信堂、二〇〇〇年)

アウグスト・ボアール『被抑圧者の演劇』(里見実ほか訳、晶文社、一九八四年)

アリストテレス『詩学』（松本仁助、岡道男訳、岩波書店、二〇一二年）
イアコボーニ・M『ミラーニューロンの発見――「物まね細胞」が明かす驚きの脳科学』（塩原通緒訳、早川書房、二〇〇九年）
リチャード・シェクナー『パフォーマンス研究――演劇と文化人類学の出会うところ』（高橋雄一郎訳、人文書院、一九九八年）
ジョージ・ハーバート・ミード『社会的自我』（船津衛・徳川直人訳、恒星社厚生閣、一九九一年）
G・H・ミード『G・H・ミード著作集成――プラグマティズム・社会・歴史』（植木豊訳、作品社、二〇一八年）
マーティン・リチャードソン『Momentum - モーメンタム』（情報センター出版局、一九九七年）
マット・リドレー『やわらかな遺伝子』（中村桂子・斎藤隆央訳、早川書房、二〇一四年）
ラリー・D・ローゼン他『毒になるテクノロジー』（児島修訳、東洋経済新報社、二〇一二年）
Thompson, J. (2003), Applied Theatre: Bewilderment and beyond. Oxford: Peter Lang
Meltzoff, A. N., & Moore, M. K. (1977), Imitation of facial and manual gestures by human neonates. Science, vol. 198(4312), pp. 75–78.

メディアとしての受容身体
主体のずれた（自己）認識と取り残された身体について

平田栄一朗

1　受容身体の二つの位相

身体を「メディア的」とみなす論において、しばしば見過ごされることがある。それは、身体のメディア性は、身振りを通じて何かを他者に伝える表現者の身体にだけでなく、対象を知覚する受動状態にも当てはまるという側面である。身体は外界の何かを知覚する際、自己に内在するメディア技術的な機能を働かせている。その内実は、ケプラーの発見に端を発して解明された視覚のカメラアイ的な機能性から説明することができる。人間が何かを知覚して認識する際、視覚が五感のなかで最も重要な役割を担う。[1] この視覚行為の中心となる目の構造と機能はカメラアイとほとんど同じであることが、デカルトやエドム・マリオットらによって解明された[2]。目は、レンズに相当する水晶体を通じて外界の対象を眼球の中に取り入れ、それを眼球の後ろにあるスクリーンと同然の網膜に映像として映し出す。この像は、本来、三次元である現実世界の対象が二次元の像に転換されたものである。この像は、次頁の【図1】[3]に確認されるように、水晶体を経て屈折し、上下が逆さまとなって網膜に映し出される。

外界にある三次元の対象は、知覚者の目のレンズを通じて網膜というスクリーンに逆さまで映し出される。この視覚化は、ケプラーの時代から数世紀を経て、一九世紀に発明されたカメラの内部構造で生じる映像化のプロセスと同じである（【図2】を参照）。しかし私たちは何かを見て、それを認識する際、自分の目がカメラアイと同じように機能していることに気づかない。目の網膜において逆さまの平面画像と化した外界の対象は、水晶体と視神経のあいだの盲点（blind spot）、すなわち私たちの知覚の及ばない自己身体の領域で「自動補正」されて私たちの意識上に浮かび上がるからである。私たちが知覚し、認識する対象は、知らずして自動補正された像となっているのである。「私」は確固たる自意識をもち、世界や他者との関わりにおいても自覚的である一方、そのような「私」と他者の意識は、自分が知らないところでメディア技術的に操作された後に成立しているのである。

このとき「私」の身体は二つの位相にあると言えよう。一つ目は、私が観察者として何かを見ているとき、その行為を行っている自己と身体への自覚と、意識の及ばない領域で実際に起きて

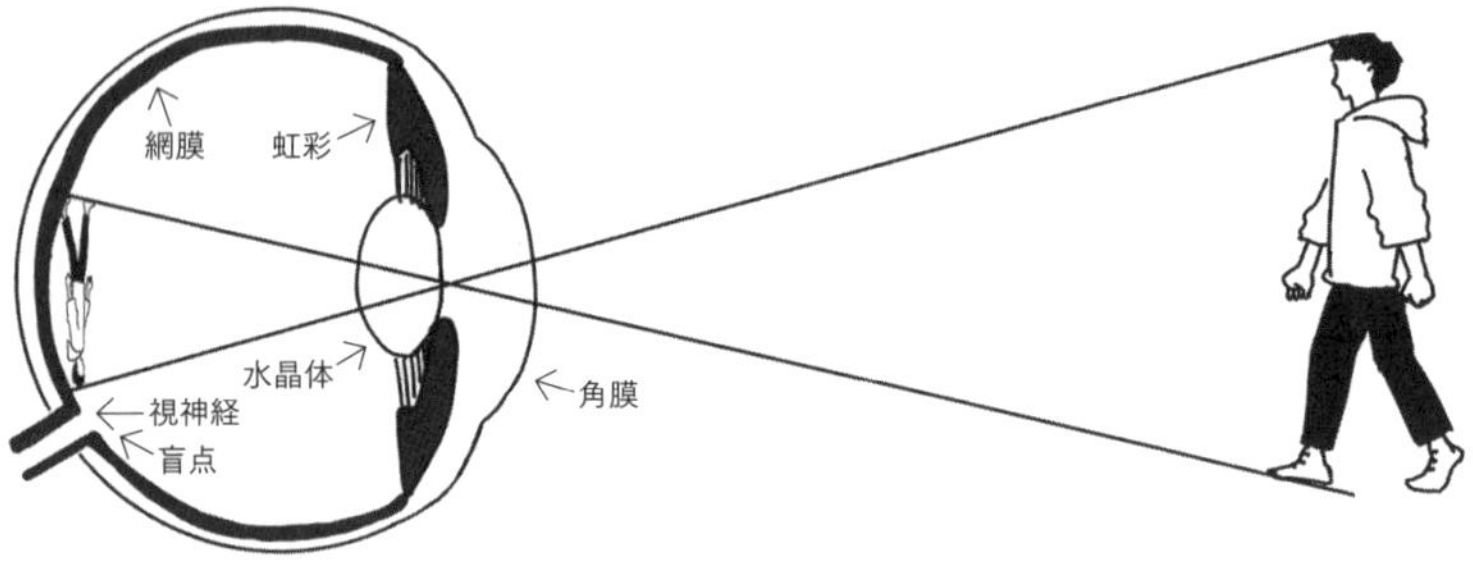

【図1】目の構造

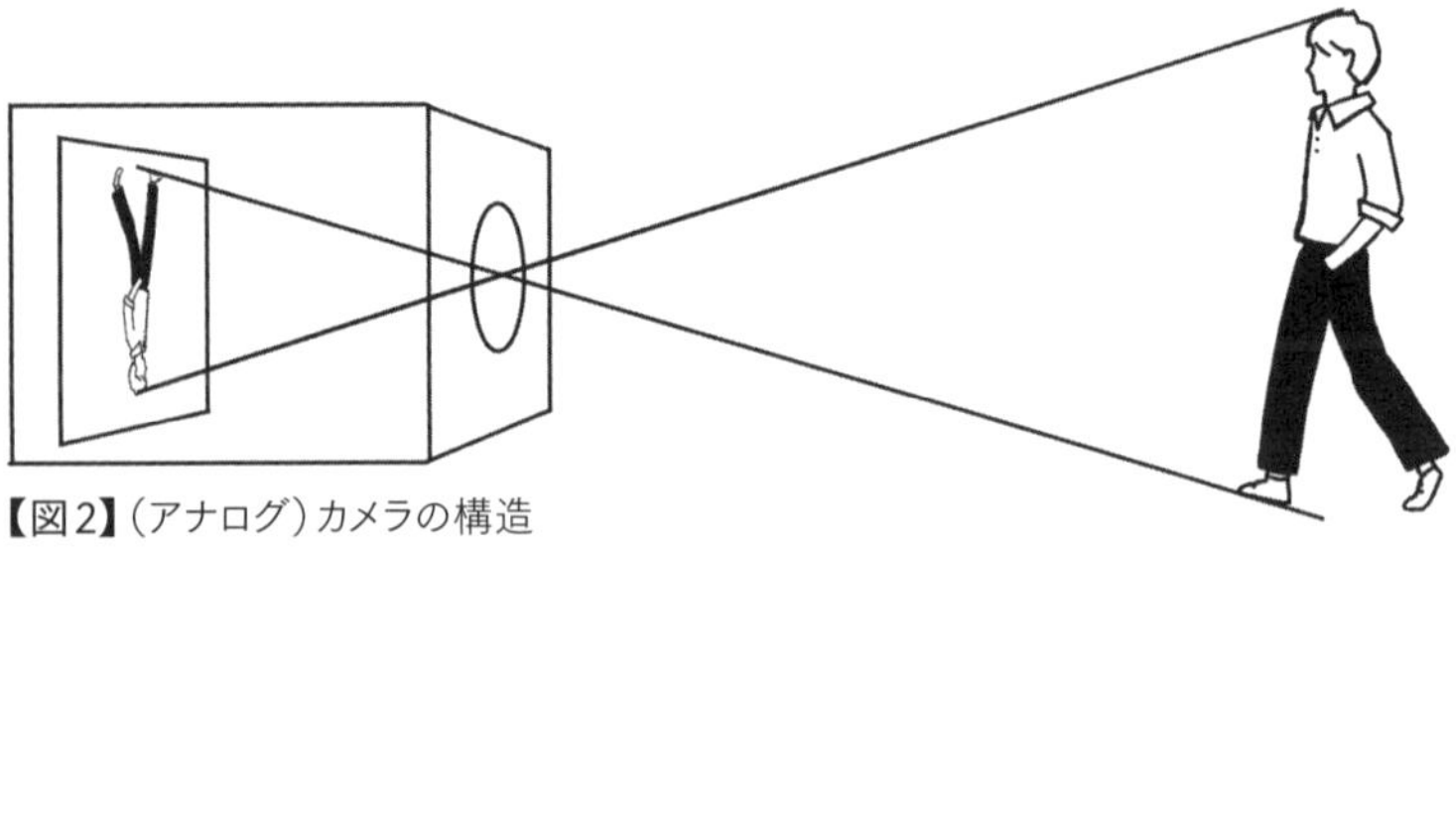

【図2】（アナログ）カメラの構造

いる自己身体の機械メディア的な状態とのあいだに「ずれ」が生じていることである。私はそのずれを自覚しないまま、何かを知覚し把握している。つまり私は（自己）身体を把握すると同時に、それを捉え損ねているのである。この齟齬が「私」にすぐに大きな問題をもたらすわけではない。しかし自己身体の見えない現実を捉え損ねる側面は、間接的には、身体全般を理解する身体知に誤謬をもたらしたと考えられる。自己身体に盲目になっている実情を軽視したまま、他人の体や身体全般の問題を科学や学問、医療の考察対象にして定義づけるとしたら、それは、本当は分かっていないにもかかわらず分かったものとして身体に関するある知見を一般化することである。身体について不明であると同時に自明であるという「ずれ」によって、私たちは知らずして身体に関する誤謬を信じることになる。

この弊害は、歴史的変遷のなかで発展し続ける身体知の影の側面において確認することができる。近代化の過程で人は医学や物理学、哲学を始めとする学問領域において自己とその身体、また自己から見て客体とされる他者や世界をより正確に把握しようとした一方、身体それ自体の価値がおろそかにされる弊害も生じている。医学は病を克服するために、体を部位に細分化して個別の特徴を見出し、病の原因を特定していったが、これによって私たちの身体を細分化・物象化して考えることを余儀なくされた。医学が身体の物象化を際限なく進めるとしたら、その行きつく先は身体なき人間という究極の脱身体化である。

その道のりは次のようなものである。病の克服を目指す人間の希望は、身体のより精緻な理解ともに、いつの日か、死の克服、すなわち個人身体の衰滅を克服することを——究極的には——目指すことになる。それによって、半永久的に機能する人工的な身体部位を体に用いたり、人工的な体を作り出したりして、いつかは衰滅して死に至る生身の体を否定することにつながる。身体を正確に把握する際、知らずして生じるずれは——それが歴史的に繰り返されていくうちに——生身の体を否定する究極の脱身体化をもたらしうる。

もう一つの位相は、「私」が何かを見て主体的に把握する度に、意識の外に置かれて、気づかれないまま置きざりにされる自己身体の状況である。これは例えば、私たちが映画館で映画を鑑賞するときに想像できる。私たちは、スクリーンに映し出された世界に惹かれて没頭している際、暗闇の中に置かれた自己身体の状況を忘れたままでいることに気づくときがある。この経験で重要なのは、自己身体の忘却が実は一時的ではないことである。私たちが世界や他者をしっかりと認識できるのは、何かを見る私という自意識を成り立たせる自己身体を意識外に置くからであり、その意味で私たちはつねに自己身体を忘れ、置き去りにする側面を認識行為に抱えている。

この忘却が深刻になりうることは、北米の実験的な映画館の事例から想像できる。[4] その映画館では、スクリーンの映像が上下さかさまの世界をリアルに映し出すので、観客はそれを見続けていると——実際にはごく自然に座席に座っているにもかかわらず——自分の周囲の世界が本当に転覆したように思い込み、座席から落ちないように手足を激しく動かしてしまう。その激しい動きはときに観客を怪我させるほどなので、観客はシートベルトをあらかじめ着用することを義務づけられるという。観客は、自己身体とそれを囲む現実、すなわち通常と変わらない映画鑑賞の状況に気づかないまま、スクリーンに映し出される特異な映像に合わせて体を動かしている。この例が示すように、私たちは外界や対象に集中すると、自己身体の現実を置き去りにするようにして意識外に置いてしまうのである。

これらの二つの位相が示唆するのは次の点である。仮想現実の身体像が氾濫し、生身の身体が軽視される脱身体化は、私たちが想像する以上に解決しがたい深刻な問題を孕んでいることである。私たちは一方で、自己身体の現実から「ずれ」たものを身体像として把握しており、他方で、自己身体を意識の外に置き、忘却する。つまり私たちは、身体を不完全にしか把握できないか、仮に把握できたとしても、それは現実からずれた像でしかないので、生身の身体を取り囲む現実から遠ざかる脱身体化を解消することは、想像以上に困難なのである。一般的に私たちは脱身体化を、シミュレーションや仮想空間を作り出すメディアテクノロジーの問題として考えがちである。しかし脱身体化は、私たちが自分の身体や他者の身体を知覚・認識することでも助長される。つまり人間は主体的に自分と世界を見つめて考え、ある目的を定めて物事を推し進めようとするからこそ、かえって自己身体とそれを取り巻く現実から遠ざかってしまう。そしてこれを繰り返し、歴史的に積み重ねることで、人類は図らずも、生身の身体を必要としない脱身体化の傾向をみずから招き入れる。ゆえに脱身体化は厄介な問題であり、文化学者ディートマー・カンパーが指摘したように[5]、これを解消することはほとんど不可能である。

脱身体化は厄介な難問であるが、その流れを食い止めることはできる。私たちは少なくとも、身体への無自覚や自覚のずれがいかにして私たちの意識外の領域で生じるのかを理解することで、分かっているようで分かっていない身体の知と無知の齟齬に注意を払うことができる。以下の論では、私たちが知らずして身体をずれて認識したり、自己（身体）を置き去りにする問題を知覚行為のプロセスや歴史的事象からつまびらかにする。私たちがこれらの問題と向き合うことは日常ではほとんどないかもしれないが、その可能性は特殊な身体表現を見る観劇経験に見出すことができる。本論の最後で紹介する、分かりそうで分からない演技が、私たちの身体認識の限界や、置き去りにした自己身体の現実を気づかせるきっかけとなる。そのような観劇経験は、私たちが知らずして助長する脱身体の流れから別の方向へ向かわせる契機となりうる。

2　近代人の知覚行為と「ずれ」た身体

周知のように、ヨーロッパ・ルネサンス以降の科学技術の進歩とともに、世界、人間、物質を正確に把握する技術と認識力が著しく発達した。ガリレイが当時発明した望遠鏡を駆使して、「星の身体《ボディ》」とも言える「天体《ボディ》」を観察して、カトリック教会の権威者によって危険思想とみなされた地動説の妥当性を——公に表明しなかったものの——裏付けた。医学では、解剖技術の発達を受けて学者らが人体部位に固有の特徴と、そこに生じる病との関連を解明し始めた。一七世紀以降ヨーロッパの各地に建てられた劇場では、遠近法を用いた舞台と観客席の空間が実現され、観客は奥行きのある舞台に立つ俳優の巧みな演技を通じて、登場人物の内面や複雑な人間関係を推し量れるようになった。

これらの知覚行為は、世界や身体、人の姿を宗教の価値観や固定観念にとらわれて評価するのではなく、対象を客観的に見て考察を重ねる近代科学の認識方法に基づく。人々はこの方法で人間や世界を見て考えることで、これまで当然と思っていた宗教や慣習上の価値観が俗信であることに気づき、人間と世界のあり方を人間中心主義の視点から評価する姿勢を確立した。客観性と個々人の立場を尊重するこの認識方法は近現代の重要な条件である。この方法自体を私たちは放棄することはできないだろう。放棄すれば、俗信がはびこる蒙昧な時代に逆戻りするからである。

しかしこの方法の発展には負の側面が伴った。一八世紀にヨハン・カスパー・ラファーターらが提唱した観相学、すなわち身体と精神の関係を体系化する認識方法は、白人と黒人の顔や頭蓋骨の形の差から両人種を区別しただけでなく、後者が身体的な特徴から精神的に劣るものとみなし、人種主義を助長することになった。[6] 一九世紀には犯罪学のチェーザレ・ロンブローゾが犯罪者の身体的特徴を類型化し、罪を犯す精神構造と身体性との関連を理論化した。[7] 二〇世紀になるとナチの御用学者がヨーロッパ人とユダヤ人を顔の骨相によって詳細に類別し、ユダヤ人をその身体像から貶めた。[8] これらの説は今では誤謬とみなされているが、身体を観察して考える近代の認識方法に基づいているのは確かである。

ここで留意すべきなのは、この認識方法は科学的な客観主義に基づく一方、そこに危うい側面が潜むという矛盾である。この矛盾を軽視すると、対象を正確に見て認識する行為は誤謬に陥りやすい。

この矛盾のメカニズムと密接に関わるのが、先述の第一の位相である。何かを見て理解する観察者は、分かっているからこそ、分からないことがあり、認識にずれが生じている。このずれは、冒頭で述べたように、観察者が自己身体を分かっているようで分かっていない認識の齟齬と関連している。私たちが何かを見て考える際、私たちの意識の届かない自己身体の領域において、知覚上の操作が起きているのだが、この見えないメディア的身体のメカニズムが、私たちの認識にずれをもたらす。

このメカニズムは、視覚行為の際に働く「目（eye）」と「視線（gaze）」の機能を手掛かりに説明することができる。対象をしっかりと見て考える行為がこの両者の複雑な組み合わせから成り立つことは、近年の人文学研究で指摘されている。ここでは演劇学者のウルリケ・ハースの説明に基づき二つの機能を確認してみよう。[9]

知覚行為では、個人の意識と無関係に機能するカメラアイ的な目と、「私」が意識して対象を注視する視線が作用する。後者は容易に想像できるだろう。それは、私がみずから何かを見ようと思って見る行為であるからである。前者はにわかに想像しがたいが、人間の視覚はカメラアイと同様の構造を持っており、目は眼前の世界をすぐに「ズーム」することなく、幅広く受け入れて、網膜というスクリーンに逆さまの状態で映し出す。私たちが対象を見るとき、機械的に幅広く眼前の世界を眺めると同時に、視線によって対象に焦点を当てて、それを注視することを組み合わせている。後者の知覚機能は私たちが意識化して把握できるが、前者は私たちの意識にのぼることはない。私たちの知覚行為は、機械的・無意識的であると同時に主体的・意識的であり、両者は複雑に混在している。つまり人間の知覚行為は、機械と人間、自覚と無自覚という相反するものが混在する矛盾状態にある。私たちが対象をしっかりと見ているようで、見ていないという知覚の「ずれ」は、「視線」と「目」の機能が組み合わさるようにして成立する知覚行為のメカニズムと関連している。

この関連は、観察者が対象を見つつ、そのように見ている自己を自覚する認識とアイデンティティ化のプロセスにおいて確認することができる。観察者の認識は、対象に対する適度の距離を前提とするが、この距離に保証されるようにして観察者は自分の立脚点を確保し、「視線」を駆使して対象を自由に、多角度から見つめることができる。このとき観察者は自分が自由かつ正確に対象を把握していると自覚すると同時に――意識しないが、知覚プロセスのなかで――「目」の無意識・機械性を凌駕したように思い込む。というのも観察者は、自由かつ正確に見るのは自由な人間主体の行為であり、それはカメラアイ的な機械の目ではないと考えるからである。しかし実際には、観察者の意識下においてメディア的な「目」の機能は作用しており、主体の「視線」はそれに左右され続けている。自由な観察主体は、自分が自由かつ適切に見ている（視線の機能）と思うからこそ、不自由で盲目的な自己身体の機械性（目の機能）を無視することができる。観察者は、自分が自由かつ主体的に何かを見ていると思う一方、自己身体のなかで実際に作用する「視線」と「目」の混合状況を意識外に置くことで、その現実の脇から「ずれ」るようにして認識行為を行う。

このずれは観察者の意識にのぼることはないので、証明が不可能と思えるかもしれない。しかしそれが実際に起きていることは、イタリアの建築家フィリッポ・ブルネレスキが一五世紀前半に行った遠近法の実験とその解釈から類推することができる。ブルネレスキは、当時ヨーロッパの各所で行われていた遠近法の技術を用いて、自身が設計したフィレンツェ大聖堂のサン・ジョヴァンニ洗礼堂を見る際に錯覚が起きることを確認した。錯覚は次のように生じる。紙に遠近法で描いた二次元の礼拝堂は、その絵を観察者が望遠鏡をのぞくようにして見ると、実際に観察者が眺める洗礼堂の姿と同じように見える。つまり二次元の画像は、その描き方と見方を細工すると、観察者の目に、奥行きと臨場感を有する三次元的な現実世界と変わらないように映るのである。この錯覚を証明するために、ブルネレスキはみずから観察者となり、フィレンツェ大聖堂の入り口に立ち、そこから一〇数メートル離れた洗礼堂を眺めた際の「実像」と、遠近法で描いた絵の紙と、それを反射して映し出す反射板を眼前に置き、絵の紙に空けた穴から覗き込んで、反射板に映し出された洗礼堂とを見比べた。すると、実際に立って見える洗礼堂は、反射板に映し出した遠近法による平面像と一致することが判明した（【図3】参照）。

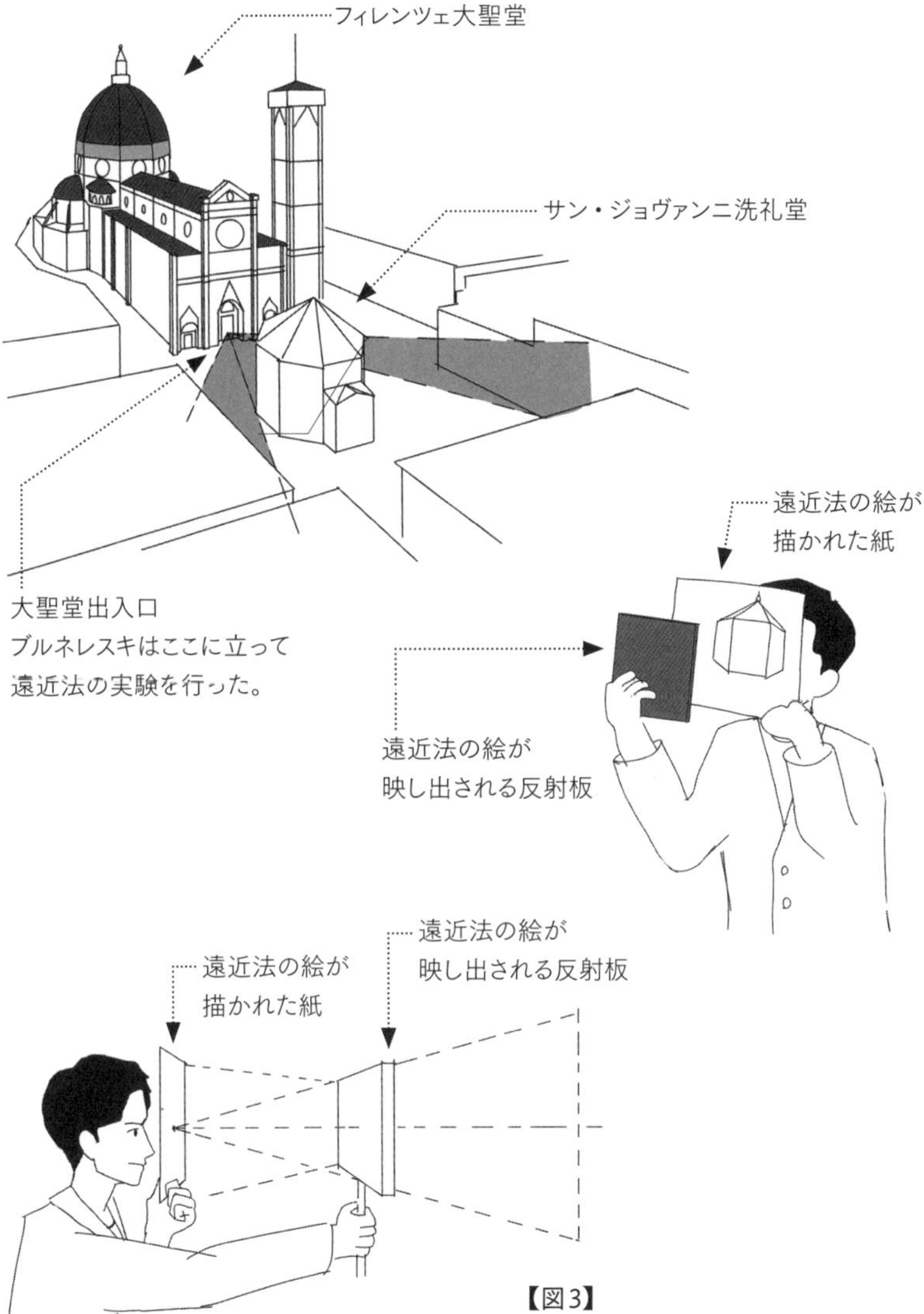

【図3】
3つのスケッチ（❖10）は、実験者が
フィレンツェ大聖堂の正面入口に立ち、
遠近法の絵を通じて洗礼堂を見る様子を
具体化したものである。

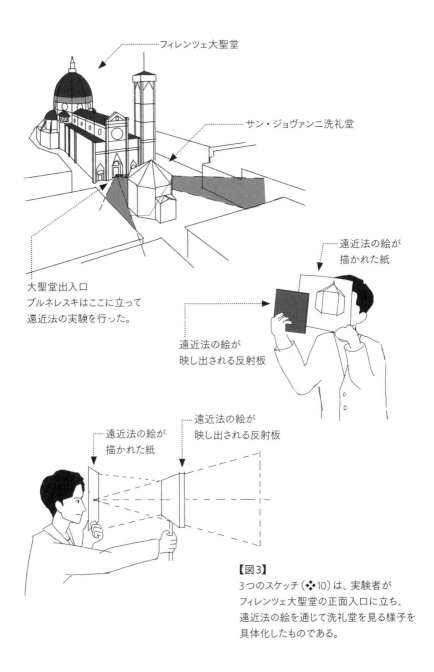

この証明が示唆するのは次の点である。観察者は眼前にある現実を三次元の実像として見ているつもりだが、それは特殊な方法によって映し出された二次元の像と同然である。そしてこの二次元の像こそ——本論の冒頭で説明した——自身の眼球の網膜に映し出された平面像に相当する。観察者が自身の目の奥に映し出した平面像を臨場感ある立体像と思い込む知覚上の「ずれ」は——ブルネレスキの実験で確認されたように——観察者が遠近法によって映し出した虚構の平面像を現実と思い込む「ずれた」認識と同じである。

このずれは個々人に起きる錯覚の次元に留まらず、近代ヨーロッパの視覚文化に関わる広範囲な事象に発展した。一七世紀以降ヨーロッパの各地で、観客が遠近法に基づく見方によって、舞台とそこにいる人物像をより正確に見られる劇場が作られたことにより、人々が観劇の習慣によって、錯覚を前提とした観察方法に慣れ、それを助長することになった。人々はそうと気づかないまま、正確な観察と、この観察に伴う錯覚との双方を同時に実践し、それを劇場で繰り返し行うことで習慣化していったのである。

このずれを一八世紀の観劇習慣や視覚文化の緻密な分析によって類推可能にしたのが、演劇学者ギュンター・ヘーグである。ヘーグは著作『自然な姿のファンタスマ——一八世紀演劇の身体・言語・像』において、一八世紀のドイツとフランスの演劇界の演技とその評論などを検討し、模範的とみなされる演技が個人の内面の自然な発露であると評価される背景に、認識上の倒錯があることを突き止めた。

一八世紀のヨーロッパ演劇界では近代の戯曲形式が発展し、個人の苦しみ、悲しみ、愛情などの内的感情が登場人物を通じて示される舞台作品が主流となり始めた。その際、俳優は登場人物の感情をごく自然な演技で体現することが模範的な演技として評価された[11]。この内面の発露の演技は、奥深いように見せかける遠近法の劇場空間に後押しされて、多くの観客に的確に認識されるようになった。しかし俳優が自然な演技のために参考にした身体表現のモデルは、平面を基調とする絵画の人間像や、哀しみや怒りなどの感情を言語記号に置き換えて説明した文学的な描写であった。一八世紀に発達した俳優術に関する理論は、個人の感情と内面を、それに符号する模倣の身振りによって示すモデルを絵画で示したが、名優とみなされた俳優の演技はそのような絵画の記号的モデルを踏襲していた[12]。多くの観客が舞台上の人物の感情や「奥深い」内面を洞察していると思う一方、俳優の演技は平板な記号モデルの模倣に基づいていたのである。

一八世紀のヨーロッパの観客は俳優身体をしっかりと鑑賞することで、その内側にあるとされる心情を理解したと同時に、それと異なる実情があることを見落としてしまう。当時の劇場は、一部の特権階級だけでなく、多くの市民が訪れて観劇を行ったため、人々の視覚習慣を規定する主要な視覚メディアであった。対象をしっかりと見る知覚行為は、少数の個人ではなく、多くの人々によって習慣的に実践されるようになったが、同時にこの知覚行為に付随する「ずれ」の問題も一般化したのである。

3　取り残される身体

冒頭で指摘したように、何かを見て把握する知覚行為にはもう一つの身体の位相がある。観察者が対象を集中して見るからこそ、主体の意識から忘れ去られ、取り残される自己身体の位相である。この位相をハースは自己身体の「規定不可能な残余」と名付けている。[13] 観察者は自己身体を忘れ、自分ではどうにもならない状態に置き去りにしてしまう。

この状態は、前節で述べたブルネレスキによる遠近法の実験から具体的に想像することができる。観察者がフィレンツェの聖堂に立って見る洗礼堂が、紙と反射板を一枚ずつ目の前にかざして覗き込む遠近法の洗礼堂の絵と同じに見えることはすでに述べた。紙と反射板を自分の顔に限りなく近づけて外界を眺める観察者の姿こそ、自分が取り残したもう一つの自己身体にほかならない。というのもこの姿は、すでに指摘した知覚行為の見えない身体メカニズムに相当するからである。

遠近法の実験で観察者は目の前に紙を置き、そこにある穴を覗くと、穴から見える紙の向こうの鏡に映し出された洗礼堂の遠近法画を見る。このとき観察者は、紙によって視野が著しく狭まった空間内に置かれ、鏡に映し出された平面図を小さな穴から覗き込んで見る。この一連のプロセスは、眼前にある対象を眼球を通じて狭い空間内に取り込み、それを網膜というスクリーンに映し出し、「盲点」を通じてその像を脳に送り込むプロセスと似ている。観察者がみずから知覚できない自己身体の位相は、遠近法の実験によって、極端に狭い空間内で平面化されたスクリーン映像を見る行為に相当する。観察者が対象をしっかりと見ているという意識と、そのような行為を行っているという自己認識は、この自己身体の位相を意識外に置くことで成り立つ。カメラが撮影する際の自己内部のメカニズムを意識しないで対象を画像化するように、観察者の主体も自己身体のメカニズムを意識しないことで、眼前の対象を認識するのである。

このように観察者は外部の対象を確実に認識することで、自己身体の見えない側面、すなわちカメラアイに相当するメディア的身体が自己の身体内部で作用していることを意識しなくなる。このメディア的身体の忘却は、本論の冒頭で述べた脱身体化が解消しがたい難題であることを改めて確認させる。その要因は次の二点にわたっている。

第一に脱身体化は、自発的に観察して自由に考える近代人の主体が機能するからこそ助長されるというアポリアである。何かを見て考える際の「私」は、もう一つの自己身体、すなわちメディア的な身体性を意識外に置くことで、認識と思考の主体的活動を行っている。物事をしっかりと見て考える割合が増えれば増えるほど、またそれを行う人が増えれば増えるほど、自己身体からの自意識の離脱、すなわち生身の体から遠ざかる脱身体化の傾向も増す。人間は近代的な価値観に基づき振舞えば振舞うほど、脱身体化の傾向を助長してしまうのである。

第二に、もう一つの自己身体は――遠近法の実験が示すように――観察者の眼球という体内の知覚メカニズムだけでなく、身体と外界との「もう一つ」の状況を示唆する。それは、観察者が自身の知覚行為において——目の前の紙や反射板、穴が示唆するように——対象に距離を維持できないほど接近し、閉鎖的な空間に置かれた状態で対象を覗き込んでいる身体状況である。この状況は、本論の冒頭で述べたような、暗い映画館内でスクリーンのトリッキーな映像に巻き込まれるようにして自分の身体を動かそうとする一方、その閉鎖的な空間内で周囲との関係から身を閉ざした自己身体の状況に類似する。

自己身体を取り囲むこの閉鎖的な空間は、現代のメディア受容環境のもう一つの側面を浮かび上がらせる。今や多くの人々が自宅にこもり、インターネットに接続してコンピューター画面を長時間見続けることに苦痛や抵抗を感じなくなった。しかし自分が長時間座って画面を覗き込む状況は、身体を主眼に考えれば尋常ではない。これは似たような行為である読書と比較すれば想像できる。私たちが自宅の部屋に閉じこもり、本を読みふけっていると、数時間もすれば集中力が落ちるだろう。すると私たちは屋外に出てリフレッシュしたり、屋内に居続けたとしても、体をほぐす工夫をしようと思うかもしれない。広くない空間に長時間ほとんど同じ姿勢でいることは、体への負担となるからである。これに対して、インターネットの閲覧を長時間続けても、その必然性をあまり感じないだろう。インターネットの閲覧と読書は、狭い空間で同じ姿勢でいるの点でほとんど同じなのに、自分の身体への配慮において差が生じる。この差は、世界中で「インターネット依存症」の弊害が指摘されるのに対して、「読書依存症」なる問題が一般化しないことから類推される。現代人はメディア映像を長時間見続けるのと反比例するようにして、自己身体の状況を軽視しがちになる。

脱身体化の要因の一つはここに見出される。すなわちそれは、私たちが外界の何かに集中し、対象を把握しようとすればするほど、自己身体と外界が接続しうる多様な関係性を逸してしまうことである。五感を十全に活かせば、私たちは自己身体と周囲とのあいだに実に多様な接続可能性を見出すことができる。例えば私たちが屋外に佇むとき、さほど意識的にならなくても、自分の肌が風、空気、周辺の雰囲気にさらされ、嗅覚が季節の変化を感じ取り、耳は明確に聞き取れる音以外の音も受け止めている。それらすべてが自己身体と外界の現実との関係となりうるが、私たちは往々にして、心地よい風、乗り物や機械などの動きのように、「自分」の意識が単純に向かう外界にしか関心を注がない。そしてその外界が具体的に何であり、どこから、どのように現れたのかを理解しようとすればするほど、私たちは、自分がすぐに想像できないような自己身体と外界との多様な接続可能性を自ら狭めてしまう。

この可能性を狭めることにより、私たちは、自己身体と世界との関わり方を機能性・合理性・ありきたりな身体感覚だけに限定し、やがては画一化することになる。画一化された身体の感覚が優勢となる社会では、多くの人々が「望ましい」あるいは「望ましくない」と考える身体像が紋切り型として流布しやすくなる。可能性が限定されると、既存の身体像とその派生型だけが人々の関心を占めるようになり、この趨勢が紋切り型の身体像をさらに助長する。

身体感覚や身体像が画一的になる脱身体化の問題は、その要因を辿っていくと、私たちが世界や他者を認識する際に、自己身体とその周囲との関係を遮断するところに出発点がある。自己身体を置き去りにすることは、身体のもう一つの現実と多様な接続可能性を放棄することである。近代以降、人間はこの放棄によって、身体を医学的、動力学的、感性的、理論的に認識し、その特徴を究明し説明可能なものにしたが、そのような解明のプロセスでも、認識者の自己身体は本人によって置き去りにされる。この置き去りが、人間をあまねくして脱身体化へと向かわせる出発点となる。

4 身体の抵抗――身体演劇を例として

すでに論じたように、人間が身体の独自性を軽視する脱身体化の要因は、私たちが知らずして身体を「ずれ」て把握したり、自己身体を置き去りにすることにあるが、この負の側面は、私たちが世界や対象を正確に把握しようとする認識行為と表裏一体となっている。両者を切り離すことができないために、脱身体化は厄介な難問である。

抜本的な解決は不可能であるが、特殊な美的経験において私たちが問題の所在に気づいたり、考え直す契機を見出すことはできる。そのような契機は、例えば演劇上演において観客が俳優の特殊な身体状況を見るときに訪れる。観客は俳優の身振りや身体状況を見ることで、身体認識の「ずれ」や、身体が「置き去り」されている状態に気づくことがある。ここに二つの例を挙げる。

演劇集団マレビトの会はカタストロフィーをモチーフにした演劇プロジェクトを立ち上げ、『長崎を上演する』（二〇一三―一六年）と『福島を上演する』（二〇一六―一八年）において被災地と、そこに生きる人々を髣髴させる状況を舞台化した。[14] いずれの舞台でも俳優が架空の場面にいる人物を「マイム」と称する身振りで演じる。俳優は何かを食べる、飲む、車を運転する、書く、手渡す、吊革につかまる、展示を見るなどの行為をマイムの手つきや仕草で示すが、その身振りは記号的・形式的・無味乾燥な動きの連続である一方、人物の感情や意向を暗示する機微の仕草が意図的に退けられる。つまり俳優はマイム的な身振りで行為を明確に示す一方、マイムの身振りをわざと中途半端に示すことで、ある行為によって暗示されるはずの個人の感情や思惑などを表現し損ねるようにして演じるのだが、それによって俳優の演技は、明示と暗示とのあいだに「ずれ」が生じているのを観客に意識させる。

ここで重要なのは、この「ずれ」が単に演技という身体表現の問題だけでなく、それを見る側の問題でもあることが示唆されていることである。この一連のプロジェクトで俳優は四日間から二週間弱の連続上演のなかで計数十時間にわたり、ずれた身振りを観客に示し続ける。もしこのずれが演技の側の問題だけであることを観客に伝えたければ、ずれた身振りをそれほど長時間示す必要はないだろう。これほど長く延々とずれた演技が提示されるのは、それが観客、すなわち俳優身体を見る側の問題でもあるからである。なるほど観客は、俳優のマイム的な身振りによって、舞台上の誰かが何を行い、何が起きていることを容易に把握することができる。しかし同時に観客は、その認識がひょっとしたら「ずれ」ているのではないかと気づいたり、俳優の身振りによって何かが示されても、本当は何を言いたかったのか分からないのではないかと考えるきっかけを見出すことができる。そのきっかけは自省である。観客は特殊な身体表現を見て単に不自然だと思うだけでなく、そのような対象を見る「私」の状況を省みるとき、その不自然さが間接的に自分にも関わることに気づきうる。こうして観客は対象としての俳優身体の身振りを分かると同時に、ひょっとしたらその認識は「ずれ」を伴って成立しているのではないかと憶測できるようになる。

置き去りにされた身体に気づく契機は、一般的な身振りから大きく逸脱し、身体に独自の身振りを模索する錬肉工房の上演に訪れる。岡本章が主宰する同演劇集団の舞台作品には能、現代演劇、舞踊、操り人形の分野で活動する者たちが舞台上で演じる。[15] その身体表現は、彼らが自らの活動領域で行う固有の演技を踏まえるよりも、それを解体し、ゼロの状態から新たに練り上げた独特の身体表現に基づく。その独特の身体表現は——能のゆっくりとした動きを髣髴させる以外——台詞の意味内容や場面状況を明示することはほとんどない。俳優たちはしばしば手足を不規則に動かしたり、地を這うようにしながら動き回るが、それによって特定の何かを示唆するわけでもない。錬肉工房の俳優は指示対象を曖昧にした身振りを延々と続ける。これによって俳優の身体は、機能・特定の様式・コノテーションなどを欠いたまま、そこに「残された」何かとして観客の前に立ち現れる。錬肉工房の舞台作品では俳優の身体から意味や機能性が取り去られた後、そこに取り残された状態の身体が観客に提示され続ける。事実、錬肉工房の多くの舞台作品で観客は、よく分からない俳優の身振りを見続ける。そのような身振りはよく分からないのだが、他方でそれは認識や理解の枠からこぼれ落ちた身体の何かであるのは確かである。錬肉工房の観客は、取り残された身体と向き合うことで、身体には容易に想像できないものが可能性として残されていることに思いを巡らすことができる。

このように私たちは観劇を通じて、身体を見て理解しようとする際、私たちの認識にずれが生じていることや、認識から取り残された身体の状況がありうることに気づくことができる。そのような経験をきっかけに、私たちは身体の認識に限界があることに注意深くなり、身体には思いもよらぬ何かがありうることへの洞察力を高めることができる。

この洞察力は、間接的な効果ではあるが、脱身体化の傾向に抵抗することにつながるだろう。私たちが知らずして（自己）身体を軽視する脱身体化の傾向を食い止めるには、私たちは身体への見方を大胆にオープンにする必要がある。この開かれた見方の多様な可能性を示唆するのが、特殊な身体表現を駆使する演劇である。よく分からない、意味がないようにみえる演劇には、身体のことを本当は分かっていない私たちの認識の限界を見つめ直し、より開かれた身体像を模索するチャンスが潜んでいるのである。

注

❖1 近代化おいて視覚が支配的になったことは多くの人文学研究で指摘されているが、ここでは重要な近代視覚論を挙げる。マーティン・ジェイ「近代性における複数の『視の制度』」（ハル・フォスター編『視覚論』所収、榑沼範久訳、平凡社、二〇〇七年、二一―二二頁）

❖2 ケプラーによる網膜の発見、デカルトによる眼球とカメラアイの類似性への指摘、マリオットによる盲点の発見については、以下の医学の歴史書に簡明に言及されている。Banerjee, D. D.: *The Glimpses of the History of Medicine, Noida:* B. Jain Regular 2008, p.114.

❖3 図1と2は一般に普及する科学書などの図を参考にして作成した。作成：Seishu Hirata。

❖4 この例は、演劇評論家フランク・ラダッツがメディア学者フリードリヒ・キットラーとの対談で紹介している。Friedrich Kittler und Frank M. Radatz im Gespräch: Der Traum von der Sinneinheit des Leibes. Repräsentation und Vorstellung an der Schnittstelle von Kunst und Medientechnologie, in: Tiedemann, Kathrin and Raddatz, Frank M. (eds.): *Reality Strikes Back II. Tod der Repräsentation. Die Zukunft der Vorstellungskraft in einer globalisierten Welt,* Berlin: Theater der Zeit 2010, p.15.

❖5 身体の実情が人間の感覚や意識から遠ざかる脱身体化は人間の知覚の抽象化や文明化と密接に関わるため、アポリアな問題であるとカンパーは指摘する。Kamper, Dietmar: *Ästhetik der Abwesenheit. Die Entfernung der Körper,* München: Wilhelm Fink 2008, pp.8-11.

❖6 ラファーターの観相学の人種的偏見については：Mattenklott, Gert: *Der übersinnliche Leib. Beiträge zur Metaphysik des Körpers,* Hamburg: Rowohlt 1983, pp.21-2.

❖7 Lombroso, Cesare: *Criminal Man, trans: Mary Gibson,* Nicole Hahn Rafter, Duke University Press 2006, pp.43-57.

❖8 Gray, Richard T.: *About Face: German Physiognomic Thought from Lavater to Auschwitz,* 2004, pp. 177-82, 202-72, 331-2.

❖9 Haß, Ulrike: *Das Drama des Sehens. Auge, Blick und Bühnenform*, München: Wilhelm Fink 2005, pp.28-33,74-7.

❖10 これらのスケッチは、ブルネレスキによる遠近法の実験を論じたハースの著書（注9）の九三、九四、九八頁に掲載された図を元にして作成した。作成：Seishu Hirata。

❖11 Heeg, Günther: *Das Phantasma der natürlichen Gestalt. Körper, Sprache und Bild im Theater des 18. Jahrhunderts*, Frankfurt a.M./Basel: Stroemfeld 2000, pp.125-30, 158-9.

❖12 Ebd. pp.311-4.

❖13 Haß: *Das Drama des Sehens*, p. 76.

❖14 『長崎を上演する』と『福島を上演する』については劇団ＨＰの上演アーカイブを参照：http://www.marebito.org/nagasaki.html ならびに http://www.marebito.org/fukushima.html　二〇二四年八月二八日閲覧。

❖15 岡本章主宰「錬肉工房」における伝統と現代、型と型破り、能と他の芸術ジャンルとのあいだで試行錯誤される実験的な身体表現については、岡本章「〈形〉について——現代能『水の声』の試み」（岡本章編著『「現代能楽集」の挑戦—錬肉工房１９７１—２０１７』所収、論創社、二〇一八年、四二一—四八頁）参照。

＊本論を準備・執筆するに当たり、科研費研究「シアトロクラシーとデモクラシーの交差——政治性と演劇性の領域横断研究」（研究課題番号：21H00483）の支援を受けた。

IV 場所

身体に聞く

身体は
生な乗り物
情報が記録されていて
今を受信しながら、変化していく
有限な代物

言葉は
更新し続ける記録

舞台は
異空間
時空を超えた待ち合わせの場所
舞踊は
刻むこと

振付は
未来に伝えるもの
高度な技術で編集されたスコア

即興は

緊急時に
未来を予測しながらのあそび

訓練は
癖を知ること
新しい癖を体得すること

自由は
やりにくさの中にある

予期出来ぬ機会をくれるのは
相手である

私を渡し消えるとき
もっとも自由になる

自我を育てて捨てる

身体に聞く

（島地保武）

郵 便 は が き

恐縮ですが、
切手をお貼り
下さい。

101-0051

（受取人）

東京都千代田区神田神保町三―九
幸保ビル

新曜社営業部行

通信欄

通信用カード

■このはがきを，小社への通信または小社刊行書の御注文に御利用下さい。このはがきを御利用になれば，より早く，より確実に御入手できると存じます。
■お名前は早速，読者名簿に登録，折にふれて新刊のお知らせ・配本の御案内などをさしあげたいと存じます。

お読み下さった本の書名

通信欄

新規購入申込書

お買いつけの小売書店名を必ず御記入下さい。

(書名)	(定価) ￥	(部数) 部
(書名)	(定価) ￥	(部数) 部

ご氏名《ふりがな》　　ご職業　　(　　歳)

〒　Tel.
ご住所

e-mail アドレス

ご指定書店名	取次	この欄は書店又は当社で記入します。
書店の住所		

〈舞台〉は、時空を超えた待ち合わせの場所

作品『ありか』をめぐって

島地保武×環ROY

慶應義塾大学でのレクチャー当日は、まず、島地保武・環ROY氏のお二人が挑んだコラボレーション作品『ありか』（製作・愛知県芸術劇場）の記録動画を観る。〈踊りと言葉の起源を辿り紡いだ物語をベースに、即興による動き、音、声、リズムが時空を超えて交差〉する同作は、初演が二〇一六年（愛知県芸術劇場）、その後、二〇一七年、二〇一八年、二〇二二年、二〇二四年と、国内外の様々な場所で再演されている。

そして、動画視聴のあいまあいまに行われたお二人の即興パフォーマンス――島地氏は足首の故障を抱えていた――を直接目の当たりにした生徒たちは、異なるふたつの特有な身体がもつ動き、リズム、声、ストーリー、そしてそれら全体が創り出す時空間に、文字通り大いに魅了された。ここでは、その制作プロセスについてお聞きした。

スタジオの隅で話してばかり

――身体表現を専門とする世界的なダンサーである島

地さん、ミュージシャンであり、ラッパーであり、音楽と言葉を専門とする環さん、そもそもふだんは異なるフィールドで活躍されているお二人ですが、どのような経緯でコラボレーションされることになったのか、まずそのあたりからお聞かせ願えますか。

島地　はい。ROYくんとは共通の知人が意外と多くて、たしか二〇一三年に僕の舞台を観に来てくれたことがあるんです。じつは僕はそれ以前から彼の作品が好きで、本番前のウォーミングアップのときにCDを聞いたりライブに行ったりしていたんですね。とくに彼のフリースタイルのラップと自分が踊っているときの頭の中が近いようにずっと感じていて、しかもライブのときの動きも独自で魅力的だし、とても気になっていたんです。それで、舞台のあとにみんなで食事に行って、はじめて挨拶して話を交わしたんですが、そのときなにより一番印象的だったのが、彼がグラスをもつときの手の形や動きだったんです。まるでマイクをもつときのような感じでワインを飲んでいるその姿は、ちょっといままでに見たことのないものだったんですね。僕は人の行動や仕草が気になるんです。そこから彼の身体性と思考に改めて興味をもったのですが、このときはまだ僕はドイツにいたので、翌年に一時帰国したとき、なにか一緒にやりませんか、と誘ったのがきっかけでした。

――それがいまの『ありか』につながるわけですね。

島地　ええ、帰国してすぐに、愛知県芸術劇場のプロデューサーの唐津絵理さんに会いに行って、「環ROYとやりたい」と。そこからですね。

環　そうでしたね。どうもありがとうございます。僕はそれまでにいくつかパフォーミングアーツの経験はあるんですが、とはいえダンスのことなんて何も知りませんから、島地さんにいろいろ教えてもらったり、YouTubeで主だった歴史的ダンサーたちの動画などを片っ端から見るようにしました。同時に、二人でどんなことが一緒にできるのか、ものすごくたくさんの言葉を交わしましたよね。単に分業というか、島地さんがダンスして、僕がそれに曲をつけたり伴奏のようにラップしたりとか、そんなことをしてもぜんぜんおもしろくないですから。

島地　ROYくんにはダンスの伴奏の楽曲をオーダーしたわけではなくて、ゼロから作品を一緒に作ろう、とお願いしたわけですからね。それで、いろいろと話しながらも、まずはスタジオで動いてみようか、と提案しました。いつもどおりにお互いの身体を触ってみたり、簡単に動いてみるところから始めようと思ったんですが、いざスタジオに入ると、彼はそういうことを非常にいやがるわけです。

環　なんで突然、身体を触ってくるの、とか、なんでそんなにお互いの距離が近くないといけないの、とか、汗かくとべたべたして気持ち悪いな、とか、床に寝転ぶのは汚れるからちょっといやだなとか（笑）。そもそもダンスと僕のやっているような音楽は、練習や準備のやり方がぜんぜん違います。でも、自分のふだんの決まりとか感覚の外で考えたり創作したいという気持ちは常にありますから、少しずつ少しずつ馴らしていったというか。

島地　僕たちの場合は、ワークショップなどであいさつもそこそこに、突然よく知らない相手のからだに触ったりすることもあります。僕もあまり好きなほうではないですけれど、ROYくんは潔癖なところがあるし、その率直な違和感の表明が、すごかった（笑）。でもよく考えてみれば、ある世界でいくらふつうのことだとしても、それ以外の世界からしたらそれはおかしいだろう、ということはたくさんあるわけですよね。さらに彼は、なぜダンサーというのは、稽古のためのスタジオを予約し、そこでまずコンタクトインプロビゼセーションから始めるのか、から始まって、なぜ島地さんはそんなふうに動いて、ぼくにこう動けと言うのか、とか、少し動いてみてはそんな根本的な質問を逐一、どんどん投げてくる。そのたびにスタジオの隅っこのほうに行って二人で話し込むということの繰り返しだったんです。

お互いを浸食する、浸食され合う

環　僕としては、身体を動かすのもいいけど、その前に少し会話しようよ、って。お互いの考えていることをよく知らないままに一緒に身体を動かして、結果どんな作品が作れるのか、僕には想像もできないから。音楽の場合は、とくに作り方そのものはとても論理的だし科学的なので、なぜこうするのかって聞かれたら全部言葉で相手に説明して、理解してもらえるまでやりとりします。それに僕の場合の練習というのは、バンドじゃないから基本的に自主練ですし。僕はそういうやり方に慣れているし、いい悪いではないけれど、ポピュラーミュージックは全般的に高度にルール化されているので、パフォーミングアーツと比べるとスピード感もまったく異なります。でも一緒に作品を作るのなら、お互い侵食し合おう、され合おう、という考えは最初から共通していたので、僕もがんばって少しは身体を動かしたりしていましたよ（笑）。説明なしで進んでいくのを受け入れるときもあったし、説明を要求することもあったし、そんなことを繰り返していく、という感じでした。この作品はいったいどんなものになるのだろう、って、先がほとんど見えないままに（笑）。

島地　最初はほんとうに何も見えませんでしたね（笑）。でも僕は僕で、彼の身体がどんな感覚を持っているのか、ものすごく知りたいわけです。ダンスの素人だからということで僕は気を遣ったりはしないので、嫌がられながらも即興の動きを提案したりしながら、ＲＯＹくんの身体にどんどんと触るわけですよ。かなりショックだったんじゃないかと思いますけれど、やはり触るとわかる。相当特異な身体なんです。異様に柔らかくて、折りたためる方向にどんどん折りたためる。二重関節なんです。

環　身体柔らかそう、ってたまにイメージで言われることはありますね（笑）

島地　柔らかそう、じゃなくて、事実半端なく柔軟。

そして二人であれこれと話していくとき、ROYくんはストーリーというか、起承転結をつねに気にしていましたよね。こうだからこうなった、これとこれだからこうなってこうなる、というようなことを。

環　島地さんはそういう考え方はすごくつまらない、と言うんですよね。でも僕はラッパーで言葉の人間だから、ストーリーというか起承転結を先にイメージして、それに対してどういう振る舞いをするのか、とか、あるいは言葉をどんどん派生させながらストーリーというか物語を作っていくのがふだんのやり方なんです。でも同時に、島地さんの言いたいこともわかるんです。ダンスだけではなくてアート全般に言えることだけれど、ヨーロッパ的な、ある種正統的といわれるものに対してのカウンターが出てくる。そしてそれらにもちゃんと理屈というか理論があるわけですから。とはいえ、こういう相互理解の段階に至るまでに、広いバレエスタジオの隅っこのほうで、お互いものすごく時間を使ったんですけどね。

――最終的に島地さんはなんと？

環　それだとやはり気持ちというかモチベーションが上がらないんだと。

島地　そんな偉そうなこと言いましたっけ（笑）。起承転結といっても、ROYくんの作品の場合、かなり抽象化された独自の言語の構造をもっていて、ストーリーも単なる論理に回収されるわけじゃない。いってみれば、二人で掛け合いながら創作していくラップのフリースタイルのようなことを身体でできないだろうかとずっと考えていたんです。それまでも言葉を舞台で使うこともあったし、自分で音を出しながらダンサーが踊るということも、やはりフォーサイスの作品などでありました。ちなみにダンサー同士の場合の動きの掛け合いは、頭で考えてからでは遅くて、頭が後からついてくる状態が望ましいんです。ROYくんはいろいろな角度から世の中を見ているから、彼の癖や技術を盗みながら、一緒にやってみたかったんです。でも、ダンサーではない相手と、しかも日本語でやるのはともかく初めての作業でした。

——そして環さんはそろそろ、島地さんのやり方に飛び込んでみようかと？

環 そうですね。僕の場合も、語彙の溜めみたいなのものは必要だけれど、やはり反射的に言葉を選んでいるところはありますから。いずれにしても島地さんの考えにとても共感できましたし、「即興」ひとつとっても、根底から考えようとされているのがすごく伝わってきたので、コラボレーションする意義を改めて感じました。そもそも今回の作品に関わっているのは、すべてがダンスというか舞台関係の人たちなわけで、僕のほうが「旅行者」なんだという意識はずっとありましたから、島地さんの「それだとモチベーションが上がらないんだ」、この力強いひとことで、そこからはひたすらダンスの歴史を勉強するようにしました。しかし島地さんはすでにこの段階でかなりうんざりしてたんじゃないかと思うんですけど（笑）。

回路を交換し、個を溶解させる

島地 まったくそんなことないです（笑）。ふだん「当たり前」だと思って意識しない、言語化しないでいることについて指摘されたり尋ねられたり、というのはとても貴重なことですから。感覚的なことや概念を言語化して、そこからコミュニケーションをどう取っていくのか。ものすごく大切なことをROYくんから学びました。同じフィールドの人と組んだほうが、それはもう断然やりやすいんですよ。共通のルールがあるから説明しなくてもいいことが多い。けれど彼は言葉の人だし、さらに音楽の人だからそうはいかないんです。日々お互いの「当たり前」を壊し合うような作業ですから、これはほんとうにぜいたくな経験だったと思っています。

環　そうですよね、僕もすごくぜいたくな作り方をさせてもらっているなと思っていました。いま考えてみると、島地さんとあれこれ話していたのはバレエスタジオだったから、こっちはすでにふだんどおりの自分じゃないわけですよ。あらゆる壁という壁が鏡だし、ふだん喫茶店で話しているような自分とはもう別の人なんですよね。だから、話すといったって、要は知らず知らずのうちに、ダンスというか島地さんのエートスに侵食されていたと思います。やはりお互いさまですかね（笑）。そしてそんなある日、島地さんがステージの構造を突然持ってきた。「これで行くから」って。だから、「あ、へえ、はい」と。

——左右にふたつ、四角い島のようなスペースがあって、そのふたつをつなぐようにして長くて幅の狭い通路というか橋のようなものがしつらえてある。それが『ありか』の舞台構造ですよね。そしてその橋の両側に客席があって。

島地　ええ。ROYくんと僕とは考え方も身体も非常に異なるということが前提だったので、そこからも、「ふたつの異なる文化」、ということをイメージして、ふたつの島を。

環　かといってそのふたつが対立しているわけじゃないですよね。島地さんも作品の中でラップするシーンがあるし。そもそも構造ってひとつの制約でもあるけれど、それを使って、あるいはそれをずらすことで、どこまで自由になれるかということですから、その存在はとても重要で不可欠なものだと思います。僕ら人間には「死ぬ」っていう制約があるから、そこから美意識とかも生まれてくるわけだし。それにして

も橋の幅の狭さ（一二〇センチメートル）にはもうドキドキするわけです。島地さんいわく、身体的な危機感や緊張感を感じるくらいがいいんだと。

島地　制約は大事ですから（笑）。ＲＯＹくんの言う通り、対立構造を示したかったわけではけっしてないんです。僕もラップをするし、舞台上では逆にＲＯＹくんのかなり激しい動きもありますしね。相手のクセを盗みたいとか、回路を交換してみたい、っていう欲望がやはり僕にはいつもあるんですよ。

環　それは僕も同じです。自分のやり方だけだと窮屈になってくる。創作中にも島地さんと話したけれど、それぞれがそれぞれを押し出してコラボレーションするんじゃなくて、それぞれの個を溶解させるようなコラボにしたいね、と。

あともうひとつ最初から意識していたのは「時間」のことでしたよね。たとえば冒頭のほうで、島地さんは現在から過去へと逆行するような動き、僕は古代から現在へと向かうような動きで、それぞれの島から橋に向かって近づいていく、というシーン。そしてそんなべつべつの時間と空間が、作品の中のさまざまなシーンやユニットの中で繋がっていく。僕たちの観念の中でもそれらの変化を受け止めながら、その中で何をやるか、何ができるかということを、練習の時も本番のときもお互いずっと考えながら創作していたと思います。僕はふだん歌詞を考えるときにも、複数の時間と空間が並列に重なっていて、そのあいだを行き来できるような表現をしたいなと思っているんです。パフォーミングアーツ、とくに今回はコラボレーションだし、それと歌詞とではそれぞれ抽象化の仕方が異なるけれど、改めて本当にぜいたくな、刺激的な体験だったと思っています。

　あといま話しているうちに思い出したんですが、作品のタイトルだけはなぜか早々に決まっていましたね。スタジオに入る以前でしたか、たしかファミレスでだらだらと話していたときだったと思います。なにかピンとくる言葉、というのを出し合ったり、お互いの問題意識を抽象化していったりしていたときでしたよね。それほど深い根拠はないんですが、『ありか』、名前っぽいしなんとなくいいよね、ということでなぜかすんなりと決まりましたよね。

島地　ああ、そうでしたね、タイトルだけはサラリとスピーディに決まった（笑）。

　話していて、二人とも「ものの在処（ありか）」を探しているという感じを共有していました。たとえば僕はヨーロッパのコンテンポラリーダンスをずっとやってきているし、ROYくんも基本的にはヨーロッパ的、あるいはアメリカ的な音楽の延長線上で表現しているという自覚がある。でもそれぞれが「日本的」なものへ意識が向き始めているというタイミングだったこともあって、それって原点なのか何なのか、とか、そもそも原点って何だろう、とか、そんな話もしていましたよね。日本人らしい表現をしよう、とか、そういうことではまったくないんですけれどね。

「言葉」を拾い、「身体」を作る

環　たしかに。そういう話の流れで歌詞の話とかもしたと思います。言葉の数が少なくとも腑に落ちるような、そういう歌詞が書きたいな、と。

島地　音楽と身体と祈りと感情ってそもそも一緒にあったはずなのに、コンテンポラリーダンスは分解され、細分化されすぎてしまっていて……もちろんよく考えられているなとは思うけれど、どこか冷たくて、僕はあまり感動しないんです。そこを超える人間のダメ感のようなものとかアナログ感がない。コンセプトに身体が負けてしまっているというか。そういう僕の実感と、ROYくんのいまの歌詞の話はどこかでつながっているんじゃないかな、と感じていましたね。

話を戻して、舞台の構造についてですが、橋の部分にかなりの長さがあるのは、島と島のあいだの距離を大きく取りたかったということがあります。つまり、お客さんが見る方向を選べるようにしたかったんです。僕の動きを見ているうちに、じつはROYくんももうひとつの島でもぞもぞ動き始めていたり、突然ラップやパフォーマンスが始まったり。当然逆のこともあるわけですしね。

環　僕はそれはすごくいいことだと思います。そもそも、世界のすべてを一目で把握することなんてできないんですから。

――それぞれの動きはどこまで決まっていて、どこからが即興なんですか？

環　それぞれのシーンの大きな流れだけはすべて決まっています。たとえば、一番最初は島地さん一人だけ、というのは毎回同じですが、そこでのパフォーマンスは毎回微妙に異なっていると思います。僕の場合で言えば、僕が黒板に

「あ」と書いたあとに、一番奥の壁まで行ってそこにタッチして戻ってくる、という流れじたいは変わりませんが、「あ」という字の書き方とか大きさとか、壁まで走るのか、後ろ向きでゆっくり行くのかとか、そういうことは決めていなくて、毎回違いますね。

島地 そうですね。作品全体の構成は決まっていますし、決められた振付や言葉もあります。けれども、お互いをその都度しっかりと感じ合いながら表現するというインプロビゼーションの良さは大事にしたいと考えていましたから。瞬間瞬間で振り付けたり歌詞を作るということですね。

――そうすると、毎回微妙に異なる作品になるというわけですね。お二人が舞台上で発する言葉について、さらにお聞きしたいと思います。言葉の使い方が日常とはかなり異なっていて、掛詞的に世界をどんどん変えていくかたちで掛け合いをされていますよね。これはおもにラッパーである環さんのお考えですか？

環 こんな話からしてもいいですか。

わりと最初のほうで、二人が狭い橋の上で邂逅するシーンがありますよね。そこでまずお互いの様子を伺おうとします。犬がお尻の匂いを嗅ぎ合うように。

島地 （笑）

環 言葉をもっていない者どうしのコミュニケーションって、具体的な接触しかないですからね。人間の場合は言葉があるから、一般的にはまず、「はじめまして」とか「こんにちは」と言いながら、相手の目とかからだの動きとか動作を見ながら、いま相手はどんなことを考えているんだろうかと推察する。共通の言葉をもっているかどうかもわからない者どうしの場合も、やはり具体的な接触からそのフェーズに入っていって、共通の言葉をあれこれ探しながら少しずつそれを獲得してはじめて、言葉を使ってコミュニケーションが可能になる。だからこのシーンや作品全体をそんな時間の流れとして見てもらってもいいし、もちろん先ほどの先生の解釈で見ていただいてもかまわないです。

舞台では多くの場合、僕がまず言葉を出して、そのあとその言葉から派生する言葉を重ねていきます。たとえば、「好き」という言葉のつぎに、「夏」とするか「白い雪山」にするか、その先に来るのはどの言葉なのかを瞬間的に選びながら言葉を紡いでいくんですね。そしてそれらの言葉を拾う島地さんは、島地さん自身の解釈で、それらの言葉を身体の動きに変えてゆく、ということをしています。僕が島地さんの言葉を拾って、僕自身の身体の動きを作っていく、という逆の場合ももちろんありますし、お互いの身体の動きを見て、それぞれの次の言葉が変化していくこともあります。この過程においての言葉と身体というのは、完全に自発的なチョイスというより、なにかに身を任せるようなところも僕にはあるかもしれません。

島地 僕の場合は、言葉からイメージして動きを作っていきますね。といっても瞬間瞬間ですし、言葉を身体で説明する、とか身体で言葉を説明する、ということではないです。言葉のイメージから自分の中でストーリーを考えて動きを作る。そしてROYくんの言葉をどんどん拾いながら、さらに動きを作り続ける、という感じです。言葉はどんどん変化していくけれど、僕の中のストーリーによって、身体の動きは最初の「好き」に戻ったりもします。舞台やパフォーマンスのかたちは違いますが、ROYくんもフリーラップのとき、やはりどこかかなり近いことをしているんじゃないかと思うんですけれど。

環 たしかに。

原点としての「リズム」認知

——拝見しているととても滑らかに見えますが、じつは仕組みとしては非常に複雑なことを瞬時にされていて、それが作品の流れになっているわけですね。作品の中の音楽、音について少しお聞きしてみ

たいと思います。今回はすべて環さんがご担当されたんですよね? とりわけ「スー、ハー」「スー、ハー」という吸う、吐く、の呼吸音や、「朝、夜」「朝、夜」などの言葉やオノマトペのもつリズムがとても効果的に感じられました。

環 全体のいわゆる舞台上の音楽については、流れを考えながら雰囲気で作って取捨選択していったという感じです。呼吸音や言葉に関しては、なんだろう? まず四拍子、1、2、3、4/1、2、3、4、とか、人間はやはり偶数の拍子のほうが気持ちいい、みたいなことがあるのかもしれません。五拍子や七拍子もあるわけですけれど、1、2、3、4、これは明らかにわかりやすいリズムじゃないですか。でももしもこれを十年おきに数えるとしたら、最初に1、一〇年後に2、二〇年後に3、三〇年後に4、ってなりますよね。意外とわかりやすいようでわかりにくいものでもあるんです。なぜなら、もしも僕たちより一〇倍大きな巨人がいたら、たぶん僕らと同じようなリズムに聴こえているんじゃないかと僕なんかはつい考えてしまうんです。それはさておき(笑)、僕らの身体のスケールにおいて、これはあきらかに繰り返しだろうと思える時間の捉え方をリズムと呼んでいるわけですが、どうやら「いち、に」の繰り返しのリズムというのが、僕らの世界では受け取りやすくて気持ちいいのかもしれませんね。そんなに深い話ではないのですけれど、島地さんとそんな話をよくしていたので、今回の作品の音についてては、その流れで考えたのかもしれません。

島地 人間の活動として、言葉よりもダンスのほうが先に生まれたんじゃないか、とROYくんと話したことを覚えています。そして、いまはそれが別々のものとしてはっきり分けられてしまっているけれど、最初はもっと近いものだったじゃないかな、と。

環 音楽って、「朝/夜」、「朝/夜」っていう二拍から最初のリズムが生まれたんじゃないか、心臓の拍動と太陽のリズム、それが音楽の原点で、だからリズムを認知することは、人間の生存にとって重要だし、必要なことなんじゃないか。僕はそんなことをちょうど考えていたのですが、島地さんとは作品を作りながら、そういう話を限りなくできたんです。

——お話をお聞きしていて、『ありか』という作品において、お二人の最高のコラボレーションが叶った理由がとてもよくわかる気がします。

では、作品の最後のシーンについてお聞きします。「バイバイ」という言葉を媒介にして、お二人がしばしいろいろなかたちのやり取りをされるわけですが、ここではお二人のあいだに生じる独特の間《ま》のおもしろさがありました。すれちがっているようでギリギリかみ合っているような、もうお互い顔を見るのもうんざり、というようでいてなかなか別れがたいようなな。観ていて思わず笑ってしまったのですが、このシーンを観たとき、言葉とダンスによって非常に高度な、意味を超えた掛け合いというものができるんだ、と気がつきました。そして観客もまたそれをとても楽しんでいるように見えました。いずれにしても、どちらかがどちらかをサポートする、ということではけっしてなくて、対等に、そして同時に、異質な相手であるお互いに踏み込み合おうとする。その過程がスリリングでもあり、おかしくもある。そういえば以前、「漫才」というかたちを作品のひとつのモデルにした、ということをお聞きしたかと思います。そのあたりについて少しお話しいただけますか。

「技術」と「ナマモノ」のあいだ

環　最初の頃、われわれ二人が感覚を共有できるものは何だろう、ということを探るべく、ネットの映像などをあれこれ見ていたんですが、そうしてるうちにたまたま巡り合ったものがあるんです。島地さんと、ああこれはいいよね、これだよね、と。日本でいうとたしかに「漫才」みたいなものでもあると思うんですが、二人一組で人前でなにかをする、というのは世界中にあるそうです。歌う人と踊る人という組み合わせもわりとよくあるようで、そんな二人あるいはふたつの異質なものが渾然一体となって、なんというか、ある意味で祝祭的な世界観を人々に見せる、というような。二人組の「門付」のようなものも、日本以外にもあるようですし。

島地 じつは最後の「バイバイ」のシーンは少し長すぎるし、複雑にしすぎてしまったかな、という反省もあったのですが、大丈夫でしたか(笑)。いまROYくんの言ったイメージは、たしかに初期のうちから共有していましたよね。同時に、音楽家でありラッパーであるROYくんと、ダンサーである僕が固定的な役割分担のまま、それぞれの専門を持ち寄って作品を作るのではないやり方じゃなければやる意味がない、とも確信していました。

環 そして、作品として「なんだかすごいけどよくわからないもの」になればいいな、と。

島地 そうですね。一方で、僕はヨーロッパにしばらくいるあいだに、そこで最先端と呼ばれるような表現をしたり観たりしたのですが、なんだか分解されすぎてしまっていて、踊りの「核」のようなものが見えなくなっているのではないか、という印象を持ちました。最終的に身体もなくなって照明とスモークだけとか。コンセプトが偉大になりすぎて、ダンサーが不在になる。そういう意味での「よくわからないもの」ではなくてね。

環 いろいろ最先端をやってみたけど、あれ、俺たちってもともと何をやっていたんだっけ？ みたいなね。そういうことも二人でよく話しましたよね。

島地 そうですね。そのあたりのことも、この作品を作る中でもう一度確かめてみたい、という思いもありました。

環　今の話を言い換えてみると、技術が高度になったり、明快で効率的な役割分担によって便利になったりすると、どんどん対象との距離が離れていく、みたいなことってあるじゃないですか。たとえばスライスされた肉をスーパーで買って食べるということの中にも。

島地　目の前の豚肉と、生きている豚の間、その間のことが僕らはよくわかっていない、みたいなことですよね。

環　そうそう。そのあいだには相当いろいろなことがあるはずなのに、二一世紀の世界にはそれが足りていなさそうだな、と感じます。だからもし、そこについての作品を作れたなら、それは極めて重要な、今日的な「創作」と言えるんじゃないかというのが、島地さんと僕の共通の問題意識でした。

ありふれた「特別な空間」

——非常に示唆に富んだお話ですね。どうもありがとうございます。

今回、『ありか』の舞台映像を大学の教室で学生さんたちと一緒にご覧になって、それぞれ今、どんなふうにお感じになっていますか？　また環さん、旅人としての今回の経験によって、ご自身の音楽表現になにか変化はありましたか？

環　まず、もう身体の動きが……島地さん、やはりすごいな、と。ふだんからダンスしている人の、身体の端々に至るまでの神経の通い具合。もう本当に僕なんかとは月とスッポンですよね。僕、もう少しうまくというか、まともになりたいなと、観ながらつくづく感じました。島地さんはラップだって本気でやったら平気でうまいはずだし、パフォーマーとしてもすごいと思います。僕としては、触られたり床にベターっと転がることへの抵抗感は完全に克服しているように見えるので、それはよかったです（笑）。

島地　ＲＯＹくんは下手に器用に「うまく」なって

ほしくないと思っているんです。彼がもっているエネルギーは本当にすさまじいし、受け取る能力も発しているものも、僕には持ちようもない、ものすごく細かくて繊細なものなんです。映像を見てもほんとうにそれがよくわかりますね。

環　恐れ入ります（笑）。でも「こなれてない」というのは、登場する二人の関係性も最終的にもそうなのだし、作品全体を貫くテーマのひとつでもありましたよね。

僕がふだんやっているライブハウスでのパフォーマンスって、お客さんたちがこちらに求めているものがかなり限定的なんです。だからそれを僕が逸脱した瞬間に「？」マークが出現する可能性がとても高くて、僕自身もそうなってしまうことを恐れているところがつねにあったんです。でも今回の舞台では、劇場とお客さんたちが、パフォーマンスのレンジは広くとっていいんだという前提条件をこちらに与えてくれる感覚が最初から最後までありました。そうなるとのびのびやっていいんだという気持ちになるわけです。だからこの作品以降、対面式のライブを前提とする自分の仕事はすごくやりづらくなって、ああもうどうしようみたいな感じに（笑）。でも、あえて客席の真ん中でラップしたりすると、それはそれで単なる突飛な人、みたいに思われて終わってしまう。音楽はとりわけ経済原理主義的というか効率性とか合理性とかとすごく密接で、お客さんがそれを理解するときの速度が早い。ここで起きていることは何だろう、と少し立ち止まって考えてくれるということがあまりないから、すっとわかりやすくしないといけないようなところがあるんです。まあそもそも日本のラップ業界の中で、ぼくはかなり異端ではあるんですけれど。

話が少し逸れましたが、今日こうして改めて映像を見ていて思い出しました。冒頭と最後のラップ、似たようなものなんですが、やはり僕

自身の中で大きな異なりがあるんです。つまり、作品の中でどこか違う文化へと出発するとき、そして「ありか」を経由して、最後に元のところに還ってきたときとは、あきらかに何かが違うんです。毎回、上演のたびにそのことを感じていたのを思い出しました。そしてこれって、パフォーマー自身が作品の中で体験したビフォア&アフターと、作品自体のテーマが重なるところじゃないかな、と思います。

島地　それは僕もまったく同じだし、作品のテーマそのものでもある、というのも共感します。「舞台」という特別な空間を「ありか」にして、それぞれの異なる力の構造が、お互いを探り探りしながら出会って、一瞬ひとつになって、またそれぞれの元の場所へと還っていく。そしてそれは特別な空間での経験であるかのように思えて、よく考えたら、意外と本来、ありふれたものだったりもするのかもしれませんね。

ダンスとラップ
島地保武×環ROY『ありか』公演クレジット（2016年4月22日 初演時）

出演・演出
島地保武、環ROY

振付
島地保武

音楽
環ROY

照明
渡辺敬之

音響
岡直人

衣装
横山大介（Sasquatchfabrix.）

プロダクションマネージャー
世古口善徳（愛知県芸術劇場）

舞台監督
二瓶はるか（愛知県芸術劇場）

撮影
後藤武浩

宣伝美術
三ッ間菖子

特設サイト
石黒宇宙（gm projects）

プロデューサー
唐津絵理（愛知県芸術劇場）

制作
加藤愛（愛知県芸術劇場）

協力
廣田ふみ

企画・製作
愛知県芸術劇場

写真
275頁……提供＝Maison de la culture du Japon à Paris - Japan Foundation
それ以外の頁……提供＝愛知県芸術劇場 ©Naoshi Hatori

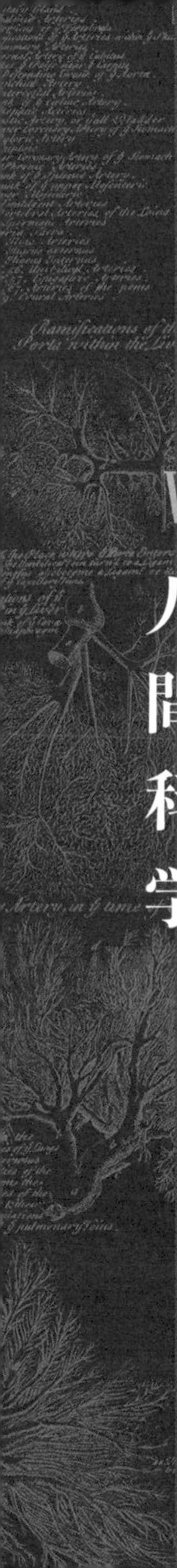

V 人間科学

ライフサイクルの精神医療化と脳神経科学的自己

認知症の人類学

北中淳子

1 脳神経科学的自己の台頭

現在の認知症の台頭を特徴として印象深いのは、一般の人々があまりにも容易に認知症という病理化のカテゴリーを受け入れ、自己を振り返るための一つの概念装置として使うようになった経緯だろう。この受容の背景には、二〇〇四年に政府が痴呆症から認知症へとその名称を変え、大規模な啓発キャンペーンを行ったことが挙げられるが、現在誰もが「あの人認知だから」「認知入っている」といった不思議な言葉を口にするようになり、認知症が、老人だけでなく、認知機能の低下を気にする中高年の関心の的となっている。それと同時に、MRIや神経心理学検査の台頭によって、人々は自分の脳の健康を常に測ることに親しみ始めている。このように老いをめぐって、人々の意識が急速に「精神医療化」され、また、このような精神医学における「配慮的な監視」が社会に広まる中で（Stevenson 2014, Lyon 2006）、私たちの自己意識や主観性はどのように変化していくのだろうか？（Kitanaka 2015）

認知症の台頭は、私が「ライフサイクルの精神医療化」と呼んでいる現象の、最も新しいものである（Kitanaka 2018）。ライフサイクルの精神医療化という言葉で私が皆さんの注意を惹きたいのは、一〇年程前までは一般の人々からは強い抵抗を受けていたであろう、精神医療的言語や世界観が、現在ではライフサイクル全体を覆うような勢いで、一般の人々の生活に浸透しつつあるという事実だ。これは第一に、二〇〇〇年代以降の子どもを対象とした発達障害概念の浸透と、超早期介入と呼ばれるような乳幼児の段階も含めた精神医学的スクリーニングの台頭、第二に、青年や中高年を対象とした、職場における心理的負荷を測るためのストレスチェックの制度化、第三に、国をあげての認知症の啓発活動と、先程お話したような認知症のスクリーニングの浸透が挙げられる。二〇世紀の精神医学の広まりとそれへの抵抗に対して、現在起こっていることの精神医療化の特徴は、第一に、精神医学が一部の逸脱者を焙りだし社会的に排除する権力装置としてではなく、一般の人々が自らの日常を振り返り、自己の差異や変化を捉えるための、自省的言語として機能し始めていることだ。不思議なことに、あれほどスティグマ化され、批判を受けた精神医学に対して、一般の人々の抵抗は極めて少なく、むしろこのような急速な日常の医療化に対して疑問を呈するのは、しばしば精神科医自身であるという点も興味深い。さらには、彼らの所謂医療化批判が、現在発達障害やうつ病、認知症といった用語が一般に受け入れられている中で、むしろある種のアナクロニズム、懐古主義にすら見えてくることも、時代の変化を感じさせる。精神科医の慎重論が、当事者によって逆に批判されることも少なくない。また、二〇世紀に日常的な自己の言語として広まり、人々が自らを振り返る枠組みとして、その権力性が問題とされたのが、むしろ精神療法や精神分析の言語だったとしたら、現在の精神医療化を特徴づけているのは、これが精神分析にかわる脳神経科学的自己を形づけるものとして理解されていることだ。認知症概念の広まりは、そのまま脳神経科学的自己の受容をも意味するとも考えられる。

では何故、脳神経科学的自己の台頭について考えることが重要なのだろうか? この現象について、brainhood、cerebral subjectivityといった言葉で注意を喚起し、医学史・医療人文科学系の領域での研究を先導してきたフェルナンド・ヴィダル&フランシスコ・オルテガ（二〇一七年）やニコラス・ローズ（二〇一四年）らは、脳神経科学的自己が、私たちの人間理解を貧困化する可能性について論じている。脳神経科学言説の特徴として、脳を、それがくっついている人間から切り離し、独立した人工的な実験室で得られたデータに基づいて理解しようとする傾向が強いことがあげられる。このような実験的人間観においては、なによりも数値化による客観化が求められ、複雑な現象をなるべくシンプルな要素へと還元して理解しようとする自然科学的アプローチが用いられ、その結果、容易に数値化できないもの、そもそも可視化できない要素に対しては、十分な注意が払われない危険性が考えられる。また自然科学的モデルに基づいて、曖昧さや不確実性が排除されてしまう結果、人間を人間たらしめている多くのこと——それは個人や集団、文化によって大きく異なる主観性に属することなのだが——への関心が見失われたまま、まるで脳のデータ全体でその人全体が語れてしまうかのような錯覚をもたらしかねないことへの懸念も高まっている。

第二に重要なのは、ヴィダルらが指摘するように、精神分析と脳神経科学言説のそれぞれの広まりの大きな違いは、精神分析の広まりが、逆にローカルな差異や多様性に関する議論を深めたのに対して、脳神経科学言説では、たしかに文化神経科学といった領域もあるものの、むしろ還元主義的・普遍主義的思考のほうが目立っている点にある。脳を中心とし、意識（consciousness）に焦点を当てた、自律的な存在こそが人間とされたのは、一七世紀以降に徐々に台頭し近代を特徴づけるにいたった新たな人間観である（Vidal & Ortega 2017）。ただしこのような人間観は決して普遍的なものではなく、特に日本では、二〇世紀後半にはげしく闘われた脳死論争に見られるように、脳死＝人の死とするような脳中心主義に対する反論が展開されてきた（ロック 二〇〇四年）。その日本において、認知症台頭を通じて、もし脳神経科学的自己観が浸透しつつあるとしたら、これは一つ、認識論的な地殻変動を示すことになるのではないか。

第三の懸念として挙げられているのが、このような生物学的還元主義のアプローチにおいては、正常な脳機能が失われた身体は、魂・精神を失った身体と見なされ、その結果重度の認知症を患う人々を「人格を失った抜け殻」として扱うような視点を生みだしかねないということだ(McLean 2007)。ヴィダルらは、人間存在の可能性がさまざまに開かれている中で、近代においてこれほどまでに「意識」や現在では特に「認知」に焦点が置かれるようになり、意識のない、もしくは十分でないと見なされた存在が、人間ではないものとして扱われ始めている歴史的状況を問題にしている(Vidal & Orgeta 2017)。したがって本論で問題にしたいのは、認知症臨床の現場で、脳神経学的自己はどのように語られ、どのようにその台頭が可能になっており、その結果人々の主観がどのように変化していくのかということだ。現在までの、脳神経科学的自己に関する研究は、主に欧米の、しかも実験室やMRIをめぐる言説の研究に終始するか、もしくは完全に患者側のいわゆる病の語りの二極に分かれてきた。それに対して、本研究では、実際に脳神経科学言説が臨床現場で、医師と患者と家族の間の交渉の中でどのように語られるのかについて考えてみたい。

2 脳神経科学的言説と当事者視点の融合に向けて

ある土曜日、東京にあるメモリークリニックでは、認知症を患う人々の家族が集い、看護師のレクチャーに耳を傾けていた。今回のトピックは、幻視。看護師はまず、当事者の話として、ある日おでんを煮込み、お汁の中の卵が大根の上にいったり下に隠れたりしているのを見るうちに、一体何個卵があるのかもわからなくなってパニックし、娘を呼んだときのエピソードを紹介した。このように認知症の方には階段の上下がわからなくなってしまい、まるで蛇腹のようにみえてバランス感覚を失い足を踏み外してしまう例があることや、車を運転している最中に、カーブを示すために途切れた曲線で示されているものが正しく認識できず、壁に激突してしまう例があることを紹介した後で、看護師は、一連の幻視の画像を映し出した。エッシャーのだまし絵や、パレイドリアの例をみせ、認知症の当事者だけでなく、私たち自身の脳も異常を生みだしてしまうことを示した上で、彼女は、認知症患者に起こっていることの多くは、このように脳がトリックを行っていることであると説明した。つまり見ることということのは、無意識の推測に基づいた複雑な行為であって、それは蓄積された事実に基づいて将来を予見するための、複雑なプロセスなのだ。その後で、家族たちはそれぞれのグループに分かれてディスカッションしたが、そこでの話は、認知症の家族が行ったおかしな行動というよりはむしろ、自分たち自身が感じている加齢のサインや、いかに自分が認知症的になりつつあるのかということが中心となった。この集いでは、認知症の病理を正常化する一方で、正常な脳をも、少しおかしくもなり得るものとして相対化し、そのことで共感を生みだすのに、見事に成功しているようだった。

臨床での脳神経科学的自己の語られ方を考える際に、もっとも印象深いのは、このような当事者視点に立脚した脳言説が、急速に台頭していることである。家族たちが指摘するように、つい最近までは、認知症＝脳が駄目になった人であるかのように、意思をもたず判断力が備わっていない半人間のように扱われることが少なくなかった。現在、当事者視点の脳神経科学言説が生まれつつある背景には、より若い世代の認知症専門家たちが、従来の医学的視点の不十分さに決して無自覚ではないということがあるだろう。現在認知症臨床を大きく変えつつある四〇代、五〇代の医師たちにインタビューすると、彼らは当初医療に対して抱いた希望や期待と、その後彼らが思い知るに至った、技術的・認識論的限界についてしばしば語る。当事者との連携を積極的に行っている神奈川のクリニックの医師は、彼がこの領域に入った一九九〇年代は脳神経画像が一般化し、抗認知症薬が開発されたばかりで、神経科学とゲノム医療の発展によって近い未来に認知症の原因が解明されるだけでなく、根治療法ももたらされるのではないかとの期待が高まった時期だったと語った。しかし彼らはやがて、認知症臨床の問題は、診断技術が未だ不確かなものに留まり、極めて初期の兆候をつかむには不十分であること、またそのためにも患者自身の主観的経験に注意深く耳を傾けなくてはいけないのにもかかわらず、それがおざなりにされてきたことに気づく。したがって、当事者視点に立脚した認知症臨床を構築しなおそうとしている医師たちにとっては、脳や神経科学的知見を導入することは、当事者にとって自らの病を客観化し、ある種の中立性を確保し、脳をおどろおどろしいものではなく、他の臓器と同様の「もの」として科学的に語る言語を提供する試みとなる。そしてそのことは、認知症を、これまで精神病にどうしてもまとわりついていたスティグマから解放することにもつながる、と彼らは感じている。認知症臨床は、精神医学そのものを変えつつあるかのようだ。

3　認知症臨床のエスノグラフィー

たしかに、いくつかの病院やクリニックでの、異なる医師による認知症臨床を観察した経験から言えることは、認知症臨床は、通常の精神医療の臨床にはみられないレベルでの「客観性」に満ち溢れているということだ。診療はしばしば脳神経画像だけでなく血液検査等の様々なデータから始まり、医師の語りも、血液の循環や海馬の萎縮、梗塞の痕跡、といった身体医学的な説明に終始することが多い。患者や家族たちも、これまでろくに診察もせずに限られた情報だけで誤った診断を与えられていたような経験を経て、一般の医師の無関心や時に暴言といえるほどの言葉に傷ついている人たちも少なくないだけに、そういった身体・脳・心とすべての面に注意を払うアプローチに感謝する方が多かった。彼らは、まずは何よりも、医学として真っ当な診療を行ってもらったと感じること、この先生は信頼できる、自分のことを考えてくれていると感じられたことが、彼らの認知症イメージが転換する重要な契機となったと語った。特に筆者が主な調査を行ったクリニックでは、他のクリニックよりもさらに脳神経画像を詳しく説明することが特徴的だったが、このように脳神経画像等の客観的データを血液データも含めた身体データと並べて用いることで、脳がなにかおどろおどろしいものといった人々が持っているかもしれないイメージを払拭し、脳を脱神秘化、中立化する、つまり他の、普通の臓器と同じように扱うことを可能にしているようだった。さらに、脳神経画像で具体的に梗塞の痕や脳の萎縮を可視化することで、一見クレイジーな行為――例えば、窃盗妄想や、おむつを枕に隠してしまうといった行為――にも身体的、物理的基盤が与えられ、自らの身に起こった変化に戸惑う当事者や、感情的に巻き込まれ疲弊しきっていた家族に、ある種の安堵感を与え、話し合うだけの余裕を作り出すようだった。これは重要に思える。というのも、認知症の症状をめぐる家族の葛藤には、しばしばそれまでの何一〇年もの間蓄積された家族の関係性や、さまざまな思いが複雑に絡み合っていることが多く、どこまでが疾病の生み出す病理でどこからが家族の関係性の病理なのかしばしば判断しかねるからだ。例えば、ある窃盗妄想に悩まされる当事者の家族たちは、当事者が認知症であるということをまったく理解できないかのように、その攻撃や不安の言葉すべてを、彼女の悪意と受け取って、極めて感情的な反応をしていた。こういった家族に対して、脳神経画像で萎縮の痕を見せることは、すぐに関係性の修復にはつながらずとも、その第一歩にはなりうる。

また、より興味深いのは、こういった脳神経科学的基盤を示すことで、あらたに、当事者の主体性（agency）をより深く理解できるような会話が可能になることだろう。客観性によって一端病から距離をとれると、逆に、本人の気持ちに思いをめぐらせる余裕ができるのかもしれない。したがって、医師は、例えばおむつを枕の下に隠す母親にほとほと困り果てている男性に対して、「恥ずかしい、どうにかしなくちゃ」という気持ちや、それを解決しようとする力が残っていることを強調し、みあたらない紛失物に関して、母親が施設のスタッフにも怒りをぶつけ始めていることに戸惑う女性には、自分が忘れていることでイライラしていること、また現在使っている抗認知症薬は、神経伝達物質を活性化させるため、怒りも含めてより感情を感じやすくなっていることなどを説明し、薬の調整の可能性について相談しながらも、これは母親の主体性の現れでもあることを強調する。たいていの家族は、当事者がまったく気力がなくなってしまったことを訴えるのであって、この女性のように、抵抗したり、拒否したり、反抗できるというのは、実は本人らしさが発揮できている可能性もあるのだということについて、また怒るというのも、忘れている自分に対してイライラし、他人が彼女をどうみているのかに気付いて、なおさら傷つく中での正常な反応であることを、家族に指摘する。よって、脳神経科学の言説、特に最新の知見を臨床に採り入れるということは、認知症の病理性を相対化することでもあるのかもしれない。このクリニックの医師が強調するのは、認知症という状態は脳の限りない可能性を考えると、そのごく一部のあり方を示すに過ぎないということだ。

このような脳神経科学言説を通じた認知症の相対化、脱病理化は、当事者たちにはどのように受け取られているのだろうか？　これは年代によって大きな差が見られた。七〇代以上の当事者にインタビューをすると、彼らはほぼ一様に、認知症というカテゴリー自体にも疑いを表明した。これは病識のなさといわれるかもしれないが、しかし彼らには老いとボケをノーマルなものとして捉えてきた豊かな文化的資源がある。九五歳の女性は、「私の行っているデイケアで、自分のこと認知症と思っている人なんてだれ一人いないわよ。年をとっているんだもの。ちょっとぼけるのは当たり前よ」と言い、「自分にとって都合がいい時、例えばやりたくないことのお誘いを断るときなど、相手を傷つけないために、自分は認知症だから、というの。時には馬鹿になることがいい年をとるための秘訣よ」と教えてくれた。七三歳の女性は、自分が小さいころは祖父母が何度も同じことをきいても、母親は「年をとったらみんなそうなるの」といい、あるがままに認めるものだったのだと論じた。それでも昔は今ほど便利ではなかったので、着るものや布団を縫ったり、豆を煮たり、着物の着付けを教えてもらったり、おばあちゃんの横で見て学べることがたくさんあった。今は何もすることがないから、と語った。彼女自身は自分が認知症だとは思わないが、海外赴任で、次に帰ってきたときに僕の顔がわからなくなってしまうのでは、と心配してくれる息子のために抗認知症薬を飲み続けているのだといった。このように家族に連れてこられる七〇代以上の当事者たち、とくに女性たちは、認知症だとしても、その結果家事からも解放され、家族に面倒をみてもらえるため、自分たちはなんと恵まれているのかといい、特に脳神経科学的理解が彼らの自己理解に大きな影響を及ぼしている様子は見受けられなかった。ただし、彼らは当事者として、脳神経科学言説の影響と、老いへの主体的関わりへの要請をまったく無視できる最後の世代なのかもしれない。というのも、このメモリークリニックをはじめ、私の訪れたクリニックには、すくなからず四〇代から五〇代の人々が、スクリーニングを求めてやってきていたのであり、彼らは自分の親世代のように認知症になっても家族に面倒をみてもらったり、認知症診断と関係なく生活できるとはとても思えないという人々だったのだ。ある五〇代の女性は、今から早期発見・早期介入を行い、脳のレジリエンスを信じることで、認知症になっても負けない人生を生きたいのだと熱く語った。このような主体的な取り組みをする人々は少数派である一方で、しかし正常と異常の間であるＭＣＩ（軽度認知障害）との診断を受ける人々の数は現在急速に増えている。

4　認知症臨床の限界と精神療法

したがって、臨床においては、脳神経科学言説は一方で、客観化・中立化をもたらすものであると同時に、他方で、その限界故に、逆に脳神経で語れないその人らしさ、主体性といったものについて、熟考することを人々に迫るかのようであった。脳神経科学言説は、心や感情を表現するためには、まだ、あまりにも不十分で、救いとならないように見える。したがって、このような限界に対応する一つの方法として、このクリニックでは精神療法をも提供していた。そもそも老いとは、ある精神療法家が指摘したように、脳の変化だけでなく身体全体の変化や、環境・社会的地位の変化により、アイデンティティが根本的な危機を迎えかねない時期であるといえる。思春期の子供たちが、日々かわりつつある身体に戸惑い、自分が思い描く自己像と、他人が認めてくれる自分像の間のギャップに苛立ち、日々葛藤するのと同じように、老年期に入った人々も、急速な身体的社会的変化に戸惑い、自分でできると思っていることと、他人から見られた自分の像の間に大きな齟齬を感じ、その調整に実は苦労していることも少なくない。さらに、彼らが経験する変化は――例えば、どうも窃盗妄想をめぐる葛藤が、愛憎入り混じる嫁と姑の関係性をなぞる形で展開され、日本ならではの家族問題を反映させているように――多くの部分、個人の脳を超えた、文化的・歴史的要因によって形作られている。したがって、精神療法では、こういった、よりバイオロジカルな診療では拾いきれない部分を扱おうとする(cf. 竹中 一九九六年、小澤 一九九八年)。

このクリニックでは、MCIレベルや中程度の認知症当事者のみならず、かなり重度の認知症を患う人々も、もし希望があれば精神療法の対象となっていた。無論、従来の言語による交流を重要視する精神療法においては、認知症が、進行性で、非可逆的で、記憶や思考・言語に障害をもたらす病であることは弊害になる。よって医師は、言語による制限がある場合は、相手に関心を持ってもらえそうな言葉を連ね、刺激―反応モデルで、なんらかの反応を引き出そうと試みていた。かなり重度で同じ話を繰り返すだけのように思える方の精神療法においても、一時間のうちに、一見まったく同じ話が三回繰り返されるような場合でも、三度目には、そこに微妙に異なる言葉が挟まれ、おそらくこの話へと駆り立てていたであろう、この方にとって大切であろう感情が吐露されることで、最後には思ってもみなかった洞察が得られることも決して稀ではなかった。また、臨床家にとってはあまり発見のなかったようなセッションにおいても、その後の当事者の変化に家族が驚き、これほどまでに覚えていたのか、豊かな反応が可能だったのかと刺激を受け、その後関係性が変わったという報告もしばしばあった。おそらく精神療法がもたらす何よりもの効用は、脳神経科学的人間観がどうしても課してしまう、行き過ぎた「認知至上主義」を和らげ、情動的な存在として、認知症当事者を理解しなおすのを可能にすることだろう。ただし、やはり語りを中心とした精神療法はどこかで、統合された語り、語りうる人々に重きを置く価値観をどうしても再生産してしまう。また、死についてどう向き合うかについても、臨床家の間からつぶやきのような戸惑いや葛藤が聞こえてくるものの、それは個人の思いや信念レベルに基づいた対応にとどまっており、当事者の声をいかすというところにまで到達していない。当事者の視点を重視するというときに、語りえないものを知りえず、現実の一部しかみえていない臨床家に対する当事者の批判が、今後この運動が熟し、第一世代がより重度の認知症を経験していく中でどう展開されていくのか、まさに現在医師たちが模索している点である。

5　脱・脳神経科学化

日本では、脳神経科学化を中心とした、ライフサイクルの精神医療化に関する懸念は、ライフサイクルを単一の、直線的な人間観で捉えなおされてしまうことの危険性に向けられていた。というのも従来の、日本のライフサイクルモデルにおいては、老年期というのは、特に還暦を迎える六〇歳以降というのは、それまでとは異なる生き方を目指すことが奨励されており、それは多重な人間観の共存を可能にしていたからだ。それまでは、例えば富をため、社会的地位を得るといった世俗的な目標に向かって向上する人間像が通常だったとしたら、還暦はむしろ脱世俗化を目指し、死に備えて、道徳的・宗教的・精神的な修行に専念することが求められていたといえる(cf. 中井、二〇一一年、小澤、一九九八年)。つまり一つのライフサイクルにおいて、単線的か単一的な人間観ではなく、一人の人生の中にいくつかのメタモルフォーゼが存在することが想定され、それが奨励されていたわけだ。ところが、ライフサイクルの精神医療化がもたらすものは、過剰なまでの認知至上主義であるかもしれず、これまで人間存在の幅をある程度保証していたような、文化的老い観を一掃してしまう危険性もはらんでいるように思える。まるで、還暦を過ぎても、その人の存在価値は、若いころと同じような認知能力で一律的に測られるかのように。

ところが、実際の臨床現場をみると、脳神経科学的人間観の言語は、おそらくその単純さ、不十分さ故に、逆に豊かな対抗言語を生み出しているようにすら思えるのだ。インドの老年医学の台頭に関して実験的民族誌を描き出したローレンス・コーエンは、老いのイメージはシェイクスピアのリア王の時代から、文化的に中心的でありえたのに、近代医学の台頭により老いた身体にばかり注目があつまり、老いた存在は自らの言葉で語る力を失ってしまった、単なる病んだ身体に貶められてしまい、もはや語る主体ではなくなってしまった、と論じている。ところが、脳神経科学言説の限界は、逆に、当事者からの声の必要性を浮き上がらせ、症候学的理解の重要性を私たちにあらためて、気づかせてくれている。早期介入へのよびかけや啓発運動とも密接に連動している当事者視点の脳神経科学言説は、文化主義的ロマン主義に陥ることなく、認知症をより相対化してとらえるための、一つの方法なのかもしれない。

参考文献

Kitanaka, Junko. "In the Mind of Dementia: Neurobiological Empathy, Incommensurability, and the Dementia Tojisha Movement in Japan." Special Issue of *Medical Anthropology Quarterly*, 34(1): 119-135. 2020.

Kitanaka, Junko. "The Rebirth of Secrets and the New Care of the Self in Depressed Japan." Current Anthropology 56 (12): S251-S262, 2015.

Lyon, David, ed. 2006. Theorizing Surveillance: The Panopticon and Beyond. Cullompton, UK: Willan Publishing.

McLean, Athena. 2007. The Person in Dementia: A Study in Nursing Home Care in the US. Peterborough, Ont.; Orchard Park, NY: Broadview Press.

Stevenson, Lisa. 2014. Life beside Itself: Imagining Care in the Canadian Arctic. University of California Press, 2014.

Vidal, Fernando, and Francisco Ortega. 2017. Being Brains: Making the Cerebral Subject. New York: Fordham University Press.

ジグムント・バウマン他『私たちが、すすんで監視し、監視される、この世界について——リキッド・サーベイランスをめぐる7章』伊藤茂訳、青土社、二〇一三年。

ニコラス・ローズ『生そのものの政治学——二十一世紀の生物医学、権力、主体性』檜垣立哉監訳、法政大学出版局、二〇一四年。

マーガレット・ロック『アルツハイマー病の謎——認知症と老化の絡まり合い』坂川雅子訳、名古屋大学出版会、二〇一八年。

マーガレット・ロック『脳死と臓器移植の医療人類学』坂川雅子訳、みすず書房、二〇〇四年。

小澤勲『痴呆老人からみた世界――老年期痴呆の精神病理』岩崎学術出版社、一九九八年。

竹中星郎『老年精神科の臨床――老いの心への理解とかかわり』岩崎学術出版社、一九九六年。

中井久夫「老年期認知症の精神病理をめぐって」(『「つながり」の精神病理』筑摩書房、二〇一一年)

*ここで語られたテーマの一部は以下の論文でも展開されている。

北中淳子「認知症と社会　認知症の医療人類学――希望の再構築に向けて」(池田学編『《講座　精神疾患の臨床》神経認知障害群』六章、四九五―五〇三頁、中山書店、二〇二三年)
北中淳子「認知症のイメージを耕す――共感の医療人類学」(『最新精神医学』二五(三)号、一七七―一八四頁、二〇二〇年)

*謝辞:改稿時のリサーチは科研費学術変革JP21H05174の助成を受けている。

剰余としての身体
インドにおける代理出産から

松尾瑞穂

第三者が関与する生殖

身体は、自分のものであれ他者のものであれ、どこまで、誰が、何のためであれば利用可能なのだろうか。例えば、臓器移植はそれを行うことで、家族や匿名のレシピエントという誰かの生命を救ったり、著しく低下した生活の質（Quality of Life; QOL）を向上させたりするからこそ、人道的に認められている。それでは、子どもが欲しいという理由での第三者の身体の利用は、どうだろうか。そこでは身体はどのようなものとして捉えられるのだろうか。

第三者が関与する生殖（Third Party Reproduction）は、代理出産や提供配偶子や胚を利用した体外受精、提供子宮による妊娠、出産のように、第三者の身体を用いて子どもを得ることを指す。この場合の第三者は、母親や姉妹のような家族や友人のように親密な関係にある人であることもあれば、これまでまったく関係がない人や、誰か分からない匿名の他者であることもある。第三者が関与する生殖は、倫理的、法的、社会的にもさまざまな論争を引き起こしており、何を、どこまで認めるべきか、という線引きは国や地域によっても異なっている。臓器移植も日本で臓器移植法案が成立するまで、脳死の扱いをめぐってさまざまな倫理的問題が議論されたことを鑑みるならば、第三者が関与する生殖においても、同様の、あるいはそれ以上の合意の困難さが横たわっていることは想像に難くないだろう。

日本の医療現場では、原則として提供卵子と代理出産は認められていない。原則として、というのは、依然として日本には第三者が関与する生殖についての法律やガイドラインはなく、日本産科婦人科学会の見解による自主規制というかたちで遵守されているからである。日本産科婦人科学会は、代理懐胎に関する見解（二〇〇三年）において、代理出産を規制する理由について、1．生まれてくる子の福祉を最優先すべき、2．代理懐胎は身体的危険性・精神的負担を伴う、3．家族関係を複雑にする、4．代理懐胎契約は倫理的に社会全体が許容していると認められない、という四点を挙げている。端的にいえば、子どもを妊娠、出産した女性が母親であるというこれまでの分娩主義に基づく母子関係（およびそれに基づく父子関係）から、「産みの親」「遺伝上の親」「育ての親」と親子関係が複数化されることへの懸念（Strathern 1992）と、本稿の冒頭に挙げた、他者の身体利用はどこまで許容されるべきかという問いへの態度が示されているといえる。

生殖ツーリズムと国際的な外注産業

しかし、この規制はあくまでも日本国内で適用されるものであり、国によって第三者が関与する生殖医療の許容範囲は大きく異なっている。例えば、アメリカ合衆国のいくつかの州では代理出産が認められているし、卵子や精子の売買やシェアも盛んである。インドやタイは二〇一七年に外国人による代理出産の依頼が禁止されるまでは、代理出産の「ハブ」として、数多くの外国人依頼人の渡航先となっていた。両国の政府が相次いで代理出産を禁止した後は、ウクライナやジョージア（旧グルジア）、ロシアが商業的代理出産の受け入れ先として注目されている。もし自国で手に入らない医療技術が他の国・地域で確実に手に入るのであれば、それを受けたいと思うことは、第三者が関与する生殖の倫理的問題はさておき、当事者にとっては自然なことでもあるだろう。まして、インドのような途上国では、代理出産が先進国の半分から三分の一という値段で可能とあればなおさらである。こうして生殖医療は、経済、技術、身体、カネのグローバルなやり取りという生殖ツーリズムを加速させることとなった。

インドの代理出産は、まさにそうした生殖ツーリズムの代表例ともいえる事例である（松尾、二〇一三年）。インドでは二〇〇〇年代以降、各地で商業的代理出産を扱うＩＶＦクリニックが開設され、海外から多数の子どもを望む夫婦やLGBTカップルらが訪れるようになった。度重なるトラブルや法的課題の大きさから、二〇一七年にインド政府が外国人による商業的代理出産を禁止し、次いで二〇二〇年にはインド人夫婦による親族や友人間での無償の代理出産のみを認めると定めるまで、正確な数は不明であるが、年間一〇〇〇人以上の子どもが代理出産で生まれていたとされる。

初期のころは、依頼者はイギリスや北米に移住した在外インド人（NRI）や先進国の住人が中心だったが、やがてアジアやアフリカ、中東からの患者も利用するようになった。インドで代理出産が盛んになったのにはいくつもの理由があるが、その一つがインドでかかる費用は約二〇〇万円〜三〇〇万円と、アメリカなどと比べて格段に安いということと、配偶子ドナーや代理母の見つけやすさということがある。先進国に比べると低コストであるものの、インドの都市の貧困層や下層階級の女性にとっては、一度の代理母契約で世帯年収の約五〜一〇倍もの報酬である。経済的な利益は、貧困女性にとっては代理出産を請け負う大きな動機となった。デリーやムンバイのIVFクリニックは、主に外国人やNRI向けに代理母や卵子ドナーのリストを作成し、彼女たちの年齢や容姿、教育程度、肌の色の白さなどによってグレードがつけられていた（Deomampo 2016）。

ヴォラは、インドにおける新しい科学技術に支えられたグローバルな外注（アウトソーシング）産業を、植民地主義の地政学を受け継ぐ国際的分業体制であるとする。大航海時代以降の西洋の帝国にとっての植民地の土地や人口も、二一世紀初頭のインドの代理母の子宮も、非生産的な状態にあるが西洋の働きかけによって活用化可能な剰余とされた。しかしこの剰余は恣意的に作られたものであり、実際は「南」の人びとの生命力を生資本（biocapital）として「北」の人びとに送ることによって、与え手の命や未来を枯渇させ、受け手に富を蓄積させるものである（Vora 2015）。この剰余としての子宮は、インドの代理母に対する説明やガイダンスに通底する見解である。グジャラート州のある著名なＩＶＦ病院では、代理母が子どもに対して過度な愛着やつながりを抱かないように、しばしば「子宮のレンタル」という比喩を用いた説明がなされている。すなわち、代理母のお腹の中にいる胎児は「代理母の子ども」ではなく、あくまでも空いている「貸し部屋」に一定期間逗留しているだけの「お客さん」なのだ、と。院長は、代理母に「インドでは、お客さんには誰でも神様のように丁寧に扱って親切にするでしょう？　空いている部屋があって、そこにお客さんが泊っていたら、あなたも親切にするでしょう。でもそのお客さんは家族ではありませんよね」と語る。まさに、代理母の子宮は、依頼人の子どもを妊娠、出産するためにレンタルされる資源であり、生殖医療によって活性化／活用されるべき「剰余」なのである。

代理出産の矛盾と混淆性

インドで行われている体外受精型代理出産は、依頼人カップルまたは第三者の配偶子や胚を用いて代理母に移植するため、代理母と子どもとの間には遺伝的つながりはない。依頼人は自分たちと遺伝的につながった子どもを持つことが出来る上に、代理母にとっては「自分の子ども」ではないため、心理的葛藤が相対的に少なく引き渡し拒否などのトラブルが起こりにくいと考えられている。しかし、決して遺伝的つながりがないからといって、妊娠、出産という身体的つながりまでが軽減されるわけではない。一〇か月間の妊娠中、多くの代理母は依頼人からの預かりものでありながら、同時に自分の子どもでもある存在として胎児のことを見なしている。特に、インドでは伝統的に母子のつながりは母親と胎児の間で血液などの身体サブスタンスを介して形成され、それが誕生後も母乳や食を通して続くとする観念がある（Inden & Nicolas 1977）。

こうした文化的土壌のなか、生殖医療の現場で優先される遺伝的つながりは、病院、依頼親、代理母にとって代理出産を正当化するために用いられる重要な言説である。代理母にとっては、遺伝主義は「自分と胎児との間の非関係性を正当化する根底にあるもの」であり、日常的に彼女たちは「子どもは自分には似ていないという知識を参照することでこの言説を利用」している（Vora 2013: S101）。反対に依頼親にとっては、二人、あるいは少なくともいずれかと遺伝的なつながりのある子どもを持つことが出来るということは、妊娠、出産を経ない（分娩に基づかない）親子関係の根拠の正当性を示すものになる。そして、病院にとっては、妊娠は婚外性交渉を伴うわけではないという代理出産の「道徳的健全性」を保証するための手段であると同時に、子どもは代理母のものではなく、子宮にいるのは「他者」であることを理解させるためである。

とはいえ、こうした遺伝主義がすべてにおいて優先されるわけではない。ムンバイの代理母は「妊娠中、この子は私の子どもだと強く思った」と語り、日々変化する自身の体調や子どもの胎動のような身体感覚を通して、遺伝的つながりではない関係性を子どもとの間に作り上げていた。また、遺伝子がつながっているはずの依頼親も、妊娠中に代理母が食べるものや見るものを通して、子どもに大なり小なりの何らかの影響を与え続けているということは、気にかけている。例えば、ジャイナ教徒のような厳しい菜食主義を実践している依頼人の場合は、妊娠中に代理母には肉食をしないようにと要求する場合もある。これなども、上述したサブスタンスの観念が表れているといえるだろう。

インド女性にとって代理母を引き受けることは、うまくいけば多額の報酬が得られる一方で、妊娠、出産に伴う身体的リスクに加えて、道徳的タブーに抵触する可能性がある社会的リスクも抱えたものである。特に初期の頃は、代理出産は身体を売るに等しい行為だと認識されていたこともあり、否定的に捉えられていた。そのため、いくつかの病院では、代理母には出産するまでの期間を病院が用意した施設で過ごしてもらうという形態が取られていたが、それは妊娠中の代理母の生活や健康を病院が管理できることに限らず、代理母にとっても親族や近隣の誰にも知られずに代理出産に従事できるという利点もあった。たしかに、インド人の代理母にとって、代理出産は子どもができない不妊の夫婦に命を贈与するという利他的な行為であると同時に、大きな報酬が得られる労働（仕事）であることは間違いない。代理母は自分の行為について「子どもというとても貴重なギフトを与えたのだから、私は良いことをしました」と語りながら、代理母の志願者が増えるにしたがって報酬の単価が下がっていることに文句を言ったり、どこの病院ではもっと良いお金が支払われるといった情報を集めたりしている。病院も、妊娠中は代理母の健康をケアするための制度を整えつつも、同時に妊娠可能性を高めるために複数の受精卵を代理母の子宮に移植するなどのリスクの高い医療行為を行っている。依頼親も、子どもを強く望み、わざわざインドに来てまで代理出産を依頼しているが、多胎妊娠の場合は代理母に減数手術を受けてもらい子どもの数を調整していることがある。このように、代理母の身体は、胎児が育つための環境／容器としての身体と、彼女自身が生きる生身の身体とに引き裂かれている。

代理出産は矛盾する複数の論理が絡み合っており、子どものいない人を助ける利他的な贈与行為だとか、金銭で身体がやり取りされる商取引だとかいった一元的な解釈では捉えられないものである。しかし、代理母、依頼親、子ども、ドナー、生殖医療、医師、国家、法律などのさまざまな行為者《アクター》が交渉する代理出産は、まずもって剰余としての身体が作り出されることによって可能となる営みであり、身体の疎外を前提とするものなのである。

参考文献

松尾瑞穂「インドにおける生殖ツーリズムと代理懐胎——ローカル社会とのかかわりを中心に」（日比野由利編『グローバル化時代における生殖技術と家族形成』、日本評論社、二〇一三年、三三—五二頁）

Deomampo, Daisy 2016 Transnational Reproduction: Race, Kinship, and Commercial Surrogacy in India, New York: NYU Press.

Inden, R. B. & Nicholas. R. 1977 Kinship in Bengali culture, Chicago: University of Chicago Press.

Strathern, Marilyn 1992 After Nature: English Kinship in the Late Twentieth Century, Cambridge: Cambridge University Press.

Vora, Kalandi 2013・Potential, Risk, and Return in Transnational Indian Gestational Surrogacy', Current Anthropology, 54(7): S97-S106.

Vora, Kalindi 2015 Life Support: Biocapital and the New History of Outsourced Labor, Minneapolis: University of Minnesota Press.

メディアとしての身体的な障害
すべての人に起こりうる未来

上山健司

一　満身創痍の身体

「メディアとしての身体」というテーマをいただいた時は正直困惑した。「メディア」と「身体」どのように関連づけて考えればいいのだろうかと……。「メディア」……ふと浮かんだのは、テレビ、新聞、ラジオ、インターネットなど「マスメディア」としての「メディア」であるが……。しかし、それと「身体」をどう関連づけられるのか……。そこで私は、インターネットで「メディア」という言葉の意味を調べてみることにした。

すると、

①手段。方法。媒体。特に、新聞・テレビ・ラジオなどの情報媒体。
②情報を保存する外部記憶装置の媒体。磁気ディスク・光ディスクなど。
③情報を頒布する手段。コンピュータの分野では、②のメディアに加え、通信回線などが利用される。

と記されていた。(「weblio」より)

私は①の「手段　方法　媒体」、この三つの言葉を手がかりとして「メディアとしての身体」を考えることにした。

私たちは数え切れない多くの情報をテレビや新聞、ラジオやインターネットをその「手段として」「方法として」「媒体として」受け取り、取捨選択し日々の暮らしに取り入れている。そこで私はこの原理を、私たち人間の身体と置き換えて考えてみることにした。

例えば、空腹を感じたときそれを満たすために食べ物を探し、冷蔵庫に残り物があれば、匂い、色、賞味期限を確かめ食べられる状態にあるか確認する。冷蔵庫に残り物がなければ、スーパーに食材を買いに行く、もしくはコンビニにお弁当を買いに行く、はたまた外食で済ませる。この一連の行為をさらに細分化していくと、目(視覚)で色や賞味期限を確かめ、鼻(嗅覚)で匂いをかぐ、脚を使い食材を買いに行く、手で包丁を握り材料を切る、煮る、焼く、炒めるなど調理をする、茶碗を持ち箸で食べ物を口に運ぶ、歯や顎を使い咀嚼、舌で甘味、辛味、酸味、塩気、温度を感じる、胃腸で消化する……。というように、私たちが日常生活において行動するとき、私たちの身体では内外からの刺激や情報を脳神経系や感覚器官受容し、その状況にあわせ方法と手段を取捨選択し、再び脳から命令が出され運動神経系を介して身体のあらゆる機能やメカニズムを媒体として行動が生み出される。

と、ここまでは一般的に「健常者」と呼ばれる人たちに該当する「メディアとしての身体」の捉え方である。

ここからは、私のような「障害者」の立場から見た「メディアとしての身体」について考えてみたい。現在私は四八歳。一七歳のときに原付バイクで交通事故に遭い頸髄を損傷、その後遺症で首から下、手足が不自由となり、それ以来車椅子の生活を送っている。今回、私はこの「メディアとしての身体」というテーマを通して「障害」「障害者」の立場から考察することで読者の皆様に障害者福祉について少しでも知って頂く機会となればと思う。

まず初めに「障害者」とはどのような人たちのことを言うのか、また状態について考えてみたい。

「障害者」とは、「身体障害、知的障害又は精神障害があるため、継続的に日常生活又は社会生活に相当な制限を受ける者（「障害者基本法」昭和四五年五月二一日法律第八四号＝以降、法律と表記）」と定義されているが、ここでは身体障害に焦点をあて「障害」について「身体的機能障害」によってもたらされる「日常生活を営む上での障害」とさらにそこからもたらされる「社会生活を営む上での障害」について話を進めて行きたい。身体障害には「肢体不自由」「視覚障害」「聴覚障害」「言語障害」「内部障害」（「身体障害者福祉法」別表）の五つに大別されている。「肢体不自由」とは四肢（上肢・下肢）、体幹（腹筋、背筋、胸筋、足の筋肉を含む胴体の部分）が病気や怪我で損なわれ、長期にわたり歩行や筆記などの日常生活動作に困難がともなう状態を言い、妊娠出産時における脳損傷が原因となり脳性まひなど障害がもたらされるケース、前文にも記したとおり、私のように交通事故で頸椎を損傷したことにより上肢下肢体幹機能が不全となるケース、脳血管の疾患、脳梗塞や心筋梗塞に伴い半身不随となるケースがある。「視覚障害」とは視力や視野に障害があり、生活に支障を来している状態を言い、視神経の障害が原因となる緑内障によって視覚障害になるケースがある。「聴覚障害」とは音の情報を脳に送るまでの部位に障害があるために音が聞こえない、または聞こえにくい状態を言い、突発性の難聴によって聴覚を失う場合など、先天的あるいは後天的に様々な事由によって身体機能に障害は生じる。このような状態にある人たちを「障害者」と言い、法律にも示されているように「継続的に日常生活又は社会生活に相当な制限を受ける」状態にあるということになる。継続的に日常生活または社会生活に相当な制限を受ける状態とは具体的にどのようなものなのかを「学校や仕事に出かける」という日常生活の一場面を私の生活と読者の皆様ご自身の生活と照らしながら見ていきたい。

「朝目覚めても腕や手を動かすことができない→布団をはぐことができない。歯磨きや顔を洗うことができない。着替えができない。朝食がとれない。胴体や足が動かせない→起き上がれない→トイレに行けない→学校や仕事など外出することができない→日常生活や社会生活に制限を受ける」ということになる。これは一例にすぎず、日常生活のあらゆる場面において同様のことがいえる。多くの「健常者」の人たちにとってはごくごくありふれた日常の何気ない行動ではあるが「障害」があることで日常生活に大きな制限を受けるのである。人が日常生活において物事を考えそれを実現するために必要な行動を起こそうとするとき、その方法や手段、媒体が身体的障害によって制限を受ける。さらに言えば、人が生きるために必要とされる「手段としての身体」「方法としての身体」「媒体としての身体」つまり「メディアとしての身体」が十分に機能しないために日常生活や社会生活に相当な制限を受けるという見方ができるのである。「メディアとしての身体」に「機能的な障害」がある人たちである「障害者」は、第一に基本的な日常生活において「障害」に直面しているのである。それでも「メディアとしての身体的障害」についてそれを補う代替メディアが存在する。それらについていくつかご紹介していきたい。

私のように歩くことができない場合は、電動車椅子を使って移動する。同じ歩けない障害でも障害の程度や障害の種別によって松葉杖や義足などがあり、手指に障害がある場合は義手や介助犬、視覚障害の人の場合は白杖や点字・点字ブロック、横断歩道のピヨピヨ・カッコウなどの音信号、聴覚障害の人であれば、手話や補聴器、といった具合にその障害に応じた様々な代替メディアが存在する。さらに現代のような情報社会においては聴覚障害の人にはテレビでの手話通訳や文字放送、パソコンやスマートフォンからインターネットにアクセスして情報を取得するた

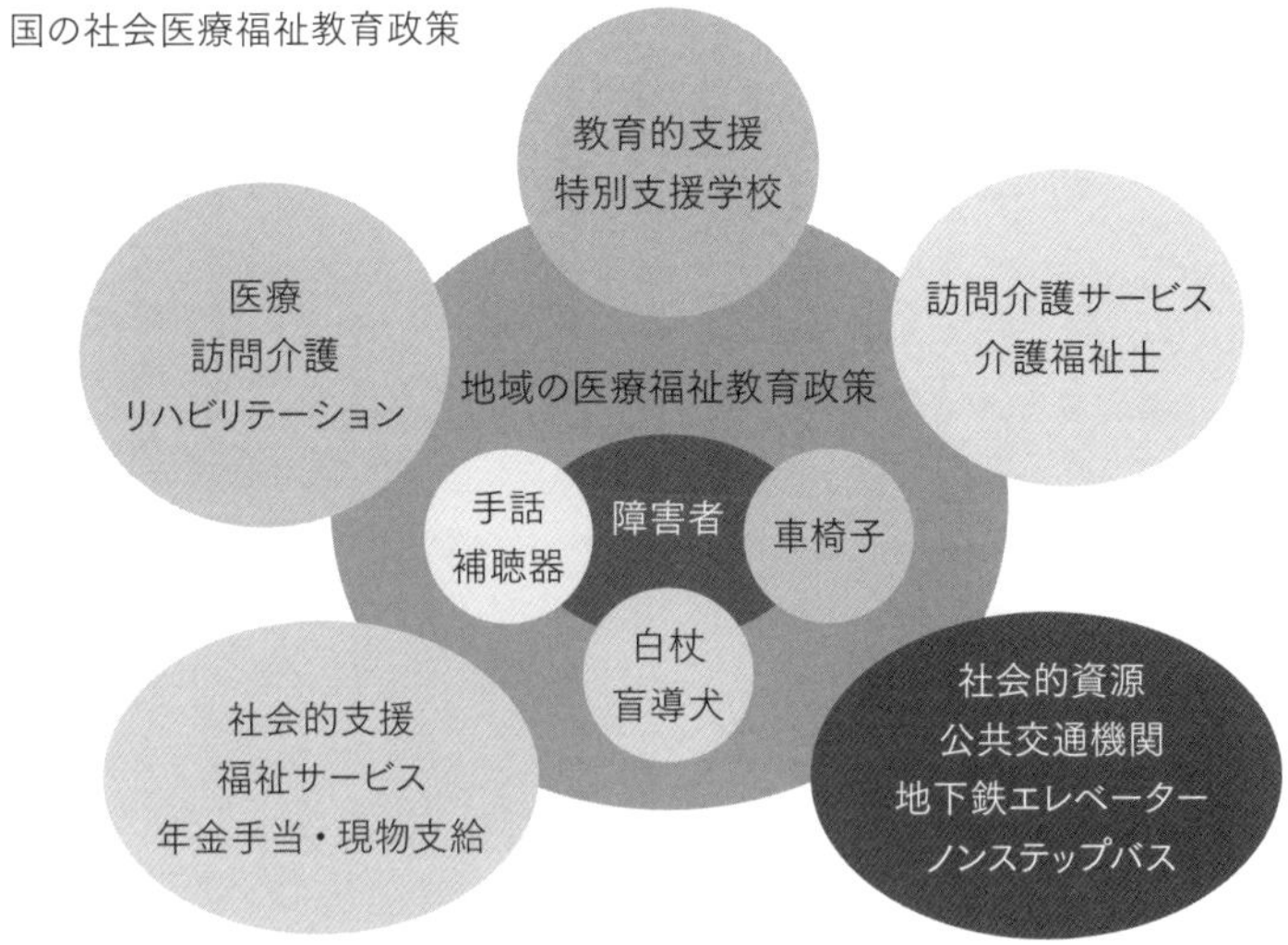

障害者の日常生活とメディア（手段・方法・媒体）としての身体のイメージ図

めのアクセシビリティツールもある。このように「障害者」は残存する身体機能と各障害に応じた代替メディアを身体の一部分として融合することで基本的な日常生活の拠り所としているのである。

ここまでは「メディアとしての身体」について身体機能と障害を関連付け、障害者の日常生活を支える代替メディアの一つとして電動車椅子などを示してきた。ここからは「障害者」がさらにはそこから仕事や地域社会との繫がりなど、一般的な社会生活を送っていく上でその他の重要な社会資源を代替メディアとして取り入れて生活の基盤としている事柄を私の生活に照らし紹介していきたい。その一つ目が介護福祉士や訪問介護士、ヘルパーさんである。食事の準備や食事の介助、入浴介助や更衣の介助、洗濯や部屋の掃除やゴミの分別とその廃棄、買い物や美容院、コンサートやスポーツ観戦などの余暇活動の外出支援、風邪をひいたときには看病、通院に至るまで一日二四時間、年間三六五日、そのどこかにいつも存在し基本的な日常生活をサポートしてくれる。私の場合は名古屋市から月四六〇時間程度支給され、その支給時間内の中で五つの訪問介護事業所と契約を結び、曜日毎に時間で区切って介護士を派遣してもらっている。また日常生活において医療的ケアが必要な人たちには訪問看護師さんの存在も欠かせない。「メディアとしての身体」に障害がある私たちの手となり足となり、ときには目となり口となることもあるだろう。このような方々のおかげで毎日の基本的な日々を送ることができるのである。そして「メディアとしての身体」に障害がある私たちの基本的な生活を経済的側面から支える代替メディアに国や地方自治体から支給される公的障害年金や給付手当がある。二〇歳を過ぎると二か月に一度（偶数月）二か月分が支給され、地方自治体から三か月に一度（奇数月）三か月分が支給される。ちなみに、二〇歳前の障害児に対しては国や地方自治体から障害児福祉手当や特別児童扶養手当がそれぞれの障害児の障害種別や等級に応じて支給されている。

このように、身体に備わる機能や器官のすべてが人が生きる上での手段となり、方法となり、その媒体となるのである。まさに「メディアとしての身体」という捉え方ができる。しかし、その「メディアとしての身体」は常に完全ではない。常に満身創痍であり、その形態は千差万別であり、それは人が生きる上で「障害」となる。そうした障害のある人たちの基本的な日常生活を支える代替メディアには機能的障害を補うためのツール（車椅子や白杖、補聴器など）があるのだ。

二　障害観の変化と自立

前章でもお話ししたとおり、私は頸髄損傷であるが、この頸髄損傷について簡単に説明してみたい。

人間の身体には、脊椎と呼ばれる背骨があり、その中には、脊髄と呼ばれる筋肉や感覚を司る神経が通っており、上から頸髄、胸髄、腰髄、仙髄に分けられている。頸髄は、首の部分に存在し手指や腕を司る神経であり、胸髄や腰髄は胸から下の部分を司る神経である。これらの脊髄が損傷されると首から下の筋肉が麻痺したり、感覚を失ったりする。一般的に脳に近くなるほど障害は重くなるといわれており、損傷を受けた脊髄の場所によって障害の状態に違いがあり、また頚髄でも損傷した場所によって障害の状態が異なってくる。

私の場合、前面では胸部より下、背面では肩甲骨より下は感覚がないため痛み、痒み、熱さ、冷たさを感じることができない。一昨年、左足を骨折したがほんとに痛みは感じなかった。しかし、身体は正直で痛みを感じない代わりに発汗、痙攣という形で私に異常を知らせてくれる。また、自律神経障害にともない暑さや寒さに弱く、新陳代謝の働きも鈍くなり体温調節が上手におこなえない状態となり、例えば夏の暑い日に発汗がないため熱を体外に放出できず体内に熱がこもり発熱が起こる。夏の外出時には霧吹きや小さなクーラーボックスを携帯している。さらに、呼吸器機能や横隔膜筋活動の低下により風邪を引いたりすると咳が弱いため排痰がスムーズに行かず悪化すると肺炎の危険性もあるので、自宅には吸入器や吸引機を備えている。

交通事故直後、担当医師から「今後は一生涯、車椅子での生活になる」と告げられたときは「自分の人生が終わった……」と大変大きなショックを受けた。大好きだった野球ができなくなり、やっと覚えたギターも弾けなくなり、親友との別れなどの喪失感と絶望感、車椅子での生活と常時誰かの介助なしでは生活できない自分自身への無力感は計り知れないものがあった。それでも「なるべく周囲の人の手を煩わせないように、自分自身でできる事は自分でできるようにする」と意気込み取り組んだ「機能的回復」を念頭においた一年半のリハビリ生活であったが、思うように回復しないジレンマと向き合うこととなり、とてももどかしく苦しいものだった。結局、思うような機能的回復が得られない状態での退院であったため、何もできない自分自身に将来的な展望を描くこともできず、何かをしたいという前向きな気持ちをもてないままベット上での無気力な生活がしばらく続いた。

しかし、その後経験する様々な出来事によって自身が「障害があっても前向きに生きる」ということに意識づけられていくこととなる。第一の出来事として、それまで通っていた県立高校から養護学校（現＝特別支援学校）への編入学である。養護学校編入の話を聞いたとき「そんな学校に通いたくない……」という気持ちが強かった。それまで周囲には障害のある方はおらず「障害者」と接する機会や経験も皆無であったため、当時の私の心の中には「障害者」「養護学校」に対して無意識のうちに偏見やネガティブなイメージを抱いてしまい、前向きなイメージをもつことができなかったのである。実際に養護学校に入学してみると、そこには「目から鱗」という表現がぴったりの世界があった。先天的、あるいは生まれて間もない時期から障害を持っている生徒たちが多い中で、自身の障害に対して悲観的に思っている生徒はおらず、笑顔の絶えない光景がそこにはあった。何より、個々が「何ができて、何ができない」という自らの障害に対してよく理解していて、将来の夢や目標を笑顔で語っていた表情が今も強く印象に残っている。話す言葉も同じ日本語、興味や関心事、身近な話題も、学校で学ぶ内容も大きな差もない、障害の種類は違えど同じ高校生なのである。私はいつまでもくよくよしていた自分がとても恥ずかしかった。結局二年間、養護学校に通ったが、友人にも恵まれ充実した高校生活を送ることができた。そして、いつしか、それまで抱いていた障害（者）に対するネガティブなイメージはなくなっていた。

次に、私の障害観の変化に大きな影響を与えたこととして、同じ障害を抱えながらも、ボランティアとして募集した学生に介助をゆだねたこと、また仕事に就き、地域で自立生活を送っている先輩との出会いと、その先輩から頂いたアドバイスから「自立」という言葉に対する捉え方を変えたことである。それまで、常に他者の介助なしでは何もできない自分に対して、自ら立てない人、独り立ちできない人、には「自立生活」はありえないこと、無理なことと思っていた。また、親兄弟ならまだしも、見ず知らずの他人に、介助をお願いすることはとてもハードルが高かった。

しかし、先輩曰く「身体の機能的な回復は諦めなさい。その上で、自らできること、できないことをきちんと整理しなさい。自らできる事はもちろん自ら行う。できない事は他者にサポートお願いする。また、便利な道具や機器を取り入れること。それらをうまく組み合わせて自らの生活を切り開く、そういう自立もあるんじゃないのか」と。

私はリハビリ生活において思うように身体的機能回復ができなかった自分に対して、ずっと息苦しさを感じてきた。他人に介助を依頼することにとても後ろめたさを感じて生きていた。それ故、その先輩からのアドバイスは神の声にさえ思えた。私は思わず涙が出そうだった。機能的回復のプレッシャーから解放されたような、肩の荷が降りたような、そんな気持ちだったことが今でも強く心に残っている。そしてその言葉がその後の私の人生の後押しをしてくれた事は間違いないことである。それ以降、元来明るい性格であった私は、水を得た魚のように、物事に対し積極的に取り組むようになり、外に出る機会も増え、多くの人たちと関わりを持ち、様々な経験をすることができた。現在は、訪問介護士、看護師のサポートを受けながら、親元を離れて民間の賃貸マンションで自立生活を送りながら、特別支援学校に通う障害がある高校生たちに対しての自立支援のサポート事業に携わっている。一人でも多くの障害のある高校生の自立に向けての力になれたら幸いである。

私は障害を負い、様々な経験を通していろいろなことに気づかされた。一つは、人の一生は五体満足がすべてではないということ。誰しもができること、できないこと、得意なこと、苦手なことがあり、誰しもが便利な機器や道具を使い、誰かの支えなしでは生きられないということ。多かれ少なかれ何らかのコンプレックスを抱え、それらと向き合い、折り合いをつけながら、今を生きていくということ。もう一つは、無知が故に生み出される偏見や誤解であり、知らないということはとても怖いことであると感じている。これは、障害（者）についてだけでなく、人種や思想、性別、その他のマイノリティに対しても同様のことがいえる。マジョリティ／多数派の人々の意見によって社会的システムが形成され、少数派と呼ばれる人たちの意見がなかなか反映されにくい状況にあること。そしてその少数派と呼ばれる人たちは、様々な機会や場所を通じて、それぞれの立場から声を上げて運動している。理解しあえるかはまた別の問題であるが、それでもそうした声に耳を傾け、互いを知る機会や場所が重要であるということ。ありきたりな言葉かもしれないが、このことが共生社会への第一歩となるのではないだろうか。

参照文献

「肢体不自由の原因は様々」(ニコドラブログ)、株式会社ニコ・ドライブ、二〇一七年六月二二日。参照先:ニコ・ドライブ:https://nikodrive.jp/2017/06/22/肢体不自由の原因は様々/

「視覚障害者の理解のために」日付不明。参照先:視覚障害者の理解のために:http://www.rehab.go.jp/Riryo/hk_tebiki/hk_tebiki_info7_1.htm

「身体障害者福祉法別表」日付不明。参照先:身体障害者福祉法別表(第四条、第一五条、第一六条関係):http://www.shinsyocenter-miyazaki.com/download/shinsyo-fukushi-beppyou.pdf

「障害者基本法」総務省行政管理局、日付不明。参照先:e-Gov[イーガブ]電子政府の総合窓口:http://elaws.e-gov.go.jp/search/elawsSearch/elaws_search/lsg0500/detail?lawId=345AC1000000084

「身体障害者福祉法」総務省行政管理局、日付不明。参照先:e-Gov[イーガブ]電子政府の総合窓口:http://elaws.e-gov.go.jp/search/elawsSearch/elaws_search/lsg0500/detail?lawId=324AC1000000283

「肢体不自由について、知っておいていただきたいこと」東京大学多様性包摂共創センター・バリアフリー推進オフィス、日付不明。参照先:東京大学バリアフリー支援室:https://ds.adm.u-tokyo.ac.jp/receive-support/orthopedic.html

「聴覚障害について、知っておいていただきたいこと」東京大学多様性包摂共創センター・バリアフリー推進オフィス、日付不明。参照先：東京大学バリアフリー支援室：https://ds.adm.u-tokyo.ac.jp/receive-support/hearing.html

「緑内障の原因とは？」日付不明。参照先：http://orange-corrala.info/ryokunaisyou-2/

「頸髄損傷とは？」別府重度障害者センター。参照先：http://www.rehab.go.jp/beppu/nbc/baske.ht

加齢による身体変化と意識変化

今井浩

1　ワコール人間科学研究開発センターのミッション

ワコールは、創業以来、「世の人々に美しくなってもらう」こと、「女性の〝美しくありたい〟という願いの実現に役立つ」ことを事業の目的としてきました。ワコール人間科学研究開発センターは、こうしたワコールのものづくりを、科学の視点から支えることを役割として一九六四年に設立。以来、半世紀にわたって、毎年一千人近くの女性の人体計測を行い、のべ四万五千人以上のデータを収集し、蓄積されたデータを活用して、「新製品の開発」「製品評価研究」「こころとからだの研究」をしてきました。

2　身体の変化を記録し続ける「時系列データ」

特に、他にはない特徴的な研究データは、ひとりの女性のからだの変化を三〇年以上にわたり、

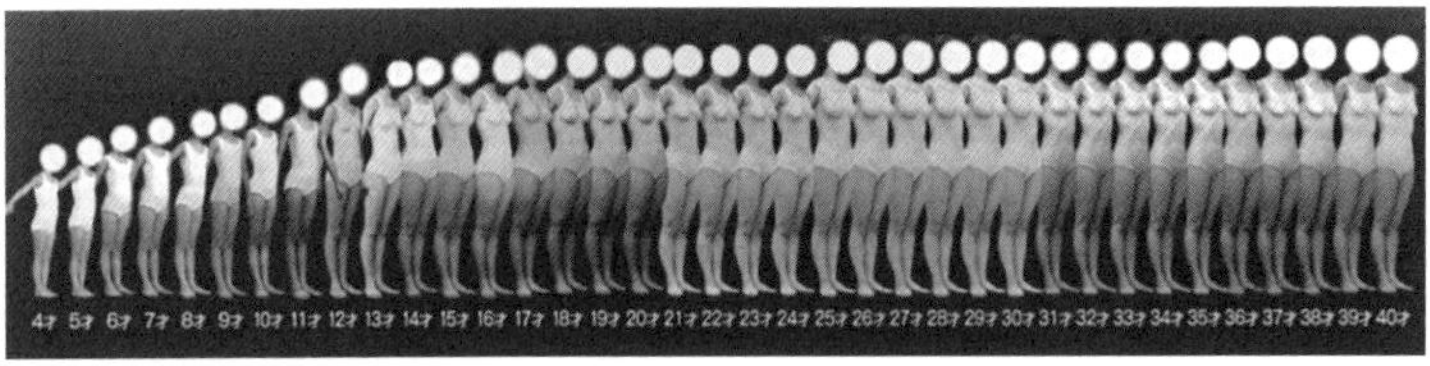

【図版1】時系列データ（提供：ワコール）

継続して計測しつづけている「時系列データ」です【図版1】。この世に誕生してから、歩き始め、元気に遊び、胸が膨らみ始め、初潮を迎え、徐々に大人の女性に成長し、結婚、出産などを経験し、女性のからだは年齢と共に変化していきます。私たちは、こうした加齢とともに変化する身体データを蓄積しています。

3　心理的価値

また、人間科学研究開発センターは、身体のフォルムや内部組織から感覚・生理・心理、生活スタイルから身体意識に至るまで、幅広い研究領域を持っています。今回はその中の「身体意識」にスポットを当てて加齢による変化をみた事例を紹介します。

　ワコールの主な取り扱いアイテムの「下着」の価値は、多くの部分が心理的な価値であると考えられます。一般的な服装心理学では、「衣服の価

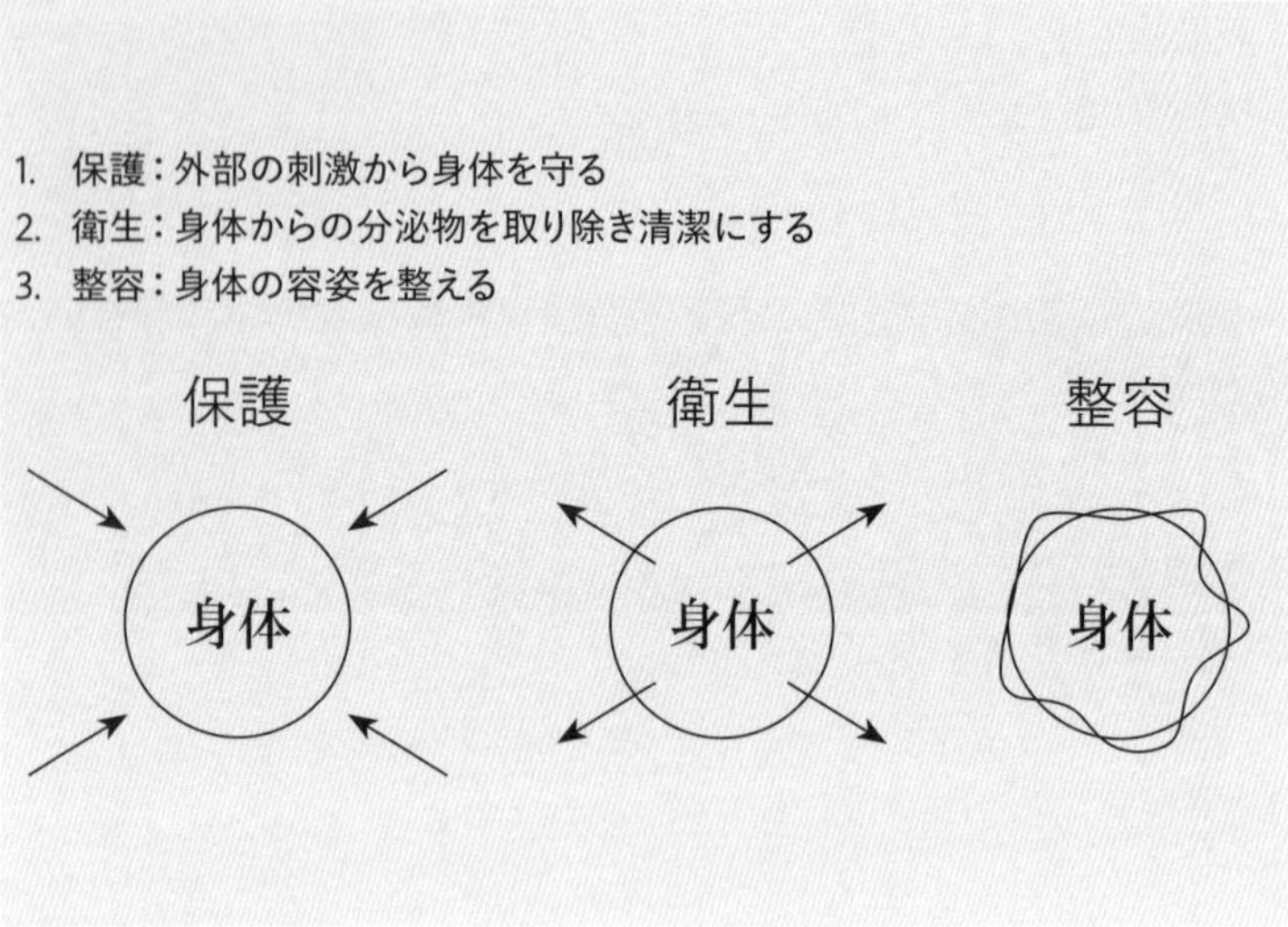
1. 保護：外部の刺激から身体を守る
2. 衛生：身体からの分泌物を取り除き清潔にする
3. 整容：身体の容姿を整える
保護
衛生
整容
身体
身体
身体

【図版2】衣服の価値

値」を【図版2】のように「保護」「衛生」「整容」というように三つに分類することがあります。

これらは身体の内と外の境界における機能であると考えられます。「保護」は外部から表面を守ることであり、「衛生」は内部からの分泌物を素早く取り除き表面を守ることであり、「整容」は衣服等で表面を整えることだと考えられます。

4　自分らしさって何？

この三つの価値の中の「保護」と「衛生」の目指すべき状態は明確ですが、最後の「整容」の目指すべき状態は明確でしょうか？　そもそも形を変え、整える理由は何でしょうか。ファッションについて研究している高田葉子氏は、【図版3】のような「ファッション行動の五段階」を提唱しており、確かに「整容」はこうした「所属欲求」「承認欲求」「自己実現欲求」と深く関係しているのだと考えられます。

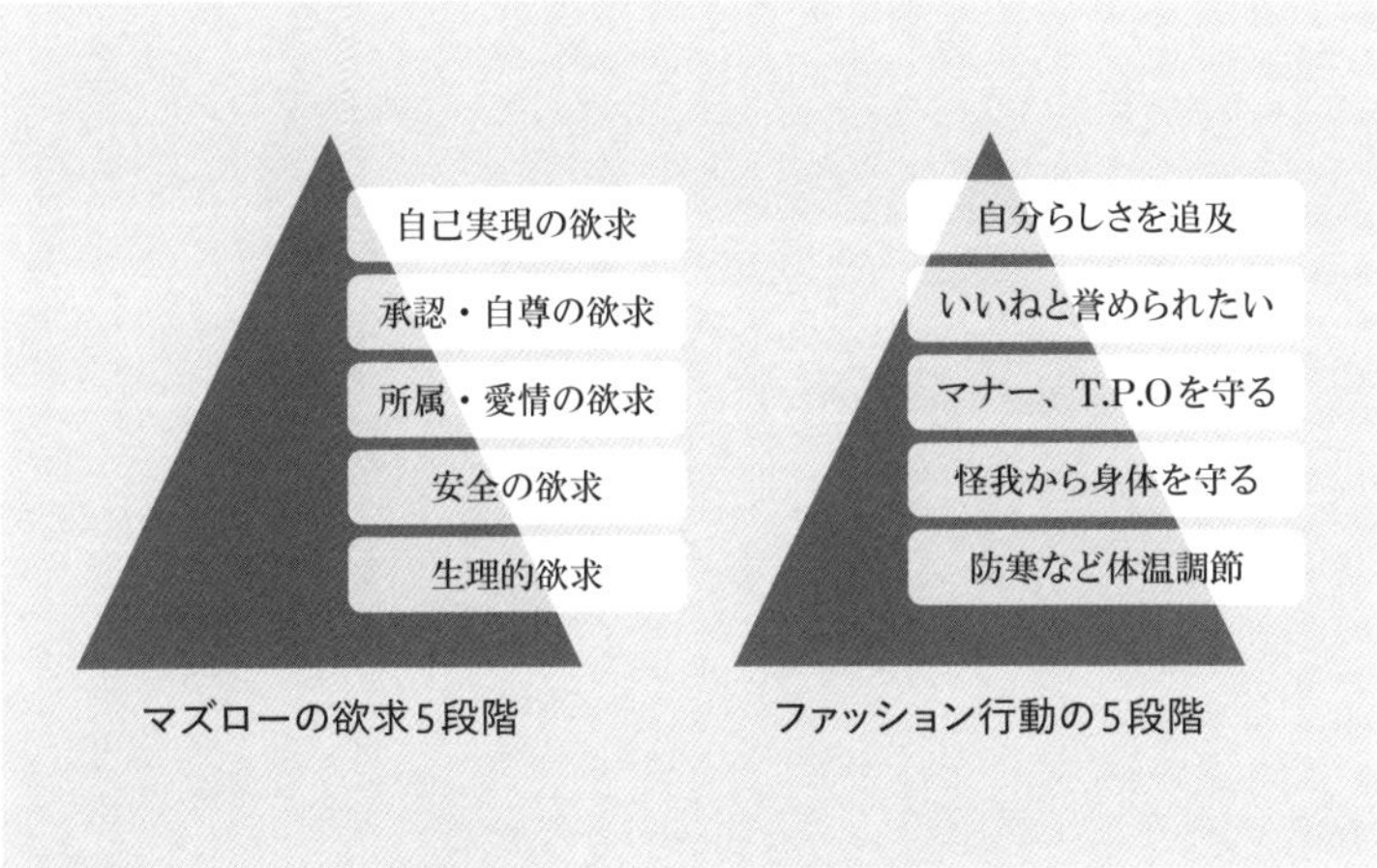

【図版3】マズローの欲求5段階とファッション行動の対応
（高田葉子「アイデンティティとファッションの関連性についての考察」、戸板女子短期大学研究年報・第56号より）

また高田は同論考において、以下のように社会学者クーリーの文章を引用して興味深い解説をしています。

アメリカの社会学者クーリー（一九〇二）の「鏡に映った自我（looking glass self）」は、人は自分の顔を自分で見ることはできず、自分の顔を知るためには、鏡を見る必要があるという意味である。それと同様に、人間の自我も自分ではわからず、他者を通じて知ることができる。クーリーによると、人間は他者を鏡として、また、鏡としての他者を通じて初めて自分を知ることになる。すなわち、人間の自我は「鏡に映った自我」として表れる。他者を通じて自分の認識が可能とされる。鏡としての他者は、鏡とは異なり、他者による評価が含まれている。また、鏡が自分の顔や身体の一部分しか映し出さないのに対して、他者は自我の全体を、また過去や未来をも映し出すことができる。クーリーによれば、人間の自我は、自分を他の人間がどのように認識しているか、また、他の人間がいかに評価しているか、それ

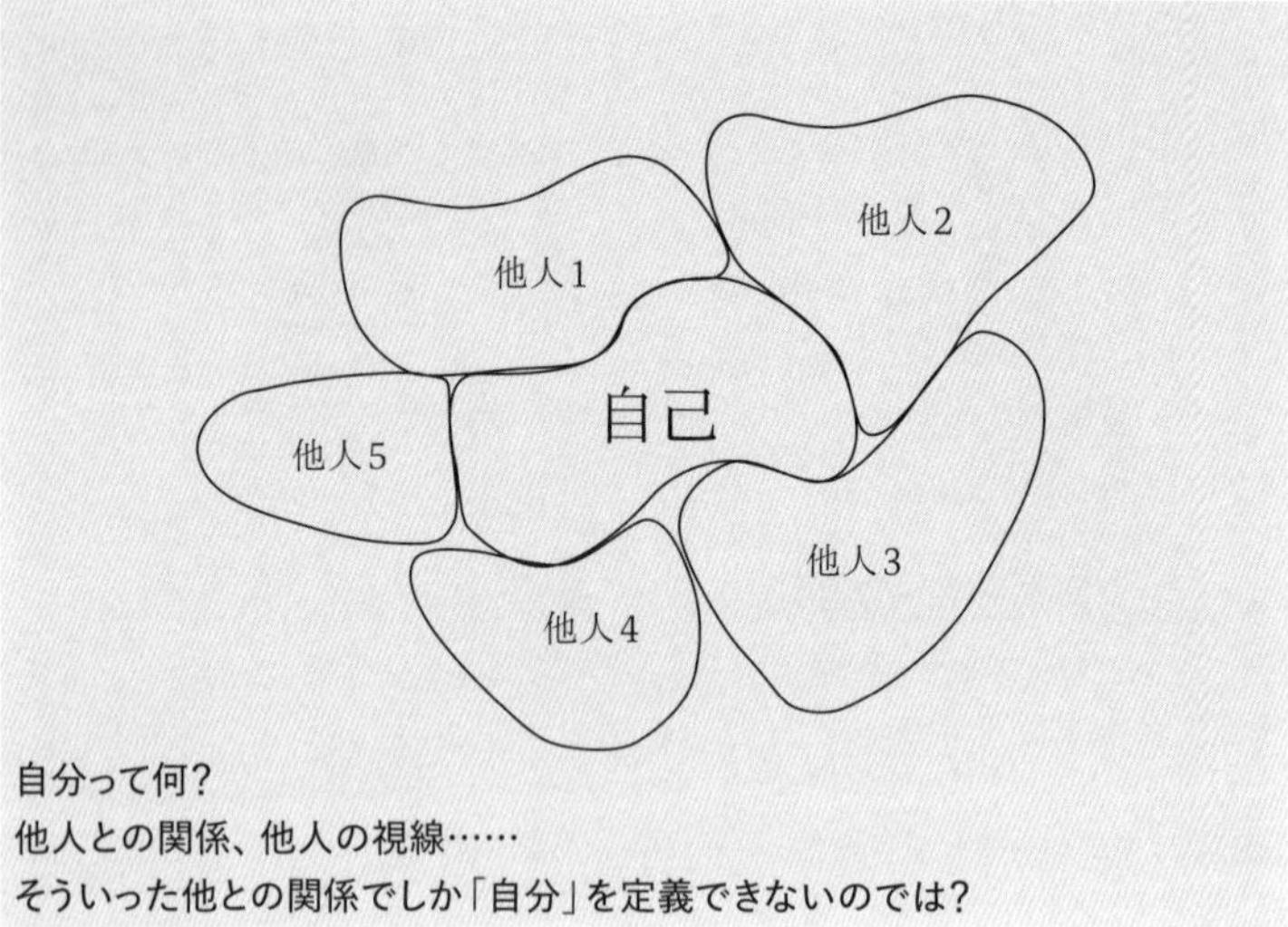
他人1
他人2
自己
他人5
他人3
他人4
自分って何？
他人との関係、他人の視線……
そういった他との関係でしか「自分」を定義できないのでは？

【図版4】自分らしさとは……

らについての想像（imagination）を通じて、これらに対して自分がもつ自己感情（self feeling）から成り立っているという。

この解説によると、普通は「自分のことは自分が一番よく知っている」と思っているが、実は「自分を決定しているのは自分でなく、他人との関係が決定する」ということになるかと思います。つまり、【図版4】のように、周りとの関係でしか自分が定義できないということなのではないかと思われます。

5　身体意識の再構築

女性は男性よりも、ホルモンバランスの変化が大きいため、一生の中で身体の変化が大きいといわれています。こうした身体変化の実態に呼応するように、自分の身体意識（自分がどんな身体か？）を一度壊して再度構築する必要に迫られると考え

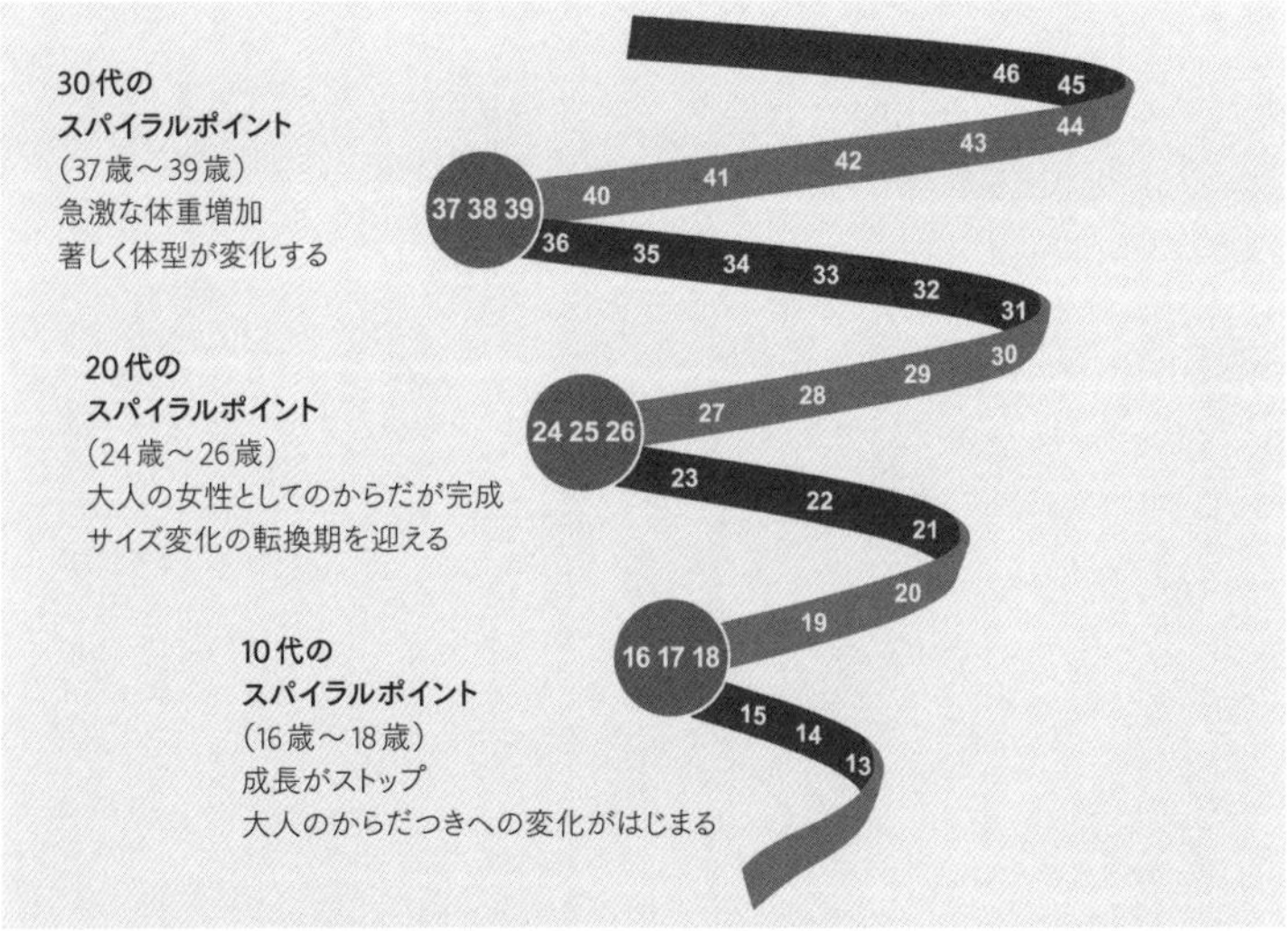

【図版5】**スパイラルエイジング**（提供：ワコール）

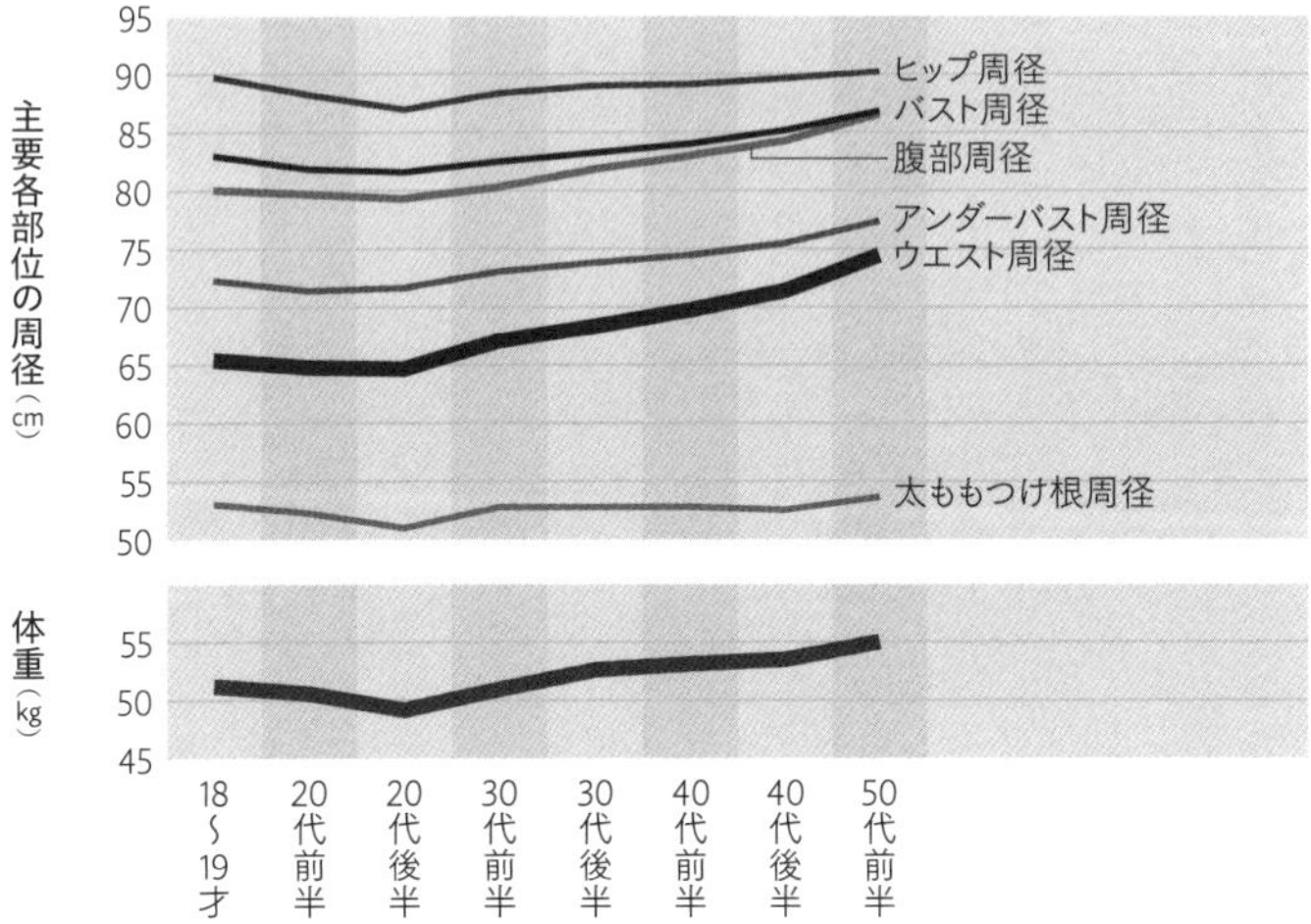

【図版6】**加齢による身体の変化実態**（提供：ワコール）

られています【図版5】。そうした中で自己像をどのように調整し、どのような「自分らしさ」を構築していくことが可能なのかは大きな課題であるでしょう。

6　加齢による身体実態の変化

詳細は割愛しますが、当研究センターのデータから、加齢による身体の変化は【図版6】のようになっています。こうした身体変化を実感した時に、身体意識はどのように変化するのでしょうか。

7　加齢による身体意識の変化

二〇代～五〇代女性にアンケート調査をして身体意識の変化を調べた結果を紹介します。分析方法は、【図版7】のような要素で共分散構造分析を行い、身体を変えたいという願望が、社会的価値観などの他人からの影響で出ているのか、自分の

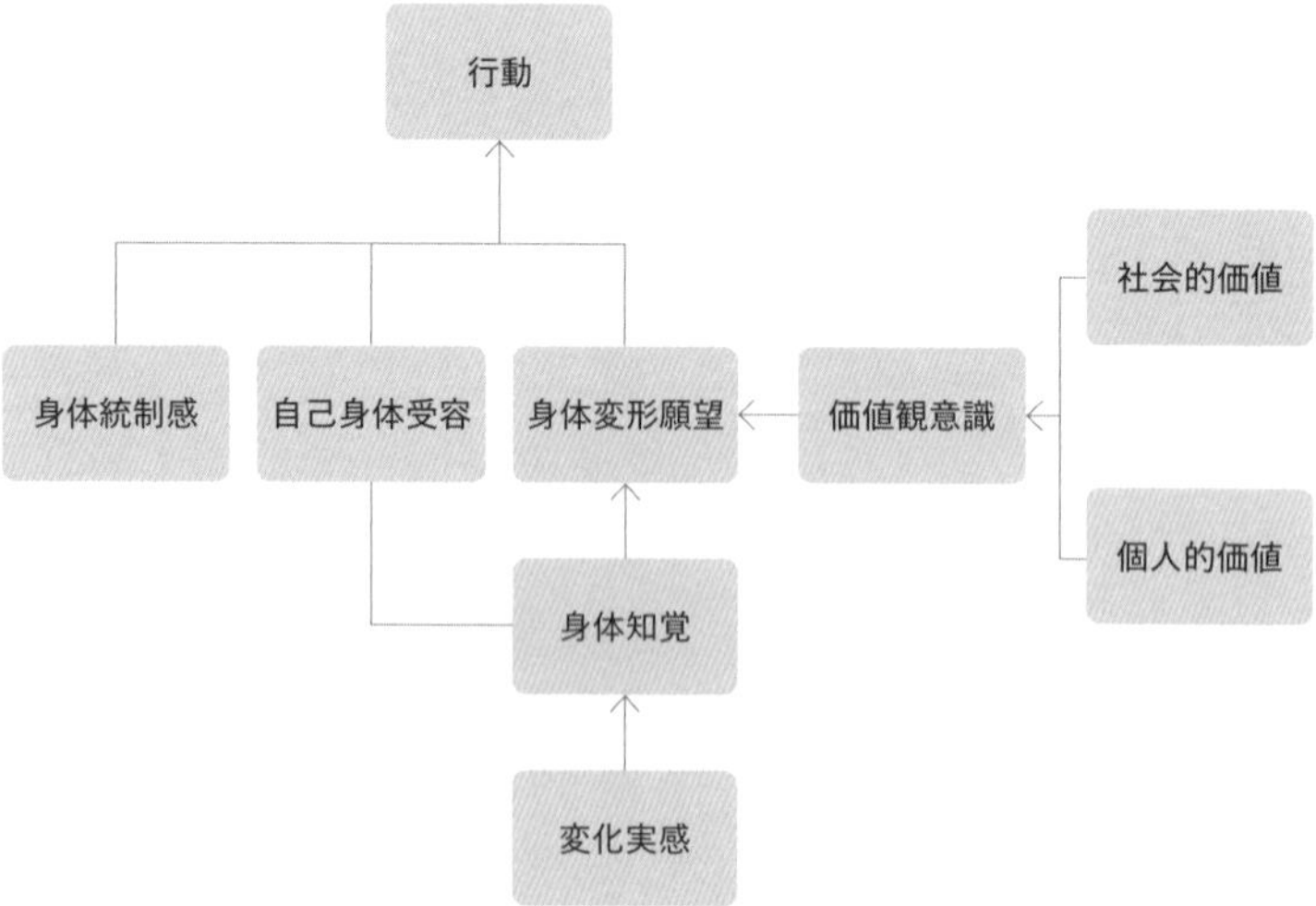

【図版7】20～50代の身体意識についてのアンケート調査（ワコール実施）
共分散構造分析の要素

身体変化への実感からか、そして、身体を変えたいという願望が行動につながっているのかを調べたものです。

(1)二〇代の特徴

二〇代女性の身体意識の特徴は、身体意識と結びついた主な行動はダイエット行動で「痩せればすべてなんとかなる」という意識によって引き起こされており、身体変形願望は「社会的価値」などの他者からの価値観に強く影響を受けていること。

(2)四〇〜五〇代の特徴

四〇代〜五〇代女性の身体意識の特徴は、身体を変えたいという意識が、過去の自分との比較で生じており、また身体を変えたいという願望が、身体を基本から変えようというスキンケア系ではなく、装飾的なメイクアップにつながっていること。

このように、若い世代では「他者からの視点」に大きく影響されますが、ある程度の年齢になると薄まり、代わりに「過去の自分」との比較が出てくるなどの違いがあることがわかりました。こうした身体変化をどのように認識し、「自分らしさ」をどのように再構成していくのか、それを身体の実態変化から調べていくことは、女性が生き生きと活発に一生を過ごすうえで大切な要素であると考えています。

8　年を重ねても体型を維持した人

私たちは、加齢変化によって身体意識は否応なく変化を強いられると考えています。一方で、逆に身体変化にうまく対応して新しい「自分らしさ」を再構成し、結果的に体型を維持することが可能な場合もあると考えています。実際に加齢による身体変化は個人差が大きく、大きく変化した人もいれば、変化の少ない人もいます。変化が小さく、体型を維持した人たちに何らかの秘訣があると考えて、その特徴を調べていきました。行動や意識の違いを調べたのが【図版8】です。

維持群は、身体的特徴だけでなく、行動的特徴や食事、そして運動量などに違いがあることがわかりました。また、姿勢や動作等の身体の動かし方の違いを調べたのが【図版9】です。

維持群の印象は「生き生き」「はつらつ」とした印象があり、それらは姿勢や動き方に表れています。また、姿勢や動き方の違いは、同じ運動量であってもより筋肉維持に役立つなどの効果があると推定されます。

以上のように、心理的な要素については十分な違いを見出すことはできませんでしたが、行動的な要素や姿勢や動き方などには大きな違いがありました。今後、より詳細に心理的側面（身体変化、それの捉え方、そして自己意識との関係）を調べていく中で、「自分らしさ」をどうやって構成していくべきかの指針ができるのではないかと期待して

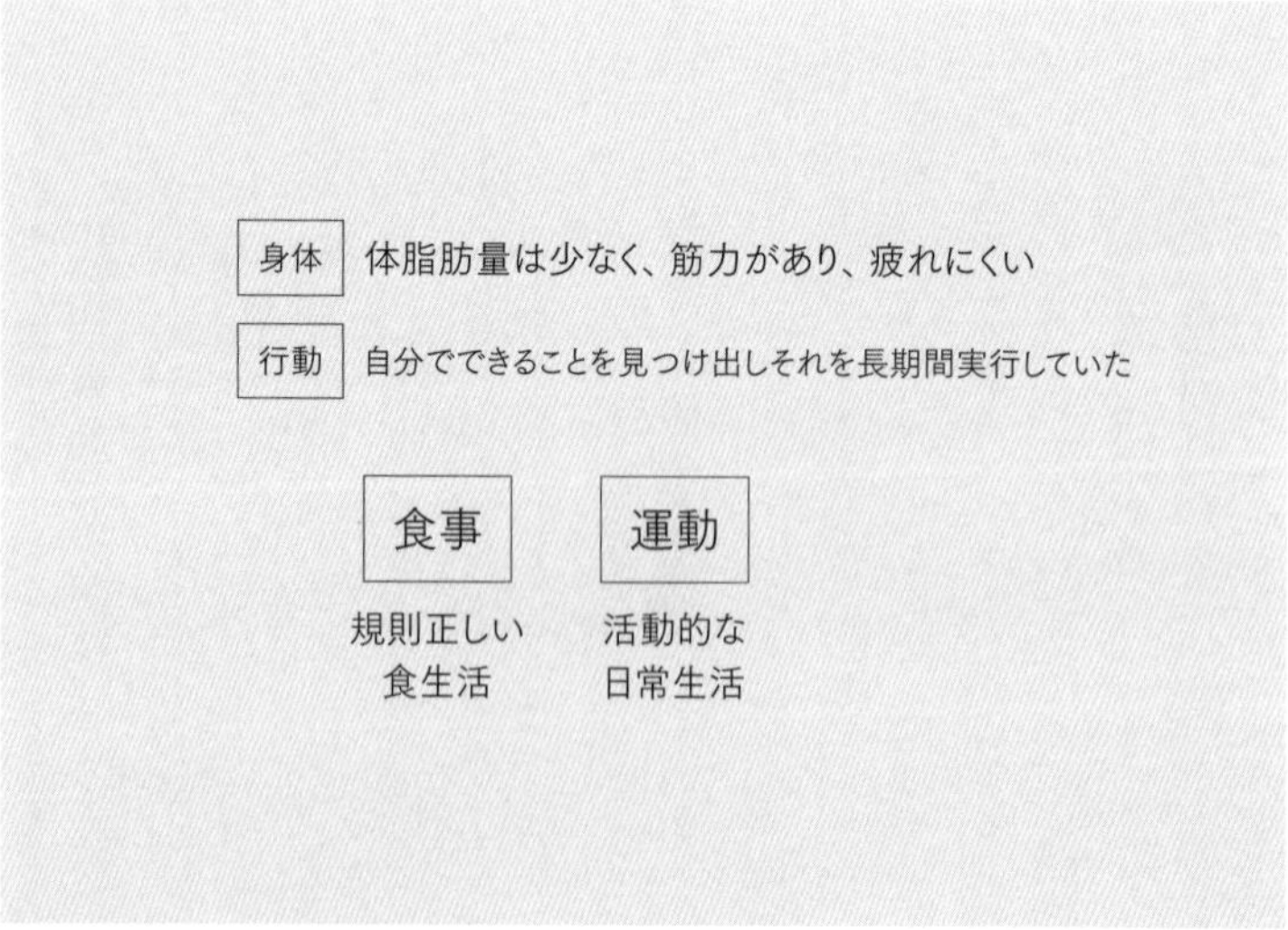

| 身体 | 体脂肪量は少なく、筋力があり、疲れにくい |
| 行動 | 自分でできることを見つけ出しそれを長期間実行していた |

| 食事 | 運動 |
| 規則正しい食生活 | 活動的な日常生活 |

【図版8】若い時の体型を維持した人の行動特徴

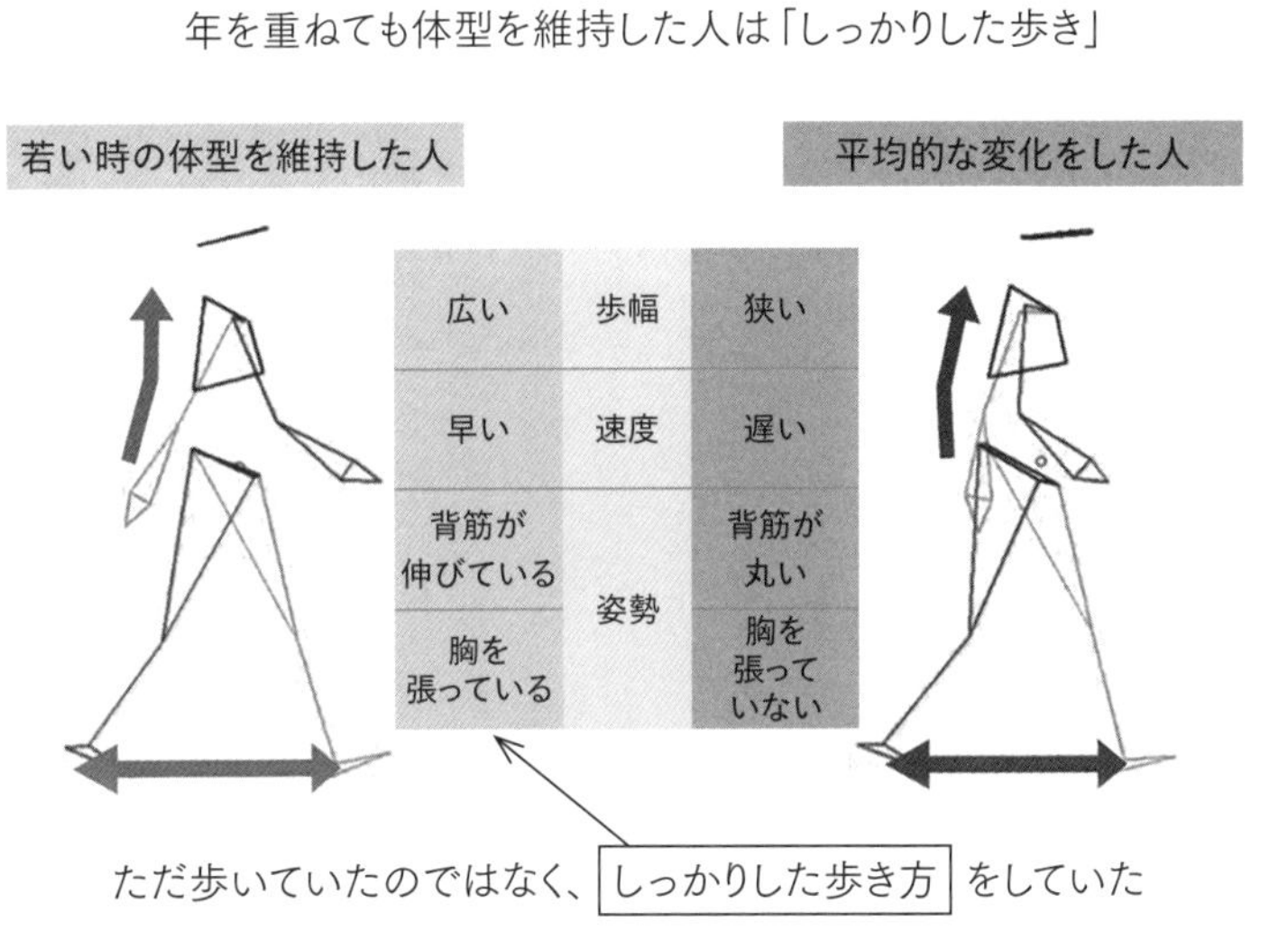

【図版9】**体型維持群の歩き方の特徴**（提供：ワコール）

います。

9 「自分らしさ」の追求

女性は一生の中で、「身体実態の変化」と「生活スタイルの変化」を経験していきます。そうした中で、その時々での「自分らしさ」を再創造する必要に迫られているのではないでしょうか。そして、「自分らしさの再定義」がうまくいくことで、生活が豊かになり、さらに身体も美しくなることが可能ではないかと考えています。当社にある半世紀以上にわたって積み重ねたデータベースをうまく活用することで、そうしたひとりひとりの「自分らしさ」の追求のサポートができればと思います。

美男美女論は、摂理か、差別か、羨望か？

川畑秀明

1　はじめに

いしいひさいち氏の漫画『ののちゃん』という四コマ漫画の中のある光景（二〇一〇年三月九日、「朝日新聞」）で、藤原瞳という女性教諭が「あいまいなものを抱えておく知恵も根性もない連中がとびつくコトバですね」と板書された『男らしく　女らしく』という言葉について語ります。世話好きでやさしい校長先生を「おかあさんおじさん」と呼び、こまかいけれど頼りになる教頭先生を「おばさんおとうさん」とも。ＬＧＢＴに対する対応を性の認識の多様性として理解する必要性を深めることでそれらへの差別をなくそうとする試みが広がりつつありますが、そもそも性そのものに対する認識の問題への懐疑が改めて求められるはずです。性を巡る問題は、明確だと思われがちなものも実は複雑で、多くの「前提」をおくことで理解されがちです。しかし、その前提がまちがっていたり、偏った認識に基づいていたりすることも多々あります。筆者の専門は心理学の立場から「美しさ」の認知に関わる心や脳の働きを研究することです。本稿では、生物としてのヒトと社会・文化としての人における美しさを巡る言説が生じる理由について、考えてみたいと思います。

2 性を巡る偏見が生じる心の働き

男らしく、女らしく、という性に関する「〜らしさ」は、女性や男性に対して形成されている偏った認知であり、性ステレオタイプと呼ばれています。また、それぞれにふさわしいと見なされる行動やパーソナリティに関する社会的期待や規範とそれらに基づく行動は、性役割と呼ばれています。客観的なものの見方が必要とされる精神医学の世界でさえ、セラピストがそれぞれの性に関連する認知的バイアス（思い込みや偏見）を持っており、それが評価や診断の過程を歪めていく可能性が指摘されています（Worell & Remer, 1992）。例えば、男性は女性よりも攻撃的で、逆に女性の方がより従順で依存的であるという偏った見方が診断に影響を与えるというのです。

ものごとを客観的に捉えるのは難しいことです。人は自分の考えや推論に合致する事例に出会うと正しいことを支持する証拠を得たように勘違いするなど、確証する情報に対しては重視するが、否定する情報については無視しがちです。このことは確証バイアスと呼ばれています。占いが自分を言い当てているように思うことや、血液型と性格との間に関係があるように見えるのは、「ある、ある」と自分の経験と一致していることが際立って感じられやすいためでしょう。最近はトリセツ本がよく売れているようです。妻の、夫の、定年夫婦の、上司の……という具合に、たくさんのトリセツ本があるが、その多くは科学的根拠を伴っていないのが実状です。しかし、読者にとっては、男とは、女とは、妻とは、夫とは……とその性と関連した情報が都合良く解釈され、さらにそれらしい根拠と相まって、バイアス（偏見）のかかった認知が強調されることになると考えられます。結果的に性差別や役割差別が大きくなっていくことでしょう。

3　人に美しさを感じる心の働きとそのバイアス

人は他者の内面について理解をすることが難しいからこそ、その人物に関する様々な側面について、顔や身体を手がかりにした判断をしてしまいます。例えば、人は他者の顔を通して、その人物の内面や健康状態などについて、一時的な性質（例えば、気分や情動）だけでなく、その人物のパーソナリティといった心理的側面、さらには免疫機能や内分泌（ホルモン）、栄養状態などの健康に関わる側面に関する情報を得ようとしているのです。得られた印象がその人物についての正しい情報を含んでいるかは別にせよ、顔は多様な社会的信号を伝達する媒介として機能しています。

他者に感じられる印象の中でも、美しさ（魅力）は、配偶者選択やコミュニケーションに大きな影響力を持っています（Thornhill & Gangestad, 1999）。私たちは、たとえ「人を見かけで判断してはならない」と理解しながらも、「つい」他者の顔の魅力に引きつけられ、様々な印象を持ちます。しかも、顔に対する注意は、自動的で、意図せずして働くのです。顔の美しさの程度に関する評定は、文化や社会、性別、年齢を越えて多数の人々の間で高い一致率を示します（Cunningham, Roberts, Barbee, Druen, & Wu, 1995）。どのような顔に対して、美しいと感じるのでしょうか。まだまだ分からないことが多いのですが、先に述べたように、健康的で、よりよいコミュニケーション能力を持っていそうな顔が美しい顔とされます。例えば、顔の左右が高い対称性を持っていることや、その性らしい顔立ちなどです。

ただ、顔に感じられる美しさについても、先ほど述べたようなバイアスが存在することが指摘されています。美男美女は得だと思われがちで、しかしそれは偏った見方なのだということです。美男美女は周りからの期待が大きく、良い人で頭が良いなどの印象をもたれがちです（Dion, Berscheid, & Walster, 1972）。だからこそ、魅力的な顔の持ち主は、交際相手の選択において有利で（Rhodes, Simmons, & Peters, 2005）、仕事や経済活動において恩恵を受けやすく（Frieze, Olson, & Russell, 1991）、さらに犯罪を犯しても量刑判断において優遇的な措置を受けやすい（Sigall & Ostrove, 1975）

などの実際の行動場面で有利なことが度々生じてしまうのでしょう。

先ほどから、人物の美しさと魅力とを同列に扱ってきましたが、必ずしも同義ではありません。イタリアの哲学者で小説家でもあるウンベルト・エーコは、「美しいものは、もしそれが自分の手に入れば嬉しいが、誰か他の人のものであっても、美しさは変わらない」と述べています（エーコ、二〇〇五）。その一方で、「われわれは性的対象として欲しない人間でも、あるいは決して自分のものとはならない人間でも、たいへん美しいと判断できる。しかし、ひとりの人間（醜い場合もある）を欲しながらその男あるいはその女と望むような関係が結べない時、われわれは苦しむ」とも。美しさへのバイアスは、自己との繋がりを欲しているときにより強くなるのかもしれません。

私たちが行った研究では、現在恋人がいる男女を実験参加者として、彼らに恋人の写真と恋人と同性の友人の写真を持って来てもらい、その写真を実験刺激として顔魅力の評定をしてもらう実験を行いました。その際、他の人が持ってきた写真についても顔の魅力の度合いを評定してもらいました。そうすると、自分の恋人の顔は友人や別の参加者の恋人・友人よりもより高い魅力度を評価することが明らかになりました（Nakamura, Arai, & Kawabata, 2017）。また恋人の顔は他の顔よりも、より注意を引き付け、しかもそれが相手への熱愛の度合いが高いほど、注意は高まります。このような熱愛の対象への偏った評価や認知は、“love-is-blind bias”（「恋は盲目」バイアス）と呼ばれています。

4　美の主観性と客観性、理想と現実

一九世紀のフランスの小説家スタンダールは「美は幸福の約束にすぎない」と述べ（スタンダール『恋愛論』）、そのおよそ一〇〇年後に同じくフランスの小説家プルーストは「美は幸福を約束すると言った人がいます。だが逆に快楽の可能性が美の始まりにもなりうるのだ」と述べました（プルースト『失われた時を求めて』第三篇）。美に主観と客観の双方の側面があり得るのか、あるいは美に快楽を含めるかどうかは哲学や美学の問題でもあります。一八世紀の哲学者カントは、美的なものに向かう主観は利害関係から切り離された態度が前提であると指摘しています（カント『判断力批判』）。人物に感じられる魅力とは、性的魅力や社会的魅力というように、何かしらの望ましさの意味が含まれ、利害関係を切り離すことができません。それゆえ、カントの趣味判断としては、魅力は美と等価ではありえません。つまり、人物について、魅力という言葉には個人的な意味が強い一方で、美には客観的な意味が強いものであると言えるでしょう。

美男や美女という言葉には、万人にとって共通した客観的な「よさ」の意味が含まれていると言えるでしょう。つまり、私とは直接的に関係ない人たちのことなのです。そのことは、いわゆるミスコンテスト（ミスコン）にも現れています。ミスコンテストへの性差別問題や批判については、本稿の範囲外であるため、別の機会に譲るが（ロード、二〇一二）、近年問題になっているのが、モデルの「痩せすぎ」というものです。二〇一七年五月、ファッションの中心地であるフラ

ンスで、極端に痩せているモデルたちの活動を禁止する法律が施行されました。そもそもは二〇一五年に可決した法案においては、ＢＭＩ（ボディ・マス・インデックス、体重（ｋｇ）を身長（ｍ）の二乗で割ったもの）が18未満のモデルの活動を禁止するものでしたが、業界からの抗議によって、医師によって健康体であることを証明する診断書の提出が求められるようになりました。また、ミスアメリカコンテストの優勝者の体重が初回の一九二一年開催以来、次第に体重が低下する傾向にあり、一九七〇年代以降ではＷＨＯが示す低栄養の指標であるＢＭＩが18・5を下回る受賞者がしばしば見うけられるようになりました（https://www.psychguides.com/interact/the-evolution-of-miss-america/)。その一方で、アメリカの二〇歳台の平均体重は増加し続け、二〇〇〇年代以降では健康体重の上限（ＢＭＩが24・9）を上回るようになってきました。ミスアメリカコンテストの受賞者とは、その時代の理想像（必ずしも女性が持つ理想とは一致しない）であり、理想と現実の差異が年々大きく離れていっていることがうかがえます。それでも、若い女性たちは、そのようなモデルたちを規範化しながらも、非現実な身体を理想化していくことになります。

確かに、西洋社会や現代の日本では、痩せていることは評価される特徴の一つです。女性では低いＢＭＩがより魅力的と評価されることや（Tovée, Reinhardt, Emery, & Cornelissen, 1998）、男性においても痩せた男性の方が太った男性よりも魅力や社会的望ましさが高く評価されるなどが示されています（Wade, Fuller, Bresnan, Schaefer, & Mlynarski, 2007）。体格の認知が魅力に影響を及ぼしているのは、年齢の認知と同様に健康らしさの指標となっているからと考えられます（Coetzee, Perrett, &

Stephen, 2009）。確かに、肥満は免疫応答性が低くなるなど健康上のリスクを引き起こしやすいこと知られています（Must, Spadano, Coakley, Field, Colditz, & Dietz, 1993; Pi-Sunyer, 1993）。もちろん、タンパク質やカロリー欠乏を伴った栄養失調者が健康的な正常範囲の体重の人よりも免疫機能が低いとされるなど（Ritz & Gardner, 2006）、痩せすぎもまた健康上のリスクを負っていると考えられます。つまり、本来重要なのは痩せていることではなく、健康であることの予測子になり得る見た目の痩せ（太り）具合であるはずが、情報媒体としてのメディアの影響によって痩せていることが過剰に魅力の手がかりとされているように多くの人に認知されているということが言えるでしょう。メディアによって理想化された美男美女の姿には、危うさを感じます。

心理学の実験的研究では、ウエストとヒップの比（waist-to-hip ratio: WHR）が、女性における魅力に重要であることが指摘されてきました（Singh, 1993）。男性においては肩とヒップの比（shoulder-to-hip ratio: SHR）が重要との指摘がなされてきました（Kasperk, Helmboldt, Borcsok, et al., 1997）。例えば、多くの研究では、様々なウェストとヒップのサイズをした女性の全身像のシルエットの線画が示され、どの線画がより魅力的かが選択されるという方法で検討され、多くの研究ではWHRが0・7程度がより魅力的とされています。最近の研究では、古代のギリシア、ローマ時代の彫刻作品や、一四世紀以降の様々な絵画作品、さらには米国男性誌『PLAYBOY』のモデル（一九五〇年代以降）やミスアメリカやミスユニバースなどのコンテストの優勝者（一九二〇年代以降）の画像を提示し、そのWHRがどの程度なのかを、実験参加者に線画をもとに選択してもらうことで調べています。その結果、古代の彫刻作品ではWHRが平均として0・75程度（範囲は0・7程度から0・8程度まで）でばらつきながらも安定しているのに対して、一九二〇年代以降の女性モデルのWHRは、一九六〇〜一九七〇年代を底にそれ以降は大きくなりつつあります。とはいえ0・75程度ですが。つまり、近年の傾向としては、そのようなモデル（特に『PLAYBOY』のプレイメイト）は、より健康的な体型になってきていると言えるでしょう。

5　容貌の自己認知

他者に対する評価と自分自身に対する評価は別物です。他の人から見ると痩せているとか、美しいとか評価されても、自分の評価が低いことが往々にしてあります。自分自身の身体や容貌に対する態度は、自己の肯定的な認知や心身の健全なエイジング（加齢）に重要です。容貌についての過剰な否定的な認知が強いと身体醜形障害等の精神疾患となるリスクが生じます。容姿への不満や恥、知覚された些細な容姿の欠陥の確認行動、カモフラージュ行動を測定する心理尺度として“Body Image Concern Inventory”（BICI）というものが知られています（Littleton, Axsom, & Pury, 2005; 田中・有村・田山、二〇一一）。その尺度は、「容姿の問題に対する安全確保行動」、「容姿の問題からの回避行動」、「容姿への否定的評価」の三つの因子によって構成されています。いずれの因子においても、平均の差として女性の方が男性よりも高いことが示されています（田中他、二〇一一）。

それだけ、自分の容貌に対する感度が高いことを表しているのですが、その男女差は生得的なものと言うよりも後天的なもの、つまり文化や情報によって獲得されてきたものと考えられます。

エイジングの概念も近年では多様化がみられつつあります。加齢に伴う老化現象を防ぎ、遅らせることで生活の質や健康を高めようとしてきたアンチエイジング（抗加齢）という概念は現代社会に浸透してきたものです。しかし、最近では、人々が歳を重ねても生活の質が向上するように健康や社会参加、安全の機会を最適化するプロセスとしてアクティブエイジングという概念が知られるようになり、さらに社会的弱者として差別的に捉えられてきた高齢者像ではなく、様々な生産的・創造的活動を行うことによって、その知識や経験を社会貢献に活かす高齢者像を目指そうとするプロダクティブエイジングという概念も知られつつあります。それだけでなく、心身共に健康で、満足できる年齢の重ね方に関する包括的な概念として、サクセスフルエイジングという言葉も挙げられてきています。アンチエイジングでは、理想と現実とのギャップを埋めていくプロセスであるのに対して、他の三つの概念では、現実を受け入れ、よりポジティブに加齢を最適化していくプロセスと言えるでしょう。自己の容貌の認知が獲得的なものであるならば、変えることができるかもしれません。

美男美女論は、摂理か、差別か、羨望か？　というタイトルで本稿を展開してきましたが、他者の認知というのは自己との関係性の中で定義付けられ、さらにひどくバイアスに満ちたものということが言えるでしょう。このバイアスが、差別や羨望を生み出すことになると考えられます。

引用文献

Bovet, J., & Raymond, M. (2015). Preferred women's waist-to-hip ratio variation over the last 2,500 years. PloS one, 10(4), e0123284.

Coetzee, V., Perrett, D. I., & Stephen, I. D. (2009). Facial adiposity: A cue to health?. Perception, 38(11), 1700-1711.

Cunningham, M. R., Roberts, A. R., Barbee, A. P., Druen, P. B., & Wu, C. H. (1995). "Their ideas of beauty are, on the whole, the same as ours": Consistency and variability in the cross-cultural perception of female physical attractiveness. Journal of personality and social psychology, 68, 261-279.

Dion, K., Berscheid, E., & Walster, E. (1972). What is beautiful is good. Journal of personality and social psychology, 24(3), 285-290.

Eco, U. (2004). Storia della bellezza. RCS Libri S.p.A, Bompiani, Milano. ウンベルト・エーコ編著、ジローラモ・デ・ミケーレ著、川野美也子訳『美の歴史』、東洋書林、二〇〇五年。

Frieze, I. H., Olson, J. E., & Russell, J. (1991). Attractiveness and income for men and women in management. Journal of Applied Social Psychology, 21(13), 1039–1057.

Kasperk, C., Helmboldt, A., Börcsök, I., Heuthe, S., Cloos, O., Niethard, F., & Ziegler, R. (1997). Skeletal site-dependent expression of the androgen receptor in human osteoblastic cell populations. Calcified Tissue, 61, 464-473.

Littleton, H. L., Axsom, D., & Pury, C. L. (2005). Development of the body image concern inventory. Behaviour Research and therapy, 43, 229-241.

Must, A., Spadano, J., Coakley, E. H., Field, A. E., Colditz, G., & Dietz, W. H. (1999). The disease burden associated with overweight and obesity. JAMA, 282(16), 1523-1529.

Nakamura, K., Arai, S., & Kawabata, H. (2017). Prioritized identification of attractive and romantic partner faces

in rapid serial visual presentation. Archives of Sexual Behavior, 46, 2327–2338.
Pi-Sunyer, F. X. (1993). Medical hazards of obesity. Annals of internal medicine, 119, 655-660.
Rhode, D. L. (2010). The beauty bias: the injustice of appearance in life and law. Oxford University Press: Oxford. (デボラ・L・ロード、栗原泉訳『キレイならいいのか——ビューティ・バイアス』亜紀書房、二〇一二年)
Rhodes, G., Simmons, L. W., & Peters, M. (2005). Attractiveness and sexual behavior: Does attractiveness enhance mating success? Evolution and Human Behavior, 26, 186–201.
Ritz, B. W., & Gardner, E. M. (2006). Malnutrition and energy restriction differentially affect viral immunity. The Journal of nutrition, 136(5), 1141-1144.
Sigall, H., & Ostrove, N. (1975). Beautiful but dangerous: Effects of offender attractiveness and nature of the crime on juridic judgment. Journal of Personality and Social Psychology, 31, 410–414.
Singh, D. (1993). Adaptive significance of female physical attractiveness: role of waist-to-hip ratio. Journal of personality and social psychology, 65, 293-307.
田中勝則・有村達之・田山淳(2011)「日本語版 Body Image Concern Inventory の作成」(『心身医学』51(2), 162-169)
Tovée, M. J., Reinhardt, S., Emery, J. L., & Cornelissen, P. L. (1998). Optimum body-mass index and maximum sexual attractiveness. The Lancet, 352(9127), 548.
Thornhill, R., & Gangestad, S. W. (1999). Facial attractiveness. Trends in cognitive sciences, 3, 452-460.
Wade, T. J., Fuller, L., Bresnan, J., Schaefer, S., & Mlynarski, L. (2007). Weight halo effects: Individual differences in personality evaluations and perceived life success of men as a function of weight?. Personality and Individual Differences, 42(2), 317-324.
Worell, J., & Remer, P. (1992). Feminist perspectives in therapy: An empowerment model for women. New York: John Wiley & Sons.

チンパンジーに学ぶ眠りの身体

座馬耕一郎

はじめに

皆さんは毎日、どのように眠っているだろうか。ベッドで眠っている人もいれば、畳の上にふとんを敷いて眠っている人もいるだろう。私たちは眠るときに寝具を用いる。ときには寝具を用いず、電車の中でうたた寝したり、うちに帰って床でゴロゴロしているうちに眠ってしまったりすることもあるだろうが、たいていの場合、ベッドやふとんなどの寝具の上で眠る。それではなぜ、私たちは寝具の上で眠るのだろうか。そして私たちの眠りは、寝具によって、どのように形づくられているのだろうか。この稿では、そういった、ふだんの眠りでは気にすることのない疑問についてあえて問い、その答えをチンパンジーの行動をヒントに探っていきたいと思う。

なぜチンパンジーがヒントになるのか。その理由のひとつは、チンパンジーがベッドを作る動物だからである。ベッドといっても、私たちが「普通」に思い浮かべる四角くて平らなベッドではない。丸くてお皿のような形で、しかも揺れるベッドだ。そんな揺れるような構造物はベッドではないと言う人もいるかもしれないが、この構造物が「眠るために作られる」と知ればベッドだと思っていただけるだろう。

チンパンジーのベッドの寝心地

チンパンジーは木の上、五〜二〇メートルほどの高さにベッドを作る。材料はその木の枝葉で、縁が盛り上がり、中がくぼんでいるように組まれるため、見た目は楕円のお皿のような形をしている。[1,2,3] ベッドはシングルベッドで、自分のベッドは自分で作る。赤ん坊の時期は母親のベッドで一緒に眠るが、五歳ごろになると自分で作って眠るようになる。ベッドは毎日作られる。日没前後に作られ、その上で夜を過ごし、朝になるとベッドを降りて食べ歩きを始め、その夜は移動した先でベッドを作る。毎日作られるため、一生で一万個を超えるベッドを作るチンパンジーもいる計算になる。私はタンザニアのマハレ山塊国立公園でチンパンジーの研究をしているが、そんなベッド作りを観察していると、チンパンジーは「ベッド職人」だと思えてくる。[1]

チンパンジーのベッドの寝心地は、とても良い。ベッドに横たわってみると、丸いお皿の形をした枝葉のマットレスが身体を包みこむように感じて、安心感をおぼえる。木の上にあるので揺れるのだが、その揺れもゆりかごのようで心地よい。この感想は、ヒトである私の主観であり、客観的な指標とはいえないが、これまで経験した中でもっとも心地よいベッドだった。[1] そしてこの経験を原動力のひとつにしてベッドの構造や睡眠に関する研究をすすめてきたわけだが、[1,4] 一方でこの寝心地が忘れられず、チンパンジーの寝心地を再現した「人類進化ベッド」の制作にも携わった。[1,5,6]

人類進化ベッドとは楕円のお皿型の揺れるベッドである。京都の老舗寝具メーカー・イワタの岩田有史さん、デザイナーの石川新一さんと私を中心に、多くの人の協力を得て作りあげられた。[1,5,6] このベッドには、チンパンジーのベッドの上で感じた寝心地を再現するために、さまざまな工夫が盛り込まれている。また「毎日ベッドを作る」というチンパンジーに倣い、その日の自分にあった寝心地を作り出せるようデザインされている。[5,6,7] 人類進化ベッドは二〇一六年四月に京都大学総合博物館の特別展「ねむり展――眠れるものの文化誌」で初めて公開され、[5] イベント等でベッドを試された方々から「心地よい」「欲しい」という声をいただいたことをきっかけに、現在ではイワタより「人類進化ベッド」という商品名で販売されている。

眠りの身体と寝具の関係

「人類進化ベッド」は「丸くてお皿型で揺れる」ベッドである。私たちがよく利用するのは「普通」の「四角くて平らで揺れない」ベッドやふとんだが、どうしてこの「普通」ではないベッドにはじめて寝た人も心地よさを感じたのだろうか。

その答えはまだはっきりしていないが、その解明には、宇宙船内の寝相が参考になると考えている。地球を離れ微小な重力しか働かない宇宙船内では、眠りにつき、全身が脱力すると、「上肢が前方に上がり、股関節と膝の関節もやや曲がった状態」になるそうだ。[8] この姿勢は深いお風呂の中でも体験できるそうで、[8] 皆さんも心地よい経験として思い出すことができる姿勢だろう。このような姿勢はお皿型のチンパンジーのベッドや人類進化ベッドの上でもとることができ、仰向けでも、横向きでも、関節をやや曲げた状態の姿勢で眠ることができる。[1] そのため、チンパンジーのベッドや人類進化ベッドに横たわると、全身が脱力した感覚を憶え、私だけでなく、多くの方々が心地よさを感じるのだろう。

では、「普通」の寝具ではどうだろうか。平らな寝具の上で横向きで寝るときも、体を丸めることで、宇宙船内で見られるのと同様の姿勢をとることができる。しかし仰向けの場合は、身体が平らな寝具に沿って伸びてしまうため、「関節がやや曲がった状態」の姿勢をとることが難しい。

このように考えると、眠りの身体は、寝具との相互作用によって作り出されていることが分かる。私たちは、眠っているとき、さまざまな寝相をとる。脚を横に伸ばしたり、腕をあちらこちらに曲げたりと多様な寝相をとることができるため、私たちは自由に寝相をとることができていると思ってしまう。しかし実際はそうではなく、寝相は、基盤となる寝具の形によって、とることができる寝相がある程度限定される。「私は横向きで寝るのが好き」といった「好みの寝相」についても、無限にある自由な選択肢から選んだ姿勢ではなく、「普通」の寝具の上でとることが可能な姿勢の中から選んだものである。また寝具を選ぶときも、「（『普通』の寝具の上でとることが可能な姿勢の中から選んだ）好みの寝相」をとることのできる寝具を選ぶため、選ばれる寝具は結局「普通」の寝具となる。

このように、寝具との相互作用によって作り出される眠りの身体は、寝具とともに、あるパターンを持つように形作られ、ひとつの文化を作りだすと考えられる。眠りの姿勢や寝具は地域や時代によって異なりが見られ、文化の中で伝えられるという一面があるが[9]、その理由のひとつには、寝具と眠りの身体との相互作用が関連しているのだろう。

人類の進化と寝具の歴史

ところで、私たちがよく目にする四角くて平らな「普通」の寝具は昔からあったのだろうか。

その答えを探るときにも、やはり、チンパンジーがヒントになる。

チンパンジーは、ボノボとともに、現生の生物の中で、ヒトにもっとも近縁な生き物である。その次に近しい関係にあるのはゴリラで、その次はオランウータン、そしてその次はテナガザルの仲間となる。これらの生物のうち、チンパンジー、ボノボ、ゴリラ、オランウータンは、木の枝などを使ってベッドを作るという共通の特徴を持つ。このことから、これらの共通の祖先は、テナガザルの祖先と分岐したあとに、「木の枝でベッドを作る」という行動を獲得したと考えることができる。[10]

チンパンジーの祖先とヒトの祖先が分岐したのは今から約七〇〇万年前と考えられている。そして分岐後も、この「木の枝でベッドを作る」という行動は、ヒトに至る系統で受け継がれていたようだ。今から約四四〇万年前に暮らしていたアルディピテクス・ラミダスは、その形態から、直立二足歩行をしながらも、木の上をよく利用していたと考えられており、寝るときに木の上にベッドを作っていた可能性が示唆されている。[11]

その後、ヒトの祖先は樹上から地上へと睡眠の場を移したと考えられるが、[11]その時代は、地上での二足歩行により適した足を持つようになったアウストラロピテクスの時代から、より大きな体格を持つようになったホモ・エレクトスの時代[12]のどこかだろう。地上のどのような場所で眠っていたか分からないが、タンザニアのサバンナで暮らす牧畜民ダトーガの人々がトゲのついた木を重ねて猛獣などを防ぐ垣根を作るように、[13]もしかしたら地面に囲いを作って寝ていたのかもしれない。[1] また地上でどのような寝具を使っていたかも分かっていないが、仮説としては、草や動物の皮を用いていた可能性が考えられる。というのも、狩猟採集を生業とする人々を対象とした調査では寝具に草や皮を用いる例が報告されており、南部アフリカのカラハリ砂漠で暮らすブッシュマンと呼ばれる人々が皮を用いていた例[14]や、タンザニアのサバンナで暮らすハッザが枯草の上に皮を敷いて寝具としていた例[13]があるからだ。

では皮の利用はいつはじまったのだろうか。肉食については、今から約二五〇万年ほど前に暮らしていたアウストラロピテクス・ガルヒが、単純な石器などを使いながら、自然死した動物などの肉を得ていたと考えられている。[15] 皮を用いるようになったのはその頃からかもしれないが、肉を得たからといって、皮を持ち運ぶとは限らないため、慎重に考える必要がある。[16] また仮に皮を使っていたとしても、皮をなめすために使われていたと考えられる石器は、アウストラロピテクスやホモ・エレクトスでは見つかっていないことから、十分になめされていない毛皮を敷いていた可能性が考えられる。[16]

それでは四角くて平らなベッドはいつできたのだろうか。一九六〇年代におこなわれたタンザニアのサバンナで暮らす人々の住居の調査によると、頻繁に移動して暮らす先述の狩猟採集民ハッザでは四角いベッドは報告されていないが、牧畜民ダトーガの家では木の枝を四隅に立てて作られた棚のような四角いベッドが、農耕民スワヒリの家では布を何枚も重ねて作られたマットレスが確認されている。[13] このことから、仮説として、定住することが四角いベッドが作られるようになる必要条件であると推察される。ただしタンザニアのサバンナで農耕や牧畜を生計として暮らすイラク族では、床面から〇・五から一メートルの高さの棚の上で寝る例の他に、土間に直接牛皮を敷いて寝床にする例もあることから[13]、定住化は四角いベッドを用いるための条件のひとつに過ぎないといえる。

日本の遺跡調査では、約二万年前の旧石器時代の遺跡からしばらく住み続けたと考えられる住居跡が見つかっており、また定住化の進んだ縄文時代の多くの遺跡では竪穴式住居の跡が見つかっている。[17]そして弥生時代の竪穴式住居跡からは、掘り下げた地面の一部を一段高くした「ベッド状遺構」が見つかっており、寝る場所だった可能性が推察されている。[17]このベッド状遺構の形は、長方形の場合もあれば、L字型の場合やコの字型の場合もあるそうだ。[17]また四、五世紀の古墳から発見された高床住居をかたどった家形埴輪にはベッドが置かれているのが見つかっており[17]、奈良時代には聖武天皇の寝台である長方形の「御床」が正倉院に献納され、現在まで大切に保存されている。[18]

このように、人類の進化と寝具の長い歴史を紐解くと、私たちが「普通」に思う四角で平らな寝具は「つい最近」に使われだしたものであると感じられる。さらに言えば、「綿のふとん」が現れたのは江戸時代の少し前だそうで、室町時代には畳の上で直接寝ていた[18]と聞くと、私たちの思う「普通」の寝具は普遍的なものではなく、ひとつの文化だと感じるだろう。

睡眠の文化

私たちヒト、すなわちホモ・サピエンスが登場したのは今から二〇万年ほど前のアフリカと考えられている。[15] そしてその後、抽象的な思考能力や、シンボルを用いて知識を伝える能力など、文化を発展させる能力を持つようになったヒトは、ユーラシア大陸やオーストラリア大陸、アメリカ大陸などに分布を広げ、世界のあちらこちらで特徴のある文化をもって暮らすようになったといわれている。[15]

世界に広がった人たちは、眠り方についても、多様な文化を持つようになった。たとえばオーストラリアのアボリジニーには浅い穴を掘って横向きに丸くなる眠り方があるそうで、アマゾンで暮らす人々にとってはハンモックで眠ることが「普通」のことのようだ。[19] また、寝具や寝相だけでなく、睡眠の時間や、眠る身体のまわりを囲む物、音、香りといった環境、あるいは夢の世界など、さまざまな領域で眠りの文化が認められており、「睡眠文化」として、多角的に研究がすすめられている。[19, 20]

「人類進化ベッド」という名前は、人類の進化の歴史の中で、ヒトの祖先が長い期間にわたって眠っていたと考えられる樹上のベッドに思いを寄せて名付けた。一方でこの人類進化ベッドは、現代に暮らす私たちにとっては、過去のベッドではなく、ふだんの生活にはない睡眠文化のひとつの形として認められるだろう。私たちはたいてい「普通」の寝具で眠る。それは近しい祖先から受け継いだ、大切にしたい寝具だと思う。しかし「普通」の寝具でよく眠れなかったときなどには、それが「自分の睡眠文化の中のひとつの寝具」であることを思い出し、世界中の人々が持つ多様な睡眠文化に触れたり、さまざまな寝具に身をまかせることで、そこで感じる自分の身体の感覚や、それぞれの文化で培われてきた寝心地を楽しんでみるのも面白いだろう。

引用文献

❖1 座馬耕一郎『チンパンジーは３６５日ベッドを作る――眠りの人類進化論』ポプラ社、二〇一六年。
❖2 Goodall J (1962) Nest building behavior in the free ranging chimpanzee. Annals of the New York Academy of Sciences, 102, 455-467.
❖3 Izawa K, Itani J（1966）Chimpanzees in Kasakati Basin, Tanganyika. 1. Ecological study in the rainy season 1963–1964. Kyoto University African Studies, 1, 73–156.
❖4 Zamma K, Ihobe H（2015）Bed making and nocturnal behavior.『Mahale Chimpanzees: 50 Years of Research』（Nakamura M, Hosaka K, Itoh N, Zamma K, Eds.）. Cambridge University Press, pp. 583-598.
❖5 ＮＰＯ法人睡眠文化研究会編『図録ねむり展――眠れるものの文化誌』松香堂出版、二〇一六年。
❖6 石川新一、岩田有史、座馬耕一郎「アイデアをかたちに――人類進化ベッドはこうしてできた」（『対話で創るこれからの「大学」』、大阪大学ＣＯデザインセンター監修、大阪大学出版会、二〇一七年、一四五―一六四頁）
❖7 座馬耕一郎「チンパンジーの眠りを感じる」『デザイン学研究特集号』二六、三二―三九頁、二〇一九年。
❖8 水野康「宇宙での眠り」（高田公理、堀忠雄、重田眞義編『睡眠文化を学ぶ人のために』世界思想社、二〇

〇八年、五六―五七頁)
❖9 野村雅一『しぐさの世界――身体表現の民族学』NHKブックス、一九八三年。
❖10 Fruth, B, Hohmann G (1996) Nest building behavior in the great apes: the great leap forward?『Great Ape Societies』(McGrew WC, Marchant LF, Nishida T, Eds.). Cambridge University Press, pp. 225–240.
❖11 諏訪元「ラミダスが解き明かす初期人類の進化的変遷」(『季刊考古学』一一八、二四―二九頁、雄山閣、二〇一二年)
❖12 Yamagiwa J (2001) Factors influencing the formation of ground nests by eastern lowland gorillas in Kahuzi-Biega National Park: some evolutionary implications of nesting behavior. Journal of Human Evolution, 40, 99-109.
❖13 石毛直道『住居空間の人類学』鹿島出版会、一九七一年。
❖14 田中二郎『アフリカ文化探検――半世紀の歴史から未来へ』京都大学学術出版会、二〇一七年。
❖15 海部陽介『人類がたどってきた道――〝文化の多様化〟の起源を探る』NHKブックス、二〇〇五年。
❖16 西村三郎『毛皮と人間の歴史』紀伊國屋書店、二〇〇三年。
❖17 石野博信『古代住居のはなし』吉川弘文館、二〇〇六年。
❖18 小川光暘『昔からあった日本のベッド――日本の寝具史』Edition Wacoal、一九九〇年。
❖19 吉田集而編『眠りの文化論』平凡社、二〇〇一年。
❖20 高田公理、堀忠雄、重田眞義編『睡眠文化を学ぶ人のために』世界思想社、二〇〇八年。

Ⅵ 祝祭

感情というメディアで、知は祝祭化する

岡原正幸

1　近代社会・生きる・科学

学問を求めて大学という所に人は来る。けれど大学にあるものだったらすべてが学問というわけではありません。

「知識」というものを大学で人は求めるでしょう。でも知識とは何か、という定義問題を考えても答えがポンと出て来るわけではありません。なぜ大学では、「これ」は知識として伝えられるのに、「これ」は知識としてまっとうに取り上げられないのか、そんなことがいっぱいありま す。むしろ、大学や学問の歴史を見てみると、それぞれの「知識」同士での政治的な争いがあっ

て、そこで、どういうわけか生き残った知識が、学会を持ち、専攻となり、学部になったりしているわけで、敗北した知識の部類は、もっぱら在野だったり、実践の知恵、家庭の知恵、などといった枠組みで理解されています。たとえば、社会学では映像社会学、特に写真を用いた社会調査について、妙な争いがかつてシカゴ大学の流派の中でなされました。写真機が利用できるということは、観察し記録する学問にとっては大きな利点をもたらすのは言うまでもありません。それまで、自分の目で観察して、紙製ノートにドローイングや文字で書き残していたものを、写真として残すことができるようになりました。今時は板書やスライドを写メするのも普通の姿ですが、学問にとっては画期的です。しかし、当時の大学はこのような記録を、学問というよりジャーナリズムだとしてキャンパスから追い出しました。文字通り、それを専門として実践研究していた教授を解雇するということで。その時点では、おそらく色々なことが言われ、あるべき学問像が語られたことだろうと思います。

あるべき学問像を語るのはいい、しかし、その学問像を盾にそれ以外を排除する営みは、学問の営みではないかもしれません。それは「政治」です。学内政治（学内人事）も大きく関わって来るでしょう。ニホンザルの研究で、サルたちがボスを筆頭とする社会組織を構成するという非常に面白い知見が出されたのは、かなり前ですが、そこで見落としてはならないのは、そのような社会組織が作られるのは、実は、人間がサルに餌を与えるからだという話です。大学における予算（研究費や人件費）もそんなものでしょう。古典的な学問観を引っ張り出して、より真理に近い理説が残り、そうでないものが棄却（廃棄）されるとか、そう言ったとしても、そのように言う輩からして、そんなことを丸ごと信じているようには思えません。大学内の人間関係や諸々の決定のプロセスについては、それこそ社会学的な分析が待ち遠しいけれど、とりあえず僕にはどうでもいい。むしろ、排除された知識、つまり学問から追い出された知識にどのようなものがあって、それゆえに大学に残った学問にはどのような難点がつきつけられたか、そんなことこそ気になります。

近代社会を論じた学者にドイツのマックス・ヴェーバーがいます。彼は生活世界や社会空間がそれぞれ独立して、自律していくことを近代の特徴にしていました。中世の教会を頭の中に描いてみてください。それはもちろん宗教なのですが、教会内部の祭壇画やフレスコ画は美術ではありませんでしたか、はたまた司祭には政治的な力や、財力がありませんでしたか。そんなことはなかったですね。宗教、芸術、政治、経済、あるいはバチカンの学問的な蓄積を見れば、学問も。およそすべてが総合されていた（ひとつだった）時代があります。それらがひとつひとつバラバラになって独自に意志決定され、互いの縄張りを主張していくというのが近代です。中でも、芸術と学問についてここでは考えてみましょう。アートと科学が切断されること、それは、レオナルド・ダヴィンチの仕事を見ればわかるように、決して当たり前のことではありません。ただいきなりそんなことを言うより、そのような切断が行われていった時代、つまり近代社会とはどんな社会であり、その中で育った学問、中でも社会学がどんな姿になるべくしてなったのか、再度注目してみましょう。

社会学とは近代社会の自己認識と言っても過言ではありません。近代（近代化とか近代社会）にあって登場し、なので「比較的」新しい学問なのですが、その分、近代という時代を意識しまくりの思考様式だといえます。では、近代とはどのような時代、どのような歴史であったのかといえば、伝統的な社会からの「脱魔術化」の歴史であるといえます。それまでの社会にあるいろいろな事柄、たとえば仕事、家族、宗教、政治、社会関係や風習や日常生活などが、それまでの慣習や決まり事、いつものように進めば、それでいいという社会、それは理由や根拠が明確に意識されることもなく、ただ昔からそうだというだけで、あたかも人々が魔法をかけられているように、人々の行動や生活が進んでしまうような社会、それが伝統的な社会ということになります。なので、視点を変えれば、人々の間に、さまざまな不平等や差別が生きていた時代でもあります。

そこに近代社会という、ある種の化け物が登場します。まずは、自由・平等・友愛を掲げ、とはいえフランス革命では、万人の自由とか平等がテーマになったわけではなく、市民（男性、就業し納税するブルジョワジー、国民）だけの自由平等友愛が唱えられたわけですが、とりあえず、前の時代の体制、アンシャン・レジームという貴族中心の社会の作り方への疑義が申し立てられたのです。そもそも資本主義という経済体制も過去の体制への否定こそ大事になります。たとえば、都市部に建造された工場で働く大量の労働者が必要なのですが、そのような人間がどこにでもたくさんいたわけではないからです。たとえば移動の自由、職業の自由がなければ、ある村落で生まれた人間が、その生まれ故郷を出て、都市にある工場に勤めることはできません。これらは大きな社会の動きですが、もちろん日常生活のもろもろにも、なぜ？　と、はたと立ち止まって疑問に思うようになります。あるいは、今まではこうだったけれど、なぜ？　そうじゃないといけないのかと思うようになる、そのような時が来ます。

慣例的、慣習的にただ実行されていたものについて、その理由が問われ、ただただ昔からそうだったから、という返答では済まなくなります。その流れが伝統的な社会に生きる人々にかけられていた魔法を解くような一歩になっていきます。近代化の正体などというものは所詮こんなことです。伝統、共同体、先祖、神などが担っていた根拠の自明性が薄らいで、他の理由を飽くことなく追い求めるメンタリティが人々の中に一般化していく、これが近代です。

生きる上での自明性を休むことなく崩し、人を不安になるまで急かせてしまう元凶はなんなのかと問えば、生に理由を求め、行為に意味や根拠を新たに次々と求める意識あるいは「理性」ではないでしょうか。理性は批評し続ける行為を引き起こし、常に新たな自分や新たな生を欲し、満足させることを知りません。この不満足こそ、科学や学問が形成される動機になったことは間違いないでしょう。こう考えると、確かにそれ自体は、大きな問題とも大きな間違いとも思えませんが、理性、つまり思考することで、生の意味にけりをつけようとする場合、また、意味の根拠を科学などに求める場合、生にかかわっているはずの大きなファクターを忘れてしまうのではないでしょうか。それは、理性や科学が忌み嫌うもうひとつの人間の姿です。身体や感情がそれです。科学は感情や身体を嫌ってきました。感情や身体的なものが理性的な思考を狂わす元凶だと考えてきたからです。社会学という学問でもそれは同じことで、社会学する人間は決して感情的だったり、その都度の身体的な状態に影響されてはいないと考えるのです。でも、それはどのくらい？

2　感情と体

では、ご自分の体に触れてみてください。
どんな感じですか？

温かい、冷たい？
硬い、軟らかい？
サラサラ、ネトネト？
ボサボサ、ツルツル？
ゴツゴツ、プニョプニョ？
モワモワ、シュワシュワ？
コロコロ、ギスギス？

シャキシャキ、グチョグチョ?

自分には体があります。考えていても、悩んでいても、まったりしていても、体はあります。小難しい議論をしていても、カフェで読書にふけっていても、体はあります。あなたの体はとにかくある場所を占めて、他の人々の視線にさらされたり、露出されたりします。あなたの体は世界に触れ、世界を知ります、世界について頭が知っているよりも知っているかもしれません。たとえば最寄り駅までの道のりを口で説明するのは難しくても一歩玄関から出ればなんとなく駅まで行けるでしょう。さらに体は世界について頭と口が語るよりも多くを語っているかもしれません。

体はつねにある意味のパフォーマンスを実行中です。たとえば、思考はそれが外側に表現されない限り(発話や執筆など)それが存在するのかどうか即座には判定できないのに対して、体はどうあがいてもそこに存在してしまいます。その存在の有無を議論するにはあまりにも当たり前にそこにあるのです。つねに表現されている、それが僕たちの体です。体の一部である顔は、いつでも表情をおびています。無表情とはいうものの、それもまたひとつの表情ではないでしょうか。無愛想、冷静などなど。

顔に限らず、体は頭のてっぺんからつま先まで、もちろん仕草や姿勢、ヘアスタイルやメーク、ファッション、アクセサリー、障害の有無、皮膚や瞳の色、いつも何かを表しています。表現しないでいることはできない、それが体です。ですから、それを目撃する人にとってはつねに表現実践をするパフォーマンスを体がしてしまっているということです。

身体的なものを感じるのは、病気や怪我、あるいは疲労、痒みや痛み、性的な快楽、暑さ寒さ、もちろんスポーツやメイクアップや衣装替えなどの場面かもしれません。あるいは感情。僕たちが何かしらの感情を経験するとき、むせび泣いたり、嗚咽したり、大口を開けて笑ったり、お腹がよじれたり、赤面したり、否応なく自分の体に気づかされます。普段はさほど気にもとめず、無自覚でいることのほうが多いような体という存在をあらためて知ることになります。

感情と体はいろいろな議論で密接につながりあうものとして語られますが、日常的にもそれは納得のいくところでしょう。体への接触が、触れられたり触れたり、弱く強く、優しく荒っぽく、そのような接触が心地よい気持ちを引き起こしたり、嫌悪感を導いたりもします。そのとき体と感情はひとつの流れのなかに融合しています。ですから感情と体を二つの別のものとして理解するより、人が生きるうえでの様々な経験をいかに体験するかについての二つのあり方として理解するほうがいいかもしれません。

では感情とは何でしょうか。感情社会学という分野からすると、感情は社会的に構築されると考えます。つまり、歴史的にも地理的にも多様であるような社会文化にあって、それ特有のルールに基づき、人々が作成する出来事だと感情を考えます。業務として自らの感情を作り上げる感情労働さえ人々が行っているとも論じます。このような議論を杓子定規に受け取ると、人は社会が要請する感情の代理人でしかないような印象をもってしまいます。たしかに感情は体得される学習されるものではあるでしょう。しかし、社会的という形容は画一的を意味するわけではありません。個々人がその人の独自の環境にあって独自の経験の中で学習し蓄積していった「感情の仕方」はその人独自の色合いをもつだろうことは疑えません。

ひとりひとりがその人独自の感情の仕方をもつということは、ひとりひとりが環境に対して独自の反応をするといった次元で捉えるよりも、もっと幅広い含意をもつでしょう。そもそも感情は単なる反応ではありません。ある社会文化にあってある状況やある出来事、あるモノやある考え、ある人やあるイメージなど、そういった事柄に向けての判断そのものが感情でしょうし、判断するにあたっての諸々の認識も含まれます。蛇を怖いと感じるには、蛇だという知覚から始まって、それまでの生活や学習で知った、蛇についての諸々の判断が必要でしょう。さらに、感情は一過性のものでもなく、世界への判断を維持することも可能にします。たとえば、この国の植民地政策でつけられた傷を「反日感情」として集合的に記憶することができます。さらにまた感情は世界への自らの判断を世界に向けてつき返す働きもします。いわゆる感情表現とはそういうことでしょう。

感情というメディアを通して世界を体験し、感情というメディアによって世界の記憶を保存し、感情というメディアを通じて世界への態度を表現するということです。身体知という括りで見ても、感情＝身体は世界への知覚であり判断であり記憶であり表現なのです。

テクスト中心主義、ロゴス中心主義による知のありかたは、日常性や表現という発想を排除してきました。しかし、それがまかり通るのは無色透明なアクリル板で囲われたアカデミズムというフィギュア陳列棚の中だけでしょう。それに対して体や感情はそのものがパフォーマンスであり、他者に向けられた働きかけです。社会への介入といってもいいです。自分だけに閉じることのない知のありようです。身体知を語るときにはこの点を逃してはならないでしょう。他者に差し出され、他者から差し出された体を、その直接的な対面の中で生まれるもろもろの感情を、いかに物象化せず、出来事として包括するか、理性的知からすれば雑多で曖昧で主観的に過ぎると切り捨てられる体験をいかに生きたままにしておけるか、それが大事です。

知の在り方からすれば、体というパフォーマンスは知の対象にとどまらない、知の方法でもあり、知の表現でもあり、知の主体そのものです。知の主体としての体と感情を生かすには、自分の身体性や感情がパフォーマンスであることを経験できるよう、他者の体と感情に交わらなくてはならないでしょう。そしてまた、知の表現としての体と感情を他者と共に生きることが大事です。

3　学問を生きる、そのためには身体や感情が必要

どんな大教室でのどんな授業でも、参加者が自分自身で表現する場を作ることを常設とするのが、三田（慶應義塾大学）で教えるようになってからの僕のポリシーです。それは単純に「マスプロ教育」を自分自身が自分の学部時代に批判していたことから必然的に生まれてきたものでした。「講義」という形式への失望と虚無から、新たな授業形態とは何かを模索していたものです。

さて、再び社会学という学問に戻りましょう。そもそも社会学は社会学自身を対象にして議論する、非常に自己反省的な学問です。方法論的な吟味とか理論的な検討という意味ならどんな学問分野でも行っていますが、そうではなく、社会学自体を社会学するというものです。「社会学の社会学」「科学社会学」などは聞かれたことがあるかもしれません。都市や家族や教育を社会学するのと同じように、社会学することを社会学するという「自嘲的」「自虐的」「自省的」あるいは「自己チュー」なのか「自信過剰」なのか「自己愛」、それとも「慎み深く」「誇り高い」のか知りませんが、科学社会学者に限らず、社会学する者は自分自身への社会学的なまなざしを欠きません。つねに社会学的に反省しながら、自らの社会学を進めます。

もちろん、そうなったのは社会学の始原からではないでしょう。ただすでに二〇世紀初頭には、マンハイムというドイツの社会学者のおかげで、知識の文化被拘束性や相対主義という考えが社会学者の頭の中に入ってきます。簡単にいえば、絶対の真理などはない、ということです。そし

て、一九五〇年代以降となると、社会学者の前に、クーンの科学革命論、ファイヤーアーベントの知のアナキズム／ダダイズム、フーコーの真理論や権力論、ヴィトゲンシュタインの言語ゲーム論、ハーバマスの認識と関心、イリイチの専門主義批判、ポストモダニズム、ポストコロニアリズムなどなどが溢れ出し、社会学という知への反省は疾風怒濤の時代を迎えることになります。それだけではなく、そもそも、社会学的な知の社会的効用に対しても疑問が投げかけられます。大学という知の制度への社会的批判がそれです。また政治的に用いられる知識の所有者や開発者は誰でありえるのか、そのような知識の使い手である専門家とはどのような存在であるのか、こういったことも批判されます。

こうなるとどうなるか。もちろん、今まで通り今までの社会学を続ける人はいます。しかし、普遍的で正統な知はあるのか、客観的な認識は成立するのか、政治的に中立な知識などあるのか、そもそも大学で研究教育される種類の知はどのようにして選ばれてきたのか、専門家が素人に対してより正しい見解をもつのか、そしてその見解を素人に押しつけることができるのか、といった疑義の中で、社会学という、ある人がある人の生活を調べて他のある人たちにその結果を伝える試みは動揺せざるを得ません。近所の噂話とどう違うのか。「あのお宅のご主人、これは誰々さんも言っていたけど、PTAの副会長の誰々さんと好い仲みたいで、この前なんか、一緒に居酒屋から出てきて、なんかとってもいい雰囲気で、終電もない時間だから、どうしたのかしらね、二人で、わからないけど、でもこれから大変よ、きっと」みたいな。「あのコミュニティの人々は、取材調査でも明らかなように、あの組織の人々と緊密な関係を維持しており、具体的な行動でも協調関係にあり、この地域における今後の政治的な帰結は当事者にとって厳しいものになるだろう」みたいにね。

調査や理論という営みが、正しくて役に立つとは限らない、とりわけ調査の対象とされてきた人々に何かを還元するとは限らない、となると、これは大変なことです。何のための、誰のための社会学なのか。これまでは、実証科学という、つまりは「事実に対してより正しい認識を得ることができるのが科学的な手法だ」という大義の中で行われてきたことが、実証科学への疑義の中で、立ち行かなくなってしまったのです。

たとえば、社会学の基本に社会調査と呼ばれる営みがあります。観察、質問紙、聞き取りなどで、対象となる人々の生活や思考や感情などを調べるというものですが、調査によって客観的な認識を得られるのかについては疑わしい。調査する人や調査される人の主観的な関わりや感情が、あるいは調査という出来事の成り立ちがどのようなものであるかによって、導かれる認識は変わるのです。研究者が誰であっても同じであるような結果は得られない。いわゆる客観性とはほど遠いところにあります。聞き取りという行為はそれ自体が共同作業であり、聞く人と聞かれて話す人の両方がかかわり合って、結果を作り出すことになります。ということは、研究者の主観を無視しての調査結果などそもそも成立しえないことにもなります。

とすれば、学問自体を、あるいは大学という制度の中で授業自体をどのように生きるか、それが重要になります。正統で客観的な真理を想定しないならば、事実なるものが研究する人とは別に存在して、それをより正確に写し取ったものが知識だと強弁しないならば、授業自体は知の伝達の場ではありえません。知を生きて、知を作り出す場です。知が伝達されないとはもちろん言いません。参加者すべてがそれぞれの知をもっています。社会学という学問的な性格からすると、参加者の知はすべて授業に活かされてしかるべきです。教員からの一方的な知の伝達が唯一の知の伝達ではない、ということです。研究という行為も同じで、それをどう生きるか、あるいはその都度どのように生きられているのかを体で知ることです。

理論・調査・フィールドワークをするとは、ほかの色々な行為と同じく、その人の生きる世界のなかで行われる行為であり、世界の外から距離をとって行われる行為ではありません。時に、知を扱う制度、たとえば大学などでは、このことが忘れられ、教室内で話し聴くという行為とは別に、知なるものが確実に存在しているかのような体裁です。しかし社会学では、《自分が他者にかかわること》そして《自分が他者と共に在ること》、これこそがアルファでありオメガです。いままでの社会学（という制度）では「社会学＝知識」であり、「社会学＝行為・パフォーマンス」という発想は排除され、知識の「対象」としての「他者」だけしか考慮されてきませんでした。目の前にいる行為の相手としての「他者」は無視・軽視されてしまうのです。

理論や調査という営みは、自分がどう生きているのかが強く反映される行動であり、その意味で「社会学する」とは自分の生き方の表現にもなるような行為です。そして、そこに見られる自分の生や表現は他者に向けられているのであり、他者との応答関係なしには存在しえないものなのです。それが可能になるのは、そこにある人々が体を持ち感情を持つからです。

授業という社会空間もまた、他者たちと共にある世界です。教師も学生も含めて、その場に居合わせた人々がつくる社会なのです。とすると、そこで起こりえる潜在的な可能性を十全に開いていけるのは、けっして、教師が一方向的に知をモノのように伝達する仕方ではないでしょう。それはモノの世界です。人について、人が関わることについて、モノのように、伝えるためには、実は伝える方も伝えられる方もモノでなくてはなりません。しかし、人は言うまでもなく、モノではないのです。この当たり前のことを、長らく、学問という世界は無視してきました。いや、無視ではありません、むしろ敵視してきたのです。なぜなら、人ゆえの体や感情なるものが、学問や科学の「真理」を汚す、阻害すると考えてきたからです。科学者は自分自身でモノになりたいがために、モノのように振る舞う、あるいはモノのような演技をしてきました。でもそんな無謀な！　人はモノにはなれない。

だったら、自分の体や感情が、そして聞き手の体や感情が、学問という行為において、むしろ積極的に関わっていると思った方が確かです。その現場で、そこに居合わせた人々の感情や体が学問を作っていくと理解しても問題ないはずです。そんな学問のあり方、決して、夢の話ではないのです。

モノでしかなかったり、物象化され、死物化されるような近代的な学問に、体と感情を入れ込んでみましょう。理性が司る知の見え姿とは、正反対の、転倒した世界が立ち現れるかもしれません。もはや理路整然とした知の行進ではなく、爆発、暴発、花火が撒き散らされるような、四方八方に言葉や体は感情が飛び散る、ちょうどこの書物のような祝祭的な彩りになるのです。感情や体というメディアを受け入れれば、知は祝祭化すること間違いありません！

ロック、そのメディアにおける身体性の歴史

サエキけんぞう

太古から人類は祝祭において、全身を使って歌い踊っていたのではないか？　と考えられないか？　例えば中東、アラブ圏に伝わる踊りの作法が、ある程度歴史的連続性を持っていたのではないか？　ということだ。もちろん、祝祭における身体の動きが少ない地方があったかもしれないが、全体からみれば、中世や近代で政治的必要性から祝祭における身体の動きを止めたり、あるいは抑制したという歴史的プロセスを考えた方が正しいのではないか？「野蛮人の踊り」という侮蔑的な言葉の中にそんなプロセスのニュアンスが残っている。

ロックンロールは、黒人と白人が拮抗しながら同居するアメリカという稀な国家に生まれた。双方の文化のミックスを行い、新しい祝祭的音楽としての役割を担った。その結果、世界の若者

に向けて身体性の高い文化が獲得されたのである。

一九五六年一月二八日、エルヴィス・プレスリーが「CBS - TVトミー・ドーシー・ステージ・ショー」でテレビ初出演したことはロックンロール史上、いや資本主義国家の若者文化史上、において画期的なことだったといわざるを得ない。

そこでエルヴィスは「Shake, Rattle & Roll」を歌った。ギターを弾きながら何やら荒々しい曲を歌う、その白人の若者に対して、観衆は最初沈黙をもって見ていた。ところが、間奏で激しく腰を振りながら演奏をするエルヴィスに対して、間奏後半から次第に拍手が起こり、次の歌い出しにはピークに達したのだ。注目は第二間奏部分。ここでは最初から第一間奏最後部と同レベルの大きな歓声を持って迎えられたのだ。

アメリカを代表する白人のトミー・ドーシーが司会する番組は、当然のごとく白人視聴者を中心の番組であるから、そうした観客にエルヴィスが喝采をもって迎えられたことを意味している。最初の沈黙から、間奏後半の拍手、そしてそのピーク、という音量曲線の中に、白人がエルヴィスの「腰の動き」に着目し、それに対して敏感な反応が生まれたことを意味している。元来、白人のジャズ・シンガー・スターといえばフランク・シナトラやビング・クロスビーのパフォーマンスを見れば分かるとおり、直立で、歩行する程度の足踏みによりリズムをとる大人しいもの。黒人シンガーでも大スターのナット・キング・コールは「ザ・ナット・キング・コール・ショー」において見られるような大人しいパフォーマンスは全く白人スターと同様である。

それだけではない。黒人における音楽身体性の革命を起こしたといえるジェイムス・ブラウンでさえ、一九五六年デビュー曲「Please, Please, Please」における当時のパフォーマンスを見ると、まだおなじみの切れッ切れのダンスは全くなされていない。単に上半身のジェスチャーが激しいタイプの地味な歌いぶりだったのである。レイ・チャールズやリトル・リチャードといった、R&B、ロックンロールの先駆的黒人ピアニスト・シンガーの激しいパフォーマンスは、座っているので腰はふれないから比べようがない。ジェイムス・ブラウンの様子を見れば、腰をふるエルヴィスのパフォーマンスがいかに意味を持ったかが理解できると思う。

エルヴィスは黒人音楽的マナーから腰をふるようになったと思われるが、黒人大衆音楽には、それまでに培われたダンスの伝統があった。

一九二〇年代にニューヨークのハーレムで生まれ、三〇年代と四〇年代のスイング時代に人気を博したリンディー・ホップ（Lindy Hop）がその代表的なものだ。激しいアクロバットを含むペアダンスの身体性は、三〜四〇年代という時代観をくつがえす。動きが機敏かつ複雑で、かつ信じられないほどキレのあるサーカス的な動きもする。歴史上、最も身体性が発達したダンスだ。戦前の黒人文化の隆盛を伝える重要な現象である。現代はハウス・ダンスやUKジャズダンスのルーツのひとつにもなっているほか、一九九〇年代からは、全世界でリバイバルの動きもかまびすしい。

リンディー・ホップと連動するようなダンスの映像証拠としてザ・ミルス・ブラザースの一

九四二年のフィルム「CARAVAN」（デューク・エリントン＋ファン・ティゾール作曲）が挙げられる。そこで黒人のダンサー達が繰り広げるダンスに注目だ。それは一九八〇年代前半からヒップホップで隆盛したブレイクダンスとほとんど同じ動きをしているのである。

基本はチャールストン。まあ、それはそれまでのダンスの歴史を踏まえてのことだろうが、さらに全員でツーステップ様の足さばきを揃えている。最大のポイントは男が女性をどけ、トップロック的な動きで、注目を集めるという、完璧にヒップホップのブロック・パーティと同様のマナーが開帳されている。つまり八〇年代以降のヒップホップ集会は黒人パーティの伝統的芸能が再現された、と理解可能なのである。

なお、八〇年代ヒップホップ・ダンスの状況については、一九八四年のテレビ番組「グラフィティ・ロック」が分かりやすい。

そうしたダンスの身体性と連関し、プレ・ロックンロールとして重要な音楽は、ジャイヴである。これまでジャズにジャンル分けされてきた音楽だ。

しかしルイ・ジョーダンの「Saturday Night Fish Fry」（一九四八年）は「If you ever been down to New Orleans」という歌の出だしが有名なチャック・ベリーのロックンロール定番曲「ジョニー・B・グッド」（一九五八年）の歌い出し「Deep down in Louisiana, close to New Orleans」（一九五八年）と音韻が酷似している。明らかにロックンロールのルーツ曲なのだ。サビでは「it was rockin', it was rockin'. You never seen such scufflin'. And a shufflin' 'til the break of dawn.」

と「ロック」という言葉が出てきている。「それはノリノリさ、夜明けまで、くんずほぐれつ、ごちゃ満開な、そんな状況見たことねえだろ?」というような意味だろう。「ロック」がそうしたノリノリの状況を表す言葉として使われている。

白身魚を「端末」としてタダでサーブし、営業については酒代で稼ぐという週末限定の、倉庫とかを使って開催されるニューオリンズで開かれていた四〇年代の黒人クラブシステムの様子を描いた曲。ミュージシャンと料理人は、モッテモテでいくつかのクラブを渡り歩く、と歌詞中に説明される、ジャイヴ期の熱狂的な黒人クラブ事情を描いている。そこでのダンスは、リンディー・ホップあり、また、前述のブレイク・ダンスの祖先あり、といった黒人身体性が披露されていただろうことは想像に難くない。残されているルイ・ジョーダン楽団の映像にもダンスは見られるが、黒人だけで盛り上がるクラブ的シーンはない。何せ商品となって残っているものは白人マーケットも視野にいれたお行儀の良いもの、現場を描いた映像は残されていない?と思った方がいいかもしれない。

そんな状況の後に登場したエルヴィスは恐らく本能的に、黒人的な身体性を具現化したわけだが、重要なのは白人の演奏するソウル音楽「ブルー・アイド・ソウル」の優れた楽曲性と同様、白人が吸収した黒人文化には、しばしばある種の先鋭化が見られることだ。エルヴィスの腰の動きは、黒人をもとにしていたかもしれないが、エルヴィスでなくては出せない洗練されたセクシュアリティがあったと考えられる。

ジェイムス・ブラウンが五〇年代当初は大人しい身体の動きをしていたことと重ね合わせると、六〇年代に展開されるロックンロール、R&B、ソウルにおける身体性は、五〇年代にエルヴィスによって開発された芸能マナーが影響したのだ、と考えられないか？

というわけでエルヴィスによるロックンロールの五〇年代の隆盛に次ぎ、六〇年代には音楽的にはビートルズ、ローリング・ストーンズ、黒人R&Bはレーベルのモータウン、スタックスなどの興隆が起こった。それらの身体性もそれぞれに特徴的だが、革命的な身体性を示したアーティストといえば、先述のジェイムス・ブラウンということになる。ジェイムスはマイケル・ジャクソン、プリンスをはじめ、八〇年代以降を最終的にリードした黒人アーティストの身体性の決定的なひな形「身体性の革命児」となった。

楽曲における彼の動きを年代的に追っていこう。一九五九年の「I Want You So Bad」ぐらいまではシングル曲はロックバラードとなっており、楽曲的に身体性が薄い。ところが一九六四年頃にファンク音楽を開発する。それはヒップホップに連なる重要な音楽性となる。そして六五年の「I Feel Good」ではその後を示唆するアクロバッティングなステージングが際立ってくる。そして一九七〇年頃には「Give it up or turn it a loose」（Live Palasport, Bologna Italy April 一九七一年）などで確認できるように、超絶的なリズム感による、有名な開脚を含んだ俊敏きわまりない奇抜なステージングが確立されるのである。

七〇年代前半に彼のステージを見た山下達郎は「観客の中で長髪は自分一人、後はみなリーゼント」という追憶を語っている。当時の日本におけるジェイムス・ブラウン消費層は「ツッパリ（後のヤンキー）」だったということだ。七〇年代にはキャロルのようなロックンロールリバイバルを興していたツッパリであるが、六〇年代末から、ソウル系のディスコの常連でもあった。

ツッパリのソウル音楽における踊りは面白かった。一度だけそうしたダンス・パーティを覗いたことがあるが、動きがジャストに切れっ切れだったことを思い出す。ジェイムス・ブラウン自身もジャストに対応した動きも見せるが、基本的にはアフタービートに反応しているため、ファンク的な「ため」が効いている。しかし日本人は、頭ノリ、タテノリの民族であるため、ジェイムスの音楽に対応した動きが、俊敏なタテノリのキレッキレなダンスとして現れるのである。山下達郎が参加したジェイムス・ブラウンのライブでもそうしたツッパリ達の動きが見られたはず。

動画が発達した現在のヒップホップ・ムーブメントにおける若者の動きは、全世界標準のバック・ビート・タイム感を持っている。しかし、七〇年代前半、ジェイムス・ブラウンが独自ファンクを完成させた頃、たとえば日本ではジャスト・ニュアンスで今から見るとオン・ビートで踊られていた。六〇年代末から七〇年代前半の日本のR&B音楽のディスコにおける客のマナーは、映像がほとんど残っていないので、検証は難しいが、日本の若者音楽の身体性の歴史としては重要なポイントである。

七〇年代のジェイムス・ブラウンの影響が各国で独自であったとしてもそれは当然だ。ワールドミュージックとして八〇年代にブレイクするアフロ・ロックは、長らくアフリカ固有の音楽が電子化、ロック化とイメージ化されていた。しかし筆頭のフェラ・クティの音楽が、実はブラウンの影響下に生まれたらしいということが検証されてきている。一九七四年のアフリカ・ザイール（現コンゴ民主共和国）首都のキンシャサで、モハメド・アリによるボクシング世界ヘビー級タイトルマッチと同時に開催された音楽フェスティバルに、ブラウンが出演した。この時の公演がフェラ・クティを始めとするアフリカのアーティスト達に深い影響を与え、後のワールドミュージック時に活躍するアーティスト育成のきっかけになったという記録、証言について、映画『SOUL POWER』などで観ることができる。黒人の出自地、アフリカにしてそれなのだ。

若者の身体性は、テレビ以降の視覚メディアが発達した時代は、伝播について全世界的な規模で進んでいく。しかし、音楽的にもダンス的にも技術的に極北なジェイムス・ブラウンに影響を受けたとしても、ネットのない七〜八〇年代までは、ディスコでの踊り方については、日本、アフリカ、ニューヨーク下町の黒人、と全ての場所で違っただろう。ロック的なリズム感において劣っていたといわれるフランスなど、ドン臭かったかもしれない。それは動画の発達した現在のヒップホップ・ダンス時代との大きな違いである。

さて、七〇年代にはジェイムス・ブラウンが発達させたファンク音楽が大きく芽吹いた。ハービー・ハンコックなどのジャズ勢、マーヴィン・ゲイなどのR&B勢、パーラメントを始めとしたPファンクなど、広くファンク音楽が普及していくが、それに対応するダンスも、順当にバックビート性を軸に発達していった。

それに対して、音楽的に全く違う軸、ジャンルが発見され、大衆に普及していった。それが機械的に制御されたテクノ音楽である。ドイツを発信源に発達したそれは、明らかに白人的な発想で芽吹いたにかかわらず、全く予想をしない展開が起こってしまった。

テクノ的音楽の古典としては、ディズニーのエレクトリカル・パレードの原曲であるペリー&キングスレイ（フランス人&ドイツ生まれのアメリカ白人）の「Baroque Hoedown」（一九六七年）が広く知られている。シークエンス的な規則正しいテクノ的ポップスのルーツである。

さらに六八年ドイツのバンド、カンが『Monster Movie』でシークエンス的サウンドによるループ的なロックを開始、七二年に同じくドイツのNeu!が『Neu!』でさらにミニマル性を推し進めたサウンドを開拓した。

そして同じくドイツのクラフトワークが一九七四年に『アウトバーン』でクリアーなテクノ的コンピューター・ポップスを開発、アメリカでスマッシュヒットさせる。

こうして当時プログレッシヴ・ロックと名付けられた分野で、ドイツ主導で、テクノ的音楽が発達した。

事件が起こったのは一九七七年、ドイツ人プロデューサー、ジョルジオ・モロダーがテクノ音楽で黒人歌手ドナ・サマーをヒットさせたことである。

七七年にリリースされたアルバム『I Remember Yesterday』中に、その曲「I FEEL LOVE」はB面最後の全体では八曲目、つまり「捨て曲」の位置に収録された。その他の七曲は、全てそれまでの通常の生音編曲で録音されたあたりさわりのないMOR的楽曲である。ジョルジオ・モロダーは、恐らく実験的にシークエンスの上で「I FEEL LOVE」をドナに歌わせ、アルバムの最後に収録した。

すると、驚くべきことにその曲が黒人シーンを含む全世界で大ヒットしてしまったのである。これはテクノ的なリズムが実は黒人の身体性に広くフィットしていたという歴史的発見となった。『クラフトワーク』（デヴィッド・バックリー著、シンコーミュージック、二〇一三年）には、一九七七年『ヨーロッパ特急』発売時のニューヨークのクラブで、黒人DJが同アルバムを2枚がけ＝ターンテーブル二台でかけて同じリズム部分をループ演奏していたことをメンバーのラルフ・ヒュッターが目撃した、と証言が載っている（二六九―二七〇頁）。つまり、七〇年代後半に、黒人ダンス・シーンにおいて、テクノ的なリズムがヒップホップ流儀にとけこみ、流行し始めたということである。

これはその後の初期ヒップホップの隆盛とも大きくリンクする。オールド・スクール・ヒップホップの中心人物、アフリカ・バンバータの「プラネット・ロック」（一九八二年）は、クラフトワーク『ヨーロッパ特急』の引用していたのであるから、上記証言のダメ押しとなる。黒人はテクノで新しい身体的文化を作った。

その後、八〇年代後半からは、サンプラーの発達により、レコードの生音ドラム音源のループで作られるヒップホップが隆盛し、ジェイムス・ブラウンの生バンド・ファンクに通じるバック・ビートに黒人音楽は回帰していく。

とはいえ、八〇年代前半の黒人音楽のテクノ化は無視できない。マイケル・ジャクソンのアルバム『スリラー』（一九八二年）では白人バンドザ・ナックの「マイ・シャローナ」というテクノっぽい曲にインスパイアされた編曲を行う。（「スリラー」ライナーノーツでのクインシー・ジョーンズの発言）またコンピュータを使用したオールドスクール・ヒップホップの古典であるハービー・ハンコックの「ロック・イット」（一九八三年）にも参照できるように、テクノ的な身体性は黒人の嗜好性とピッタリと合ってしまった。

「テクノ」は白人性と黒人性がスパークしたエルヴィス・プレスリーのロックンロール以来の現象だったのだ。さしずめクラフトワークが第二のエルヴィスといったところか？

それだけではない。極東の黄色人種も、テクノによる身体性の横断に参画した。生音とコンピュータの高度なセッションによって生まれた「ビハインド・ザ・マスク」（坂本龍一作曲）が、マイケル・ジャクソン、エリック・クラプトンにカバーされたのだ。ＹＭＯも白人黒人が興したその現象の一翼を為したことは、日本人として誇るべきだ。音楽によるコミュニケーションが身体性を持って人種の垣根を越えるわけで、誠に喜ばしい現象といえる。

テクノに続く、人種を超えたスパークは、ヒップホップに近い線で起こった。一九八〇年に、英国白人ブライアン・イーノと米国白人デヴィッド・バーンのコラボレーションを中心に作られた『リメイン・イン・ライト』（トーキングヘッズ）では、サンプリング使用により、ループ（ブレイクビーツ）を作り、そこでアフリカの循環するリズム感覚とセッションしようという大志を抱いた音楽だった。『リメイン・イン・ライト』のボーナストラックに含まれるデモのRight Start（Unfinished Outtake）は上記アルバム曲「ワンス・イン・ア・ライフタイム」の原型曲である。そこではループを使用していた。七〇年代後半、黒人のヒップホップ音楽は、すでにアナログ二枚がけのブレイクビーツにより、録音ドラムのループを実現していたが、トーキングヘッズは、ビートルズの「トゥモロウ・ネバー・ノウズ」（一九六六年『リヴォルヴァー』）で使用されたテープ・ループを電子ループに変え、生音とのセッションでファンクリズムの新解釈という新境地を開拓した。ライブではバーニー・ウォーレル（Key）、やバスタ・ジョーンズ（Bass）などの黒人ミュージシャンと演奏され、より白人黒人複合文化性を高めた。「ワンス・イン・ア・ライフタイム」のヴィデオクリップでは、デヴィッド・バーンが「知的白人のおかしなダンス」をしていて面白い。白人の身体性は、黒人とは異なり、しばしば滑稽である。

しかし二〇一八年には米黒人女性アンジェリーク・キジョー（Angelique Kidjo）が、そんな白人の『リメイン・イン・ライト』を丸ごとカバー。トーキング・ヘッズのループ音楽「アフリカ音楽もどき」がついに黒人に回帰する現象も見られた。

このように、ロックンロール以降の若者音楽における身体性は、白人文化と黒人文化を自在に横断し、両者の歴史的な亀裂に、親しみやすい橋渡しをしてきたのである。

サンタナの甘い音と彼女の面影

三室毅彦

「分かっちゃいましたよ、スウィートスイッチの秘密!」

　暇があると覗くギターショップの店員が怒鳴るような声で笑った。彼の横では初老の客が、六二年製ストラトキャスターを六〇年代後半製と思われるマーシャルに繋いで試奏している。ギターファンなら涎をたらしそうな光景である。

「それって、サンタナのギターに付いてるやつ?」

　正直、熱心なファンでもなく、彼の愛機であるポール・リード・スミス(PRS)という高級ギターブランドにもさほど関心はなかったが、スウィートスイッチなる響きにいささか興を覚えた僕は応えた。

「そう、回路がモールド(遮蔽)されてて、壊してまで調べる酔狂もいなかったんでしょうが、最近誰かが中身を開けたというんです」

　カルロス・サンタナ。エレキギターを弾くなら知らない者はいないレジェンドの一人だ。エモーショナルないわゆる〝泣きのギター〟の代名詞みたいなギタリストで、代表曲の邦名も「哀愁のヨーロッパ」。彼の愛機は、長らくYAMAHAのSGという日本製ギターだったが、このPRSに持ち替えて久しい。で、彼の愛機モデルに付いている謎の装置がスウィートスイッチというわけである。サンタナの発案で開発されたと聞いているが、そもそもこの話全体を本人に確かめたわけではない。それでも僕にとって興味深いものだったので記しておこうと思う。

◈

僕といえば、或る社団法人で身体のことをあれこれ考えている。ごく簡単に説明すると、廣戸聡一という整体家が提唱する〝4スタンス理論〟「ヒトは安定して動くために身体に『軸』を形成し、その軸には四種類ある」というパラダイムの傍らで思考を展開している。この理論によれば、正しい身体の使い方一種類ではなく、たとえばゴルフの理想フォームを一つに統一することはできない。十人十色な個性の源となる装置が四種類からなる身体の軸だ。

どうやらヒトは、生誕とともに自分の軸を四種から選びとるようだ。そしてその軸のアルゴリズムどおりに生涯を送れるなら、彼もしくは彼女は能力全開かつ安全に身体を使いきれることになる。だが、画一的集団行動を強いられる現代社会では、自分の軸の維持もままならず、身体を歪ませたり腰痛に悩まされたりするのがオチなのである。

廣戸の理論は、この根本の発見から様々な方向性が体系立てられているのだけれど、それを踏まえつつ僕の思考の先にあるのは「この世界のあらゆるものはカタチで繋がっている」、そして「カタチは身体全体でやりとりされる」ということである。というのも、身体操作の本質ともいえる軸が導く動作、とりわけその形状やリズムは、認知や表現の傾向性にまで干渉している、としか思えない現象に日々接しているからである。

軸は、そのタイプによって動作進路の前後の足どちらに軸を作るかが分かれるのだが、たとえばボウリングに興じるなら、後足に軸を作るタイプはピンを見て気持ち良く投げられるが、前脚軸タイプはそれより手前の印（スパット）を見て投げたい。これだけなら軸の位置による目線の違い、という理屈で納得できなくもない。でも、たとえば楽器で曲を習得するとき、楽譜全体を俯瞰して仕上げていくタイプがいる一方、出だしのフレーズが納得できないと先へ進めないタイプもいるが、こんな感性も四種類の軸に依存する、といったらどうか？　日々眺めている人々の身体動作から、こういった認知や表現と動作のカタチとの因果性が透けてくるのだ。

❖

「スウィートスイッチっていうくらいだから、オンにすれば甘い音に変わるってことですよね」

店員が独り言のように謎めく。音とは、一般的には耳の網膜を刺激する空気の波である。音波には周波数は登場するが「甘い、渋い」はない。それはもっぱら味覚の領域とされる。近代科学にとって「甘い音」は具体的ではない曖昧な形容なのだ。

世界のすべてを言語や公式などでフレーム化するのがいまの科学である。データは揺るがない具体で、絵画や詩は抽象だ。けれど、数値だの言語化された概念だのは、本当に世界をクリアに写しとれる媒体なのだろうか？　一八世紀の文豪ゲーテは「思想とか観念とか公式などが色に触れた瞬間、色の魔力は失われ、われわれの掌中にはその形骸が残るだけである」と言っている。音だって、公式を当てこまれたら「甘い音」など抹殺される。けれど、微分の接線なんかも実のところ、どこまで細分化しても堂々巡りな近似値だ。近代科学は、真の姿とは言えないものまで絶対的な正解と信じるよう僕たちを麻痺させてしまう。合理的で扱いやすく、楽ちんで依存性が高い。その手の言語や関数は、もはやヒューリスティック（近似的）な麻薬じゃないか。

科学的であろうとなかろうと「甘い音」は存在する。僕たちは、確かにそれを感じている。ヒトの動作を追いかける商売をしていると、味覚や聴覚など五感をまたがって表現されるようなものこそがクリアで鮮やかなカタチである気がしてくる。ヒトの振る舞いはいつだって、その振る舞いならではの味わい、匂い、手触りを感じさせる。それらは、僕のなかで統合されて一つのカタチとなる。この感覚を重ねると、受け取る僕自身もまたカタチを成す環のなかにいる、と感じてくる。僕らは、世界を相手に身体全体の振る舞いでカタチのやりとりをしている。カタチは振る舞い自体でもあり、それから生まれる何かでもある。ヒトの所作の拍子、速度、跳ね具合、周期性……といったいわゆるリズムは、聴こえるだけでなく、ときに丸く、甘く、爽やか、ネバっと……どんどん五感をまたいでいく。そして、複雑で次元の高いフラクタルで繋がるそれらを、受け手がカタチとして組み上げていく。

色彩もカタチといえる。光と闇の振る舞いによって生まれるたくさんの色の群れから、ものは或る色を飲み込み、跳ね返す色が僕らに届く。ものが振る舞いで放った色を、僕らは振る舞いによって捕まえて確固たる色と成す。受け取ることも振る舞いなのに一方通行な受動と勘違いされがちなのは、カタチが脳だけでなく身体全体でやりとりされるからだ。カタチのやりとりは、発するだけでなく、受け取ることも能動的受動、いわば中動的行為であり、心身二元的な近代科学に浸っているとこの感覚は薄れていく。

❖

「サンタナって、まさに甘い音の権化のようなギタリストですよね。魂の音っていうか、エモいっていうか……」

店員の言うとおり、サンタナの名刺代わりの音といえば、甘くどこまでも伸びる情念的なロングトーン。顎を落とし、上体をやや丸めつつギターを抱き、うねるようなストロークで感情を掻き鳴らす。我々の扱う身体理論では、全身のコントロールを胸側で主導するタイプと背中側のタイプが存在するが、サンタナは胸側タイプだと思われる。体幹の前面の空間で音楽を支配し、胸から指先までを開くようにギターを弾いていく。

彼と同じタイプといえば、今をときめくベースボールの破壊者、大谷翔平もそう。打撃も投球も体幹前面で支配されている。彼の胸前は相手投手にとって魔の空間だ。後足の軸を中心にバットを握る左右手首から両肘、首付根までの台形に吸い込まれたボールは、圧縮された空気とともに大空へ弾き飛ばされる。彼ら胸側タイプの大きな特徴は、振る舞いからうねりを発散すること。うねるとは、たとえばビュンと廻る胴体に腕が遅れてついてくるデンデン太鼓のような……。

彼らと対極に背中で振る舞うタイプを昨今の話題に探すなら映画『ボヘミアン・ラプソディ』（二〇一八年）でリバイバルしたフレディ・マーキュリーか。彼が振る舞うたびに存在を主張するのは背中だ。顎はやや上を向き、両手首も脊椎も反りがちで、両肘が身体後方へ突き出る。左右手足が同側で同時に発動するナンバ振りもこのタイプならでは。彼らの振る舞いは、えてして鋭角かつ直線的で、頭からつま先までうねりが少ない。

さて、ゲーテは、「この世のものは共通した原形をなぞりながら唯一無二な存在を目指す」と言った。コピーを生む鋳型や進化のプロトタイプではなく、絶えず響いている通奏低音のような原形に抱かれながら、百花繚乱に花ひらく多様性が模索されることで世界が紡がれていく。オタマジャクシは皆カエルに成長することを望み、同時に過去の誰とも重ならない自分になりたがる。解剖学者の三木成夫は、それを面影と呼んだ。楓には楓の、柴犬には柴犬に共通の面影がある。そのうえで山本さんちの柴犬と二丁目の幼稚園で飼われている柴犬は、それぞれが独自の面影を醸し出している。

面影は、リアルタイムで視覚を刺激する露骨なものでなく、おぼろげに浮かんでくる。フレームで括ったデータではない。周波数なんかでは届かない。初恋の彼女の面影は、ホワっと残っていて、それでいて変えようのないカタチだ。腕が何センチで肩が何度、というふうには記録されない。ユラユラとさざめいて、摑みどころがないけれど鮮明で、どうしようもなく彼女、として記憶される。彼女の顎は「何度に曲がっている」のではなく「甘く柔らかい」カタチなのだ。

面影は、五感の垣根を跳び越える。彼女の面影は僕に触れ、話しかける。彼女の声こそ僕には甘い。甘塩っぱく肌を撫でる。他の誰でもない彼女だけの匂いで僕を包む。レモンといえば酸っぱい匂いだけれど、米津玄師のは胸から離れない苦い匂い。宮沢賢治の笑いはカプカプしてるし、涙はキシキシする。

面影は、立ち止まらない。彼女は振る舞い続ける。名を呼べば、優しく振り返ってくれる。ゲーテの色彩は、いつだって光と闇の双極が惹かれあい高昇している最中だ。時間を離散的に切ることで残される情報ではない。ベルクソンの持続のごとく連なり続ける経験の構造そのものの活きたカタチだ。五感それぞれで捕まえた経験が統合されるけれどゲシュタルトではなく、現在持続形のゲシュタルトゥングだ。

空に浮かぶ物体があれば、見たことがないほど流れが速くて大きくても雲であることを疑わない（見たことのある雲なんて存在しない）。さらに雲行きが怪しい、と未来すら予見できてしまう（彼女だって顔色から機嫌がうかがえる）。秘境にある巨大な滝を生まれて初めて見て、音が聴こえなくても「チョロチョロ」ではなく「ゴーッ、ドーッ」と確信できる。音と形状がフラクタルで繋がる同一のカタチだからだ。巨大な滝という視覚経験に「ゴーッ」という聴覚経験、さらに鬱蒼とした密林の匂いという嗅覚経験が重なれば、カタチはいよいよ鮮明になる。自然（他者）の振る舞いからフラクタルな次元を観てとる、それは直観であり、軸など身体の整備を深めることで高められる身体能力ではないだろうか。

◈

「ローファイにする回路じゃなかったんですよ」

店員の話は続いている。ローファイ、劣化した音、解像度が低い音ではないらしい。「甘い音」の印象を誰かに問えば「ささやくような音」あるいは「低めの音」といった答えが返ってくることが多い。前者は、音量は小さいほうが優しく柔らかく「甘い」印象に繋がるようだ。後者の「低い音」だが、音程がとても低いとかえって恐怖感を与えてしまうことも少なくない。地震や嵐など天変地異を連想させるからだろう。ならば、高音成分が少なめの音ということか。キンキンしない程度で耳の痛くない音。だとすれば、大抵のエレキギターは元々音量を下げることも高音成分を削ることも自在で、特別な装置を加える必要はない。

「ヒントをあげましょう。その昔、サンタナは四〇メートルもあるシールドを使ってたんですって」

店員がニヤつきながら怒鳴った言葉は、意外なものだった。依然として彼の横でマーシャル・アンプが唸りを上げている。

エレキギターという楽器は、弦を弾いて発生する振動を電気信号に変えシールドケーブルという通常三〜五メートル程度の電線で繋いだアンプ装置で増幅させることで音が発生する。この電線が異常に長かったというのだ（ステージ中をうろついて演奏者たちに声をかけるサンタナの面影が目に浮かぶ）。

チェンバロという楽器がある。デリケートで調整が欠かせないのだが、気心の知れない者に調整を任せると、およそ弾けたものではない状態にされるかもしれない。音は羽が弦を弾くことによって発現するが、羽のしなりの調整次第で、キーを押して実際に発音するまでに要する時間がかなり変わる。軽くキーに触っただけで音が出るか、あるいはしっかり押し込んでようやく音が出るか、というレスポンスの違いだが、このことに対し奏者の好みが大きく分かれるのだ。たとえば車のハンドルは、軽く切っただけで即座にタイヤの向きが変わるアソビの少ないハンドルがいいか、ある程度のアソビがあってからタイヤが反応し始めるほうが運転しやすいかは、人それぞれの好みによるだろう。

問題は、振る舞いのカタチが、楽器やハンドルの好みのような感性や認知にまで影響するのか、ということだ。初恋の彼女なら、この絵をプレゼントすれば絶対に喜んでくれるはずさ、と言い切れる。それが彼女らしいからであり、僕のなかに棲む面影が「らしさ」を保証してくれている。

❖

「スウィートスイッチの正解は、音を遅延させる装置、でした!」

四〇メートルのシールドを繋いだギターの弦を弾きアンプから音が出るまでに要する時間は、三メートルのそれより、ほんの僅かだが明らかに長い。店員の言うことが正しいならば、彼は反応の遅い音を好んだということになる。それがコントロールしやすい発音ということなのか? 胸の前からうねる動作を発するカルロス・サンタナという演奏家がいて、己の指先が弦を弾く瞬間からほんのちょっとだけ間をおいて発生するギターの響きを「甘い」と感じ、好んで操る。個が振る舞う行為と認知、能動と受動、あるいは身体的な中動……。

この遅延は一五〇ナノ秒程度と聞いた。果たして一億分の一五秒とは、僕たちの脳で判別できる数値なのか? それとも、身体全体でしか捕まえられない、そして言葉なら「甘い」としか形容しようのない、カタチだろうか?

本人と確認してもいない与太話をつらつらと考えた僕は、さっき思い出した彼女の面影を再び追いかけている。妄想のなかで様々な彼女に出会う。見慣れない景色を背に振る舞う彼女は、かつてないほど甘い笑顔を僕にくれる。でも決して、面影の彼女らしさから踏み外すことをしない。それが面影の限界なのだ。残念ながら、今どこか遠い場所で息をしている彼女は、決定的に別の誰かだ。彼女のカタチは、僕の初恋の面影を超えて、すでに僕の知らないたくさんのカタチと重なっている。いま彼女と僕とが再会したなら、果たしてお互いのカタチに惹かれあうだろうか？

スポーツは人生に役立つか?

ジョー小泉

スポーツが与える三つの宝

一七歳のときから英語でアメリカのボクシング専門誌『リング』にレポートし続けて、五〇余年になります。おかげさまで国際ボクシング名誉の殿堂(IBHF)に日本人としては二人目に推挙されました。

書き始めた頃、自分でペンネームを作りました。当時、フランツ・カフカが好きで、名は『審判』の主人公ヨーゼフ・Kから、英語でジョーゼフ、略してJoeとしました。姓の方は、たまたま机上にあった小泉信三著『平生の心がけ』が目に入り、Koizumiとしました。「ジョー小泉」の誕生です。

小泉先生は数多くの著作を遺されていますが、私が特に愛読するのが『練習は不可能を可能にす』(慶應義塾大学出版会、二〇〇四年)です。どうしてこんなユニークなタイトルを思いつくのでしょう。

この本の中に、有名な講演録があります。その題は「スポーツが与える三つの宝」です。二〇〇八年、慶應義塾大学三田キャンパス図書館の旧館にて小泉信三展が開かれ、大学側から「小泉先生の本の愛読者とお聞きしますので、展示会に来られませんか」というご招待をいただきました。会場でその体育会創立七〇周年記念講演の録音が流れていました。一五分ほどの講演でしたが、噛んで含めるような、ゆっくり話す口調に魅せられ、三度拝聴しました。

先生はスポーツがわれわれに与える三つの宝がある、と説かれます。

第一の宝は、練習によって不可能を可能にする体験。

第二の宝は、フェアプレイの精神。

第三の宝は、運動競技の体験を通じて得る友、フレンドシップ、である。

このスポーツがもたらす三つの宝を起点として、「スポーツの効用」について考えてみたい、と思います。

スポーツは精神の体現

〝スポーツ〟とは一体何でしょうか。それは、人生のミニチュア版ゲームで、箱庭や盆栽のようなものだ、と思います。

スポーツと人生には共通点があります。①ルールがある、②時間の制限がある、③観衆が存在する、④記録が残る。

人間は「法」を作り、それを基盤に生活を営みます。スポーツも「ルール」に縛られ、勝敗の決定はルールに従います。そして人生は期限付きで、二〇〇年、三〇〇年も活動できません。人間の活動はあくまで寿命の範囲内で、期間は限定されています。スポーツもそうです。無制限勝負ではなく、決められた時間内に決着をつけねばなりません。スポーツは観衆に見られることが常套化していますが、人間もつねに誰かにウォッチされ評価されます。そしてスポーツはレコードブックに記載され、人の生（活動、生きざま）は偉人であれ凡人であれ、ヒストリー（歴史）として残ります。このようにスポーツは人生と共通点があります。

また、スポーツの要件とは、①心（heart）、②技（skill technique）、③体（body）で、まとめて「心技体」と呼ばれます。

「body」という言葉が出てきたところで、「embody」という単語について考えます。これは、具体化、具現化、体現するという意味です。精神を具現化して形態を与えることが人間の行動になります。スポーツもそうです。闘志（fighting spirit）をembodyしたものがembodiment、すなわち成果（performance）になります。

成果は実力×効率

パフォーマンス、つまり成果という重要な言葉がでてきました。この「成果」について考えましょう。

スポーツの目標は〝勝利〟です。一方、人生の目標は〝成功〟です。昔の人は、それを立身出世と俗化して子孫に教育、強要したものでした。人生とは、成功を目指す過程に現れる試練、その連続です。「試練」とは、入学試験、昇級試験、就職試験、資格試験（司法試験、検定試験など）、昇進試験、交渉（商談）、裁判、選挙などです。

ここで、話を分かりやすくするために数式を使います。

成果＝実力×効率

Performance = Real Power × Efficiency

です。

成果とは、成績、合格・不合格、勝敗と目に見える形で現れます。一方、効率とは〇パーセントから一〇〇パーセントまでの間のある数値です。

スポーツの本番で成果を上げる方法は、この数式を見れば推察できます。①実力を上げる方法、あるいは②効率を上げる方法です。

実力アップとは、例えば、実力の七〇パーセントでも目標をパスするだけ実力自体を上げることです。一方、効率アップとは、精神を集中して目標達成に向かうことです。さらに、リキまず、体の無駄な力を使わず、身体を効果的に、タイミングよく動かすことです。

実力アップと効率アップの方法論

ここで、「実力アップ」の方法に限定して考えましょう。第一に、基礎練習を十分積むことです。第二に、実戦的練習をすることです。〝実戦的練習〟をする三つの柱があります。①練習の大方針、②練習の具体的詳細計画、③練習目標（ターゲット）の設定です。

次に、「効率アップ」の方法に特化しましょう。三つの方法があります。①精神的に落ち着く、②高望みして緊張しない、③目標を過大視しない。目標をあまりに過大視すると、強い緊張に襲われます。むしろ、「目標（たとえば、勝利や優勝）の仮否定」をしてみることです。「優勝が何だ」と、一種の開き直り、目標からの超越がリラックスした精神状態を生み、成功が生まれます。

効率アップの各要素を個別に考えます。①落ち着く方法とは、本番の前に体調を整える（睡眠、食事、精神のリラックス、深呼吸）ことです。②緊張しない方法とは、実力以上を出そうとせず、雑念から超越して集中力を上げ、ポジティブ・シンキングをすることです。

目標へのタイムテーブルから逆算

アスリートは、目標があるから頑張れます。日々のトレーニングに耐えられます。しかし、その目標への思い込みが強くなりすぎると、精神の過度の緊張や肉体的な柔軟性の欠如（身体がガチガチになり、冷静な判断力や滑らかさが失われる現象）が起こりがちです。そこで、目標達成への希望、意欲を「秘めたる闘志」に自分の中で変換させることが重要です。成功をおさめる選手は、この闘志の内在化のコツを体得した例が多いと言えます。

ここで、ボクシングを例にとり、「目標からの逆算法」を説明します。最終目標が試合（タイトルマッチ）であり、そこで勝利をあげることと設定します。試合（本番）まで二か月とします。減量計画の一例はこうなります。

- 二か月前：契約体重の六キログラム以下
- 一か月前：四キログラム以下
- 三週間前：三キログラム以下
- 二週間前：二キログラム以下
- 一週間前：一キログラム以下

練習はハードなため、エネルギー（飲食）を摂取しないとトレーニングメニューを消化できません。運動でエネルギーを燃焼させ、発汗と排泄で体重が落ちますが、明日のトレーニングのため今日のカロリー（エネルギー源）摂取が必要です。カロリー摂取とカロリー消費の差で、体脂肪を燃やし、徐々に体重が絞られていきます。

トレーニング計画は、単に体重調整（Weight-making あるいは Weight Control）だけではありません。相手に勝つための戦略、戦術を工夫し、研究し、それを反復訓練で磨く必要があります。

これも時間軸上、試合日から逆算し、達成度、習熟度をチェックします。試合の一か月前には、プラン（作戦）AとプランBの達成がこの程度までできていなくてはならない。それが中間目標の達成テストです。これは、スパーリング（練習試合、仮想試合）でチェックします。

練習のプロセスで、練習の達成度を当初の練習計画においてフィードバックし、計画の微調整、練り直しをします。

たとえば、練習中、足首をねんざしたり、手を痛めたりする想定外のアクシデントが起こる場合があります。そこで練習計画は柔軟に対応する必要があります。スポーツは生身の人間がする身体活動です。事故、ケガ、痛みなどの突発的要素に対応する柔軟なトレーニング体勢が重要となります。

スポーツは人生に役立つか

スポーツ体験は、実人生において非常に有効に働きます。たとえば、「挫折の克服」です。アスリートは成功までに何度も失敗し挫折を経験しますが、挫折の克服を経験し、自分なりの打開策、対処法を工夫、研究します。この自分との対話が重要なのです。

再挑戦への意欲を燃やす。失敗、敗北の自己分析をする。再挑戦へのプランニング、スケジューリングをする。そこに精神の錬磨、体力の強化、勝つための頭脳のレベルアップなどが必要とされます。それを獲得する過程で、メンタル面でのタフネス向上、フィジカル面での強化、作戦・技巧面でのスキルアップが実現されます。

スポーツはただ汗をかき、勝った負けたを繰り返しているわけではありません。スポーツ体験を通じて、人間は磨かれ、将来、人生という本番で実力を発揮する精神的、肉体的な強さ（Strength）を体得できるのです。

スポーツは人生のシミュレーションだ、と言えます。

舞踏という身体言語
からだとことばの詩学

林 浩平

1

舞踊表現の一ジャンルに、「舞踏」がある。舞踊と同義の一般名詞ではなく、土方巽（一九二八～一九八六）によって創始された前衛ダンスの様式を指すものだ。土方は当初「暗黒舞踏」と称したが、しばらくして「舞踏」と改めた。現在では「BUTOH」として国際的に認知された呼称である。

若いころの土方は、ドイツの前衛舞踊であるノイエタンツに影響を受けながら、自らのダンス表現の方法を模索していた。三島由紀夫の小説から霊感を得て生まれた『禁色』を一九五九年に発表したのが、土方の舞踏活動の第一歩とされる。その後も、文学作品から題材を取って、『ディヴィーヌ抄』はジャン・ジュネから、『処理場』はロートレアモンから、『聖侯爵』はサドから、といった具合に展開された。初期の土方ダンスの特徴を澁澤龍彦は、「祭儀的な犠牲のエロティシズムを志向」した、と述べている。そして一九六八年に上演された『土方巽と日本人——肉体の叛乱』により過激で暴力的な前衛ダンスのスタイルを打ち出すことに成功し、若者世代の熱狂的な支持を得るにいたった。だが、そこまではまだ揺籃期でしかない。写真家の細江英公と組んで自らを被写体に郷里の秋田で撮影された写真集『鎌鼬』（撮影は一九六五年、刊行は一九六九年、現代思潮社）を経ることで、東北の風土と身体との出遭いが生まれた。土方は、東北の農村に暮らすひとたちの習俗や身振り、さらには昭和初期に実際に発生した大飢饉のために窮乏し、身売りを余儀なくされ梅毒や癩病を病んで苦悶する彼らの姿を舞台に召喚して、一九七二年の一〇月に『疱瘡譚』や『すさめ玉』、『なだれ飴』、『ギバサン』などを含む、『四季のための二十七晩』の連続公演を行った。これには高橋睦郎の命名による「燔犠大踏鑑」という総題が付けられたが、ここにおいて、真の舞踏のスタイルが確立したといえる。

西欧近代の美意識に則ったクラシック・バレエの美学とは正反対に、調和に対する過剰、美に対する醜、近代に対する前近代と土俗の要素を重んじて、外部への拡がり（extension）に対する内的強度（intensity）に価値を求めるダンスこそが舞踏なのである。土方が開拓した舞踏の世界は、僚友として『桃色ダンス』を共演したこともある大野一雄（一九〇六〜二〇一〇）が独自のスタイルで発展させ、大野の弟子の笠井叡（一九四三～）に受け継がれ、また土方の弟子であった麿赤児（一九四三～）は自らのカンパニー「大駱駝艦」を率いて活動を続けている。やはり土方の弟子だった室伏鴻（一九四七～二〇一五）は早くからヨーロッパを主な舞台とし、笠井叡の弟子である山崎広太（一九五九～）は二〇年以上ニューヨークを拠点に活動を続け、二〇二四年に日本に戻った。そうした歴史を刻むうちに、ＢＵＴＯＨに惹かれるヨーロッパやアメリカ、アジア諸国の若者たちも増えて、日本に留学し舞踏を学ぶものも多くなった。

舞踏の歴史において「事件」と呼ばれる画期的な舞台が、二〇一二年一二月に世田谷パブリックシアターに出現した。笠井叡が主導し、笠井の「天使館」と麿赤児の「大駱駝艦」のダンサーたちが共演した舞踏作品『ハヤサスラヒメ』である。身体の存在性自体をいわば「肉」そのものとして全面に押し出す麿のスタイルと、オイリュトミーに学んだ方法によって声のエネルギーを身体表現に具象化する笠井のスタイルは、かねてから「水と油」の関係とされていた。しかし『ハヤサスラヒメ』は、相反するふたつの舞踏のスタイルが衝突し融合することで、新次元の舞踏表現が実現された目覚ましい成果だった。これには土方巽からすれば孫弟子にあたる若い世代のダンサーたちも大勢参加した。

国際的なダンスシーンの動きから見ても、コンテンポラリー・ダンスの世界への舞踏の影響は見逃せまい。重要な振付家であったピナ・バウシュ（一九四〇～二〇〇九）は、大野一雄を敬愛して、自ら主宰する舞踊団の根拠地のドイツのブッパタールに大野を招いたこともある。またオルレアンのダンスカンパニーを率いる東欧出身のジョセフ・ナジ（一九五七〜）は、もともと太極拳や棒術などを学んで東洋の武道の所作を振付に取り入れようとする志向があったが、ダンス作品『遊＊ASOBU』では、「大駱駝艦」のメンバーや黒田育世ら舞踏系の日本人ダンサーを客演させて魅力的な舞台を創り上げた。さらにKARASを率いて活動を続け、パリオペラ座でもダンス作品の振付けを委嘱された勅使川原三郎（一九五三〜）は、本人は舞踏からの影響を否定するものの、時にフロアに正座するなど舞踏的な身振りの要素をそのコリオグラフィーに引用している。舞踏の世界はそんな具合に、現在もなお活発に展開し続けているのである。

　ちなみにわたしはかつて、土方巽のテレビドキュメンタリー番組を演出したことがある。一九九八年が土方没後の一三回忌の年にあたるので、そのタイミングを狙って制作会社のグループ現代と組んで企画をNHKに提出し、舞踏に詳しい芸能番組プロデューサーの皆川学氏のバックアップを得て、「ETV特集」という四五分の教育テレビの一一月四日の放送枠を使うことが出来た。タイトルは「BUTOH創成譚　土方巽・舞踏の原風景」という。土方の活動史を紹介しながら、土方の郷里である秋田県の羽後町を取材し、同町に伝承される西《にし》馬《も》音内《ない》盆踊りの所作や雰囲気に土方が影響を受けたのではないかとする土方未亡人の元藤燁子の説を検証した。当時は健在だった元藤や種村季弘ら、土方本人をよく知るひとたちの証言を収めている。

舞踏とバレエやモダンダンスなど西欧の舞踊様式とを大きく隔てるのは、言語との間にとり結ぶ関係の濃密さにある、と断言できる。土方巽自身、エッセイ集として『犬の静脈に嫉妬することから』（湯川書房）や『美貌の青空』（筑摩書房）を、さらに特異な自伝ふうの書物として『病める舞姫』（白水社）を刊行したが、郷里の秋田から上京したころは、ダンサーとしては土方巽で、文筆家としては土方鵺の筆名で活動したという。文学者への志向も強くあったわけである。

2

大勢の詩人や詩人的気質を持つ文学者らとの密接な交友に注目しておきたい。土方との間に親友と呼べる精神的繫がりを持った文学者に、三島由紀夫、澁澤龍彦、吉岡実、加藤郁乎、種村季弘、高橋睦郎らの名を挙げることができよう。また土方のいわば精神的父親にあたる存在として瀧口修造を忘れてはなるまい。細江英公が撮った土方を被写体とする写真集に『鎌鼬』のタイトルを与えたのは瀧口だったし、瀧口の著作『余白に書く』（みすず書房）には土方に捧げられた短章がいくつも収められている。現在、慶應義塾大学アートセンターの土方巽アーカイブには、土方の蔵書が保管されているが、そこには多数の詩集が含まれている。たとえば吉増剛造の詩集などには、頁の余白にびっしりと書き込みが施されているという。

ではは土方自身の文体はどんなものだったのか、それを見ておきたい。『病める舞姫』から引用しよう。

とろんとした瞼で鮭の頭をしゃぶっていると、水屋で束ねて洗っている箸の響きのなかから、うるさい騒ぎが聞こえてきた。がやがやと夜道を歩くアバ達や馬橇にのって吹雪を退治するように走ってきたオド達が近づいてくる。急に私の背丈が縮まり押し出されるように足が前に出て、夜道を走っている光景が拡がってくる。私は立ちあがり、土間を流れる浅い川を渡って行き、大きな鼾が聞こえてくる時間を跨いで水屋のなかを覗き込むと、誰かの形見のように箸が流しに浮いていた。水の中で密談をしながら暮らしたがっている私には、夏座敷のなかを寒がって歩いている人がよく見かけられた。

舞踏家となる自らの、幼年時代の身体記憶が核である。「東北的な」と形容できる、特異なその身体記憶がほぐれていく過程が、半ば自動記述のようなスタイルで語られるのである。まず、このテクストのいささか倒錯的なスタイルに注意したい。シンタックス、つまり統辞論のレベルで強い歪曲がなされたわけではない。ないのだが、「私」という一人称が、いわば身体記憶の想起として語るがゆえに、語られる対象世界に奇妙な受肉現象が生じて、テクストのなかに、一種のシニフィアンの肥大化が生まれたようなのだ。ともあれ土方巽は、こうした独特の文体を持った書き手でもあった、それを確かめておこう。

3

土方巽の、詩的電圧の高い独特のテクストから強い影響を受けて、この国の現代詩の歴史に、類例を見ない異貌の言語態を残した詩人がいた。吉岡実（一九一九〜一九九〇）である。吉岡と土方は、一九六七年の二月に俳人の加藤郁乎の句集『形而情学』（昭森社）の室生犀星賞受賞の会で出会い、以後二〇年間にわたる親しい交友を持った。吉岡自身、土方の没後に、『土方巽頌――〈日記〉と〈引用〉に拠る』（一九八七年、筑摩書房）を刊行して、この舞踏家の舞台作品とそれからその言葉に、いかに深く感化されたかを述べている。ここに収められた「風神のごとく――弔辞」から引用する。

> 土方さん、私は詩が書けなくなると、いつも君の活字になった、対談や座談会で発言した、まるで箴言的な言葉を探し出し、それに触発されながら、ずいぶん詩を書いて来たものです。私は自分の考える言葉よりも、きみの独特の口調の奇妙な表現の言葉のほうが、リアリティがあって、ずいぶん借用させて貰っていますね。それらの詩篇は、いずれも自信を持っています。

率直に、詩作の舞台裏について語る詩人の言葉は重要である。吉岡実の出発は、北園克衛の影響歴然たるモダニズム系の詩人として、であった。一九五五年の詩集『静物』から標題作を引いてみよう。

「夜の器の硬い面の内で／あざやかさを増してくる／秋のくだもの／りんごや梨やぶどうの類／それぞれは／かさなったままの姿勢で／眠りへ／ひとつの諧調へ／大いなる音楽へと沿うてゆく／めいめいの最も深いところへ至り／核はおもむろによこたわる／そのまわりを／めぐる豊かな腐爛の時間／……」。

こういったスタイルである。そんなモダニズム系の現代詩スタイルによる頂点が、一九七六年の名作『サフラン摘み』（青土社）であるのは、ひろく知られていよう。ところがその『サフラン摘み』前後から、詩作に行き詰った時期を迎えたのは、「弔辞」で述べられる通りである。そこへ土方巽の言葉が、いわば処方される。たとえばこんな一節である。詩篇「聖あんま語彙篇」から引こう。「馬を鋸で挽きたくなる」、「わたしは寝床にまんじゅうを引き入れる」、「ゴハンを食べて裏から出て行くようなのが『家』あるいは『東北本線』」、「キンカクシに歯を立てる」、「歯槽膿漏の親父がおふくろのおしめを／川で洗っている道端で兄が石を起し／たりすると／クルッとまるくなる虫がいる」、「スギナを嚙む老人の顎を外せば／火が吹き出る」。いかがだろうか、キッチュ（kitsh）というドイツ語がある、「俗悪な」とか「悪趣味でいかがわしい」とかいった意味であり、美術評論家の石子順造が批評のタームとして用いたことで知られるが、まさに「キッチュな」としか言いようのない表現である。
問題はさらにここからである。吉岡実は、その後、一九七九年の『夏の宴』(青土社)、一九八三年の『薬玉』(書肆山田)、そして最後の詩集となる一九八八年の『ムーンドロップ』(書肆山田)と展開するなかで、明らかに土方巽の言葉に触発されて、自らの詩の文体を内部から化学変化を惹きおこしている。つまり土方の言葉のキッチュな毒素が、引用符の「 」を外されることで吉岡のテクスト全体に浸透してゆき、吉岡実の世界をかつてのモダニズム系のスタイルからは想像もつかない、倒錯的で瀆神的、さらには超官能的ともいえる言語態を出現させたのである。そんな文体を代表する詩篇「薬玉」の冒頭を引用する。

菊の花薫る垣の内では
祝宴がはじめられているようだ
祖父が鶏の首を断ち
　　　　三尺さがって
　　　　　　祖母がねずみを水漬けにする
父はといえば先祖の霊をかかえ
　　　　草むす河原へ
声高に問え　母はみずからの意志で

何をかかえているか
みんな盗み見るんだ
たしかに母は陽を浴びつつ
大睾丸を召しかかえている
萬歳三唱
満艦飾の姉は巴旦杏を嚙む
その内景はきわめて単純化され
ぴくぴくと
紅門は世界へ開かれている
真鍮の一枚板へ突き当り
死にかかっているのが
優しい兄である
（中略）
青や黄や紅色で分割された
一族の肉体の模型図ができ上る
その至高点とは今も金色に輝く
神武帝御影図

鳴呼　薬玉は割られ
神聖農耕器具は塵埃にうずもれて行き……

以上がパート1である。倒錯した聖家族図、というか、これぞまさにキッチュそのものの絵柄である。吉岡が「弔辞」のなかで土方の「暗黒舞踏」について語ったくだりをそのまま借りれば、「奇怪にして典雅、ワイセツにして高貴、コッケイにして厳粛なる」世界が描かれたわけだ。吉岡が生み出したこの畸形的な言語態の特性について、わたしが論じたテクストがあるので、それを紹介しよう。一九八三年の一二月の「日本読書新聞」で担当した「詩時評《一二月》」から引く。

このズラシは放恣なものではなく重量の法則にかなったものと読むのがふさわしい。つまり詩語じたいの質量が桁はずれて大きいので詩行は自らの重みにこらえかねてズルズルとたれ下がってゆくのである。繰り返すように言葉の質量を生んでいるのは記号内容の重々しさやはげしさに因るのではない。そうではなくて、言葉があたかも「金色に輝く神武帝御影図」のごとくに変貌する、いわば記号が棄損されモノとなる、そこでの言葉が重たいわけである。内部に空虚がうがたれているがゆえの重たさ。吉岡実は、世にも稀な材質をもった言葉をここに産みおとしたようである。

三五年前の拙文とはお恥ずかしい限りだが、論内容自体に異を唱える必要はないだろう。ただそこに加えておきたいのは、「記号が棄損されてモノとなる」というくだりの、言語記号を破壊した張本人とは、舞踏する身体ではなかったのか。吉岡実は、土方巽の、あたかも痙攣する身体であるかのような言葉を媒介にして、自らのテクスト空間に身体を引き入れたのである。その結果の産物が、詩篇「薬玉」に代表される最晩年の詩業だった。

4

与えられた「メディアとしての身体」というテーマに応えようとして、舞踏の世界にスポットを当てた次第である。そもそもダンスというジャンル自体、身体を表現の媒体、つまりメディアとしていることは言うまでもない。だが、ダンスのなかにあっても、本稿で採りあげた舞踏こそ、ダンサーの身体そのものが孕むメディアとしての性格を強く意識したものである、ここが重要ではないだろうか。舞踏をめぐるジャーナリズムでは、身体言語とか肉体言語とかいった表現が頻繁に用いられるが、そのこともこうした事情に関わるだろう。

さらに舞踏家と詩人たちとの密接な交流の歴史に関しては、前出の吉岡実の『土方巽頌』が大事な証言集の役割を果たしているが、その吉岡当人の言語表現において、詩という書かれた言葉（まさしく「エクリチュール」である）の次元に、身体の要素が介入する、というところに、「メディアとしての身体」の問題は折り込まれているはずだ。ただ、「言葉の次元に身体が介入する」ということを、単なる比喩と受け取られては困ってしまう。

土方巽と強い結びつきを持った瀧口修造の、いわばシュルレアリストとしての言語観に例をとれば、そこにおいての「言語と物質」との関係が、本稿で問題化する「言語と身体」という構図にそのまま置換可能ではないだろうか。拙著『テクストの思考——日本近現代文学を読む』（春風社）所収の「瀧口修造における言語意識——物質性の自覚」をはじめとする四篇の瀧口論のなかで、わたしが主題としたのは、ひとことで言えば、「瀧口の言語意識にあっての物質への欲望」というものだ。「ぼくの詩の運動はそれ自身、物質と精神との反抗の現象であることに注意したい」とは、『瀧口修造の詩的実験　1927～1937』（思潮社）所収のテクスト「詩と実在」のなかの言葉だが、瀧口の詩観すなわち言語観は、ここに端的に示されるだろう。「物憑き」を自称し、「特質ある物質狂」という表現まで残した瀧口修造のなかで、「言葉の次元に物質が介入する」ということは、単なる比喩で終るわけがなかった。言語と物質は、いわば正面から斬り結んでいるのである。

同様に、舞踏をめぐる問題においても、言語と身体は正面から斬り結んでいるはずである。まさしく「メディアとしての身体」こそが、舞踏を論じる際の鍵概念となるに違いない。

踊りとアール・ブリュットについての断章

身体・自己・狂いのイメージ

宮坂敬造

1　はじめに

これまでに筆者が訪問した外国で見聞きしたことのある、精神疾患にかかわるアートの表現、とくにアール・ブリュット（アウトサイダー・アート）を蒐めた美術館についてのエッセイおよび、「狂い」のイメージをもつ身体から生じる踊りの考察というのが本稿の趣きである。トロント、グッギン、ロザンヌ、メルボルンにある各美術館、そしてそれらの地で触れた身体芸術――ダンスや演劇の話題も付随的に語りながら、検討素材としてみたい。ただし筆者の観点は、局外にいて精神‐身体的に悩み苦しむ方々の創造性を確認したいという点にあり、それらの人々から触発されるところを自分の感性や芸術的表現のために役立てたいという表象論的立場にならないよう、心がけていることを述べておきたい。

また、随想形式の本稿では、カナダの日系人アーティストとの交流や、ニジンスキーの次女の講演、クリー族作家のトムソン・ハイウェイの哄笑、毒グモの踊りタランテーラ、ヒステリー症と踊りなどの話題をも取り上げる。

2 トロントで――絵画展、演劇、ダンス

一九九二年、カナダのトロントに筆者が客員フェローとして滞在していたとき、精神疾患をもつ人々に関係した絵画や演劇を観る機会があった。フィリピン系も含め、世界中から移民が集まったカナダは、気をつけて観察すると濃密な多様性のあやがあり、なかでもトロントでは、多文化主義によって様々な民族系がモザイクのように連なり、そのなかにクィア文化を組み込んで多様性をさらに広げているし、ソマリアで戦争があればその翌日に難民が到着し、移民難民らの不適応を扱う多文化間精神医療機関がフル稼働している。そんな大都市トロントならではの特色ある絵画展と精神病院内の演劇について、まず、以下に記してみたい。

その年の秋、大規模な絵画芸術祭があった。何らかの精神疾患を抱える数百以上のアーティストが参加していて、学校や病院などの公共の建物や、画廊、一般の店舗などを借りて作品を展示

していた。たいがいは画家自身が会場につめていて、訪問客と談笑している。多くは無名の若い画家たちだったが、年代層は幅広かった。サーカス研究で有名で、ご自身でも一時期サーカスを経営したことがあるトロント大学のフランス人記号学者ブイッサック先生は、毎年この芸術祭に出向いている常連であり、とくに若手で興味深い画家を見出しては、ヴィクトリア・カレッジの美術展の企画を立てていたのだった。

筆者も勧められてこの芸術祭にご一緒したのだが、ある作品に出くわしたことを印象的に覚えている。それは中年の女性の自己肖像画だったが、そこにはまがまがしいばかりの暗さと血の色のような色彩が同居していた。彼女の作品は、あとで述べるメルボルンのダックス美術館で観た絵画や、ホロコーストの生存者で乳ガンにかかった女性建築家の自画像に一面近い感覚であった。そして、たまたま在廊していたその女性画家は、たびたびアルコール依存症で入退院を繰り返し、いろいろな幻覚が見えるのだという話をしたあと、もう話すことがなくて疲れたので帰ってくれというムードを醸し出し、やや荒れた雰囲気になりかけたので、あわてて退散したのであるが……。

その後、同じくトロントのクィーン・ストリート・ウェストにある精神科病院の病棟内で展示された患者たちの絵画を観る機会があった。CAMH病院（薬物依存・精神保健センターの略称、その中心的精神科病院がトロントにある）の企画であったが、その病棟の前にある講堂で演劇の上演も行われており、寄付金を払って観劇した。

その劇は、ペーター・ヴァイスの劇『マラー／サド』のように、患者みずからが演じるわけではなく（ピーター・ブルック演出のこの劇は、映画にもなり、DVDでも観ることができる）、プロの俳優による舞台であり、それを入院患者たちやその友人、家族が鑑賞するというものであった。精神科病院で行われている広義の芸術療法に準ずるものとして、このような演劇鑑賞会が定期的に開催されるようになっている、ということであった。

劇の演目は、日系二世のジョイ・コガワによる小説『ナオミの道』（一九八八年、小学館）をポーラ・ウィングが劇として構成したもので、日系二世の主人公ナオミとその弟が第二次世界大戦中、ブリティッシュ・コロンビア州の山あいの強制収容所に両親から引き離されて囚われてしまう、という物語であり、作者自身の体験が色濃く反映された作品である。そこには葛藤をふくむ家族の問題と人種差別の問題が滲み出ていて、主役のナオミを演じたドーン・オボカタの感情表現は、彼女の日系カナダ人の心情を感じさせる特徴もあったが、同時に、彼女が今まで訓練してきたヨーロッパ的感情表現をも感じさせるような、一種独特のものだった。多様な民族的背景をもつ入院患者にとって、なんらかのかたちでこの劇に感情移入するならば、自己の分裂やもつれにかんするある部分がほどけていくのではなかろうか、などと思われるものだった。

さて、その後に、トロントの中心部にある、ドーン・オボカタの自宅を訪ねた。インタビューに応じてくれたからである。彼女の両親は、ともに日系の二世ではあるが、彼女自身は日系という意識はとくに強くなく、俳優としての訓練の経歴はヨーロッパ中心であった。ジェイ・コガワ原作の演劇には、日系だからということで選ばれて、初めて自分の民族的背景を意識して取り組んだ、ということであった（ちなみにこのあたりは、コンテンポラリー・ダンサーとしてカナダで著名な日系三世のデニーズ・フジワラが中嶋夏の舞踏に出会うことで日本に向き合った経緯に似ている。また、現代舞踊でデビューしたのち、舞踏家・玉野黄市の公演を偶然観て舞踏を志向するようになったジェイ・ヒラバヤシも同様である）。

また、オボカタの夫リサルド・ニエオチムは、ポーランド系カナダ人の演出家で、若い頃はポーランドで直接グロトフスキーの訓練を受け、ともに演劇作品を創り上げ上演していたということであった。ふたりは俳優人たちの実験劇場ＬｅＴＨＡＬを拠点に活動し、夏の森の奥での演劇訓練などもふくめ、トロントのアヴァンギャルド演劇の担い手として、グロトフスキーがそうであったように、憑依や狂気を積極的に演劇に取り入れていたのだった。

トロントはカナダの芸術、そして学術の中心地でもある。筆者はこうした絵画や演劇以外にも、ソ連崩壊後にゴルバチョフを招いたシンポジウムや、ボストン・ハーヴァード大学から巡回してくる先端的研究のセミナーなどに参加する機会が多々あった。ダンスにかんしてもモントリオールからのダンスカンパニー（マリー・シュイナールなど）や、パリからのダンサー、そしてメキシコやブラジル先住民系のダンサーたちの踊りを観ることができたし、太平洋戦争開戦のラジオ放送が流れるデニーズ・フジワラのコンテンポラリーダンス作品、そして、ジェイ・ヒラバヤシたちの作品を鑑賞し、彼らと交流する機会を持つことができた。

3　ニジンスキーの次女の講演

その後、一九九三年になるが、オンタリオ精神医学協会トロント支部によって、精神疾患とくに統合失調症への社会的偏見をなくすための講演会が開かれ、筆者も出向いた。ニジンスキーの次女であるタマラ・ニジンスキーをアメリカ・コロラド州のフェニックスから招き、父の思い出と、彼の精神疾患についての見解を講演してもらい、その後のダンスのプログラムで観客をひきつけようという企画である。後半は、ニジンスキーの伝説のダンスであり、当時の性的表現のタブーにふれてスキャンダルとなった著名な『牧神の午後』（伝説のロシア・バレエ団＝バレエ・リュスによる公演で、ニジンスキーの振り付けにより一九一二年、パリで初演）が若手の男性ダンサーによって踊られた。ご一緒したヨーク大学のダンス研究者シェルマ・オドム先生によると、ニジンスキーの背格好にあわせて短軀だが跳躍力のある踊り手が選ばれ、ダンス研究者らが復元したという初演当時の振り付けに忠実に踊るという趣向で企画されたのであった。

前半の講演においては、七〇代後半になるタマラさんは、父がダンスを踊れなくなった後に生まれたものの、父の人柄と生活に間近で触れていたので、父のいわゆる狂気説には異論がある、と述べた。続いて、一九一九年以降、スイス・チューリッヒの精神科医パウル・オイゲン・ブロイラー（近代精神医学を確立したエミール・クレペリンが唱えた「早発性痴呆」概念を改訂し、「統合失調症〔旧名・精神分裂病〕」の概念を提唱した精神医学者として有名）によってニジンスキーが入院治療を受けたことについて、「父が狂気に陥ってはいなかったことは、確信をもって言える」と指摘したのである。治療を受ける直前の六週間くらいの期間にニジンスキーがノートに書き上げて上梓された『ニジンスキーの手記』を読み返し、それをもとにニジンスキーの統合失調症について論じた米国精神科医ピーター・オストワルドの本（*Vaslav Nijinsky: A Leap into Madness*、一九九一年）にも賛成できないのだ、と言う。さらに、父のダンスを記録した動画映像の記録があるという説についても、その可能性は彼女が調べたかぎりではゼロであると述べた。

4 ケン・キージーの朗読会

トロントではまた、一年を通して、作家による自分の新作の一部の朗読会が盛んである。筆者の滞在時の一九九三年、ケン・キージーの新作小説 *Sailor Song*（一九九二年）の出だしの朗読会が行われていた。彼は二〇〇一年に物故しているが、精神科病棟を描いた『カッコーの巣の上で』（一九六二年）の作者であり、ジャック・ニコルソン主演の同名の映画（一九七五年）や、日本では一九七八年に劇団四季結成二五周年を記念して上演された同名の翻訳演劇によっても知られている。

ケン・キージーは八分の一、アメリカ先住民の血をもち（スティーヴ・エリクソンも同様だが）、六〇年代半ばころにヒッピー・コミューンのリーダーになりLSD的サイケデリック文化を広めていった作家であるが、ほぼ同時期、マッド・サイエンティストの系譜に連なる心理学者ティモシー・リアリーもまた、サイケデリック文化を唱えてハーヴァード大学で物議を醸していたことが想起される。ケン・キージーは、アラスカから始まる新作の出だしを朗読したあと、アメリカン・フットボールの球を会場に投げ、受け取った聴衆が質問の権利・義務を負うという絶妙な趣向で講演会を締めくくっていた。

彼の原作による映画『カッコーの巣の上で』は、今日でも全米映画ファンによる名作リストの上位の常連であり、そこに描かれる強制収容所まがいの精神科棟内の管理世界は、過酷な「全制的施設」としての現代社会の極端なイメージを映し出していて、私たちにその閉塞感をひしひしと感じさせずにはおかない（病院の管理に幽閉された世界を描いた安部公房の『密会』、軟体的怪物院長が統括する感化院を描いた倉橋由美子の『スミヤキストQの冒険』などもこの系譜に連なる。なお、「全制的施設」とは、E・ゴッフマンが設けた分析概念で、精神科病院や刑務所、軍隊の駐屯地、僧院などの施設を指す。スタッフと収容者たちが寝起きを共にするが、後者は保護の名目により全面的に自由が拘束されている）。

5　カナダ先住民の作家、トムソン・ハイウェイの哄笑

カナダは豪州とともに全般に先住民のアルコール依存症の比率が高い国である（カナダは一般人が自衛のためでも銃が持てない国であり、また冬の寒さからくる伝統として、仲間との相互助け合いの気風があるために競争的経済を緩和する態度があり、その点、アメリカと比べると治安が相対的によく安心できる感じがある。トロン

ト も基本は安全ではある。だが、特定の地区や通りには、アルコールや薬物依存者の犯罪が多発するエリアがある）。

そうした先住民の現実を一部濃厚に反映した、先住民作家による演劇には強いインパクトを感じさせるものがあるが、トムソン・ハイウェイはそうした作家のひとりである。彼は子供の時に行政府により強制的にクロウ族の親から引き離され、キリスト教の寄宿学校（レジデンシャル・スクール）に連れて行かれ、そこで神父から性行為を強要されたという。彼は大学を出たあとピアニストとして暮らしていたが、先住民の現状にめざめて、少数ながら脚本を執筆している。*Dry Lips Oughta Move to Kapuskasing*（一九八九年、『ドライリップスなんてカプスケイシングに追っ払っちまえ』佐藤アヤ子訳、而立書房、二〇〇一年）はそのひとつであるが、アルコール依存症の先住民が登場するこの劇では、新婚を控えた先住民の女性が十字架で陵辱されて殺されるなど、虐げられた歴史のなかで惨い事件を避けられない先住民の現状に触れ、なんとも陰惨な気分となってしまう。だが、それを一気にとっぱらってくれるのが北米先住民文化に特徴的な道化役／トリックスターの笑い、いたずらものの哄笑である。そのことを筆者は観劇後になって理解した。狂気をはらんだ、しかし闊達な大笑いが陰惨さを吹き飛ばすのである。東京では、二〇〇一年、カナダ現代演劇祭の一環として、先住民演劇を手がける和田喜夫演出で、日本人の俳優が演じたが、祖先が先住民系のフランス系カナダ人女性舞踏家、ジョセリーヌ・モンベティの踊りも加えられた。彼女はもともとは現代舞踊をパリで、そしてグロトフスキーのところに数か月いたのち、一九八一〜一九八四年には田中泯に師事し、かつ土方巽にも接したことのある人で、さらに近年は大野一雄・慶人氏のワークショップで踊りの腕を磨いている。またこのとき道化役の台詞は東北弁で表現されていたが、北米先住民の哄笑の文化を日本の笑いの文化に翻案するのは大変難しい作業であろう。シアターカイで行われたその舞台のあとに、トムソン・ハイウェイ自身が聴衆の質問に答えていたが、その話し方、発想、甲高い哄笑の仕方がまったく見事なトリックスター的諧謔精神の権化のようなものであったのが強く印象に残っている。——あなたがた日本のみなさんは、この劇の心底にあって揺れ動く真の筋書きを、その深さにおいてつかむのはなかなか難しいのでしょうか？みなさんからの表面的な質問はピントがずれているのですが、私はうんざりするのを我慢します。質問にちゃんと答えてもらえたと満足してもらえるように麗しき回答者のふりを演じます。それに対して真面目にうなずいて得心顔のみなさんを見て、私にはロール・ディスタンスが生じ、同時に、そんな振りを演ずる私自身もおかしくなってしまい、ケタケタ笑ってしまうのですが——とでもいわんばかりの彼の哄笑が劇場に響いた。ディストピアの世界に距離を取りつつ、しかも逃避せずにその世界にあえてかかわる。その狭間の往復運動から、トリックスターの哄笑が生まれてくるのだろう。

6 ダンスと「狂気」

トロントでの最後の話題は、バレエのジゼルについてである。トロント拠点のカナダ国立バレエ団では、一九七〇年半ばにジゼルの好演で名声を博したカレン・ケインが継続して振り付け指導で活躍していたが、九〇年代に入って、恋人の王子に裏切られたジゼルが狂気に陥る場面の振り付けが再考される展開があった。バレエの踊りが狂気を表面的になぞるのでなく、狂気そのものの迫真の表情や仕草で踊るこころみが検討されていたのだ。いくつかのこころみを友人の若手ダンス研究者のジェニファー・フィッシャーが民俗的ダンスおよびクラシック・バレエ表現に表れた医療フォークロアという観点から論じていたので、筆者も、日系人も所属する同バレエ団のそうした公演を観たり、ヨーク大学やダンス映像のアーカイヴで関連する記録映像を閲覧し、また、パクストンに始まるコンタクト・インプロヴィゼーションの枠組みのなかで荒々しい狂気的表現の事例に触れたりしていた。また、ちょうどこのころ、その後乳ガンで死没したシンシア・ノヴァックに会う機会があり、彼女が行ったコンタクト・インプロヴィゼーションの研究の話を本人から聴いたりもしていた（彼女はもともとダンサーであったが、下肢対麻痺の進行によって肢体不自由になりかけていたコロンビア大学の文化人類学者ロバート・F・マーフィーのもとで、コンタクト・インプロヴィゼーションを行う集団の文化人類学的博士研究を行っていたのであった。なお、アイルランド系のマーフィーの著作では、父はアルコール依存症であったことが記されている。ノヴァックの著書の邦訳は二〇〇〇年に出版された『コンタクト・インプロヴィゼーション——交感する身体』、立木あき子ほか訳、フィルムアート社）。

もとよりダンスはいわゆる「舞踏病」とも言われたように、一面では身体の不如意な動きが「狂気」と結びつけられていた歴史をもっている。また、舞踏家の小林嵯峨さんがインスピレーションを得た『アウラ・ヒスリカ』を見れば了解されるが（G・ディディ＝ユベルマン『アウラ・ヒステリカ――パリ精神病院の写真図像集』、谷川多佳子・和田ゆりえ訳、リブロポート、一九九〇年。［ちなみに著者は、こうした動きが原初的・本来的なところからくるのではなく、当時の精神科医や社会との力関係のなかで、いわば無理矢理負わされた動きとして誘導されていった点を見ているのであるが］）、この中の一九世紀末のパリのサルペトリエール病院の女性ヒステリー患者を捉えた写真や図像は、身体の異常な動きの一面が〈踊り〉という現象になる原光景を彷彿とさせてもいる（なお、この病院は、一六五六年にパリに設置されたサルペトリエール総合施療院がその前身であった。悪魔憑きというキリスト教的な発想で、精神的不調や失調を捉え、精神障害者をいわば阿呆船に乗せて海の向こうへ、キリスト教的世界への局外へと排除しようとしてきたのが中世であったが、時代は推移し、近代へと向かいはじめる過程において、総合施療院が設置され、精神障害を保護と治療の対象にし始めた。もっとも、患者を鎖につないで閉じこめるなど、外部への排除から幽閉と内閉という内部への排除の途に転じたとみることもできるわけではあるが……。画家ヴィルジュが一八八〇年ころに描いた「サルペトリエールの病室」の絵画を鑑みるなら、病院という場のもつ内閉傾向、その状態制約的拘束性の強さがひしひしと感じられる）。

そもそもヒステリー症発症の前史をたどれば、一七世紀までは悪魔憑きの病いとみなされて下級キリスト教牧師による祈禱エクソシズムの施術を受けていた女性の身体にたどりつくのである。不如意な身体動作に悩まされたそうした女性は、一八世紀になると、南ドイツ出身の内科医フランツ・アントン・メスメルによって、彼女の身体に溜まってしまった磁気の異常な停滞を磁気桶にいれて解放する治療、すなわち動物磁気療法の対象となっていく。汎悪魔主義的キリスト教の宗教観が医学化によって修正されたのである。医師と患者との間に「ラポール」が生じることが目指されたが（このフランス語起源の言葉は、メスメルによる医学化によって特殊な用語となった出自をもつ。そもそも、滞留していた患者の磁気が解放され医師と通い合うということを意味していたのであるから。それが転用され、セラピストとクライエントの信頼関係の構築がなされた状態、という意味として一般化されたのである）、ラポールが生じると、患者が施術師の言うとおりに身体を動かす、踊る、という反応として返される、と考えられた。メスメルは欧州の貴族の館へと施術のために訪れ、名声を博し、時代の寵児となった。メスメルが成功する前の一八世紀半ばの時代、アメリカの物理学者、ベンジャミン・フランクリンが、雷は電気放電現象であることを立証したちょっとした科学的実験装置を模して、パリの街路の多数の聴衆の目の前で凧があげられ、落雷を誘発しては人々の喝采を浴びていた――科学の発展がびっくり見世物としてすぐさま興業に使われ、科学と見せ物が隣り合う時代が幕を開けていたのである。メスメルの施術もこうした時代の風潮をつくるひとつであったといえよう。（アンリ・エレンベルガー『無意識の発見・上――力動精神医学発達史』［木村敏・中井久夫監訳、弘文堂、一九八〇年］）

だが、ルイ一六世が要請した科学委員会により、動物磁気療法を検証できる証拠はないとされ、メスメルの医学説の根拠が否定された。さらに王の謁見検証の場で、それまで成功一色の極みにあったメスメルは、あろうことか施術に失敗してしまう。彼が失脚したあとに、その影響がアメリカや英国に及んでゆくのだが、一九世紀になって英国の神経科医ジェイムズ・ブレードがメスメルの基本着想をさらに医学化し、「催眠」のメカニズムが発見されることになる。そのあとにブレードの研究がパリのサルペトリエール学派やナンシーのナンシー学派にいわば逆輸入され、前者のジャン＝マルタン・シャルコーによる催眠療法研究と、後者のリエボー、ベルネイム経由の暗示のメカニズムに関する見解との不一致など、一連の精神医学の重要問題の検討と展開が行われていったのだが、フロイトは両学派に接触し、自身の精神分析における自由連想法にいたる前段階として催眠療法を学んだのであった。

そうしたフロイトの女性患者の一人は、死の床にあった父の看病にあたっていたが、近所から聞こえてくる音楽と人のさざめきから、パーティでダンスを踊っていた様子を察知して、父が亡くなって看病の必要がなくなったら自分も踊れるのになあ、という思いがよぎってしまったという。彼女は自分のこの思いに罪の意識を感じ、そのときの自分の感情を強く抑圧したためにヒステリー症を発症していき、そしてその後、ながらくフロイトの精神分析を受けることになった。彼女は健全な踊りへの欲求をみずから断ち、それによって言葉を失い、不如意な体の動き・失調を来すことになる。こうしたことを考えると、ダンスとは、自由を謳歌する生の喜びの極がある一方で、それを抑圧した結果、失明した踊りをもたらすというもう一方の極にも振れるものであると推察される。だとするなら、ジゼルのバレエもこうした観点から、たとえばアウラ・ヒステリカ風に踊るということなども含め、これからもいろいろな表現をつむげる演目となるのではなかろうか。

なお、病いを治療する儀礼で「踊りが生じる」事例があるのは興味深い。韓国の済州島で祈禱師のシンバン（神房）が病気の中年女性が踊り出すと病いが好転するというチュルンクッを行っていたのを傍らで観る機会があったが、ダンスが生まれいづる原風景を見た思いがした。また、南イタリアで一九六〇年代までは行われていたタランテーラの踊りの事例、すなわち古くから、クモの毒を解毒するとされるこの舞踏療法は、女性がヴァイオリンがはやしたてる音楽にあわせて床を転がったり、はては教会の壁をよじ登ったりしながら、全体としては無意識のうちにひたすら踊る、という一種の宗教的儀式である。ローマ大学スクリッパ先生の計らいで、関連する論文やイタリア人民俗学者チームの撮影記録映画、あるいは映画監督チームが撮影した映像を見て、映像人類学的にも分析を試みたが、ダンスと「狂気」というテーマにも深い示唆があった。踊りは人間を解放する側面もあるが、人間に取り憑いて離れがたくさせるという魔性も持つ――アンデルセン童話の、赤い靴を履いてしまうと踊り出してとめられなくなり、ずっと踊りつづけなければならない少女の物語とも共通する身体と踊りの深層が覗いている――ということだといえよう。衣笠貞之助監督の無声映画『狂った一頁』（一九二六年）では、狂える人が踊り出していなかっただろうか？　苦境の極みで言語意識が破綻し、憑依過程にみられるように身体の静止過程から動への転換が起こり、変性意識に転移する。すると、身体独自のイコン的演算の展開が始まり、身体は解放へと向かう中で舞い踊る……。

踊りの魔性をひきうけつつ踊りの軌跡をみずからの現《うつ》し身にふるえ写しとるわざおぎになるた

めには？　おそらくは、踊り手のうつしみは虚《うつ》し身となり、土方巽の至言にならって、まさに「命がけで突っ立った死体」とならなくてはならないのであろう。土方巽のこの言葉に込められた深い洞察を説明的な言葉で解きほぐすのは無駄な作業であろう。たとえそうでないとしても現在の筆者にはその技がない。ただ、ここではこの言葉の想念の肉質を筆者のここでの考察に関与させて部分的な言い換えを、いささかの矮小化を恐れず行ってみたい。日常的な自分の意識を喪失させなければ、身体は本当の意味では舞い踏み出すことができない。しかし自分の意識を喪ってしまうとキョンシーになってもとにもどれない。だからこそ、「わざおぎ」になるのは命懸けなのである。

舞台の登場人物がまったく存在などしていないこと（存在感が希薄という以上に存在している感触を感じさせない）を俳優が自分の肉体を使って表現する、というのが自作劇を演出するサミュエル・ベケットの注文であったわけだが、この意味を部分的にずらしてあえて解釈すると、俳優は登場人物が亡霊であることを表現しなければならない。いわば俳優／ダンサーは死体であることを生きた身体で懸命に演じなければならないわけだ。

身体についての社会学や人類学的分析理論に照らしてみるなら、身体の問題が当人や周囲に前景化してくるのは、病いや精神の不調・失調で身体が統御不能となった状態のときである。規律的身体のたがが外れたとき、憑依状態あるいはヒステリー状態となったときのように、自己と身体の分離・乖離が生じる。また、健常者とのつながりの可能性が狭まって、身体が互いの疎通共有基盤をもたなくなり、閉ざされていく。身体が意思に反し石膏化し、腕を壁にぶつけると砕けてしまった、と感じるような、一種離人症化した身体のように、メディアとしての身体の諸相のゆらぎがここに現出してくるが、そうした失調化した身体相が亢進していくところに、その反転として踊り狂いの動きが発動する――それが「狂い」の宿るダンスなのであろう。

7 アール・ブリュットの美術館

最後にもう一度、絵画表現にもどりたい。

トロントで観た入院患者の絵の展覧会をさらに組織化した著名なアーカイヴや美術館がある。ひとつは、ドイツ・ハイデルベルクにある精神科医プリンツホルンが収集した絵画のアーカイヴであり、それに加え、なんといってもローザンヌのアール・ブリュット美術館（http://www.artbrut.ch/fr/21070/collection-art-brut-lausanne）を挙げなければならないであろう。ジャン・デュビュッフェが提唱した「アール・ブリュット」とは、生のままの芸術、つまり、画家となるための訓練を専門的に教わることのないままに自己流に絵筆を揮った結果、それがかえってプロの画家たちに感銘を与えるような効果を発揮する芸術を意味する。英語ではアウトサイダー・アート、すなわち局外者の芸術と呼ばれている。

デュビュッフェが精神科病院や刑務所に暮らした人々の作品を収集したことはよく知られてい

る。彼の蒐集作品を主な所蔵品とした美術館にしたのがローザンヌにあるのだ。筆者がようやくその美術館を訪れたのが二〇〇五年の二月下旬のことだった。ノルト・エゲンテアというローザンヌ工科大学の建築家は、かつて日本の京都に滞在しながら、農村の伝統的建築や農具、儀礼用具に、いわば男性と女性の形を表わす形態が組み込まれていることを論じた興味深い研究者でもあるが、その彼を訪ねた時に立ち寄ったのであった。

この美術館は、英国のバレエ界で活躍した吉田都さんが、二〇歳前にローザンヌ国際バレエコンクールでローザンヌ賞を受賞したのちに学んだバレエ学校から遠くないところの高台にあった。いくつかすでに画集の中で観たことのある作品もあったが、実際の作品に囲まれると圧倒される思いであった。いくつかのパターンにあらためて気がつくが――たとえば、異様に細部の細かい繰り返しの描線が描き連ねられた絵などであるが――といっても画家それぞれの個性は多様性にあふれ、われわれ凡人には思いつかないような強烈な印象を与えるものが多い。

ローザンヌにつづけて、オーストラリアのマリア・グッギン精神科病院の患者たちの絵画展示室を二〇〇六年二月と二〇一〇年三月に訪問したときにも同様の思いを強くかみしめていた。また、ローマにある精神医療資料館ムセオ・ラボラトリオ・デラ・メンテに二〇一〇年一〇月に訪問し、元入院患者の絵などを含む展示にふれたときや、メルボルンにあるダックス美術館にも、二〇一三年三月（乳がんの再発で余命が縮まりつつ自分の身体像を描きつづけていた「身体の裏切り――ローザ・ニランの作品」展が開かれていた）と一一月に訪問した。これらについては紙幅の関係で別稿に譲りたいが、こうした「生のままの芸術家」「生の芸術」に触れた鑑賞体験を反芻するとき、まずパウル・クレーの考察のことが思い出される。

クレーの場合は、さらに大人の発想を破る子供の絵のような独自な自由さにも注目していたのだが、「狂気」の画家たちに向き合う私たちに、彼は深い示唆を与える考察を残した。クレーは、いわゆる精神の病いの世界に棲むとされる人々のなかで営まれる〈芸術〉、そしてそれを生み出す境遇（クレーの言葉では「状態制約的[1]」場）の特質を論じ、さらに、彼ら局外の人々へと局内の側から近づいて連れ添う随伴者の役割が重要なのだとしている（この点については、前田富士男「アウトサイダー・アートの境域」［宮坂敬造ほか編『リスクの誘惑』所収、慶應義塾大学出版会、二〇一一年、二八二―三〇一頁］が見事な導きの書となっている――アウトサイダー・アートの始原性をはじめて洞察した共同随伴者としての画家クレーの軌跡が、前田論文では深く掘り下げて考察されている）。身体の秩序が崩れる（健康な体が病気の状態に移行する）境域において、あるいは、社会の端の境域に押し出されてしまうリスクがいよいよ増してくる場に、「狂気」の人々は置かれている。そして「感染」の恐れすらをもたれ、社会の秩序維持体制の端っこへとはじきだされるか、あるいは社会体制内部の特殊な場に内部隔離されかねない、というのが、ともすれば今までのありかたであった。それらの人々は、そうしたリスクを背負っていく道筋に置かれ、日常世界の感覚秩序の外に放りだされながら、暗中模索することになる。日常世界へとなんとか戻りたいところであるにもかかわらず、「状態制約的」場の駆動力により後戻りできず、そうした状態制約的な場にのめり込んでいかざるを得ない。自己秩序の

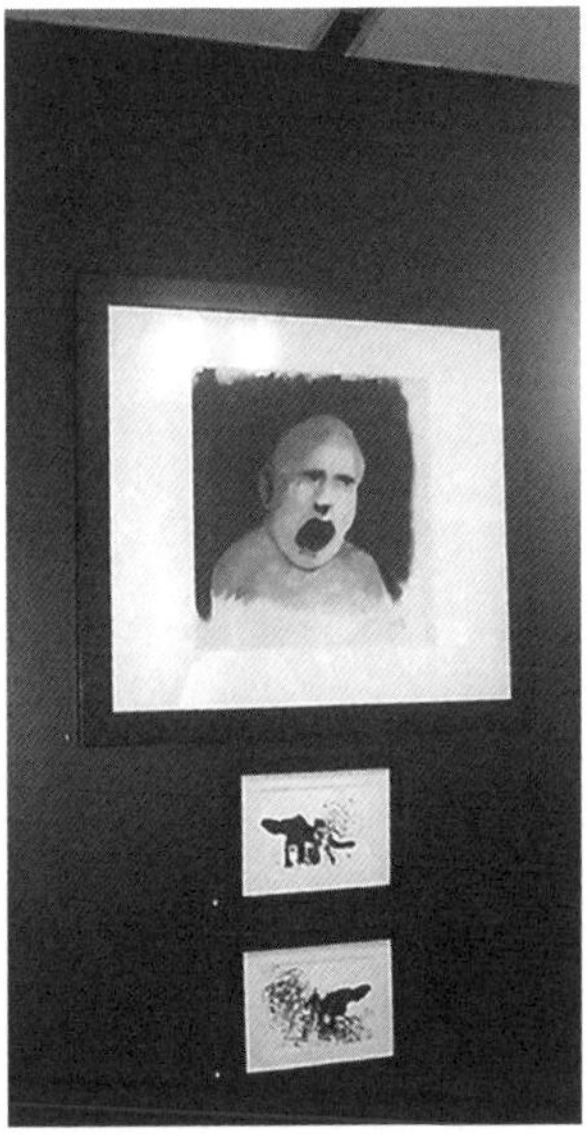

モントリオールで開催された
アール・ブリュット展示会から
(2008年、撮影許可を得て筆者が撮影)

舞踏家ジェイ・ヒラバヤシの
リハーサルから
(2008年、ヴァンクーヴァーの
ココロ・ダンス・シアター、
撮影許可を得て筆者が撮影)

ローザ・ニランの絵画展から
(2013年3月、メルボルンのダックス・センター、
撮影許可を得て筆者が撮影)

崩壊の危険にさらされながらも、破局の一歩手前で踏みとどまり、かつそれに抗して新しく蘇るためのまったく未知の道筋を見出そうとする——。そうした道の際で、絵画などの表現活動が湧き起こってくるとしたらどうであろうか？　とはいえ、芸術行為は状態制約的場／状況との関連のなかで社会的な危機感覚をおぼえたときに、それへの象徴的な解決行為として志向される、という補助線がまず有効であるという前提を置くのは意義があると筆者は考えている（トラウマを被り、そこからの一部脱出の試みの過程で、「痛みと希望」の両極性を生きる心が絵画的イメージを生み出す、別言すれば、状態拘束的局域で脱域投企する芸術表現の可能性が開かれる、とみることもできる）。

その過程で、境域の局外と局内の双方にまたがるような往復運動が立ち現れ、その往復運動によって自己崩壊に抗し、そして懸命にもがき生きようとする活動に芸術の光が宿るのではないか。そこには、アール・ブリュットを創造する一群の人々の姿が開示されることであろう。そして、そうしたアウトサイダーたちの姿は、とりもなおさず局内の側から、内外往復の振幅を伴いながら局外にと近づいてくる一種の共同随伴者たちに、姿の根底が開示されてくるのである。そうした共同随伴者たちとの出会いを通して、境域の場でリスクを生きる証言のようなかたちで、美的統合としてアール・ブリュットが結実してくるのだと思われる。

私たちが、パウル・クレーのような随伴者の精神のひとかけらでももつことができて、このジャンルの芸術に触れるとき、ついに気づくことになるだろう。——すなわち、複雑なかたちでリスクが転変する今日、私たちは知らず知らずのうちに、時代が誘導する「状態制約的」場に陥っている、ということに。
冒頭で「局外にいて精神 - 身体的に悩み苦しむ方々の創造性を確認したい」と述べたが、随伴者の姿勢を獲得していくということが、そのための肝となるのだと思われる。閉ざされた身体が帯びる諸相が反転して絵のかたちで踊りだす濃厚な気配を、その傍らで感じとる可能性を、われわれは確保するべきではないだろうか。

❖ 注

1 なお、「状態制約的」場について精神科医として深く考察したのは、マリヤ・グッギン精神病院のレオ・ナヴラティル（一九二六―二〇〇六）であったが、患者による描画活動が病から抜け出るための一種の突破口になり得るとしていたものの、精神病の寛解にまで至るとまでは考えず、治癒への可能性には悲観的であった。ところで、筆者が近年調べているジャマイカの精神科医、フレデリック・ヒックリング（一九四五―二〇二〇）は、みずからが開発した心理歴史誌的文化療法によって、長年治癒できなかった緊張病症状が急速に寛解する例があることを報告している。第三世界の文化と身体文化を基層にした随伴者のあり方が、西欧文化のそれとは異なるために、急速に寛解例が生じている可能性が考えられるかもしれない。

文献

"The Arts in Cultural Psychiatry: Identity, Creativity and Transformation." Advanced Study Insitute Conference, Division of Social & Transcultural Psychiatry, McGill University Advanced Study Institute in Cultural Psychiatry, June 1-3, 2015.
Roger Cardinal "Outsider Art and the Autistic Creator," *Philosophical Transactions: Biological Sciences*, 364:1522,

2009:1459–1466. または、Ditto, Outsider Art. Studio Vista, London, 1972.

Hal Foster, "Blinded Insights: On the Modernist Reception of the Art of the Mentally Ill," *October*, Vol. 97 (Summer, 2001).

Pompeo Martelli, "Museo Laboratorio della Mente." In Studio Azzurro, *MUSEI DI NARRAZIONE*, Silvana Editoriale 2011(pp. 131–149)UOS Centro Studie Recerche ASL Roma E, Studio Azzurro, Museo Laboratorio della Mente, Silvana Editoriale, 2010.

Miyasaka Keizo. "Embodied Experience and Personhood: Towards a Cultural study of Logic and Sensibility (Implications from Trance States)." Keio Univ. Press, in *CARLS Series of Advanced Study of Logic and Sensibility* Vol. 4 Shigeru Watanabe, ed. pp. 425–441.

Vera L. Zolberg and Joni Maya Cherbo（ed.）*Outsider Art: Contesting Boundaries in Contemporary Culture*, Cambridge University Press, 1997.

テヴォー・ミシェル『アール・ブリュット——野生芸術の真髄』杉村昌昭訳、人文書院、二〇一七年。

服部正・監修、アドルフ・ヴェルフリ（イラスト）『アドルフ・ヴェルフリ——二萬五千頁の王国』国書刊行会、二〇一七年。

宮坂敬造「トラウマの心象風景と芸術——豪州メルボルン、ダックス・センターでの出会いから」（『慶應義塾大学アートセンター年報二〇一三—一四年度』、第二一号、一一七—一二二頁）

宮坂敬造「Museo Laboratorio della Menteおよび Museum Gugging への訪問体験とアウトサイダー・アート省察——文化人類学の地平からの視点」（『国立新美術館研究紀要』第四号、二〇一七年、一五三—一七九頁）

VII エスニシティ

戦争と平和をもたらす二つの胃
東アフリカ牧畜社会の身体、他者、家畜

佐川徹

「敵」であり「友」

東アフリカの広大な乾燥・半乾燥地域には、家畜とともに遊動的な生活を営む多くの牧畜集団が分布している。そのなかでも、エチオピア南部、ケニア北部、南スーダン南部、ウガンダ北部の四国国境付近では、集団間に家畜の略奪をおもな目的とした紛争が発生してきた。一九八〇年代以降は、自動小銃が拡散して戦場での暴力の強度もあがり、数十人以上が死亡する衝突も多発した。ただし、この地域では集団間の境界を越えた友好的な社会関係も広がっている。私が二〇〇一年から調査を進めてきたダサネッチは、近隣の四つの集団を「敵」に分類しているが、その

「敵」の成員との間に交易関係、共住関係、友人関係、親族関係を形成してきた。つまり、人びとはときに暴力を用いて外部者を排除する一方で、ときにその同じ外部者を平和的に迎えいれてきたのである（佐川、二〇一一年）。戦争と平和、暴力と歓待、敵対と友好という一見相容れない現象や関係が集団間に並存している事態を、どのように理解することができるのだろうか。

現地で調査を実施する過程でわかってきたのは、牧畜民自身はこの並存を矛盾であるとは考えていないことであった。彼らにとって、戦争と平和は連続体としてあり、近隣集団の成員は「敵」でありながら「友」にもなりうる存在なのである。さらに興味深かったことは、この現象や関係の並存を、自分たちがある行為を能動的に選択した結果としてではなく、自分たちの生の根幹を成す三つの要素を自分たちでは管理できないことがもたらす帰結として、人びとが認識していたことであった。三つの要素とは、みずからの身体、ともに暮らす仲間、生活に不可欠な家畜であり、それらの管理を困難にしているのはそれぞれの「胃」である。

ダサネッチ語で胃や子宮、腹を意味する「ゲル」は、人の性格や感情などを表現する際に多用される個人性・個体性（individuality）を表す語でもある。たとえば、「胃が白い人」とは真実だけを述べる人、「胃が青い人」とはうそをつく人、「胃が重くなる」といえば我慢の限界を超えたこと、「胃が震える」といえば怒りに満たされていることを意味する。これは比喩表現ではない。ダサネッチによれば、その人の胃は物理的に白かったり、青かったりするし、またその人の胃が実際に重くなったり、震えたりする。集団間関係が戦争と平和の間を振り子のように揺れ動くのは、さまざまな胃が主体として人間の行為へ影響をおよぼすからだと人びとは語るのである。

牧畜集団間に二つの現象や関係が並存する原因を、生態環境や政治経済的な要因と関連づけて「客観的」に分析することもできる。たとえば、紛争の発生頻度と降水量の多寡との関係や、国家政策による放牧地の制限と集団間関係の歴史的変化に焦点をあてた研究などが考えられよう。だが本論でおこないたいのはそのような作業ではない。ダサネッチ自身がなぜ戦いが起き、またなぜ平和がもたらされると考えているのかを検討し、牧畜民の視点をとおして戦争と平和、敵対と友好、暴力と歓待が並存する理由を考えてみたいのである。本論で用いるのは、二〇〇一年から二〇一六年まで断続的におこなってきたダサネッチでの実地調査で得たデータである。

自己の胃

ダサネッチの男性が戦いに行きはじめるのは、彼らが年齢組に加入する一五歳から二〇歳ごろである。年齢組とは年齢の近い男性により構成される組織であり、この組織に加入することは少年期から青年期へ移行したことを意味する。年齢組に入りたての若者に「なぜ戦いに行くのか」と尋ねると、家畜を奪うため、敵を殺害するため、自分が男であることを人びとに示すため、といった答えが返ってくる。ダサネッチには、敵を殺害した男性に尊称が付されるなど、敵への暴力行使を促す文化装置が存在しており、男性は幼少時から戦いを称揚することばや慣習に囲まれて育つ。若者は自己の勇敢さを証明したいと願い、年齢組仲間が自分より先に戦果を挙げるとつよい嫉妬を感じ、自分も早くなにかを達成しなければという焦燥感にかられる。

だからといって、戦いに行く年齢に達した男性が、プログラミングされたロボットのように戦場へ向かうわけではない。彼らは子どものころから戦いの様子をよく耳にしてきたし、自分が住む集落を敵に襲撃された経験を持つ者もいる。しかし、自身が戦いの主体として戦場に身を置いたことはないため、実際に戦いに行くにあたっては、戦場でなにが起きるのか、その場で自分はどのようにふるまえばよいのかと、不安や恐怖を覚えるのだ。

戦うことを躊躇する男性を戦場へと向かわせるのが「グオフ」である。戦場に到達するまえに怖気づき、体を前に進められなくなった男性がいると、同じ襲撃部隊の男性は「おまえはそれでも男か」、「この臆病者め」などと彼に侮蔑的なことばを浴びせる。さらに人びとは、かつての戦場の様子やそこで活躍した人物の姿を描いた唄をみなで歌う。すると罵倒されていた男性は、突然すっくと立ちあがって何度も飛び跳ねたり、低い声でうなったりするようになる。身体が高揚し恒常的に興奮したこの状態にいたることを、ダサネッチは「グオフした」という。グオフは胃のなかにある小さなモノだとされる。グオフが胃から出て腸や脳などの上半身を駆け巡ると、「心臓が背中にまわる」、あるいは「ちがう心臓になる」。つまり、不安や恐怖を感じることはなくなり、戦場で戦うという一つの目的に向けて邁進するようになる。

ここで強調しておくべきなのは、いつグオフし、またグオフしたあとにどのような行動をとるのかを当人は管理できないと人びとが考えていることだ。グオフしたときの感覚や意識のあり方がわからないと述べた筆者に対して、ある男性は筆者がつけていた腕時計を例にしてつぎのように説明してくれた。「腕時計はふだんはタック、タック、タックと動いている。だからいま何時でいまなにをしていたのかを覚えていられる。グオフすると、それが急にタクタクタクタクと目に見えぬ早さで回り始める。そんなに早く動いていたらなにを覚えていられるのだ」。また、別の男性に敵集団の成員を殺害した経緯を尋ねた際には、「年齢組仲間が戦いの唄を歌っているのを聞いてグオフした。トゥルカナとの戦いへ行き一人の男性を殺した。どうして自分がそうしたのかは知らない」という答えが返ってきた。胃の中にあるグオフが自律的に体内を駆け巡ることで、人びとの身体は戦場へ向かい暴力を行使するよう突き動かされるのである。

グオフして向かった戦場で戦果を挙げ、その後も何度も戦いに向かう人がいる。その一方で、戦いに行ったあとで「戦いはもう十分だ」、「わたしは戦いを否定した」と考えて、積極的に戦いに行くことをやめる人も少なくない。そのように考えるにいたった経緯は多様なのだが（佐川、二〇一九）、ここでは「わたしは戦場に行って臆病者になった」と語る人たちに注目しよう。筆者は初めてこの発言を聞いたときに驚いた。「臆病者」とは、男らしさをめぐる評価では「勇敢な男」の対極にあるネガティヴな含意を有した語だからである。彼らはいかなる経験をとおして否定的な自己表現を受けいれるようになったのだろうか。

「臆病者になった」人びとが重視するのは、人びとが戦場でたがいに助けあわず、ときに戦果となる家畜をめぐって争っている場に身を置いた経験である。戦場に向かうまえの集落では「われわれダサネッチ」の一体性が強調されるのだが、実際の戦場では自身が生き延びたり戦果を挙げたりするために、他人の迷惑を顧みず利己的な行動をとる人がいる。「臆病者になった」と語る人は、「もしも年齢組仲間から『この臆病者』と罵倒されてもわたしはグオフしない」とも述べる。彼らは実際の戦場での経験から、戦果とは自分勝手なふるまいの結果として得られた場合もあることを知り、敵を殺害したりすることに価値を見出さなくなる。「臆病者」とみなされてもいいと感じ、仲間の戦果に嫉妬しなくなった人の胃からは、グオフはもう出ていかないのである。

他者の胃

「戦いを否定した」人びとが暴力と無縁の生活を送れるようになるわけではない。あるダサネッチの男性は、彼らと隣接する集団ニャンガトムとの間に戦いが続くプロセスを以下のように説明した。

〈ダサネッチとニャンガトムが共住しているとき〉ここにいるわれわれ三人〈話者、筆者、筆者の助手〉の胃は別である。おまえは平和を求めている。こいつはニャンガトムの友人がいる。わたしは人びとから男として認められることを望み、ともに住んでいるニャンガトムを殺す。するとニャンガトムはその負債を求めてわれわれの集落を襲撃しておまえの家畜を奪う。おまえは自分の家畜を奪われたら、「わたしにはニャンガトムの友人がいる」と言って座っているのか。

（佐川、二〇一一：三一四）

この話者は、「座ってなどいられない。自分で戦いに行って家畜を取り返さざるをえないだろう。そうしないと牧畜民として生きていけないのだから」と言いたいのである。

ダサネッチと近隣集団の間には明確な空間的境界が存在しないため、平和時には同じ土地に家畜キャンプを設けて共住する。人びとはたがいの家を訪問し、コーヒーや食事の場もともにする。相手集団との友好的な関係を望む者たちにとっては、この状態が継続することが好ましい。だがダサネッチの中には「別の胃」を持つ者もいる。彼らはともにくらす近隣集団の成員を「敵」とみなして、自己の勇敢さを示すための暴力の対象とする。その暴力に対して相手集団が復讐攻撃を仕掛けてきたら、「戦いを否定した」人であっても戦いに巻き込まれてしまう。

ここで重要なのは、「敵」を攻撃して集団間関係を悪化させる男性の行動を、強制的にやめさせる手段はないという点だ。ダサネッチによれば、各人は生まれたときから「胃がちがう」。自分の名づけ親とは「胃が同じ」だと述べる人もいるが、名付け親は一人だけであり、それ以外の人とはやはり「胃がちがう」。なにを考えどのように行動するのかは当人の「胃だけが決める」

し、その理由は当人の「胃だけが知っている」。もちろん、「胃がちがう」人とともにある活動に従事しようとすることはある。だが日常生活をともにする仲間であっても「胃がちがう」ことが前提なのだから、そのたびごとに話しあわなければならない。その結果、双方が自分たちの「胃が同じ」であると考えるにいたれば、彼らはともに行動する。しかしそのような考えにいたらなければ、最終的には相手の「胃が決めた」ことを受容するしかない。人は胃という身体の次元において原初的に多様であるのだから、思考や行動の次元においても多様であることは自明だという認識が、ダサネッチの人間観の根底にある。この原初的多様性を強制的に均質化することは望ましくないし、そもそも均質化できるものではないと、人びとは考えているのである。

各人の胃の決定を尊重する態度は、一方では近隣集団との平和的な関係を壊す人の行動を抑止することを困難にする。同時にこの態度によって、「戦いを否定した」人が肩身の狭い思いをすることなくその後の生活を送っていくことが可能になっている。ダサネッチでは戦いに行くことを称揚する文化装置があるのだから、戦いに積極的に行こうとしない男性は社会的排除の対象とされそうに思える。だが実際には、「戦いを否定した」人を「臆病者」といって非難する人はいない。あるダサネッチによれば、ともに戦いに行くよう誘いに行って断られた場合には、「ではここに残ってしっかりと家畜を放牧しろ」とだけ述べるのだという。戦いに行くのか行かないのかは当人の「胃だけが決める」からである。そのため、この地域では戦いが頻発するものの、人びとが自身の胃の決定に反して戦いへ動員されることはない。また、近代国家の総力戦体制のように、社会全体が戦いに勝つことだけを目指して一方向へ突き進むこともない。ただし前述したように、自己の経験に依拠して「戦いを否定した」としても、牧畜民としての生活を続けるために戦いに行かなければならない局面が訪れることはある。

さらにこの「胃」の多様性とその尊重は、集団間に平和的な関係が回復することを可能にしている。物理的暴力を用いた衝突が終わっても集団間の関係は緊張したままである。この地域にはわれわれの社会における外交官のような、集団の意思を代表して相手集団との和平交渉に臨む役職者は存在しない。近年まで政府が紛争後に平和構築を目指してつよい介入をしてくることもなかった。では集団間の関係はどのように回復しうるのか。

その一つのプロセスを駆動させるのが、相手集団との間に個人的な友好関係を有する人たちである。ダサネッチは近隣集団の成員と、放牧地での出会いなどを契機に集団境界を越えて友人関係を築く。友人関係はしばしば、なんらかの理由で苦境に陥っていた相手を助けたこと、ないし自分が相手に助けられたことを契機に、形成されている（佐川、二〇一八）。遭遇した相手を憎むべき敵集団の一員としてではなく、それぞれが「別の胃」を有した個別的な存在として捉えているから、妙なこだわりをもたずに手を差し伸べることができるし、気が合いそうな人物とは親密な関係を築くことができるのだ。また、戦いの対象となりうる近隣集団の成員と友好的な関係を形成したからといって、ほかのダサネッチがその人の「胃が決めた」行動を非難することはない。

戦いが一段落してからしばらくすると、親しい友人たちは互いの家を訪問し始める。これは集団間の関係の回復を目指した訪問ではなく、友人に過去の贈り物のお返しをする必要があるなどといった、より個人的な理由に動機づけられた訪問である。訪問された側は相手を迎えいれる。友人たちの訪問と歓待が繰りかえされるようになると、相手集団との間に親密な関係を有していない者も、彼らに追随して友好的な往来を重ねるようになる。集団レベルでの平和の回復である。多様な胃を有した人たちが存在し、相互にその決定を尊重することで、集団内で閉じることのない広範な社会関係がつくられる。この個人間の関係性の連なりがあるからこそ、集団間関係は敵対的なものに固定化されることがないのである。

家畜の胃

ダサネッチによれば平和的な関係をつくりだすのは人とその胃だけではない。彼らが飼養するウシやヤギ、ヒツジなどの家畜とその胃も平和の回復に寄与するのだという。東アフリカ牧畜社会では、家畜は単にエネルギー摂取源として重要なだけではなく、人間関係を形成したり維持したりするうえでも、また神や祖先とコミュニケーション取るうえでも、人びとの生活に不可欠な存在である。ダサネッチはより多くの家畜を所有することを切望するし、自分の家畜が健康を保ちよく太るように細かな配慮をする。そのために、彼らは敵の家畜を奪ったり、敵が利用している放牧地へのアクセスを得ようとしたりもする。家畜をめぐる欲望が多くの戦いのきっかけとなるのである。その家畜が平和に貢献するとはいかなる意味においてであろうか。

ダサネッチと近隣集団が共住している際にトラブルが発生すると、双方の成員は攻撃をおそれて共住地から離れた地にまで家畜キャンプを後退させる。集団間には広大な無人地帯が広がることになり、両集団とも放牧に利用できる土地は減少する。その後、仮に戦いが起こらなくても緊張関係は続くため、無人地帯に放牧することはできない。家畜キャンプ周辺の草や水は減っていく。すると、腹を空かせた家畜は日帰り放牧の際に草や水がより多く残った遠くの無人地帯のほうへ行きたがり、牧夫が促してもなかなかキャンプへ帰ろうとしない。家畜群のキャンプへの帰宅時間は遅くなり、暗がりの中をキャンプから離れた地で放牧している際に敵から襲撃を受けるおそれがつよまる。ともに放牧に従事している牧夫は数名程度であるため、襲撃に適切に対応することはむずかしい。

そこで人びとは、徐々に無人地帯のほうへと家畜キャンプを移動していくことになる。仮に襲撃されたとしても、キャンプから近い放牧地においてであればすぐに援軍が送れるからである。近隣集団の成員も同様のことを考えて、家畜キャンプを移動させる。結果として、両者が利用する放牧地は接近し、最終的には両者は家畜の水場などで遭遇することになる。この際に再度トラブルが発生することもあるのだが、家畜がやせ細っている際には、戦うことよりもともに放牧することが志向されやすいという。両者は近くにある枝を折りそれを天に掲げることで攻撃する意思がないことを示すと、無人地帯となっていた放牧地の平和的な共同利用を始める。ダサネッチはこの一連のプロセスを、「家畜の胃がわれわれを（敵集団のいる方向へと）移動させる」と述べる。友人間の相互往来とは別に、あるいはそれと並行しながら、腹を空かせた家畜の胃が、近隣集団と空間的に近づいて関係を改善するよう人びとに迫るのである。

家畜とその胃は回復された平和を壊すこともある。ダサネッチによる典型的な説明は以下のようなものである。共住地で敵の成員とともにキャンプをかまえ、家畜の放牧に従事する。昼間の暑い時間、放牧地の木陰で寝転がりながら自分の家畜が草を食む様子を眺めていると、近隣集団の成員が放牧している家畜の姿が目に入る。彼らの家畜のほうが自分の家畜よりも肉付きがよい。とくに首の付け根にあるこぶは丸々とふくらみ、歩くたびにぷるんぷるんと揺れている。近隣集団の家畜のほうが太っている理由は、自分たちの家畜の胃におさまるべき草や水が、彼らの家畜の胃に入ってしまっているからである。そう考えた若い男性は、近隣集団の家畜を無断でと殺してその肉を食べたり、盗んだりするといった行為におよぶ。「家畜の脂肪が（人びとに）怒りをもたらす」からである。家畜の胃は人びとに移動を強いることで集団間関係を平和に導き、家畜の胃からつくられる脂肪は人びとを誘惑することで集団間に軋轢をもたらすわけだ。

敵と遊ぶ

ダサネッチの説明に依拠すれば、戦争と平和、暴力と歓待、敵対と友好という現象や関係が集団間に並存している事態は、みずからの身体、ともに暮らす仲間、生活に不可欠な家畜が持つそれぞれの胃が、人びとになさしめた行為の連鎖の帰結として生じているものだ。ダサネッチは、近隣の牧畜集団の成員も自分たちと同じようにグオフするし、自分たちと同じように各人の「胃はちがう」し、自分たちと同じように家畜の胃に突き動かされているのだと語る。管理不可能な胃の存在は、人びとの暮らしに紛争など多くの不確実性をもたらすのだが、その胃とともに生きまた死んでいくという点において、人びとは「われわれ」と「彼ら」を同一の運命を共有した同朋と捉えているのである。

筆者は、ダサネッチが近隣集団と戦うことを「敵と遊ぶ」と表現しているのを聞いて混乱したことがある。私が「遊ぶ」と訳していた「アドゥマ」という語は、おもにはだれかとおしゃべりをしたり、ともに歌を唄ったりして楽しんでいることを指して使われる語である。それではなぜ戦うこともアドゥマと表現できるのだろうか。これまでの議論に依拠すれば、近隣集団の成員を「友」として語りあうことも、「敵」として戦うことも、胃とともに生きる「わたしたち」が同じ場で身体を突きあわせて行為をともにするという点ではちがいがない。アドゥマという語は、ある行為の関係形態が友好的であるのか敵対的であるのかという区別を越えて、「別の胃」を有した他者と、対面的状況下で濃密な相互行為にともに参与している状態を指す語として理解することが適切なのだろう。

治安の確保に向けて「リスク」の同定と消去に膨大なエネルギーを注ぐ社会に生きるわれわ

れの観点からすれば、胃がもたらす不確実性を縮減するために外的な制約を設けることが、「安全・安心」な社会の形成には不可欠であるという発想がすぐに思い浮かぶ。たとえば、近隣集団との関係を悪化させる成員の行動を強制的な措置を取ることで予防したり、集団間に明確な空間的境界を設けて近隣集団の成員やその家畜と遭遇する機会を少なくしたりすれば、集団間関係を悪化させる出来事の発生は減らせるかもしれない。だがその結果として残されるのは、自分たちの集団内部に閉じた暮らしと、命令する者と命令される者とに分化した人間関係であり、それはまさに「遊び＝アドゥマ」を欠いた生である。ダサネッチと近隣の牧畜民は、胃の管理不可能性とそれが生活にもたらす不確実性を引き受けることで、集団境界を越えて広がる対等な二者関係の連なりとしてある世界をつくり、さまざまな胃がもたらす「遊び＝アドゥマ」に満ちた生を送ってきたのだといえよう。

参考文献

佐川徹『暴力と歓待の民族誌――東アフリカ牧畜社会の戦争と平和』昭和堂、二〇一一年。

佐川徹「友を待つ――東アフリカ牧畜社会における『敵』への歓待と贈与」『哲學』三田哲學會、一四〇、二〇一八年。

佐川徹「『男らしさ』を相対化する―ダサネッチの戦場体験」（太田至・曽我亨編『遊牧の思想――人類学者がみる激動するアフリカ』昭和堂、二〇一九年）

メディアとしての芸能の身体

バリ島の仮面舞踊劇を例に

吉田ゆか子

村のメディアとしてのトペン

多彩な芸能文化が育まれるインドネシアのバリ島。この島の芸能のなかでも、特に上演頻度が高く、かつ儀礼との関わりの深いものに、「トペン」がある。トペンとは、寺院祭、結婚式、通過儀礼、葬式といったヒンドゥ教徒の各種儀礼にて上演される仮面舞踊劇である。一〜三人程度の演者が、仮面をつけ替えながら、ババッドと呼ばれる、バリやジャワの王国時代の王宮の物語を演じる。またその中で、ヒンドゥ教の哲学や教義を解説したり、時事的な問題を面白おかしく風刺したり、村のゴシップに言及したりと、様々な話題が挿入される。

トペン演者は「辞書のように」物知りでなければならないといわれ、実際、彼らは知識人として周囲から一目置かれている場合が多い。歴史に造詣の深い演者は、依頼者の好みによって、様々な歴史物語の一片を取り出し、劇に仕立てることができる。宗教や慣習に詳しい者は、それらをユーモアも交えながら語り、観客を飽きさせない。後述するように、観客はそれほど熱心に観劇するわけではないが、それでもトペンの語りを何度も耳にするうちに、自然と歴史上の人物の名前、ヒンドゥ教の教義や哲学などに親しんでゆく。

ここまでの記述からも明らかなように、トペンを観るという行為の中には、映画やテレビを観る行為、本や雑誌や新聞を読む行為とも共通する点がある。実際、年長者たちによれば、テレビやラジオが普及する前の時代には、人々はより熱心にトペンに耳を傾けたらしい。また二〇世紀後期になるまで、書籍等の出版物も都市部を除けばそう出回っていなかった。バリにはもともと豊かな文字の伝統が存在するが、かつて文字は神聖視されてもいて、特に宗教に関わるテキストや、歴史物語ババッド（これも祖霊信仰に関わる神聖なテキストである）が記された古文書ロンタルは、一般の人が気軽に手に取れるものではない。そのような状況下、トペンをはじめとする芸能は、一般の村人にとっての数少ない情報源であり娯楽であっただろう。トペンは村の情報メディアという一面をもつのである。他方、芸能をライブで観劇するという行為には、映画やテレビや本や新聞あるいはインターネット等から情報を得ることとは大きく違う部分もある。特にそれが宗教実践と関りの深い芸能の場合はなおさらである。本稿では、それら他メディアにはない、トペンの（メディアとしての）特徴のいくつかについて、「身体が集って初めて成立する」という特徴にこだわりながら考えてみたい。次に、まずこのトペンの内容を簡単に説明しておこう。それは大まかにいって、上演のモードが異なる四つのシーン、すなわち①冒頭の舞踊シーン、②物語の導入から王への謁見までのシーン、③儀礼の場に集う村人たちのシーン、④伝説の僧侶シダカルヤのシーン、から構成される。

トペン上演の様子

トペンでは大きな舞台装置を用いず、せいぜい舞台と舞台裏を仕切る一枚の幕を張るくらいである。儀礼会場の片隅で、伴奏を担当するガムラングループが曲を奏で始め、色鮮やかな衣装を着た演者たちが姿を現すと、人々がこれを取り囲み、舞台空間らしきものが生まれる。台本もリハーサルもない。複数の演者が共演する場合も、物語の筋と配役を、短く打ち合わせるのみである。なおトペンは歴史の忠実な再現ではない。演者は、ババッドに描かれた特定の人物や出来事を軸に物語を組み立てるが、枝葉の部分は自由に創作する。一時間前後の上演中、演者は大まかな形式上のルールの範囲で即興的に舞い、語り、歌う。即興といっても、大抵内容は以下のようになる。

①　冒頭部は、舞踊シーンが二つか三つ演じられる。典型的には強い大臣の舞【図版1】、そして老人（これは王の助言者ともいわれる）の舞が続く。各役柄の性格をよく表現しているガムランのフレーズが繰り返されるなか、仮面をつけ剣を背負った演者が舞い踊るうちに、次第に古の王国の雰囲気が立ち上がってくる。なお、この①にはセリフがなく、あまりストーリーとも関係がない。

②　次に現れる、王に仕える従者プナサールはストーリー・テラーでもある。彼は自らの主人である王の名前を口にし、王がどんなに偉大な人物であり、また王国がどのような状態にあるのかを語り、物語の導入とする。そして、彼は王に謁見する。次に王が現れ、ひとしきり舞う。その王は、ある儀礼を計画している。ただし王役は、顔全体が仮面で覆われており、一言も発さない。プナサールが、たとえば、「偉大な我がワトゥ・レンゴン王が、バリ・ヒンドゥの総本山ブサキ寺院にて盛大な寺院祭を計画されておる」といったようにその言葉を代弁するのである。

③　次は王の命じた儀礼を実施する現場にシーンが移る。そこで従者プナサールが出会うのは、王の儀礼を手伝おうとやってきた村人達である。せっかち、ぶりっこ、自信過剰、病気もち、田舎者等々、彼ら一人一人は、みなどこか欠点や極端さを抱えており、それが笑いを誘

【図版1】強い大臣の舞と伴奏のガムラングループ

う。このシーンはコメディの色彩が強い。王や大臣の身体がそれぞれ優美さや勇ましさを備えた理想的かつ規範的な姿で表現されるのに対し、これら村人の道化役たちの身体は、不細工だったり、不器用であったりと、逸脱的で難ありの姿で描かれる。しかしジョークを飛ばし、時に権力者を風刺したりしながら、笑いを呼び、王を手伝おうと張り切る彼らは、観客たちにとって親近感のもてる存在でもある。

④最後には決まってシダカルヤが現れる【図版2】。シダカルヤの由来には諸説あるが、最もよく知られているのは、一六世紀頃ワトゥ・レンゴン王の時代にジャワからバリへとやってきた高僧であるとするものである。霊験あらたかであったとされるこの人物に扮した演者は、聖米や古銭を四方に撒き、マントラを唱え、祈る。そして上演を観ていた子供たちに、聖米や古銭を手渡す。子供らはこれらを持ち帰ってお守りにすることができる。

身体へと響く音

トペンを眺める「観客」は、寺院祭や結婚式や葬式といった儀礼に参列した際に、たまたま上演に居合わせた人たちである。よって彼らは、儀礼の手伝いや社交の合間に、時折トペンに目をやる。彼らにとってトペンとは、一つの完結した物語を言葉で伝えるものというよりは、それぞ

【図版2】シダカルヤ

れの役柄を表わす舞踊、馴染みのガムランのフレーズ、仮面や衣装、様式ばった歌や語り口、といった多様な側面から先祖たちの栄光の時代を想起させるメディアであろう。

なかでも伴奏のガムラン音楽は、熱心な観劇者であるかどうかにかかわらず、周囲の人々の身体に大きく働きかける。ガムランとは二〇名以上の演奏者によって構成される、青銅製の打楽器を中心としたアンサンブルである。煌くようなその音は、近くにいる者たちの身体全体を包み込み、振動としても感覚される。伴奏者は演者の動きに合わせ音量やテンポやメロディーパターンを変化させるため、演者の踊りは音の波となって、空間を揺らすかのようである。曲を聴いて思わず踊りだす子供たちもいる。トペンの観劇は、登場人物たちの一挙一動を耳、そして身体で感じる、身体的な経験であるという点をまず指摘したい。

歴史上の世界と観客の世界をつなぐ声と身体

観客は演者の一言一句を聞いているわけではないと述べたが、トペンにおいて声や言葉が重要でないわけではない。それどころか演者の声、そしてその言葉の響きは、(演者の身体動作とも相まって)、歴史上の登場人物と、観客の間の関係を様々に演出する。無文字社会の研究から、文字ではなく声や語りで伝承されるような「声の文化」の特徴について論じたJ・オングは以下のように述べる。

話されることばは、音〔音声〕という物理的な状態においては、人間の内部から生じ、〔それゆえに〕人間どうしを互いに意識をもった内部、つまり人格 person として現れさせる。それゆえに、話されることばは、人々をかたく結ばれた集団に形作る。（オング 2009［1982］：157）

ババッドの世界の住人になりきった演者は、その肉声によって、観客と人格同士の関係を結ぶ。従者や村人たち、そしてシダカルヤといった声の演技がある役どころは、この演者の身体を通して、その「人格」の一部を成し、観客の前にたち現れるのである。また、トペンにおける声の働きは、それが多言語であることにより、さらに複雑な様相を帯びる（Emigh 1996）。村人役は人々の母語であるバリ語や国語であるインドネシア語で語るが、王の言葉は古代ジャワ語であるカウィ語で語られる。カウィ語は古の偉大な王国文化を連想させる言語であるが、一般の観客はその意味を解さない（上述のように王役自身は発話せず、従者プナサールが王に代わって語るのだが、彼は一度カウィ語で語ったあと、その言葉をバリ語で解説する）。そしてシダカルヤが発するマントラはサンスクリット語である。これも神々に働きかける神聖な言葉であり、一般の人々にとっては理解不能である。これら古語や神聖で霊的に強力な言葉は、観客の日常と切り離された特別な響きをもち、劇で演じられる王国時代の世界と、観客の世界の間の距離を強調する。他方で、プナサールは、これをバリ語へと翻訳することによって、この二つの世界を架橋する。さらにはプナサールおよび村人達は、時に時代劇という設定からはみだして、観客にとって現代的で身近な話題（たとえば近年のガソリン価格の高騰や、人気のテレビドラマ、爆弾テロ事件後に客が激減した観光地の様子等）に言及したり、観客や伴奏者に対して直接話しかけたり、身体的に接触したりもする。こうした、劇の世界と観客の生きる現在の両方に存在するかのような演者の身体、そしてその身振りや言葉による観客との直接的なやりとりによって、はるか昔の祖先たちの物語世界と、現在の人々が生きる日常が交わる場が生じるのである。

シダカルヤの場面では、最後に周囲にいる子供たちに聖米と古銭を手渡してもいた。シダカルヤを、劇中に登場させると、その霊的な力によって（劇中の王の儀礼ではなく）現実の儀礼が成就するとされる。そのため、バリでは儀礼にはトペン上演が欠かせないのである。このシーンでは演劇と現実の境が融解する。シダカルヤ役の演者は、単にシダカルヤを「演じる」だけではなく、シダカルヤと「成って」現実の儀礼を見届け、人々を祝福する役割を担っているからだ。子供たちが差し出した手にシダカルヤが置いてやる少量の聖米や古銭は、人々へと与えられる彼の祝福を象徴的に「表す」だけでなく、それに形を与えることで上演後も人々に幸福をもたらしうるお守りへと変化している。

不可視の観客に向けて演じる

シダカルヤのシーンに限らず、トペンは、神格や悪霊といった不可視の存在に働きかけるためのメディアでもある。儀礼の場には神々や悪霊が集う。トペン上演は、儀礼会場内の周辺的な場所で行われるが、それはそこで悪霊たちを楽しませて足止めし、奥の敷地で僧侶が執行している(現実の)儀礼の核心部分を邪魔させないという機能のためである。また上演は、神々をも楽しませるものでもある。特に王国時代の王や大臣たちの栄光の物語を演じることは、祖霊たちを褒めたたえる行為でもある。

他方こうした上演は人々にとっても不可視の存在を映し出すメディアとしての面をもつ。上述したように、トペンを観劇する人間はそれほど多くないが、閑散とした状況を気にする素振りもなく、演者は演じつづける。また、カウィ語やサンスクリット語によるセリフは、人間には理解できなくとも、こうした神々や悪霊には理解されると考えられている。人がいない方向に向かって熱心に話しかける演者の姿、そしてカウィ語やサンスクリット語の響きは、そこに目には見えない聞き手が居るということを感じさせる。語りかける演者の姿によって、語りかけられる存在としての神格や悪霊の存在が浮かび上がってくるのである。

仮面と共に演じる

ここまで演者の身体や、演者と観客の身体的な関わりについて述べてきたが、最後にトペンの演技を構成するもう一つの重要な要素、仮面についても短く言及したい。言うまでもなく、仮面もまた登場人物の性格や身なり、身分といった情報を伝えるメディアである。しかし仮面は何かを「表す」だけの存在ではない。仮面と演者の、そして仮面と観客の間の身体的なやり取りがある。トペンでは仮面と演者が一つになること、それによって仮面を「生きさせる」ことが目指される。この仮面の「命」はトペンという芸能の重要な魅力である。演者は仮面に生を与えるべく様々なことをする。仮面の表情をよく観察し、それにふさわしい動きや声やセリフを考案し役作りする。また演技中に仮面の裏で仮面と同じ表情をすることも効果的だ（Emigh 1996: 116）。こうした技術面での努力のほか、演者は仮面に神格を招待する。仮面には、通常、浄化儀礼と神聖化儀礼がほどこされる。友人はこれを鳥籠の比喩で説明してくれた。2つの儀礼は、鳥籠を掃除し、（鳥が入って来るように）扉を開けるようなものだという。こうして神格の器となった仮面に対し、演者は上演の前後にも供物を捧げる。そこに宿っているであろう神格の力添えと上演の成功を願い、上演後にはその礼をするのだ。こうした供物のやり取りや演技の経験を重ね、演者と仮面は次第に馴染んでゆく。

仮面に「命」を与えようとするのは演者だけではない。仮面を作る職人は仮面が上演中に最も魅力的になるよう腕を振るう。トペンの伴奏曲を口ずさみながら、作りかけの仮面をかざし、揺らす職人の姿もよくみかける。音楽と動きの中でどんな表情を見せるのかを確認しているのだ。黒目を入れる作業には神経を使う。そこで仮面の目線が決まるからだ。たとえば、大臣の仮面は、装着されたときに、数メートル先に座っている観客に目線を向けるよう、目の真ん中ではなくやや下の方に付けられる。

本章のはじめのほうで述べたように、トペンには台本が用いられず、演技は多分に即興を含む。そのようななか、仮面は演者にとって演技の指針となる（cf Emigh 1996: xviii-xix）。演者は仮面に宿る神格の力に身を任せ、仮面の表情に導かれながらそれにふさわしい手足となって、演技する（Coldiron 2004: 199-200）。人びとは、木片であるはずの仮面が演者と一体となって踊りだす姿にふれ、たとえば勇ましい大臣の鋭い目線を受け取りながら、そこに尋常ではない、超自然的な力の働きを感じとるのだ。仮面に宿る神格の力、そして仮面を仕込んだ職人のアイディアや仕事は、仮面を操り、また仮面に操られているようでもある演者の身体を通して人びとの前に現れ、観客たちを魅了する。

メディアとしての芸能の身体

以上みてきたように、トペンを観る者たちは、身体的存在として様々に働きかけられていた。

これは、文字情報メディアはもちろんのこと、スクリーン越しに眺めるテレビや映画やインターネットにおける鑑賞経験とも大きく違うものである。舞台と観客のスペースに明確な仕切りのないトペンの上演空間において、演者と観客、そして仮面は、直接的に、あるいは楽器の響きや肉声や視線や物を介しながら、身体的に関わる。
演技中の演者は、歴史物語の登場人物であり、かつ現在に生きる一人の人間であり、また時にシダカルヤの力の器となる。そしてその演者が、人にそして、神々や悪霊たちに向けて語り、仮面に導かれるように踊るとき、歴史の世界と観客の住む世界の境界、人間と神々や悪霊たちの世界の境界が揺るがされる場が開かれる。トペン演者の身体とは、このように複数の世界を繋ぐメディアなのである。

参考文献

Emigh, J. 1996 Masked Performance: The play of Self and Other in Ritual and Theatre. Philadelphia: University of Pennsylvania Press.
ウォルター・J・オング『声の文化と文字の文化』桜井直文・林正寛・糟谷啓介訳、藤原書店、一九九一年。
吉田ゆか子『バリ島仮面舞踊劇の人類学——人とモノの織りなす芸能』風響社、二〇一六年。
Coldiron, M. 2004 Trance and Transformation of the Actor in Japanese Noh and Balinese Masked Dance-Drama. The Edwin Meller Press.

牧畜民サンブルのモランのメディアとしての身体

中村香子

自己の身体の把握のしかた

ケニアの牧畜民サンブルは、派手なビーズ装飾で全身を飾りたてる人びとである。とくに「モラン（戦士）」とよばれる未婚の青年たちの装飾は独特だ。首は色とりどりのビーズのネックレスで埋め尽くされ、手首から肘にかけてはバングルが幾重にも積み上げられ、上半身はループ状のビーズが斜めにクロスしている。頭のてっぺんには鳥の羽根や造花を用いて自作した頭飾りが立ち並び、ふくらはぎにはビーズのベルト、足首には鎖のアンクレットが光る。腰巻き布の上からはビーズがびっしりと縫い付けられたベルトをきりりと巻く【図版1】。初めて彼らに出会ったとき、私は、色鮮やかな装身具そのものに圧倒され、そしてそれ以上に、自身の身体の美しさに対する彼らの揺るぎのない自信に強く惹かれた。それは、「格好いい」をとおりこして時に少し滑稽ですらあった。

彼らと私とではあきらかに自身の身体の把握のしかたが異なっていた。彼らにとって、「男前」

【図版1】サンブルのモラン

の規準は、顔や背丈というより、立ち姿、歩き姿、身のこなしにある。顔で大切な部分があるとすれば「目つき」であって、目が大きかろうが小さかろうが、鼻が高かろうが低かろうが、どちらでもよいようである。肌の色も、牛に赤い牛、黒い牛、白い牛がいるように、人間にもいろいろな色があり、どれもみな美しいと言う。すなわち、与えられた身体はみな美しく、それに磨きをかける努力を誰もが惜しまない。

たとえば放牧中は、しばしば立ち止まって家畜たちが草を食むのを待つ。待つあいだは、両脚をクロスしたり、片足をもう一方の足の膝脇に当てて一本足で立ったり、杖に重心をかけたり……と、何種類かある「立つ」ポーズから、無意識にいずれかのポーズを選んで立っている。あたりに自分以外の別の人間がいようがいまいが関係ない。彼らには「気を抜いてだらだら歩く」ことはもちろん、「なんの緊張感もなくぼさっと立つ」などということはできないようだ。そして、おもむろに腰ベルトに結びつけているポケット代わりのハイソックスから手鏡を取りだし、手をできるかぎり遠くへと伸ばし、前方、後方、斜め前……とあらゆる角度から鏡をかざして、自身の外見をチェックする。目の前に広がる光景——サバンナの大地の上に愛する家畜たちが群れている——に恍惚としながら、その中にある自分自身の存在を確認して、その全体に対して「ああ、美しいなあ……」とうっとりしているのである。彼らにとって、自身の外見の美しさは、まずは自分自身のためのもの、ということだ。

そんな彼らは、当然、写真を撮られることが大好きだ。私に写真を撮ってくれと依頼するときには、顔だけでなく全身を撮るようにと念を押し、また、正面からと同じ枚数だけ後ろ姿も必要だと言うのである。私は自分の後ろ姿に興味をもったことなどなかったし、背中の写真が無数にあるなかからどれが誰かなどとうてい判別できないが、彼らにとってそれは、顔で誰かを見分けるのとまったく同じぐらい容易なことである。彼らは、自身の身体の隅々をつねに強い意識の下におき、さらに仲間の身体もその延長線上に位置づけて把握する。そして自分と仲間の身体の美しさは、彼らのゆるぎない自信と誇りに直結している。

人生のステイタスの変化を演出する身体

彼らがこのように積極的に自身の身体の美しさをつくり始めるのは、割礼を受けてモランになってからである。サンブルの社会において、男性の人生は三つの段階に分けられている。生まれてから割礼を受けるまでは「少年」、割礼を受けてから結婚するまでは「モラン」、結婚すると「長老」となる。割礼と結婚は通過儀礼であり、それを経て新たに生まれ変わるのである。

割礼を受ける年齢には個人差があるが、たいていは二〇歳前後で、この後、モランの時期を約一〇年から一五年過ごす。割礼が近づいてくると少年たちは、炭で真っ黒に染めた皮の衣装を纏い、数人でグループをつくって割礼を待ち焦がれる歌をうたいながら過ごす。いよいよ施術を受けるその瞬間、彼らは抑えられないほどの強い喜びのために震えて叫び出したり、引きつけをおこす場合もある。無事に施術が終わると、その一か月後にモランになる日がやってくる。この日、少年たちは黒い衣装を脱ぎ捨てて全身を洗い清め、髪の毛をすべて剃り落とす。そして今度は酸化鉄を用いた顔料で全身を真っ赤に染め上げるのだ。そして、黒から赤へと変化したその身体に、華やかなビーズの装身具を生まれて初めてつける。大規模な儀礼の際には、儀礼集落ごとに一〇〇人前後の少年たちがいっせいにモランになるが、それはあたかもサナギが蝶となって次々と羽ばたき出すかのような鮮やかな変身である。生まれたてのモランたちの身体は、新たな環境への緊張のために小さくふるえながら、喜びと自信をみるみるうちに漲らせはじめる。モランとなった男性は、立ち姿も眼光も、昨日までとはまったく異なっているのだと人びとは言う。

その後、結婚して長老になるまでのあいだ、彼らは日常的に派手な装身具を身につけるが、ひとたび長老となると、今度は潔くそのほとんどを取り外して、少年の頃のような地味な装いにもどる。少年や長老が着飾っていると、かえって「格好悪い」し「見苦しい」。身体は、彼らの人生におけるステイタスの変化をあざやかに演出する。

モランとビーズの恋人

私が集中的にサンブルの人びとの装身具の調査をしていた二〇〇〇年前後には、モランにとって、おしゃれとダンスと恋愛が人生のすべてと言っても過言ではなかった。彼らは気に入った娘ができると、その娘に大量のビーズをプレゼントすることで恋人関係を結んでいた。ビーズを受け取った娘はそれを巨大な首飾りにして身につける【図版2】。これによって彼らの関係は可視化され、社会の誰もが知るものとなる。しかしながら、この関係が結婚に結びつくことはごく少数の例外をのぞいてはあり得ず、娘はまったく別の男性のところに嫁いでいく。なぜなら、彼らはビーズの恋人を、自分と同じクラン（氏族）から選ぶが、結婚相手は自分と異なるクランの人でなければならないからだ。娘の結婚式は、恋人たちの別れの儀式でもある。モランは別れの悲しみを歌にして歌いかけながら、恋人の結婚用の化粧として、赤い染料を娘の頭や首や肩に塗ってやる。

モランたちはこのとき、別れの悲しさに打ちひしがれてはいるが、同時に「ああ、自分はモランだ」と心から感じ、やるべきことをやっている気持ちがするのだと言う。その証拠に、そのときのことを振り返って語る男性は、どの世代でも一様にとても自慢気である。「あんな美しい牛を売ってビーズを五キログラム買い、娘をすばらしく飾ってやったが、たった一年後に嫁いでいった。

【図版2】巨大な首飾りをつけた娘たち

まったく自分たちサンブルのモランってやつは、なんて無駄なことをするんだ！」と嘆いてみせるが、それは「俺は男のなかの男だ」と言っているのと同じで、自慢話そのものなのである。

メディアとしての身体
――社会の変化とメッセージの変化

ところが、そんなサンブルのモランの「男気」は近年急速に姿を変えている。娘にビーズを与えて恋人関係をつくるという習慣が約二〇年間でほぼ消滅したのだ。急速に浸透している学校教育の影響はとても大きいだろう。学校に通うこととモランとして生きることの両立はなかなか難しい。学校はビーズを身につけて登校することを禁止しているので、彼らは学校が休みの時期ぐらいしか思う存分モランらしい生活――着飾ってダンスや恋愛に明け暮れる――ができない。そして、学校に通っている娘は、そもそもビーズの首飾りを身につけることを望まない。

しかし、恋人にビーズを与えなくなったモランたちが、ビーズに興味を失ったかと言えばまったくそんなことはない。モランが身につける装身具は、学校教育の浸透とともにどんどん進化し華美になっていった。バングルや首飾りは一世代前のものより、太く、大きく作られ、さらにそれをいくつも重ねづけするようになった。色とりどりの造花で埋め尽くされた頭はさながら「お花畑」だ。

彼らの社会には、新しい価値観が急速に流れ込んでいる。親の世代がしてきたように、家畜と寄り添い生きていく人生に疑問をもつ人も増えている。現金の必要性も急速に高まり、モランの多くは出稼ぎに首都や観光地に行くが、観光客や別の民族とのインタラクションをとおして彼らは、ビーズで身を飾り「伝統的」であることこそが自分たちの価値であると痛感する。外部からのまなざしで自らと自民族を見つめる経験をもったサンブルのモランたちは、ポジティブに自分自身の生き方を捉えなおすと同時に、民族の誇りを広く世界に対して発信する道具としてビーズを利用し始めているのかもしれない。

そのようにして自身の身体を装身具で埋め尽くしていく彼らの姿は、さながら、「われわれは美しい！　誰がなんと言おうと！」と声高に、他者だけでなく自分達自身に向かって叫び続けているようでもある。そうでもしないと、変化の荒波のなかで自分達の進む道を見失いかねない。装飾の増加は彼らのなかに芽生えているそんな危機感のあらわれのようにも見える。モランたちは、今後、自身の身体にいかなるメッセージをのせてゆくのだろうか。目を凝らし見守りたい。

信仰と装い

イスラームにおける身体と服装

野中 葉

皆さんは、イスラーム教徒の服装として何を思い浮かべるだろうか。女性たちが頭に纏うヴェールや、全身を覆うゆったりとした服装をイメージする人が多いのではないだろうか。けれども、このイスラーム教徒の女性たち（以下、ムスリマ）の服装には、ネガティブな印象が付きまとう。イスラームは女性蔑視の宗教であり、女性たちは強制的にこうした服装をさせられているのであり、ヴェールを外してあげることこそ彼らの解放につながるのだという声も聞こえるほどだ（アハメド、二〇〇〇：二〇六―二四二、アブー＝ルゴド、二〇一八：二一九）。しかし、少なくとも、筆者がフィールドとするインドネシアで出会った女性たちは皆、自発的に、楽しんで、ヴェールやイスラーム式の衣服を身に着けている。

筆者は、現代を生きるムスリマの信仰実践と服装に関心を持ち、研究を続けてきた。女性たちにこうしたヴェールや服装の着用理由を尋ねれば、必ず返ってくるのは、「聖典クルアーンで命じられているから」という答えである。イスラーム教徒たちは、イスラームの聖典であるクルアーンに書かれた内容を神からの人間に対するメッセージであると信じ、命じられた内容を実践しようとする人たちである。また彼らが信じるイスラームの教えは、人間の内面と同時に日常生活までをも規定するものだ。であるならば、彼らの服装を理解するため、イスラームにおいて人間の身体と衣服がどのように捉えられているのかを見ることは意味がある。ここでは、社会学における身体と服装の関する議論を比較対象として参照しながら、イスラームの教えのレベルで身体と服装がいかに論じられているかを検証したい。これにより、特徴的なイスラーム教徒の服装を理解するための一助になると考えている。

まず、社会学が扱う「身体」は、近代哲学の祖として知られるデカルトが論じた「心身二元論」的人間観がもとになっていると言ってよいだろう。つまり人間は、精神と身体の二つの部分で構成されており、身体は精神によってコントロールされている。ゆえに人間は、身体を自分の意のままにコントロールしたり、時には、変形させたりすることも可能になる。また、衣服は「からだの延長」であり、「第二の皮膚」であり、身体と一体になって身体の形相やイメージをデザインする役割を担っている（マクルーハン、一九八七：一二〇）。人は衣服を着ることで自己を表現し、個性を表象することが出来る。その意味で、衣服は着る人のアイデンティティを伝えるコミュニケーションの方法なのである（鷲田、二〇一二：三五―四五）。

一方、イスラームの教えにおける人間は泥から創られており、泥から出来た身体に神により霊魂（ルーフ）を吹き込まれた存在である。このことは、クルアーンの中でもたびたび述べられている。例えば、以下の章句がある。

《かれこそは、泥から、あなたがたを創り、次いで

生存の期間を定められた方である》（家畜章二節）

《それからかれ（人間）を均整にし、かれ（＝アッラー）のルーフを吹き込まれ、またあなたがたのために聴覚と視覚と心を授けられた》

（アッ・サジダ章九節）

また、イスラームにおける人間は、身体＋内面五元論で理解される。身体はジャサドと呼ばれ、また内面は、身体に近いところからナフス、アクル、カルブ、ルーフ、シッルの五つに分かれている。デカルトに始まる西洋近代学問で、人間が心身二元論で理解されたのとは対照的である。

泥で出来た身体（ジャサド）に一番近いところにあるのは、欲望（ナフス）である。このナフスは、「欲望」と訳される通り、身体の願望や欲望に従う部分である。身体と結びつき、怒りや欲望、私利私欲を生じさせる。

ナフスの内側には、思考をつかさどるアクル（理性）がある。アクルは、事物の善悪や美醜を判断する役割を担い、倫理であり、道徳であり、また良心の場であり、合理的で理性的な判断や思考を行う場所である。理性的に思考するこのアクルの働きが強ければ、欲望に流されるナフスの働きを制限することが出来る。

アクルの内側には、目に見えないものを感じ取る役割を担うカルブ（心）があり、またその内側には、神により吹き込まれたルーフ（霊魂）がある。ルーフは、神により等しく人間に吹き込まれたものであり、アッラーとの連繫が取られる場所である。人間が、目に見えない世界や感覚で捉えられない世界を悟ることができるのは、このルーフがあるからである。そして、ルーフの外側のカルブが正常で平静に保たれていれば、ルーフの光が外に出やすくなる、つまりその人の思考や言動がアッラーの意に適ったものになる。しかし、このルーフの外側にあるカルブは、たいてい病んでおり、ギザギザしていると考えられている。カルブは、ルーフを包み込んでいる覆いであり、感覚と理性では捉えることのできない、超越的で目に見えないものを感じ取ることができる一方で、カルブが病み、ギザギザしているときには、ルーフの正常な働きを阻害してしまう。一番内側には、神と一体化し消滅する秘奥（シッル）と呼ばれる場所がある（奥田、二〇一四：一四六―一四七、井筒、一九八〇：七〇―七三）。

心身二元論に基づき、精神で身体をコントロールできると考えられてきた西洋近代的な見方と異なり、イスラームでは、泥から出来た身体の内側に五層の内面が存在する。身体に引きずられるナフスから、神により誰もが等しく吹き込まれているルーフや神と合一できるシッルに至るまで、その内面は細かく分けられ理解されている。心身二元論を根拠とすればこそ、精神が身体を制御できるという見方が成立するが、イスラームでは、身体に引きずられるナフスやたいてい病んでいるカルブなどが示す弱い人間像と、一方で、目に見えない世界を悟り、様々なものを愛することのできる根源であるルーフが、全ての人間に等しく神から吹き込まれている、という風に理解されているところに特徴がある。

次に、衣服の役割について考えてみよう。人間が衣服を纏うようになったのは、そもそも暑さや寒さなど過酷な自然環境から身を守るためだった。しかしながら社会学では、衣服がこうした「身体の保護」以上の役割を持っていることが指摘されている。例えば、女性のコルセット、ハイヒール、男性のネクタイなど、むしろ体にとっては苦痛ともいえるような衣服が、現在では多くの人に日常的に着用されている（蘆田、二〇一二：一三―一六）。この衣服の役割には、異なる二つのベクトルがある。学校制服や民族特有の衣服などに象徴されるように、衣服は個人をある社会的属性の中に位置づける役割を持つと同時に、その反面、こうした一律な服装を拒絶し、個性的で奇抜なファッションを好む志向は、人とは異なる個性を示したいという衝動を体現するものでもある（鷲田、二〇〇五：五二―八一）。社会学における衣服は、つまり、集団への帰属と他者との差別化を図る役割を持つものである。そこには常に「他者の視線」の存在があり、また「我」や「我々」と「他者」の二項対立の図式がある。

一方で、イスラームの教えにおける衣服の役割は、以下のクルアーンの章句に確認することが出来る。

《アッラーは（中略）、あなたがたのために、暑熱を防ぐ衣服と、暴力からあなたがたを守る衣を、定められた》（蜜蜂章八一節）

《アーダムの子孫よ、われは、恥ずかしいところを覆い、また飾るために衣装をあなたがたに授けた。だが、篤信という衣装こそ最も優れたものである》（高壁章二六節）

どちらの章句でも、人間の便益のために神から衣服が授けられたこと、またその役割は、暑さや暴力を防ぎ、恥ずかしいところを覆い、飾るためであることが述べられ、衣服の機能性が提示されている。同時に、衣服によってどれほどに着飾ることが出来たとしても、最も優れた衣服は神への「篤信」であることも提示されている。

ムスリマに特徴的な服装の根拠もまた、クルアーンの章句に見出すことができる。頻繁に引かれるのは以下の二つの章句である。

《信者の女たちに言ってやるがいい。かの女らの視線を低くし、貞淑を守れ。外に表われるものの他は、かの女らの美（や飾り）を表わしてはならない。それからヴェイルをその胸の上に垂れなさい。自分の夫または父の外は、かの女の美（や飾り）を表わしてはならない》（御光章三一節）

《預言者よ、あなたの妻、娘たちまた信者の女たちにも、かの女らに長衣を纏うよう告げなさい。それ

で認められ易く、悩まされなくて済むであろう》

（部族連合章五九節）

この二つの章句から、ムスリマには、「視線を低くし、貞淑を守る」こと、「胸の上にヴェイルを垂れる」こと、「長衣を纏う」ことが命じられていることが分かる。その理由は、女性の美や飾りを覆い、認められやすく、悩まされないようにするためである。これらは、筆者がフィールドとするインドネシアで、女性の服装に関する様々な文献で引用されると共に、女性たちにヴェール着用や服装の根拠を尋ねると、その答えの中で、必ずと言っていいほど参照される章句でもある。しかしながら、ここで一つの疑問が生じる。クルアーンで覆わねばならないとされる女性の「美や飾り」（「アウラ」という）とはいったい身体のどの部分を指すのか。クルアーンには、女性の服装に関し、これ以上に詳しい記述は書かれていない。クルアーンに明示されていない個別具体的な事柄に関しては、クルアーンが示す理念とスンナと呼ばれる預言者ムハンマドの言動を参照しつつ、人間たちの英知を用いて、その時代、その地域にふさわしいルールを引き出していく、というのがイスラームの原則である。覆い隠さねばならないアウラについても、各時代と場所で様々な解釈がなされている。現在では、少なくともインドネシアと中東のかなり広い地域において、女性のアウラは「顔と手以外のすべての身体」と理解されている。現代のイスラーム世界の女性たちの多くは、顔だけが出るヴェールを身に着け、長袖でくるぶし丈までの身体のラインが隠れるゆったりとした服装を着用しているが、その根拠には、ここに示したクルアーンの章句とその解釈がある（野中、二〇一七）。

最後に、現代を生きる女性たちは、どのような思いで日々の衣服を着用しているのかを紹介しよう。筆者は、二〇一六年夏、インドネシアのジャカルタおよび東京で二〇代~三〇代の独身インドネシア人ムスリマに対しインタビューを実施した。インドネシアは、人口の約九割をイスラーム教徒が占め、世界最大のイスラーム教徒人口を抱える国であるが、一九九八年に権威主義体制崩壊後、民主化と経済成長が進展すると共に、社会の様々な側面でイスラームが目立つようになった。その顕著な例の一つが女性たちの服装の変化であり、民主化以前には珍しかったヴェールやムスリム服の着用が、現在では特に若い女性たちを中心に急激に広まっている(野中、二〇一五)。以下は、筆者がインタビューで聴いた四人の女性の発言の抜粋である。なお、四人の名前は仮名であり、年齢や職業などはインタビュー当時のものである。

ジャカルタで会社勤めをする二〇代後半のプトリ。彼女にとって、ヴェールとムスリム服の着用は、自分と対面した他人に自動的にムスリマだと認識されるという意味で、自らのアイデンティティを表明する手段である。と同時に、こうした服装は神が見ていることの自覚の表れでもあるという。

「アッラーは、私を創造してくれた神。最も慈悲深く、愛情深いお方。私は神を見ることができないが、神はもちろん私を見ることができるから、出来る限り神の命令に従う形でヴェールを着けたい」。

ジャカルタの有名大学をまもなく卒業するインダ。二年ほど前にヴェールを着用し、ムスリム服を身に着けるようになった。それ以前には、彼氏もいたし、たばこも吸っていたし、彼氏や男友達と夜遅くまでカフェでおしゃべりすることもあったという。心の変化があり、ヴェールを身に着けるようになって自分は変わったと、彼女は言う。

「私のことを愛してくれる神を私も愛していて、神が私にしてくれたことへの恩返しの気持ちの証明がヴェールの着用。以前、私は悪い子だったけれど、神のおかげで今の私がある。だから、神に対する謝罪と感謝をヴェールを着けることで証明しているつもり」。

東京の国立大学の博士課程に留学中のブンガ。ヴェールは「アイデンティティであり、自分自身の一部」だと言う。イスラーム教徒が圧倒的にマイノリティの日本社会に暮らし、ヴェールの着用は困難ではないかと訪ねると、以下の答えが返ってきた。

「神を愛しているし、神が喜んでくれることをしたい。これまでに、たくさんの罪（神の命令に従わないこと）を犯してきたし、これからも神の意に背いてしまうかもしれない。だから、服装くらいは、どこに暮していても、きちんとしようと思う」。

同じく東京の私立大学に留学中のアミラ。日本社会でヴェールとムスリム服を着用して生活することに対し、「ムスリマを代表している気持ち」であり、この服装をすることで自分の行動を律し、また守られている気持ちになると言う。同時に、ヴェールを着用することでアッラーの存在を感じるともいう。

「ヴェール着用は、自分が神に作られたということを思い出させてくれるもの。神への崇拝の気持ちを表明する手段でもある」。

本稿では、身体と衣服に関し、社会学の議論と対比させながら、イスラームの教えにおける理解を整理した上で、インドネシアの若い女性たちの実際の声を参照した。

社会学の議論では、心身二元論に基づき、身体は自分の意のままにコントロールできるものとされる一方、イスラームにおいて人間は、神により泥から身体を創られ、聖霊を吹き込まれた存在であり、身体＋内面五元論で理解されている。衣服について社会学では、第二の皮膚であり、自己表現の媒体であり、集団への帰属と他者との差別化を示す手段だとされる一方、イスラームでは、恥部を覆い、飾るため、また暑さを防ぎ、様々な暴力を避ける目的で、神が授けたものである。また最も良いのは篤信という衣装であることも明示されている。社会学に見る西欧近代学問において、衣服は、我または我々vs他者の二項対立の枠組みの中で議論されてきた一方で、イスラームにおける衣服の議論では、神の存在が大きな役割を担っている。

インドネシア人ムスリマへのインタビューによれば、ヴェールやムスリム服の着用はムスリマとしてのアイデンティティの表示である。女性たちが他者の視線を意識し、また集団としてのムスリマやイスラーム教徒を意識していることは明確であり、この点を見れば、社会学の自己と他者の枠組みで理解される衣服の議論は有効である。一方で、彼女たちの衣服に対する語りの中には頻繁に神が登場する。永遠で絶対の存在である神に見られており、その神の命令に従うという意識が、女性たちにヴェールやムスリム服を着用させる大きな原動力になっている。ムスリマの服装は、自己と他者という水平方向の関係性に加え、自己と神という垂直方向の関係性の中で、規定されていると考えるべきなのである。

参考文献

蘆田裕史『言葉と衣服』アダチプレス、二〇二一年。

アフマド、ライラ、林正雄他訳『イスラームにおける女性とジェンダー――近代論争の歴史的根源』法政大学出版局、二〇〇〇年。

アブー゠ルゴド、ライラ、鳥山純子・嶺崎寛子訳『ムスリム女性の救援は必要か』書肆心水、二〇一八年。

井筒俊彦『イスラーム哲学の原像』岩波新書、一九八〇年。

奥田敦「「方法論としてのイスラーム」のための序説」『Keio SFC journal』一四（一）：一三四―一五六頁、二〇一四年。

野中葉『インドネシアのムスリムファッション――なぜイスラームの女性たちのヴェールはカラフルになったのか』福村出版、二〇一五年。

野中葉「信じること・装うこと――インドネシア人女性たちのヴェールと服装」『コンタクト・ゾーン』九：二七九―三〇三頁、二〇一七年。

マクルーハン、M、栗原裕・河本仲聖訳『メディア論――人間の拡張の諸相』みすず書房、一九八七年。

鷲田清一『ちぐはぐな身体――ファッションって何？』ちくま文庫、二〇〇五年。

鷲田清一『ひとはなぜ服を着るのか』ちくま文庫、二〇一二年。

神をめぐる体験
現代イスラーム運動と宗教的な意識、知識、身体感覚

後藤絵美

1　はじめに

現代史の中で重要な位置を占める出来事の一つに、一九七〇年代以降に顕著となった宗教復興の動きがある。近代世界では、政治や社会の脱宗教化——すなわち、「世俗化」と呼ばれるもの——が自然に進行するというテーゼが、宗教の枠組み内での諸運動によって大きく揺らいだのである。科学技術の進歩が、人口増加や環境汚染などの新たな難問を人類につきつけ、神なきユートピアを約束した共産主義への希望が失望に代わったとき、一気に噴出したこの動きを、政治学者のジル・ケペルは「神の復讐」と名づけた［Kepel 1991; ケペル、一九九二］。一方で、彼の著作を

含めて、欧米や日本の研究の多くは、それを当時の人々と社会との関わりから説明し、宗教的な意識や知識、身体感覚など人々の内側にあるものについては、ほとんど関心を寄せてこなかった。宗教復興を分析する学問の世界は「脱宗教化」の中にあったのである。

たとえば、現代のイスラーム運動の活性化は、しばしば、貧困や格差など、現状に対する不満や社会的・政治的不安を原因とすると説明されてきた。[1] 政治学者のウィッカムは、『動員するイスラーム――エジプトにおける宗教、運動、政治変動』（二〇〇二）の中で、エジプト都市部の下層中産階級出身の大卒者の多くが、その出自のために思い通りの職に就けず、また、社会に蔓延する不公正や欺瞞を目にする中で、極めて大きな不満を抱えていると指摘した後、ある青年がイスラーム運動に参加したきっかけを次のように語ったと記している。「僕はその頃、どうすればよいかわからなかった。大学を卒業した後、なんの目的もなかった。」そこで彼は、エジプト人作家らによる「西洋的な概念でものを語る」文学作品を読んだが、答えは得られなかった。次に、イスラームに関する本を読んだり、説教を録音したカセットテープを聞いたり、モスクでの勉強会に参加するようになった。その間も、彼は自分の内側にある疑念や問いの答えを探し続けていた。「例えば、神について。なぜ神を崇拝するのか、と。神は僕らなど必要ないのに。世界の始まりと終わりについて、僕の人生の目的について。」後に、彼はイスラームの「呼びかけ／宣教da‘wa」に参加することを決意した。この青年のように大学卒業後にイスラーム運動に参加するようになった人々について、ウィッカムは次のように分析する。「大学を卒業しても周縁的な立場にあり、苦悩する若者たちにとって、イスラームを広めることに人生を捧げるという決断は救いとなる。〔自分の人生には〕より高位の目的や意味があるという感覚を抱くことができるからである。イスラームのイデオロギーの牽引力は、こうして、社会経済的状況から自己開発の道が閉ざされる時に増大する。」〔Wickham 2002: 158–159〕

社会的な周縁化がもたらす苦悩から精神的に救われるため、若者たちはイスラーム運動に参加したというウィッカムの説明は説得力をもって響くであろう。その一方で、この分析と青年の言葉の間には、何か抜け落ちた部分があるように思われる。本章では、二〇〇〇年代のエジプトにおけるイスラーム運動の一場面をのぞく中で、この「抜け落ちた部分」が何であったのかを考えてみたい。事例として取り上げるのは、二〇〇〇年代半ばに放映された衛星放送チャンネルの宗教番組の一部である。登場するのは、当時のエジプトで人気の高かった説教師、アムル・ハーリド（一九六七年～）とスタジオに集まった若い聴衆である。

2 衛星テレビと新しい説教師

一九六〇年代以来、エジプトではラジオやテレビを媒体に、クルアーンの朗誦や宗教講話などを中心とした宗教番組の放送が始まっていた。政府の管理下で制作されたそれらの番組は、社会の中で、イスラームの「呼びかけ」という点においては必ずしも大きな役割を果たしてこなかったようである。むしろ、より大きな「呼びかけ」の声は、七〇年代以降に普及し始めた説教の録音テープ（以下、説教テープ）の方から聞こえてきた［Hirschkind 2006: 54］。

一九九〇年代前半にカイロで説教テープの受容とその影響力についての調査を行なった人類学者のチャールズ・ハーシュキントによると、エジプトで説教テープが普及したのは、一つに、それが公共電波にあらわれる国家公認の説教師らの言葉ではなく、イスラームの価値を再確認し、それを用いて個々人の内面や社会、さらには国家を変えていこうとする在野の説教師の言葉を運ぶものであったからだという［Ibid: 44–66, 105–142］。説教テープは、そうした在野の声に耳を傾けてみようとする人々の手によって、各家庭や商店の中で、あるいはタクシーやバスなど公共交通機関の中で、繰り返し再生された。すると、説教師らの言葉は、それを聞こうと思っていなかった人々の耳にまで入っていった。すなわち、説教テープという音を伴う近代メディアの出現は、潜在的な「呼びかけ」の受け手の数をそれまで以上に増加させたのであった。

一九九〇年代後半、説教テープ以上に「呼びかけ」の受け手を増加させるメディアが登場した。衛星によるテレビ放送である。当時のエジプトの地上波には二つの国営チャンネルと六つの地域チャンネルがあり、それぞれ、政府の管理下においてテレビ番組を制作・放映していた。エジプト国内でイスラームに関するより自由な番組が流されるようになったのは、衛星テレビ・チャンネル、アル＝ジャズィーラ放送（一九九六年〜、カタール半官半民資本）の宗教番組『シャリーアと生活（*al-Sharī'a wa al-Ḥayā*）』（一九九七年〜）やＡＲＴ系（一九九七年〜、サウジアラビア民間資本）の宗教チャンネル『読め（Iqra'）』（一九九八年、〜）の視聴が始まった後のことである。加えて、二〇〇一年には、エジプトの民間資本によるドリームＴＶの宗教番組がここに加わり、前二者とともに多くの視聴者を集めるようになった［Skovgaard-Petersen 2009: 293–299］。

一九九〇年代末以降、こうした宗教番組に出演することでそれまで以上の人気を獲得したのが、「新しい説教師」と呼ばれる人々である。ここには、前出のアムル・ハーリド（エジプトの国立大学の最高学府であるカイロ大学の出身で、元来の職業は会計士）の他に、エジプト随一の伝統あるイスラーム研究・教育機関として知られるアズハルに属する宗教学者ハーリド・ギンディ（一九六一年〜）や、「イエメン出身の神秘家（スーフィー）」として知られるハビーブ・ビン・アリー（一九七〇年〜）、さらには、アメリカ式の英語教育を行うカイロ・アメリカ大学出身のムイッズ・マスウード（一九七八年〜）など、さまざまな経歴や知的・社会的背景の人々が含まれた。「新しい説教師」が「新しい」と言われる所以の一つは、それまでの説教師と比べて、若々しく清潔に見えるよう、外見に気を遣っていることであり、また、若者にもわかりやすく、また彼ら彼女を惹き込むような話の技法を持っていることである。こうした特徴は、映像や音声としてその姿や声が広まる時代に重要なことのようでもある。❖2

アムル・ハーリドは、これら「新しい説教師」の中でもとくに大きな影響力を持っていたことで知られている。エジプト北部の地中海岸にある都市アレクサンドリアに生まれ、カイロ大学の商学部を卒業後、会計士として身を立てていたハーリドは、ある誕生パーティーで請われるままに宗教的な物語を含む話をしたところ、それが人々の心を打ったために、その後、モスクでの説教を行うようになったという。

一九九〇年代末から二〇〇〇年代のはじめ、エジプト国内のモスクで行われたハーリドの説教や勉強会には、若者を中心に、「何千人、何万人もの聴衆」が集まったと言われる。その彼が、一九九九年以降、衛星テレビの宗教番組に出演するようになった。[3] これから紹介するのは、ハーリドの出演番組のうち、二〇〇〇年代半ばにサウジアラビア系のリサーラTV（メッセージTV、二〇〇六年〜）が放映したシリーズ説教の第三回目、『心をこめて礼拝すること』[4]である。

3　『心をこめて礼拝すること』

礼拝とは、イスラームの信仰者が行うべき「五つの柱」（日本語では「五行」と呼ばれる）の一つに数えられる行為であり、通常、夜明け、正午、午後、日没、夜の一日五回行われ、その中では、「神は偉大なり」「至高なるわが主に栄光あれ」「主よ、私をお許しください」という言葉とともに、直立礼（立った状態での礼拝）、屈折礼（身体を曲げた状態の礼拝）、平伏礼（平伏し額を床につけての礼拝）が行われる。また、礼拝の中では、毎回、啓典クルアーンの最初の章（開扉章と呼ばれ七節から成るもの）と任意の章が唱えられる。[5]

アムル・ハーリドの『心をこめて礼拝すること』は、この礼拝――ムスリムにとって基本中の基本であり、物心がついた頃から行ってきたであろう行為——を取り上げて、それをなぜ、どのように行うべきかを説くものであった【図版1】。聞き手は若い男女のグループである【図版2】。スタジオの中で男女別に椅子に座るこれらの聴衆を前に、ハーリドはまず、イスラームで最も重視される人物であるムハンマド（預言者、あるいは使徒と呼ばれる）が、礼拝で「心をこめて」いなかった男性に対して、「さあ礼拝をしなさい、今までしたことがないのだから」と言って何度もやり直させたという逸話を引用する。その上で、ハーリドは礼拝という行為の重要性を、以下のように説明した。すなわち、人間は肉体と精神から成っている。肉体に水分や栄養が必要なのと同様に、精神にも神が必要である。礼拝は、神の存在を感じるための行為であり、精神にとっては不可欠なものである。しかし、人々の間では、しばしばその重要性が意識されないまま礼拝が行われている。こう述べた後、ハーリドは次のような例を挙げた。

若者の多くがどんなふうに礼拝をしているか知っているかい？　ものすごいスピードで礼拝を終わらせる人もいる。平伏したらすぐに立ち上がって、それを繰り返す。鏡の前で礼拝をする女の子たちもいる。礼拝をしながら、身だしなみを整えたり、いろいろなところを眺めたり、触ったり……。テレビでサッカーの試合を見ながら礼拝をする若者もいる。なぜなら……ゴールの瞬間を見逃したくないからだ。そういう人たちもいるだろう？　ボールがゴールに近づくとき跪拝からさっと立ち上がるんだ。周囲を見張りながら礼拝をする女性もいる。言うことを聞かない者がいると、「神は偉大なり」と大きな声で唱えて警告するんだ。こういうことってあるだろう？　時計を見ながら礼拝する人。ポケットに手を入れたままの人。頭髪を直しながらの人。部屋中を見渡しながら礼拝をする人もいる。そして汚れたところを見つけるんだ。「あんなところにクモの巣がある。礼拝が終わったら掃除しなきゃ。」僕らは笑っているけれど本当に良くないことだ［Khālid 2006］。

では、どうすれば「心をこめて」礼拝が行えるのか。ハーリドは具体的な方法を若者たちに伝授する。一つは心構えである。礼拝の瞬間とは、神の前に身を置く瞬間であり、神と対峙する瞬間である。礼拝の中で言う一つ一つの言葉や一つ一つの動きは、神の目の前にいることを意識して発したり、行ったりすることでまったく違う意味をもつと言う。

「神は偉大なり」と言うとき、自分に嘘をついてはいけない。「神は偉大なり」とは神以上に心を占めるものはないという意味だ。（中略）国王に謁見するときに人々がどう振舞うか見たことがあるかな？　テレビなんかで見たことがあるだろう。国王の前に出たときには手順があるんだ。それから作法も。何をするかって？　まず頭は上げない。この世でもそうなんだから神の前では当然だ。頭を下げて手はこんなふうに動かさない。礼拝のときのように手はそろえておく。主に対峙するとき、王の中の王の目の前にいると考えるんだ。すべてのものの王だ。この世の王じゃない。

顔は伏せて。神は今、あなたの前にいる。あなたのことを見ている。手をこう重ねて。礼儀なのだから。直立するんだ。それが礼儀なのだから。僕らが神の前に立つのは生涯で二つの機会だけだ。一つは礼拝のとき、もう一つは最後の審判のときだ。

君たちは神の前に立って開扉章を唱える。預言者の伝承にこうある。神は礼拝の開扉章を二つに分けた。君が《讃えあれアッラー、万世の神》と唱えた瞬間、神は《下僕よ、我を讃えよ》とおっしゃっている。《慈悲深き慈愛あまねく御神》と言った瞬間、神は《我を賞賛せよ》とおっしゃっている。《汝をこそ我らは崇めまつる》と言った瞬間、神は《それは我と汝のこと》とおっしゃる。《汝の嘉したまう人の道を歩ませよ》と言ったとき、神は《我こそが汝を正しい道に歩ませる》とおっしゃる。だからこそウマル・ブン・アブドゥルアズィーズは、礼拝でこの章を唱えるとき、それぞれの節を唱えた後にしばらく間を置いたんだ。人々は「なぜ間をあけるんだ?」とたずねた。ウマルは答えた。「主のお言葉をかみしめているのだ」と。主は答えてくださるんだ[Khālid 2006]。


「心をこめて」礼拝を行うための具体的な方法として、ハーリドは、礼拝のなかで開扉章を唱えるときに、神が答える声に耳を傾けるという方法を紹介した。さらに、彼は、次の部分で礼拝者自身が神に話しかけることを呼びかける。

今までの話はまあいいとして、皆に一つだけお願いがある。平伏礼のときに心をこめてほしい。どうやって？　いつも通りの言葉で神に話しかけるんだ。宗教的な表現じゃなくていい。「平伏礼のときこそ神にもっとも近い」と使徒〈ムハンマド〉はおっしゃった。心の中のことを言葉にしてごらん。それなら今日からできるだろう？　僕が今日話したような言葉の意味なんかは全部忘れていい。ただ神に話しかけてほしい。そのことを忘れないで。「神よ、私は正しい行いがしたい」「あなたの教えが好きだ」「あなたの宗教が好きになるように」「ヴェールが好きになるように」「いい人になりたい」「煙草をやめたい」「私を見捨てないで」「あなたは私に満足していますか？」「私が行くのは天国ですか？　それとも地獄ですか？」

こうやって話しかけるんだ。思っていることを言うんだ。平伏礼のときに話しかけるんだ。神は聞いている。君たちの祈りに応えてくれる。それが礼拝だ。それが礼拝だ。

最近、礼拝をしながら泣いたことはある？　この前のラマダン月かい？　去年のこと？　問題を抱えていたとき？　礼拝をしながら「礼拝を終えたくない」と思ったことは？　そんな経験はある？　何を言っているのかわかる？　わからないとしたら君たちは可哀そうだ。〈さあ礼拝をしなさい、今までしたことがないのだから〉［Khālid 2006］。

アラビア語には文語と口語の区別がある。文語は、クルアーンを基礎に体系化されたもので主に書き言葉として用いられているが、文法も語彙も（アラビア語を母語にする者にとっても）難解である。祈禱や説教など宗教的な場面では、伝統的に文語が用いられてきたが、ハーリドは、自分自身も積極的に日常の言葉である口語を用いて説教をし、若い聴衆にも、敷居の高い文語ではなく、いつもの言葉で神に話しかけなさい、と言ったのであった。

その説教の中でハーリドが強調したのは、神という存在がいかに身近にあるかという点であった。また、神に対する礼拝という行為が、心構えと少しの工夫で、いかに簡単に「心をこめて」実践しうるかという点であった。そうすればこそ、特別な感覚——具体的には、礼拝の中で涙を流すという経験——を得ることができるとハーリドは語った。映像の中には、しだいにハーリドの言葉に引き込まれ真剣に耳を傾け始める聴衆と、一人のヴェール姿の女性が、手で何度も涙を拭う姿が映し出されていた【図版3】。

4 おわりに

ウィッカムがエジプトで調査を行ったのは、一九九〇年代の初頭であり、調査対象としたのは下層中産階級の若者たちであった。彼らが置かれていた状況や経験、その思考や苦悩と、アムル・ハーリドの衛星テレビの勉強会に参加した者たちのそれを同一視することはできないかもしれない。[6] しかし、ハーリドの言葉を真摯な表情で聞いていた二〇〇〇年代半ばの若者たちの姿は、「自分の内側にある疑念や問いの答えを探し続けていた」という前出の青年の姿にも重なる。「神について。なぜ神を崇拝するのか、と。神は僕らなど必要ないのに。世界の始まりと終わりにつ

【図版1】説教をするハーリド

【図版2】話を聞く若者たち

【図版3】涙を拭う女性

いて、僕の人生の目的について。」彼のこの言葉と、ウィッカムによるその分析の間にあるもの、あるいは脱宗教化された視点から「抜け落ちた部分」は、イスラームに関する本を読んだり、説教を録音したカセットテープを聞いたり、モスクでの勉強会に参加したりする中で、青年自身が、これらの疑問に関して、どのような答えを得たのかという点である。

アムル・ハーリドはその説教の中で、「神について、なぜ彼を崇拝するのか」を語った。人間は肉体と精神から成り、肉体に水分や栄養が必要なのと同様に、精神にも神が必要である。日々の礼拝は、神の存在を感じるために行うのである。礼拝の中で開扉章を唱える度に、人は神の言葉を感じることができる。平伏礼の瞬間とは、神に話しかけるチャンスなのである。「思っていることを言うんだ。平伏礼のときに話しかけるんだ。神は聞いている。君たちの祈りに応えてくれる。それが礼拝だ。」ここでハーリドが聴衆に語ったのは、若者が抱いているであろう、「現状に対する不満や社会的・政治的不安」についてではなかった。あるいは、イスラームがすべての解決になるという話でもなかった。彼は、人がいかに神を必要としているのか、日々神の存在を感じるためにいったい何ができるのかを語っていた。そして、神に近づけた者だけが得られるという、特別な感覚があることを示唆したのであった。

宗教的な意識や知識、身体感覚など人々の内側にあるものは、「脱宗教化」された視点によるこれまでのイスラーム運動の分析の中では、表にあらわれてこなかったものである。一方で、ウィッカムの青年の例を見ても、宗教的な意識や知識、身体感覚——あるいは、「神をめぐる体験」と呼びうるもの――は、現代イスラーム運動を構成する重要な要素の一つのように思われるのである。

註

❖1 こうした見解を提示した最初期の論考の一つが、政治学者のSaad Eddin Ibrahimによる"Anatomy of Egypt's Militant Islamic Groups: Methodological Note and Preliminary Findings"（1980）であった。

❖2 「新しい説教師」を扱った日本語の研究としては［八木、二〇一一年］がある。

❖3 アムル・ハーリドとその説教に関しては［後藤、二〇一四年］の第二章から第四章で扱った。

❖4 Khālid 2006. アムル・ハーリドはその前後にも同じ題の説教を行っている。

❖5 礼拝の手順と基本動作については、たとえば、森伸生「サラート」の項、大塚他編『岩波イスラーム辞典』四一七―四一八頁が参考になる。

❖6 ハーリドは比較的富裕な層や社会的エリートらをイスラーム運動に引き込んだことでも知られている。

参考文献

大塚和夫、小杉泰、小松久男、東長靖、羽田正、山内昌之編『岩波イスラーム辞典』岩波書店、二〇〇二年。

後藤絵美『神のためにまとうヴェール――現代エジプトの女性とイスラーム』中央公論新社、二〇一四年。

千葉悠志『現代アラブ・メディア――越境するラジオから衛星テレビへ』ナカニシヤ出版、二〇一四年。

長沢栄治「現代メディアとイスラーム」（東京大学東洋文化研究所編『アジアを知れば世界が見える』小学館、二〇〇一年、七二―八二頁）

八木久美子『グローバル化とイスラム―エジプトの「俗人」説教師たち』世界思想社、二〇一一年。

Khālid, ʻAmr, *al-Khushūʻ fī al-Ṣalā,* Risāla TV, c.a. 2006.

Hirschkind, Charles, *The Ethical Soundscape: Cassette Sermons and Islamic Counterpublics,* NY: Columbia University Press, 2006.

Ibrahim, Saad Eddin, "Anatomy of Egypt's Militant Islamic Groups: Methodological Note and Preliminary Findings," *International Journal of Middle East Studies* 12, 1980, pp. 423-453.

Kepel, Gilles, *La Revanche de Dieu: Chrétiens, juifs et musulmans à la reconquête du monde,* Paris: du Seuil, 1991;（ジル・ケペル、中島ひかる訳『宗教の復讐』晶文社、一九九二年）

Skovgaard-Petersen, Jakob, "In Defence of Muhammad: 'Ulama', Da'iya and the New Islamic Internationalism," in Meir Hatina (ed.), *Guardians of Faith in Modern Times: 'Ulama' in the Middle East,* Leiden/ Boston: Brill, 2009, pp. 291–309.

Wickham, Carrie Rosefsky, *Mobilizing Islam: Religion, Activism, and Political Change in Egypt,* NY: Columbia University Press, 2002.

ディス・イズ・アメリカ

「黒い身体」というメディアの可視性と不可視性について

有光道生

はじめに——これも「アメリカ」?

二〇一八年五月、「アメリカ」をテーマにした二つの歌が日米で同時に爆発的な大ヒットとなった。日本で話題を呼んだのは不遇時代を経て再ブレイクしたヒップホップ・ボーイズ・グループDA PUMPによる「U.S.A.」。この歌は、地理的には遠いけれども、戦後の日本人が親近感を持ち、憧れ、追いつき追い越そうとしてきた夢の国として「アメリカ」を描いた。独特のダンスとともに話題となったことは読者の記憶にも新しいだろう。他方、米国でヒットチャートを駆け上がったのは、俳優としても活躍するアフリカ系アメリカ人のチャイルディッシュ・ガンビーノことダニエル・グローヴァーによる「ディス・イズ・アメリカ」である。DA PUMPの笑いを誘う明るいパフォーマンスとは対照的に、ガンビーノは建国以前から四世紀にわたりアフリカ系を抑圧し搾取し続けてきた祖国の闇を衝撃的な映像とともに痛烈に批判してみせた。同曲が「油断するなよ！」と警告する通り、二〇〇九年に史上初のアフリカ系大統領が誕生したあとでさえ、米国では警察や一般人による人種的暴力が日常的に繰り返されている。二〇二〇年五月末にジョージ・フロイド氏が白人警官によって圧殺されたことをきっかけにブラック・ライヴズ・マター運動（以後BLM）が米国内外で広く認知されるようになったが、いまだに黒人の命と生活が重んじられているとは言い難い。ガンビーノのパフォーマンスは二〇一三年からスタートしていたBLMのメッセージとも共鳴しつつ、冷徹な現状認識を「これがアメリカだ！」という一言に集約させ、「（人種主義国家としての）アメリカ」がいまだに健在であることを音楽と映像でドラマチックに提示して見せたのだ。❖1

本稿では、「U.S.A.」と「ディス・イズ・アメリカ」を歌詞、音楽、ダンスの側面から分析し、両者を日米の共通点と差異を浮き彫りにする人種化されたテクストとして比較する。そうすることで、両国における人種と文化の錯綜した歴史と複雑な現実を理解し、多文化共生時代の日米関係を考える上での手がかりを導き出してみたい。

1　DA PUMP「U.S.A.」のアナクロニズムと曖昧な日米関係表象

まず、「U.S.A.」が浮かび上がらせた「アメリカ」にまつわるイメージをもう少し詳しく取り上げてみよう。作詞家shungo.による歌詞の主人公・語り手は、同グループのリーダーであり最年長のISSA（一九七八年生まれ）よりも年上で、高度経済成長期前後（一九五四〜一九七三年）に青春を送ったであろう「六〇〜七〇年代の米国に憧れる少年のイメージ」として構築されている。[2] このような設定は、主人公・語り手が米国を「サクセスの味方、オーガナイザー」であり、昭和後半の夢や憧れの対象である文化やライフスタイルの発信地として称えていることからもわかる。[3] 憧れの文化として具体的に言及されるのは、「オールドムービー」や「中古のオープンカー」であり、「リーゼントヘア」や「ツイスト」、「ミラーボール」などだ。この楽曲の主人公・語り手が高度経済成長時代の日本人の米国観を代弁していることは、敗戦を経験した日本が米国に追いつき、「ジャパン・アズ・ナンバーワン」（エズラ・ヴォーゲル）と言われるほどまでに成長したことを「競合してく　ジパング」という歌詞に込めていることからも確認できる。[4]

同曲において憧れの対象から友好的なライバルへと変容していく日米関係は、最後に「僕らは地球人　同じ星の旅人さ」という友愛主義で締めくくられている。言うまでもなく、このような戦後の日米関係の認識は表層的だ。米国に対する戦後直後の錯綜した日本人の心理は確かに七〇年代以降に急速に霧散していった。とはいえ、DA PUMPはもともと沖縄出身の歌手やダンサーで構成されており、現メンバーにも沖縄のみならず広島の出身者がいることは強調すべきであろう。基地問題や原爆の記憶が今でも色濃いこれらの地域では米国との関係はこれほど能天気に、単純化して扱えないはずだ。「U.S.A.」が語る日米関係から広島や長崎の過去や沖縄の直面してきた現実がすっぽり抜け落ちているのはやはり特筆に値すると言えよう。

ただし、これらの地域においてですら記憶の忘却が進行していることもまた事実である。一九七五年からNHKが定期的に行っている原爆意識調査によれば、原爆が広島に落とされた日を正確に答えられた回答者数は九〇年以降緩やかに減少している。（広島では九〇年に八〇パーセント、二〇一五年に六九パーセントが正確に回答。二〇一五年の全国平均は三〇パーセントであった）[5] 基地問題については現代でも切実な日々の関心事だが、それがテーマとして沖縄出身のミュージシャンに頻繁に取り上げられるかと言われればそうでもない。

そもそも気軽に消費されるエンターテインメントとしてのポピュラー音楽に原爆の被害や基地問題を云々する「重く」、「真面目」な政治性を期待するのはお門違いという向きもあろう。だが、文化研究の批判的視点を導入するならば、一見「政治」とは無関係に見える「U.S.A.」にですら固有の政治性が内包されていることはやはり看過できない。不都合な歴史や現実には目をつぶりつつ、薄っぺらな人類愛や友情を説き、政治的な事柄を脱政治化する（という実は極めて政治的な）身振りは、ポピュラーカルチャーにおいてはそれほど珍しいことではない。だがしかし、いやだからこそ、この日米関係をテーマにしたヒットソングにおいて、原爆投下や基地問題は言うに及ばず、第二次世界大戦中に一二万人を越える日系アメリカ人が強制収容されたこともスルーされ、一九八〇年代の日米経済摩擦も忘却され、米国の奴隷制の過去や現在でも残っている制度的人種主義が完全に黙殺されていたことは意識しておくべきだろう。[6]

このような「U.S.A.」に見られる文化的（非）政治性を好意的に評価するとまではいかずとも、ある程度歴史化してその背景を説明することはできる。例えば、増田聡がすでに示唆している通り、同曲を満たす懐古的なイメージは、「昨今の日米関係の不安定化に怯《おび》える『子供』がなんとかやっていくために必要な、『秩序』を取り戻す呪文」のようなものとして受け入れられたのではないかという解釈も可能だろう。[7] 別の言い方をすれば、「U.S.A.」の連呼は、少子高齢化、長期にわたる経済的な低迷、ネオリベラリズムが煽ってきた個人主義や競争社会の到来に翻弄されている少なからぬ日本人が眼前の過酷な現実から一時であれ逃避するため、もしくは現実を否認するための「念仏」のようなものだった。

そもそも「カ〜モン・ベイビ〜・アメリカ〜」というキャッチーなサビや「U.S.A.」のリフレインは、この楽曲のオリジナルであるジョー・イエローことイタリア人アーティストのドメニコ・リッキーニによる「U.S.A.」（一九九二年）の歌詞をリサイクルしたに過ぎない。原曲の「U.S.A.」は「ユーロビート」のヒット曲であり、そのジャンル名が示す通り、欧州発（主にイタリアとドイツのプロデューサーが制作）で世界のなかでも日本で最も人気を博し、「Jユーロ」として独自の発展を遂げたが、米国ではほぼ流行らなかった。[8]「U.S.A.」オリジナル版の制作の背景や動機を分析することは本稿の範疇を超えているが、原曲のプロデューサーたちはおそらくテレビや映画で観るアメリカ人のナショナリスティックな熱狂を茶化しつつ、同時に面白がって真似てみたかっただけなのかもしれない。そう考えるならば、DA PUMP版における「U.S.A.」の連呼は、アメリカ人を真似るイタリア人を真似る日本人という錯綜したトランスナショナルな遊戯的パフォーマンスの産物であるとも形容できよう。

ただし、イタリア産の原曲と日本版のカバーには見過ごせない歌詞の相違もあった。サビ以外の歌詞を比較してみよう。英語で書かれたオリジナルでは、語り手が「アメリカ」を「恋人＝ベイビ〜」として擬人化し、自身とのロマンスを歌い、「カ〜モン・ベイビ〜・ドゥー・イット・アゲイン［ねえねえ、お願いだから、もう一度（僕の欲望に火をつけてくれ）］」、「カ〜モン・ベイビ〜・シング・イット・アゲイン［ねえねえ、お願いだから、（愛のメロディーを）もう一度歌って］」と「アメリカ」に求愛している。その一方で、「U.S.A.ベイビ〜、こっちに来て、でも僕を圧倒しないでくれ」、と「アメリカ」を受け入れる際に一定の条件も提示しているのだ。それに対して、前述のようにDA PUMP版では、日本と米国が「夢というグラス交わし Love & Peace 誓う」とあるように両者の関係は「恋人」というよりは、切磋琢磨する友人のようなライバルとして描かれている。

ただし、繰り返しになるが、DA PUMP版「U.S.A.」は日米を対等なパートナーやライバルのようなものとして表象しているものの、駐留米軍の基地問題の原因としてたびたび議論されてきた一九六〇年の地位協定や日米安保などのややこしい問題にはしっかりと蓋をしているため、実際のところ両者の関係は曖昧なままだ。[9] この曖昧性に注目するならば、この歌において中途半端に表現されている日米関係の不自然さこそ、一般の日本人が無意識に抱いている日米関係の屈折した記号的表現ではないのかとすら思えてくる。原曲とカバーの比較から浮き彫りになるのは、同じ第二次大戦の敗戦国でも、イタリアのイエロー版と日本のDA PUMP版では「アメリカ」との関係の描かれ方が地政学を反映して大きく異なっているという事実だ。[10]

「U.S.A.! U.S.A.!」、つまり「アメリカ万歳! 万歳!」という歯の浮くような同盟国賛美のかけ声に限らず、DA PUMP版はそもそも最初からある種の捻れや曖昧さに特徴づけられていた。二〇一八年五月一六日にジャケット写真が公開されると、「ダサすぎて気になる」というファンによる両義的な反応がSNSで広まった。それ以降、同曲には「ダサかっこいい」という形容詞がついて周り、一定の躊躇と留保を伴いつつ最終的にはヒットとなったのは周知の通りだ。[11] ジャケット写真に加えて、原曲にはない「夢の見方をInspired」のような英語混じりの月並みな歌詞も、二一世紀初頭の日本において、時代錯誤的でありながら「ダサかっこいい」美学の体現として受容された。「アメリカ」に対する憧憬を単純化して理想化したこの曲のヒットが、制作サイドの巧妙な戦略によるものだったのか、まぐれ当たりだったのか、いわゆる「ネタ」だったのか、それとも「ベタ」だったのかも判然としない。[12] 米国に対する意図的な皮肉が含まれていたかどうかもそもそもかなり怪しいが、この曲が喚起した「古き良きアメリカ」という時代錯誤的なメッセージや雰囲気は、高度経済成長時代の多くの日本人が抱いていた（とされる）「アメリカ」にたいする憧れを、バブルが弾けたあとの現代において、ノスタルジーを惹起するレトロなモノとして昭和世代の一部の大人に受け入れさせることに成功したと言えよう。[13] また（平成生まれ以降の若者や子供たちを含む）それ以外の多くの人々にもなんだか意味がわからないけれども「キッチュ」で面白いものとして消費させたのである。

2 「黒さ」の流用
――「U.S.A.」におけるアフリカ系アメリカ文化というルーツの不可視化

「U.S.A.」、そして「ディス・イズ・アメリカ」がこれほどまでに人気を博したのは動画のインパクトによるところも大きかった。二〇一八年六月六日のシングル発売に先駆けて、五月一六日にミュージックビデオがYouTubeにアップされると「U.S.A.」は瞬く間に再生回数を伸ばし、その勢いは公開後八日間で一五〇万回を超えるほどであった。この動画によって拡散されたパフォーマンスは、ジャケットや歌詞同様に「ダサかっこいい」と形容され、子供から大人まで多くの人が真似る様子が動画共有サイトやSNSにアップされた。同年の大晦日にはDA PUMPが紅白歌合戦に出場を果たしたことからもその人気が伺える。ミュージックビデオの公開から一年近くが経った二〇一九年四月の時点で、YouTube上での再生回数は一・七億回を越えていた。オリコンの年間シングル売り上げランキングは六一位とそれほど振るわなかったが（DA PUMPの過去シングルの中でも歴代九位）、日本のアーティストもしくはアイドルグループによる動画の再生回数と比較すると、「U.S.A.」はオリコン年間ランキング一位だったAKB48の「Teacher Teacher」（七七四万回）、同二位のAKB48「センチメンタルトレイン」（三四三万回）、同三位の乃木坂46の「シンクロニシティ」（二四七万回）にも大きく差をつけていた。❖14

本稿が取り扱う人種化された身体というメディアの可視性と不可視性の問題に踏み込むためにも、ここからはこの曲の人気に火をつけた大きな要因であるダンス・パフォーマンスにフォーカスしてみよう。すでに確認した通り、「U.S.A.」の歌詞がイメージした「アメリカ」はまぶしく輝く夢の国であり、ヴァイタリティーにあふれる多民族国家（「交差するルーツ　タイムズスクエア」）であった。それゆえに、奴隷制、人種主義、原爆投下、経済摩擦といった暴力、不平等、不自由、格差や対立などの歴史には一切言及していない。別の言い方をするならば、米国が自由と平等な機会の国というイメージとはかけ離れた人種主義の帝国であることを無視していることには注意が必要である。

特に注目したいのは、DA PUMPのメンバーたちが再現する「アメリカ産のダンス」の提示方法に偏りがあることだ。彼らの踊りのレパートリーの多くは、アフリカ系アメリカ文化に由来しているにもかかわらず、その「黒さ」の歴史が意図的に、もしくは不作為に忘却され、不可視化されているのだ。輝かしい「アメリカ」のイメージをイタリア経由のサウンドに乗せた「U.S.A.」において、日本人のヒップホップ・グループが踊るダンスはほぼすべて「アメリカ」の影である奴隷制や制度的人種主義の過酷なリアリティの中で身体文化を発展させてきたアフリカ系によって作られたものであることは強調してもし過ぎることはない。例えば、手の形がフェイスブックの「いいね」アイコンに似ていることから「いいねダンス」と呼ばれるようになった動きも、もともとアフリカ系アメリカ人ラッパーのブロックボーイJBが二〇一七年七月に考案した「シュート・ダンス」が、人気ラッパーのドレイクとの共演PV、オンラインゲーム、そして動画投稿サイトなどを通して広まったのを真似たに過ぎなかった。[15] 同じく「インベーダー・フォーメーション」と名付けられたパフォーマンスも、九〇年代に一世を風靡し、二〇一二年に韓国出身のPSYとの共演で再注目されたアフリカ系アメリカ人ラッパー／ダンサーのMCハマーのダンスの模倣だった。振り付けを担当したメンバーのTomoは、これらの振り付けがヒップホップでは日常的に行われる「サンプリング」という手法（ある音源の一部を抜粋し、ループさせたりして別の曲をつくること）でアフリカ系アメリカ人のダンスを再利用したので、決して「パクった」わけではないと弁明している。[16] とはいえ、「アメフトの選手が得点決めた時とかに喜びのダンスとしてやっていたものが、SNSに上がって流行りだした」とその由来を誤って解説していることからも明らかな通り、このダンスやそれが生まれた背景への最低限の理解すら欠如していることは歴然としている。[17] イタリア人の曲をカバーしつつ、それを「自由に」アレンジしたのと同様に、「U.S.A.」は身体表現の水準でも流行の（もしくはかつて流行った）アフリカ系アメリカ文化を都合良く流用していると言わざるを得ない。

もちろん、人類史上、国籍、人種、民族を越えて行われる文化の貸し借り、翻案、サンプリングは世界各地の文化を豊かにしてきた。とはいえ、以下に取り上げるガンビーノのPVが鋭く批判している通り、歴史的に抑圧・周縁化されてきた集団の文化やその文化に根ざす個人のスタイルをマジョリティ側が無断使用する場合には、それが権力や権威の非対称性の中で行われる限り、搾取／簒奪／盗用として批判されるべきではないだろうか。「アメリカ」という曖昧な記号と戯れたＤＡ ＰＵＭＰ版「U.S.A.」の大ブームが誕生した背景には、リッキーニの元曲と同じくらい、アフリカ系アメリカ人の身体文化が重要な役割を果たしていたことはもっと認知されてしかるべきだ。このような認知と承認のプロセスは、「アメリカ文化」、さらにはそれに影響を受けた世界中の様々な文化におけるマイノリティの周縁化や排除の歴史とメカニズムを学ぶことにもつながるはずである。富の再配分や経済格差の是正とともにおこなわれるべき認知と承認なしに、マジョリティに都合が良い部分だけを切り取って「交錯するルーツ」を言祝いでいるだけでは、信頼に足る多様な日米関係の構築などはまさに夢物語である。

3 「ディス・イズ・アメリカ」の問題提起――メディアとしての「黒い」身体

二〇一八年の日本で「U.S.A.」がブームになり、アフリカ系アメリカ人のダンスが盗用・流用されていた時期とほぼ重なるように、日本生まれのヒロ・ミウラが撮影監督を務めて話題にもなったガンビーノの「ディス・イズ・アメリカ」のミュージックビデオが公開され、同作品はグラミー賞で四部門（年間最優秀レコード賞、最優秀楽曲賞、ベストラップ賞、ベストMV賞）を獲得、MTVビデオ賞でも三部門（監督部門、振り付け部門、社会性部門）を制覇した。公開から約一年が経った時点で、YouTubeの再生回数はなんと五億三四四〇万回を超えていた。すでに確認した通り、ガンビーノの「ディス・イズ・アメリカ」が提示したのは、DA PUMPの「U.S.A.」とは全く異なる、この上なく野蛮で、残酷で、混沌とした「アメリカ」だった。主人公・語り手であるガンビーノは、曲の冒頭で黒人のスレテオタイプを拡散したミンストレル・ショウの定番キャラクターのポーズをとりながら、頭からすっぽり袋を被せられた黒人ギタリストを容赦なく射殺する。[18]そして、「俺たちはただパーティーがしたい」だけなのに、「お金が欲しい」だけなのに、「狂ったように振る舞う警察」に怯えて暮らしているんだと嘆く。さらにガンビーノによれば、「俺らの地域」では、銃が蔓延し、自己防衛のために自らも銃で武装せざるをえない恐怖と暴力の連鎖が続いている。アフリカ系の多くは、祖先が故郷から強制移住させられ、隷属状態におかれていた。しかしながら、アフリカ系の人々は必ずしもずっと絶望していたわけではなかった。実際、彼ら・彼女らの多くは人種主義と絶え間ない闘争をしてきた。そんな彼ら・彼女らにとってみればば「アメリカ」は無条件に「夢の国」とは言い難いのだ。確かに二〇〇九年にオバマというアフリカ系初の大統領が誕生し、二期目も再選されたことは「より完全な連邦を形成する」という憲法前文に書かれた目標への一歩前進を象徴する出来事として映ったかもしれない。だが、その反動として登場したトランプ大統領の人種差別的言動の数々は、そもそも同国が対立と格差を利用することでその繁栄を担保してきた国家なのだという国内外の印象を再強化せざるをえなかった。トランプ政権誕生直後というタイミングで製作された「ディス・イズ・アメリカ」が「アメリカン・ドリーム」という大きな物語自体の信頼性に疑問符をつけたことは、米国における人種主義の歴史を知るものにとってはなんら驚きではなかったはずだ。

俳優、ミュージシャン、プロデューサーとしても成功しているガンビーノはこの楽曲の中で前述のブロックボーイJBをフィーチャーし、PVでも自身がシュート・ダンスを真似て踊るシーンがある。[19] 振り付けを担当したのは、若干二三歳のシェリー・シルヴァーで、西アフリカ、南アフリカ、中央アフリカ、そして米国で発展してきたアフリカ系の様々なダンスをショーケースのように巧みに見せた。[20] 背景では車が炎上したり、騒乱が起こっているが、それに見向きもせず踊り続けるガンビーノ、シルヴァー、その他の学生服をきたアフリカ系の少年少女たち。このカオティックな光景が皮肉たっぷりに提示するのは、アフリカ系が苛烈な人種差別と貧困の現実のなかでこれまで生み出してきた音楽、身体文化や芸術がどのような社会的・政治的な役割を担うべきかという問いだ。かつて有名なギャングのメンバーだったブロックボーイJBも音楽やダンスによって命を救われたとインタビューで答えているが、文化や芸術は現実からの逃避なのか、それとも現実に介入するための手段なのか？[21] 周囲の争乱をよそに、ガンビーノと黒人の少年少女が一緒に踊り狂う様子は、彼ら・彼女らが社会問題から逃避していることを揶揄しているようにも解釈できる。つまり、同曲は人種問題に向き合うことはせず黒人文化だけを都合良く消費する人々（ここには白人のみならずアジア系も含まれるだろう）を痛烈に批判しているだけでなく、おそらく暴力と貧困の連鎖から脱出することに成功した黒人の一部が、新自由主義的に階級上昇を夢み、個人の欲望と快楽を追求することで、「ブラザー」や「シスター」たちの苦境に背を向けていることへの批判も含んでいるのかもしれない。他にも、少年少女たちが顔をマスクで隠しながら、スマートフォンで周りの状況を撮影する場面があるが、このシーンはSNS中毒になり、ネット上で社会批判をするばかりで実際に社会変革へ向けた行動をしないとされる（一部の）アフリカ系の若者たちを批判しているのか、反対に、ソーシャルメディアを駆使した新時代のアクティビズムを肯定的に描いているのか、にわかに判断できない。[22] ここまで駆け足で見てきたように、このPVにはシーンごとに無数の多義的な記号や暗号が鏤められており、解読作業がネット上でも盛り上がった。地響きのように唸るベースが特徴的なトラップ[23]と天から降り注ぐようなゴスペルのコーラスが入り混じり、ハーモニーと不協和音が錯綜するこの楽曲は、象徴性の高い動画によって補強されることで、DA PUMPの「U.S.A.」とは別のこの上なく曖昧な遊戯性を獲得し、人々の目と耳を釘付けにしたのである。

多様な解釈可能性に開かれていることは認めつつも、ガンビーノのメッセージのエッセンスをあえて取り出すのならば、BLMのスローガンの一つともなった「目を覚ませ!《ステイ・ウォーク》」ということになるだろう。[24] この歌が、継続する人種暴力に対する異議申し立てであることは、二〇一五年のサウスキャロライナ州チャールストンにある黒人教会で起こった白人至上主義者による乱射事件を彷彿とさせるシーンやエンディングでガンビーノが何かから逃げようと必死に走っているショットからもはっきりわかる。「これがアメリカ。油断するなよ」という警告は、貧困と暴力のなかで暮らすことを強いられてきた多くの黒人のみならず、幸運にもそのような生活から抜け出せた人々にとっても、「アメリカ」がいまだに危険な場所であることを示唆しているのだ。

おわりに——不可視性の超克

アフリカ系アメリカ人作家ラルフ・エリスンは一九五二年の小説『見えない人間』において、アフリカ系アメリカ人の「不可視性」を米国の社会構造が生み出す白人側からの視線の「特異な性質」のせいだと喝破している。「僕の姿が人の目に映らないのは、必ずしも体の表皮に生じた生化学的な異変のせいではない。僕の言うこの不可視性は、僕が接触する相手の目が特異な性質のせいである。[25]」米国史を通して、アフリカ系アメリカ人は身体的に抑圧され、搾取され、周縁化される、つまり不可視化される一方で、ミンストレル・ショウに代表されるように偏見とステレオタイプによって過剰に可視化もされてきた。そのような黒人像の歪曲や誇張は、今日のハリウッド映画、テレビドラマ、メディアによる報道、広告、文学作品などにもまだ色濃く残っている。[26]

戦後の日本において、いやもっと遡って一八五三年にペリーが黒船で来航し、黒塗りの白人船員によって米国の国民的文化の代表としてのミンストレル・ショウが船上で上演されて以来（また、本物のアフリカ系の雑役夫がペリーの上陸の際に旗持ちとして使われ、人種的ヒエラルキーを象徴的に確立する道具とされて以来）、白人が作った黒人のイメージやステレオタイプ、そして黒人自身が作り出してきた文化やスタイルは日本人を様々な形で魅了し、圧倒してきた。[27] それにもかかわらず、日米関係史においては、DA PUMPの「U.S.A.」のように、日本人が黒人文化に深く影響を受けながらも、アフリカ系の人々の貢献を無視したり、誤読したり、不可視化してしまうことは当たり前のように行われてきたことも事実である。黒塗りは言うに及ばず、ファッションとしてドレッドヘアを真似ることもそうであるし、大江健三郎や中上健次ら戦後の日本の大作家にジャズや黒人文学が与えた深い影響を忘却することもしかり。[28] さらに言えば、「多様性」という言葉が流通するようになったのはここ四〇年ほどのことだと一般的には認識されているが、この言葉を多文化共生のコンテクストで一九六七年に日本の状況に当てはめて最初に紹介したのはおそらく前述の大江であり、彼はそれをエリスンの『見えない人間』から学んでいた。[29] そのことをどれだけの日本語話者が記憶しているだろうか？

日本においてはこれまで黒人の多様性や複雑さに関心が集まることは少なかったと言わざるを得ない。エリスンの『見えない人間』が指摘している通り、これまで黒い身体はスクリーンのように見る者自身、つまり日本人自身の想像を自分の都合に合わせて映し出してきたのである。しかし、ガンビーノのパフォーマンスが雄弁に示した通り、黒い身体は非黒人にとってのスクリーンであるだけではなく、それ自体がアフリカ系の人々が駆使してきたメディアであり、彼ら・彼女らの経験や文化を世代を越えて伝えてきた手段なのだ。多文化共生や多様性が掲げられる社会において、アフリカ系の人々が黒い身体というメディアを通して生み出してきた多様な文化、イメージ、視点の蓄積を可視化し、正当に理解することの重要性はますます高まっている。

❖ 注

1　現代でも制度的な人種主義を再生産し続ける国家としての米国については以下の文献を参照のこと。Michelle Alexander, *The New Jim Crow: Mass Incarceration in the Age of Colorblindness* (New Press, 2010); Keeanga-Yamahtta Taylor, *From #Black Lives Matter to Black Liberation* (Haymarket Books, 2016). 日本語文献としては、タナハシ・コーツ著、池田年穂訳『世界と僕のあいだに』（慶應義塾大学出版会、二〇一七年）、『現代思想二〇二〇年一〇月臨時増刊号　総特集＝ブラック・ライヴズ・マター』（青土社、二〇二〇年）、バーバラ・ランズビー著、藤永康政訳『ブラック・ライヴズ・マター運動誕生の歴史』（彩流社、二〇二二年）。

❖2 「(ひと) shungo.さん：DA PUMPの大ヒット曲「U.S.A.」を作詞した」『朝日新聞』二〇一八年一二月一日 (https://digital.asahi.com/articles/DA3S13833857.html)[二〇一九年九月一日アクセス]。

❖3 これ以降、同曲の歌詞から引用については、括弧に入れるが出典は示さない。

❖4 エズラ・F・ヴォーゲル著、広中和歌子、木本彰子訳『ジャパン アズ ナンバーワン――アメリカへの教訓』(TBSブリタニカ、一九七九年)。

❖5 「二〇一五原爆意識調査：二〇一五 広島・長崎・全国調査 被爆七〇年 原爆と平和の意識は」NHKオンライン (https://www.nhk.or.jp/d-navi/sp/graph/hibaku70/)[二〇一九年九月一日アクセス]。

❖6 上杉忍『アメリカ黒人の歴史――奴隷貿易からオバマ大統領まで』(中公新書、二〇一三年)。

❖7 増田聡「(ポップスみおつくし) カモンベイビーアメリカ」『朝日新聞』、二〇一八年一一月二六日 (https://digital.asahi.com/articles/DA3S13786153.html)[二〇一九年九月一日アクセス]。

❖8 Norman Abjorensen, *Historical Dictionary of Popular Music.* (Rowman & Littlefield, 2017), 164-65.

❖9 この協定のために犯罪を犯した米軍兵を日本の警察が逮捕し、裁くことが難しくなっていることは周知の通りだ。

❖10 桜井国俊によれば、米国とイタリアの地位協定はイタリアの意向をくみ取っているため，沖縄の嘉手納や普天間におけるような騒音被害などは起きていないという。詳しくは、桜井国俊「イタリアでは、米軍基地の管理権はイタリアにある」。『論座』二〇一八年一月三〇日 (https://webronza.asahi.com/science/articles/2018012300006.html)[二〇一九年九月一日アクセス]。

❖11 有馬ゆえ「DA PUMP「U.S.A.」人気で、〝プラチナ期〟を乗り越えたモーニング娘。のごとく再ブレイクも!?」*Wezzy* 二〇一八年五月二四日 (https://wezz-y.com/archives/55039)[二〇一九年九月一日アクセス]。

❖12 この曲の誕生の経緯を理解する上で、DA PUMPの所属事務所の社長である平哲夫のインタビューも示唆的である。「DA PUMP『U.S.A.』仕掛け人が明かす誕生秘話」*Nikkei Style.* (https://style.nikkei.com/article/DGXMZO35206680R10C18A9000000)[二〇一九年九月一日アクセス]。「ネタ」と「ベタ」については、北田暁大『嗤う日本の「ナショナリズム」』（NHK出版、二〇〇五年）を参照のこと。

❖**13** 阿部幸大は、この曲を日米両方を相対化する皮肉の効いた「沖縄的キッチュ」として評価している。興味深い解釈ではあるが、阿部自身が認めている通り、ある種の「アメリカ批判」が意図されていたにせよ（そのような証拠は充分であるとは筆者には思えないが）、結果的に日本の視聴者がアイロニーを「無意識的に、しかし積極的に、読み落として」しまったのなら、それはそもそも意義ある「批判」にすらなっていなかったのではないかと言わざるを得ない。「DA PUMP「U.S.A.」を日米関係から読み解く：「ダサかっこよさ」に秘められた政治性」（『現代ビジネス』、二〇一九年九月二〇日）(https://gendai.ismedia.jp/articles/-/67277)［二〇二〇年五月一日アクセス］。

❖**14** 「二〇一八年　年間シングルランキング」*Oricon News*. [https://www.oricon.co.jp/rank/js/y/2018/p/7/]［二〇一九年九月一日アクセス］。

❖**15** "How Blocboy JB Created the Shoot Dance." Genius. 7 Nov. 2018. https://genius.com/a/how-blocboy-jb-created-the-shoot-dance.

❖**16** 「DA PUMP "U.S.A." Dance Lecture」二〇一八年六月一五日　(https://www.youtube.com/watch?v=XH60ViwriqM)［二〇一九年九月一日アクセス］。

❖**17** この点についてはネット上ですでに誤りが指摘されて字幕による訂正が入っている。また、ブロックボーイJB自身は、テレビゲームに無断でこのダンスが再現されていることについて、お金の問題ではなく、名誉の問題であると明言している。"How Blocboy JB Created the Shoot Dance."

❖**18** ミンストレル・ショウについては、大和田俊之『アメリカ音楽史――ミンストレル・ショウ、ブルースからヒップホップまで』（講談社選書メチエ、二〇一一年）; Eric Lott, *Love and Theft: Blackface Minstrelsy and the American Working Class* (Oxford UP, 1995); Michael Rogin, *Blackface, White Noise: Jewish Immigrants in the Hollywood Melting Pot* (Berkeley, U of California P, 1996).

❖**19** Carl Lamarre, "BlocBoy JB on Contributing to Childish Gambino's 'This Is America': 'It Was Like an Organ

Donation.'" *Billboard.com.* 16 May 2018. (https://www.billboard.com/articles/columns/hip-hop/8456335/blockboy-jb-interview-childish-gambino-this-is-america). Accessed 1 May 2020.

❖ 20 Bridget Read, "Watch Sherrie Silver Break Down 5 of Her Favorite Afrobeat Dances." *Vogue.* 9 July 2018. (https://www.vogue.com/article/sherrie-silver-this-is-america-choreographer-favorite-afrobeat-dances). Accessed 1 May 2020.

❖ 21 「話題のダンスの生みの親 ブロックボーイ」。*SSENSE.* (https://www.ssense.com/ja-jp/editorial/music-ja/produced-by-blocboy). Accessed 1 May 2020.

❖ 22 オバマもネット上でのキャンセル・カルチャーには苦言を呈している。Ed Mazza, "Barack Obama Calls Out Woke Culture And Twitter Outrage: 'That's Not Activism.'" *Huffpost.com.* 30 Oct. 2019. (https://www.huffpost.com/entry/barack-obama-twitter-activism_n_5db9292ee4b0bb1ea3716bb7). Accessed 1 Nov. 二〇一九、二〇二〇年にジョージ・フロイド氏が白人警官によって殺害された時も、一〇代の少女ダルネラ・フレイジャーさんが携帯で撮った動画が拡散したことで事件が注目を浴びたが、その一方で、警官を止めずに、撮影を続けたことに対して彼女自身が良心の呵責を感じていると述べている。Yaron, Steinbuch. "Darnella Frazier, teen who filmed viral George Floyd video, reacts to guilty verdict." *New York Post.* 21 April 2021. (https://nypost.com/2021/04/21/darnella-frazier-teen-who-filmed-george-floyd-video-reacts-to-verdict/). Accessed 21 April 2021.

❖ 23 アトランタを中心としたアメリカ南部で一九九〇年代以降に発展したヒップホップのスタイル。重低音のビートにハイハットや電子音を重ねて、ラップする。テーマは麻薬中毒や大都市圏での暴力を扱うことが多い。

❖ 24 「Woke」の歴史的変遷とそれに対する批判については、カール・ローズ著『WOKE CAPITALISM「意識高い系」資本主義が民主主義を滅ぼす』(東洋経済新報社、二〇二三年)

❖ 25 ラルフ・エリスン著、松本昇訳『見えない人間』(南雲堂フェニックス、二〇〇四年)。

❖ 26 坂下史子「人種的〈他者〉としての黒人性――アメリカの人種ステレオタイプを例に」、兼子歩・貴堂嘉之編『「ヘイト」の時代のアメリカ史――人種・民族・国籍を考える』（彩流社、二〇一七年、二七―四八頁）、ジョン・G・ラッセル『偏見と差別はどのようにつくられるか――黒人差別・反ユダヤ意識を中心に』（明石書店、一九九五年）。

❖27　古川博巳、古川哲史『日本人とアフリカ系アメリカ人――日米関係史におけるその諸相』（明石書店、二〇〇四年）、笠原潔『黒船来航と音楽（歴史文化ライブラリー）』（吉川弘文館、二〇〇一年）、Gretchen Murphy, *Hemispheric Imaginings: The Monroe Doctrine and Narratives of U.S. Empire* (Duke UP, 2005).

❖28　Will, Bridges, *Playing in the Shadows: Fictions of Race and Blackness in Postwar Japanese Literature* (Ann Arbor: U of Michigan P, 2020); Ann McKnight, *Nakagami, Japan: Buraku and the Writing of Ethnicity* (U of Minnesota, 2017)、西田桐子「戦後日本文学の黒人表象と平和運動――占領期検閲から、文芸誌『新日本文学』のピークスキル事件ブームへ」（『黒人研究』二〇一八年、一一〇―一一九頁）。

❖29　一九五〇年代後半の大江健三郎によるエリスンの『見えない人間』の読書体験と一九六五年の渡米経験（エリスンとの直接の交流も含む）は、彼に深い影響を与えている。大江健三郎「不可視人間と多様性」（『世界』二六三号、一九六七年、一三七―四五頁）。Bridges 以外に一條孝夫『大江健三郎・志賀直哉・ノンフィクション――虚実の往還』（和泉書院、二〇一二年）および Michiro Arimitsu and Raphaël Lambert, “Ralph Ellison and African American Literature in Post War II Japan: Making Blackness Visible.“ *Global Ralph Ellison Aesthetics and Politics Beyond US Borders,* editied by Tessa Roynon and Marc C. Conner, Peter Lang, 2021, pp259-92. も参照のこと。

VIII 人文学

世界と私たちとを媒介する身体

柏端達也

哲学において「身体」は重要なテーマの一つである。とりわけ二〇世紀以降の哲学にその傾向は顕著だと思われる。身体は、そこでは、世界の中に点在する単なる機械ではなく、一つの精神と世界とをつなぐ媒介項《メディア》として、特別な位置を与えられる。このエッセイでは、身体というものが哲学でどのように扱われるかについて、二、三の基本的な問題に答えつつ、概説をしたい。

1

身体はどのような意味で特別なのか。まず主観的な領域がある。あなたを中心に述べるなら、あなたは足が痛いかもしれない。痛いとしよう。とすれば、それは主観的な事実の一つである。次にあなたは自分の足に刺さった小さな棘を見つけるかもしれない。客観的な事実として。その事実を私も確かめることができる。あるいは、それは事実でなく、棘が刺さっているように見えるのは発疹であると医者から指摘されるかもしれない。ただ、そうだとしても、あなたにはいかにも棘が刺さっているかに見える。そう見えることはまちがいない。そしてふたたびそれはあなたの主観的な事実である。ともかく、主観的な事実によって構成された領域と、客観的な事実によって構成された領域とがあり、両者は明確に区別できるように思われる。それは「精神」と「世界」の対立としても語れるだろう。もっとも、そこからすぐに精神的な実体と物理的な実体の二元論の話になるわけではない。存在論の議論をする必要はまだない。

　精神があり、世界がある。それは明白だと思われるが、さらに精神と世界とのあいだに相互作用があることも明白であろう。棘が刺さったから痛いのであり、痛いからその棘を抜いたのだ。作用には、世界から精神への作用と、精神から世界への作用の二種類がある。あなたはたとえば痛覚によって世界にある何かを感じ、目で見ることによってそこで何が起こっているかを知る。他方で、手足を使って、あるいは声帯を震わせることによって、世界の状態を変える。いまの図式で、身体が、精神（あなた）と世界とを媒介していたことに気づかれよう。あなたの末梢神経、目、手、足、声帯はあなたの身体を構成する部分にほかならない。身体はまた、主観的な事実と客観的な事実が交錯する場所でもある。棘はあなたの足に刺さり、あなたは足に痛みを感じる。あなたは手を動かし、あなたの手が動く。

　次の点も重要である。この文脈で語られる身体とは自分の身体のことである。私から見た他人の身体は、私にとっては世界の一部にすぎない。あなたから見た他人の身体も同様である。

　以上の意味で特別な〝身体〟とは何だろうか。この疑問は、すくなくとも二つに分けられる。一つは境界の曖昧さに関する問いであり、もう一つは特定に関する問いである。（1）第一の問いは、どこからどこまでが自分の身体なのかというものである。棒で石を動かすとき、棒を持つ手だけでなく、棒もまた私と世界（動かされる石）とのあいだの媒介項と言えないだろうか。私は、手のひらに棒の硬さやたわみを感じるが、棒の先にも石の硬さや動きを感じるように思える。しかし他方で、棒が私の身体の一部だとは言いたくない。自分と起源を異にする分離可能な人工物だからだろうか。だが、人工関節や奥歯の詰め物、あるいは義足などは、自分の身体の一部だと比較的言いやすい。身体は、持って生まれた有機体的部分からある程度拡張可能であると思われる。しかしそれはどの程度か。（2）第二の問いは、ある特定の身体が自分の身体であるとはどういうことかに関するものである。この問いはさらに二つに分けられる。（2a）その一つは、形而上学的な疑問であり、この世界にこれだけ多くの身体があるのになぜこれが私の身体なのかという謎である。これに対する答えは、もしあるとしても、この世界の内部にはないだろう。なぜなら、内在的に完全に同じ一つの世界について、あなたも他の人も（2a）と同じ形式の疑問を抱くことができるが、そこで問われている事柄は異なる内容をもつからである。それゆえ、一般的に論じるかぎり、（2a）への答えは「理由はない」というものになろう。形而上学から認識論へと話を移せば、無数の身体の中から自分の身体を見つけだすのに苦労することは通常ない。駐輪場で自分の自転車を探すのとは事情が違う。にもかかわらず次のように問うことができる。すなわち、（**2b**）どのように自分の身体は他人の身体と異なっているのか。あるいは、異なったものとして捉えられるのか。

（2a）の問いはこのエッセイで扱わない。（1）と（2b）の問いに答えの見通しを与えようと思う。

2

どれが自分の身体かについて通常疑念は生じない。迷いなく見分けることに成功しているという意識すらないだろう。だがあなたも、私も、自身の身体をたしかに他から区別している。それが明白になるのは「通常」でないケースを考慮したときである。

分割脳のケースを取りあげよう。分割脳患者とは、何らかの事情で脳梁を切断する手術を受けた人のことである。そのような人は、特定の実験環境において興味深い行動の傾向を示すことが知られている。それは哲学的な議論を呼ぶものであり、マイケル・S・ガザニガらの研究を通じて、哲学者のあいだでも有名になった。

実験において分割脳患者は、画面に一時的に提示されるものを口頭でまたは絵を描いて報告することが求められる。提示されるのは絵または単語で、それらは中央の点の左右に一つずつ描かれる。患者は視野を固定したままそれらを見る訓練を受けている。そのため、点の左側に描かれた像はもっぱら大脳の右半球で処理され、右側に描かれた像はもっぱら左半球で処理されることになる。右半球は首から下の左半身の運動を司り、左半球は右半身を司る。と同時に、言語能力は（脳の機能の局在性により）左半球が担うものと考えられる。脳梁を切断されているため、分割脳患者の右脳と左脳とのあいだに直接の情報のやりとりはない。

たとえば、ガザニガが一九六〇年代にロジャー・スペリーと行なっていた実験の有名な映像がある。その一つでは、「ジョー」と呼ばれる患者が、点の右側にカナヅチ、左側にノコギリの絵を表示され、そのあといくつかの指示と質問を受ける。会話の一部は次のようなものである。

ガザニガ博士「何を見ましたか？」
ジョー「カナヅチ。」
ガザニガ博士「では目を閉じて左手で描いてください。見たままのを。」
ジョーは左手でノコギリの絵を描く。そして目を開ける。
ガザニガ博士（絵を指して）「これは？」
ジョー「……ノコギリ？」

ガザニガ博士「何を見ましたか？」
ジョー「カナヅチ。」
ガザニガ博士「なぜこれを描いたのですか？」
ジョー「分かりません。」

ジョーにいったい何が起こっているのだろうか。実験のあいだ、ジョーの左手を含む（つまり右脳に司られた）部分は彼の身体でないかのようである。ポイントは二つある。一つは、まず解釈抜きに印象を述べるなら、まるでジョー以外の何かがジョーの中にいるように見えるという点である。二つめは、付加的な事実として、実験環境外でこのようなことはジョーに起こらないし、日常生活に不都合が生じることもないという点である。それゆえ、ほとんどの場面では、ジョーの左手も普通に彼自身の身体の一部だと言えるように思われる。

ジョーの身体の一部は、彼自身の身体であるための要件の何を、すくなくともときどき欠くのだろうか。それに答える前に、この例から引き出せる教訓を一つ記しておこう。分離不可能性は、ここで言う「身体」の一部であることの十分条件にはならない。ジョーの左半身はジョーから切り離せない。空間的に連続しているし、生体機能上もそうであろう。しかしながら上述の実験において、ジョーの左手を含む部分は、重要な意味で、ジョーの――もしくは自らを「ジョー」と語る左脳に支配された何かの――身体の部分ではないと考えられる。ちなみに、分離可能性が、

「身体」の一部でないことの十分条件にならないことは、すでに示した。私の奥歯の詰め物はときに分離するし、フィクションや思考実験にはもっと極端に非連続的な身体の例が登場する。分離不可能性は身体の部分であることの必要条件でも十分条件でもない。

3

実験中のジョーに欠けているのは、自身の身体についてとうぜん期待される知識である。ジョーは、自分の左手が何を描いたのかを、目を開けて確認するまで知らなかった。ちょうどそれは、試験の最中に隣の人がどのような答えを書いているのか知らないのと同じような状況である。ジョーが「ノコギリ」と答えたのは、われわれがまさに他人の行動について知るときの知り方を通じてなのである（隣の人の解答も覗き見すれば分かるだろう）。ガザニガ博士に口頭で答えている人物のほかに、もう一人ジョーの中に誰かがいるように見えるのは、以上の理由による。

重要なのは、知られる事柄の違いではなく、それを知る仕方の違いである。試験中に自分がどう解答しているかは自分の書いたものを覗き見することなく分かる。書く前から、目をつぶったままでも、ただちに答えられるだろう。そこには特有の知り方がある。自分の行為について通常われわれがもつ知識は、G・E・M・アンスコムが「観察によらない知識」と呼んだ種類のものにほかならない。すなわち、人は通常、自分の手足の位置を観察することなく知っている。なぜそれが観察によらないかというと、手足の位置を本人に教え示すものが何もないからである。つまり人は、たとえば膝が曲がっていてまっすぐに伸びてはいないことを示す証拠となるうずきのようなものを膝に感じて、そうしたことを知るわけではない。

（アンスコム『インテンション』柏端達也訳、岩波書店、二〇二〇年、第八節）

もちろん行為にかぎらず、自分がどう動いているか、どのような体勢にあるかについて、われわれは特有の知識をもつ。くりかえすが、それが「特有」であるのは知識の内容ゆえではない。私の膝が曲がっていることは、周りの誰もが観察や伝聞や推測によって客観的な事実として知りうるだろう。観察によらない知識は、私秘的に知られる事柄の領域を構成するわけではない。観察によらないとは、私秘性ではなく、直接性、無媒介性のことである。そしてそれこそジョーが彼自身の左手の動きを知るときに欠けていた仕方である。観察を通じてジョーは自分がノコギリを描いたことを知った。直接性、無媒介性はまた、不可謬性とも区別されるべきである。観察によらないからといって誤りえないわけではない。知識が真なる信念の一種であるとすれば、観察によらない偽なる信念もあるはずだ。現象学者たちが好む幻肢の事例は、そうした信念を大量に含むだろう。より平凡な例として、たとえば麻酔の後、口を閉じているつもりに（観察によらずに）なっていたが、口をゆすぐと水が漏れるので（その観察を通して）自分の口はじつは半開きだったことが分かるといった体験は、誰にでもあると思う。

4

われわれは自身の身体の諸状態を観察によらずに知る。他人の身体についてそのような仕方で知ることはない。これを第1節の問い（2b）への答えとすることができるだろう。そのような仕方で諸状態が知られる範囲を「自分の身体」と定義するわけである。

観察によらずに知られるのは、もちろん肢体の位置だけではなく、筋肉の緊張や、何に触れているか、暑いか寒いか、空腹かどうかなど非常にさまざまな事柄である。この多種性は、第1節で言及した身体の境界の曖昧さを説明するだろう。髪の毛の先端や足の薬指などについては、観察によらずに知られる事柄が比較的希薄であろう。ひょっとするとその意味では使い慣れた杖のほうがより身体らしいかもしれない。さらに、あくまでこの規準に従えばだが、肝臓などは身体の範囲から除外されるだろう。観察によらない多様な種類の知識の多寡は、各部位がどのような点でどれくらい身体らしいかの詳述を可能にする。これが第1節の（1）の問いへの答えである。

以上のように規定された「身体」は、通常われわれが身体であると考えるひとまとまりの有機体よりは、後付けの拡張部分を含む点で、すこし大きなものでありうる。同時に、肝臓を含まない点で、それよりすこし小さなものでありうる。肝臓が重要でないという話をしたいわけではなく（肝臓は大切である！）、ある仕方で意味づけられる「身体」が、ある文脈では重要だということである。この「身体」が幻肢によって拡張されない点に注意されたい。何者も幻肢について知識をもつことはできない。幻肢は存在しないからである。したがって特別な存在者のカテゴリー――〝現象的身体〟のような――にコミットする必要はないだろう。存在論的に熱くなることはない。ただ、形と大きさがすこし違うものが手に入るだけなのだから。

　動かせるかどうかはこの話にどう関わってくるのだろうか。動かせることは身体にとって重要である。だがそこを過大評価すべきではない。可動域には自然な限界があり、また多くの部分はそもそも動かせない。ギプスで固定された足も身体の一部である。たしかに耳は、振り返ることで、あるいは指で押せば、「動かす」ことができる。しかしその意味でなら手に持った棒も自由自在に動かせる。観察によらない知識はむしろ身体をなめらかに動かすのに不可欠である。

　さて、ジョーはなぜノコギリを描いたかを答えられなかった。通常われわれは、何をしているかについて観察によらない知識をもつ。より一般に言えることは、人は、意図を含む自身の心の状態を観察によらずに知るということである。そしてそれは、私の考えでは、自身の脳状態を観察によらずに知ることを意味する（先述のアンスコムはけっしてそうは言わないだろうが）。そのことは「主観的」な心の状態一般の特徴でさえある。よって、観察によらない知識が身体に輪郭を与えるという結論を踏まえるなら、主観的な領域はここで定義される「身体」の形に正確に拡がっていることになる。そこを占めるのは、形と大きさがほんのすこし異なるものの、おなじみの客観的で物的な身体にほかならない。身体による精神と世界の媒介を、このように理解することもできるだろう。

『ガリヴァー旅行記』の身体性と言語表現

原田範行

ジョナサン・スウィフトの傑作『ガリヴァー旅行記』（一七二六年、ロンドンで刊行）は、身体性の横溢した文学作品である。

周知の通り、この作品は、主人公ガリヴァーの乗った船が難破し、彼がただ一人、リリパット（小人国）の浜辺に打ち上げられるという出来事から始まる。気がつくと周囲にいるのは、身長六インチ（約一五センチ）にも満たないリリパットの兵士たち。政治や宗教における党派性や権力者の飽くなき領土欲、さらには人間ひとりひとりの心にひそむ悪徳を辛辣な諷刺で綴ったこの作品は、主人公を取り巻く人間の身体を、まずは小人にデフォルメして見せる。ガリヴァーの次の旅が描かれる第二篇で、今度はブロブディンナグ（大人国）という、歩幅が一〇ヤード（約九メートル）にもなろうかというブロブディンナグ人の社会に迷い込んだ主人公が描かれるという展開も、それゆえ、実に分かりやすい。身体のサイズという、最も身近で明快な尺度を変えることで、人間とその社会の悪を、著しく矮小化して笑い飛ばしたかと思えば、グロテスクなまでに巨大化してその理不尽な圧力を鮮やかに描き出しているのである。

もちろん、身体の大小だけではない。身体的感覚の巧みな表現も『ガリヴァー旅行記』には頻出する。ブロブディンナグの畑で辛うじて命拾いしたガリヴァーが最初に連れて行かれる農家には、大人国にふさわしく、ゆうに「ロンドン・ブリッジからチェルシーまで」響き渡るような声で泣き叫ぶ赤ん坊がいる。ロンドン・ブリッジからチェルシーといえば、歩いて一時間はかかる距離だ。木の上から林檎の実が落ちてきて、ガリヴァーが危うく難を逃れる、という場面もあるが、このブロブディンナグの林檎の実は「酒樽」ほどもの大きさがある、という【図版1】。周囲を巨大な壁のような人間に囲まれ、次第に疲弊して行く主人公の精神状態は、彼の視覚や聴覚、触覚を通してきわめて具体的に表現されているのである。そればかりではない。トーリー、ホイッグという二大政党政治の揺籃期にあった一八世紀初頭のイギリスでは、そうした二大政党制のメリットだけでなく、デメリットも顕在化していた。要するに、二つの相対する考えが並び立つばかりでいっこうに一致を見ない、ということだ。ガリヴァーが第三篇で訪問する太平洋に浮かぶ島バルニバービの研究所の学者は、こういう問題に対する身体的で画期的な解決法を提示する。すなわち、有力な政治家一〇〇人を対立する両党からそれぞれ選び出し、頭の大きさが同じような者を二人ずつペアにして、その後頭部を切断して付け替えればよろしい、というのである。確かな腕を持った担当者があたれば手術は確実に成功するし、半脳どうしが一つの頭蓋骨の中で納得するまで議論すれば、皆一致して申し分ない結論に達するはずだ、とこの学者は言う。国家を怪物リヴァイアサンになぞらえたトマス・ホッブズの例を引くまでもなく、国家のあり方や政治・経済の動向は、洋の東西を問わず今日でも、しばしば身体的表現を借りて比喩的に表現されることが少なくない。だがそれにしても、

【図版1】林檎と格闘するガリヴァー。
落ちてくる林檎はニュートン的発想・発見への諷刺であったかもしれない。
『ガリヴァー旅行記』からインスピレーションを受けた画家は多いが、イギリスの挿絵画家アーサー・ラッカムもその一人。
ラッカムの挿絵入り『ガリヴァー旅行記』初版本（1909年）から。

ガリヴァーが耳にするバルニバービの研究所のこの学者の手法は、人間の脳を切り分け、組み合わせを変えて合体させるというのだから、グロテスクなまでに身体的である。

もう一つ、『ガリヴァー旅行記』の身体性を考える上で重要な特徴は、人間であれば当然のことながら、ガリヴァーほど便意や尿意を催す文学作品の主人公はまずいない、ということである。そもそも第一篇の最初の箇所で、打ち上げられた浜辺からリリパットの首都ミルデンドへ向かう途中、彼は「自然の必要」に迫られ、仮の宿の中で「身を軽く」したことを告白する。また、リリパットの皇妃宮殿が火事になると、前の晩に葡萄酒を大量に飲んでいた彼は、この時とばかりに尿を放出する。「火は三分で完全に消えた」のだが、結局、このことが不敬に当たるとされ、彼は不本意のうちにリリパットを去ることになるのだから、世界的によく知られた、この滑稽な放尿シーンは、実はストーリー展開に重大な岐路をもたらしているということになる。便や尿にことさら言及する――そういう描写のことをスカトロジーと呼ぶが、スカトロジーに見られる人間の身体の根源的な排泄欲求は、実際、『ガリヴァー旅行記』の基底をなしていると言ってもよいだろう。体の中にあって重くのしかかる便や尿を一気に排出する快感は、痛烈な諷刺をもって人間とその社会の悪を暴き出す作者スウィフトの筆致と、表裏一体の関係にある。スカトロジーを一種のタブーとしてこれをあえて伏せたりするような心性を、スウィフトは持ち合わせていなかった【図版2】。

身体の大小にせよ、五感にせよ、解剖学的知見にせよ、排泄欲求にせよ、スウィフトはこれらの身体性を存分に生かして主人公ガリヴァーの、一見、荒唐無稽とも思える冒険の数々に卓抜な諷刺を描き込んでいる。身体性が人間の本質に強く結びついているからこそ、その諷刺は悪の本質を捉えて厳しさを増す。リリパットでの自由な暮らしを保証されるにあたってガリヴァーが持ち物検査を受けるという場面が第一篇の最初の方にあるが、その際、彼がポケットに入れていた眼鏡と望遠鏡が検査を免れたと描写されている。結果としてガリヴァーは、この眼鏡と望遠鏡を常に携行することになるのだが、そのことは、通常では見えないもの、見落としているものを、彼の冒険を通じて凝視しようとする作者の意図を象徴的に示したものであったのかもしれない。その、通常は見えないもの、見落としているものを見ようとする意志とは、例えば、作品中でいささか諷刺的に扱われているニュートンの天文学のような自然科学の発達に基づく発見や発明などではむろんない。そうではなく、人間誰もが有し、日常生活全般から人生そのものに至るまでを規定してその母体となっている身体を凝視し、通常はほとんど意識すらされずにいるもろもろの身体感覚を言語表現の俎上にのせることだったのである。第四篇に至ってガリヴァーは、人間に酷似した醜悪なヤフーを奴隷とする理性的な馬(フウイヌム)の社会に強い共感を覚えることになるが、人間の身体のサイズをデフォルメさせるだけでなく、ついにはその種類をも変えようとするガリヴァーの思いには、人間の身体性に挑むことでその限界を超越しようとする作者の一種の願望が秘められている、とも言えるのではないか。むろん、その夢は果たされない。寝間着がはだけ、裸同然で寝床にいたガリヴァーを目撃したフウイヌムは、衣服を身に着けない彼が、結局はヤフーと同類であると断じることになってしまうからである。

近代小説の黎明期にあって、『ガリヴァー旅行記』のような身体性の横溢した作品が出現したことの意味は大きい。身体は、そもそも人間の言語活動の母体であり、また、知的活動の拠り所となる。だから人間は、しばしば、抽象的なものを身体表現に置き換えてみることで理解しようとするのだ。そしてこの身体は、少なくともある程度は人間一般に共通しているのだから、その置き換えも一般に理解されることになる。しかしながら身

【図版2】ガリヴァーの放尿シーンはしばしばタブー視され、本文から削除された。
これは19世紀後半のフラン語訳児童書に付された図版。
ガリヴァーは大樽の水で消火にあたっている。

体は、そうした共通性を有するものであるのと同時に、人間ひとりひとりの個性そのものでもあって、身体性に対する意識や感覚には決して小さくはない差がある。そしてこの差があるからこそ、ある人々にとっては通常は見えないもの、見落としているものの存在が、別の人によって発見されることにもなるのである。身体を母体とする言語活動もまた、共通感覚と個性という、こうした身体性の二つの特徴を豊かに湛えていると言えよう。言語は、意思疎通と共通理解の基盤でありながら、しかしそれと同時にまた、言語使用の個人差による発見や誤解をしばしば生みだすからである。言語が一義性を志向しつつも多義的であることの効用——スウィフトが『ガリヴァー旅行記』の身体性に込めた意味とは、まさにそのような点にあったのではあるまいか。そういう『ガリヴァー旅行記』の作品世界は、例えば、ＡＩを搭載したロボットによって、人間の言語表現が、そしてひょっとするとその身体性までもが置き換えられることになるかもしれない二一世紀以降の人間社会を考える、重要な手がかりともなっているのである。

ゲーテ形態学と整体

粂川麻里生

西洋近代のアウトサイダーと東洋の身体知

おかしなことを言うと思われるかもしれないが、私はゲーテの形態学を研究する一環として、整体の教室に通っている。整体というのは、人間の体をさすったり、押したりして、痛みや凝りをほぐしたり、不調を緩和したりしようとする、あの手技のことだ。「指圧」とか、「按摩」と言ってもいい。私はドイツ文学の研究者として、主として一八世紀ドイツの詩人ヨハン・ヴォルグガング・フォン・ゲーテのことを研究しているのだが、このゲーテという人は、非常に多面的な人物で、詩や小説や戯曲を書いただけでなく、ヴァイマル公国の行政官でもあったし、画家でもあったし、さまざま領域における自然学研究者でもあった。ゲーテのユニークな発想による自然研究は、「詩人の趣味」というようなレベルのものではなく、人生観・世界観の根本に関わるものであって、彼の死後もヨーロッパの知的歴史の伏流として今日まで影響は続いている。

ゲーテの自然研究の要点は、「近代自然科学批判」であると言ってよかろう。近代ヨーロッパの自然科学は、周知のように一七世紀に西ヨーロッパで始まった。この時代、イギリスのアイザック・ニュートン、イタリアのガリレオ・ガリレイ、そしてフランスのルネ・デカルトが、画期的な自然探究の方法を確立した。ニュートンとガリレオは、自然界を人間の感覚による知覚を通してではなく、器具を使った測定によって得られる数値によって捉えようとした。そして、その数値を数学的に処理して、自然界の深層に横たわる真理を認識していこうとしたのだ。感覚によって捉えられる世界は、どうしても観察者の主観を離れることはできない。しかし、測定によって得られる数値は、誰が測定を行っても同じものが得られる客観的なものだ。ニュートンたちの大胆かつ画期的な仕事によって、人類は新たな時代に入った。人類は自然界についてそれ以前とは比べものにならないほど正確で客観的な知識を持つようになり、因果関係を支配して、自然を利用できるようになったのだ。

しかし、ゲーテはそういう近代自然科学に批判的な目を向けた。彼にとって「世界」とは諸感覚で捉えられる、たしかな実感をともなったものでなければならなかったからだ。測定によって捉えられる数値としての世界よりも根源的なのが感覚の世界であるというのがゲーテの世界観だった。「色」は（ニュートンが言ったような）光の波長ではなく、赤なら赤、青なら青の質感であった。「月」は毎夜異なる姿で空に現れる白銀の光源であって、天体望遠鏡で月面がよりはっきり見えたとしても、「肉眼で見た月よりも、望遠鏡で見た月の方が、より本物の月である」とは考えなかった。それゆえ、彼は独自の自然学である「形態学」、さらには「色彩論」、「楽音論」を構想し、自らその研究を進めた。すなわち、「かたち」と「いろ」と「ひびき」を手がかりとした自然学を作ろうとしたのである。

野口整体の系譜

東洋、特に伝統的技芸を重んじる日本のような文化圏では、まさにそういう「感覚」を手がかりにした学問や技芸が高度に発展している。近代自然科学による技術的分析と理論化を免れ、「知」と「技」や「芸」がひとつながりの領域が多々残っているからだ。人間の体調を手技で整えようとする「按摩」や「指圧」、「整体」と呼ばれる技能も、そのひとつである。呼び方はさまざまで、内容も異なる面はあるが、「鍼や灸などは用いず、手技のみで施術する」という点では共通している。鍼灸は中国から伝わってきたものであり、按摩は日本独特のものだと言われる。また、現代でも「柔道整体」「柔道骨接ぎ」と言ったものがあるように、素手で戦う武術である柔術と一体化して継承されてきたものでもある。中国の治療法もかなりの洗練化、抽象化が進んでおり、「つぼ」の連なりである経絡にしても、近代西洋自然科学のそれとは違うものの、理論化され体系化された面が強い。さまざまな器具も開発されている。その点、わが国の指圧や按摩は、さほど理論化も体系化もされておらず、もっぱら実地の経験と感覚によって習得するものである。

私は、若い頃から肩こりや腰痛になりやすく、四〇歳代前半の頃には、いわゆる「男の更年期障害」というものにもなったらしく、動悸、のぼせ、神経痛、過呼吸など、さまざまな不調に襲われて、その都度、整体のお世話になった。特に、都内・築地で治療院を持っておられた整体師・中賢一郎先生には、いろいろと助けていただいた。その中先生が、「整体師を養成するコースを始める」と伺い、自分にも習得できるものであれば学んでみたいと考え、三年ほどの間、講習会に通わせていただいたという次第であった。中先生は奄美大島の按摩を家業とする家のお生まれだそうだが、遠洋漁業の漁師として世界中を回った後、治療家の道に入られた。漁師になる前から家業としての指圧の心得はあった上、指圧の専門学校にも通っていたが、決定的な整体の学びを得たのは、その道では知られた整体の大家・上田唐山氏の直弟子になったことだったという。

唐山氏は、やはりもともと指圧師であったのが、整体の最大の大家といってよい野口晴哉氏との知遇を得て、その技と思想に共鳴し、「弟子」となったのだという。ただ、野口氏から唐山氏へと「継承」された整体の技がどれほどあったのかは、関係者にもよくわからないらしい。それは、このふたりがあまりにも天才的な人たちであったからのようだ。野口氏は、人に路上で挨拶されて相手が誰だかわからない時、背を向けてもらい、衣服を着た背中を見て、「ああ、あなたでしたか」と認識することがしばしばあったという。脊椎の調整は整体の根幹をなす技術であり、顔の造作や表情よりも、その人のより根本的な状態や性格が背中に出ていると読めることさえしばしばだが、野口氏はまさに人間の背中にこそその人の「根本」を見ていたのだろう。唐山氏の施術もしばしば「神業」と言われたもので、具合が悪い人がやってくると、身体にほんのわずか触れるだけで劇的に改善させてしまったり、時には指一本触れることなく、痛みや病気を取り除いてしまったことさえあるという。そんな常人離れした感覚と技の持ち主であった野口氏と唐山氏ゆえ、「どちらがどちらに、何を伝えたのか」など一般人に語れるはずもない、というのである。

共感覚と本質把握

近代西洋科学の立場からすれば、物質的にまったく触れていないのに相手の不調を消し去ってしまう「神業」など、それこそ「非科学的」なこととして、話題にすらすべきでないことかもしれない。しかし、「東洋的」あるいは「ゲーテ的」な考え方をするなら、必ずしもそうではない。科学は「反復」を必要とする。同じ条件で同じ実験をするなら、誰でも同じ結果がでるのが科学だ。しかし、そのためにはある程度のことを度外視する必要がある。しかし、本当に「あらゆる意味で同じ条件」の事態などあるわけがない。「実験室」として外界から切り離され、ある意味で抽象化された空間だけが「同じ条件」の空間とみなされるのである。

　中先生の整体の講習会は、一見奇妙なものだった。そのカリキュラムのすべてを語る紙数はないが、たとえばその始まりはこうだ。「道場」は畳八畳ほどの和室なのだが、授業は受講者が襖を開けて、部屋に入るところから始まる。その際、茶道などでもしばしば参照される小笠原流礼法の作法にならって、きわめて儀式的に入室しなければならない。これは、ただ勿体つけているのとは違う。そのようにして入室することで、これから入っていく空間も、自分自身も、「整体の施術をする」ものとしてチューンアップしていくのである。この入室の仕方だけで、半年の講習のうちの一か月以上をかけた。のちに、私はこれが、野口晴哉氏と上田唐山氏から受け継いだ「超人的技術」を一般の受講生に伝えるために、中先生が考え抜いた方法であったことを理解した。

　すなわち、ある相手の「今の様子」を感じ取り、さらに不調の部分を調整してあげるためには、まずその相手に自分が相対する「空間」そのものをある程度把握し、コントロールさえできるようになっていなければならないのである。不調な人間というのは、心理的なストレス、物理的な打撃や負傷、あるいは周囲の自然的諸条件にうまく適応しきれないことによって、心身の内的な動き（お分かりになる方は「気の流れ」と思っていただいてもいい）のどこかに「わだかまり」を抱えてしまっている（それが体の「歪み」に出る）。それを解きほぐして、大きな自然の流れの中に解放するのが整体だ。そのためにはどうすればいいのか、それをできるだけ感じ取るためには、施術する部屋に入って行く時、自分自身も宇宙の果てまで開かれている「外界」と狭く限定された「室内」との関係を感じながら、施術者としての自らの感度を確認しつつ入っていく必要があるのだ。

いわば、その時、施術者はその部屋の「雰囲気」をつかもうとする。雰囲気は、感覚としてつかむものだが、五感を始めあらゆる感官から入ってくる知覚と、それらを結びあわせる「共感覚」からできあがっている。ゲーテも、自然界の事物を全官能を開いて感じ取ろうとしたのだが、最終的にはその事物の「根源」を「触覚の奥底で摑むように」捉えようとした。網膜に映じたものが、視神経を通じて脳に伝わることが「見える」ということではないのだ。ゲーテは情報量の多い視覚という感覚をきわめて重視しはしたが、致命的に重要な感覚と見なしたのはむしろ触覚であり、その奥に広がる「体感」そのものであった（それは、整体的ないい方をすれば「肚に収める」ことであった）。目、耳、鼻、口などをまとめていくことができるのは、触覚の「奥」にある「共感覚」なのである。

姿を隠す兼好法師

小川剛生

一　はじめに

兼好法師は当時の社会においてはいかなる身分であったのか——先行研究をひとわたり眺めてみるだけでも、実にさまざまな説がある。一介の世捨て人として自由な無縁性を強調するもの、歌壇で名声のあった有数の歌人とするもの、いっぽうで宮中奥深くに出入りした縉紳とするもの、逆に高師直など新興の武家の頤使に甘んじた幇間的存在とするもの、はては南朝に心を寄せた隠密とする説まで、それこそ時代により論者により、結ばれる像は千差万別である。

この極めて振幅の大きな人間像は、作者兼好の素性がはっきりしないのに、近世に『徒然草』

が爆発的に流行したことにかかる。現在の我々にもなじみ深い、あまたの肖像画が描かれたのもこの時期であるし、さまざまな兼好伝が著された。それらはすべて、『徒然草』を愛読した読者が、あるべき作者像として結んだもので、実際の兼好とは懸け離れている。兼好ほどの有名人になれば、その人物像はいわば時代思想を映し出す鏡となっているので、虚像の生成それ自体も重要なテーマであるが、しかし同時代の史料に基づいて、実像の輪廓を少しでも鮮明にする努力も怠ってはならないであろう。

『徒然草』作者の兼好に関する一次史料はまことに乏しく、かつ断片的であるが、金沢文庫古文書のうちに「卜部兼好」「兼好」「うらへのかねよし」と呼ばれる人物の活動が確認されることは、伝記研究の出発点としなければならない。金沢文庫とは、鎌倉幕府の中枢で活動した金沢北条氏の文庫のことであるが、この一門は鎌倉の喧噪を離れた武蔵六浦荘の金沢の地を別業と定め、称名寺を建てて先祖の祭祀の空間とした。歴代の当主は自身がやりとりした文書や書状を、称名寺での聖教（経典）書写の料紙として下げ渡したので、その紙背として金沢北条氏に関係する文書が大量に称名寺に伝来したという訳である。そこに在俗期の兼好が現れる。

兼好は、嘉元三年（一三〇五）に、称名寺で施主となって亡父の七回忌の供養を行い、ついで延慶元年（一三〇八）十一月には、当時六波羅探題南方として京都に赴任していた金沢北条氏の当主貞顕（一二七八～一三三三）のため、使者となって上洛している。これが実は兼好の最も早く、かつ確実な足跡なのである。兼好が金沢貞顕や称名寺の住持釼阿に近く、その従者のような立場であったことが察せられるが、若き日の行動の分析は拙著に譲って（小川二〇一七）、ここでは書状や文書に現れる兼好の呼び方から、いかなることが分かるかを考えて、さらに『徒然草』に描かれる自身の行動、そして身体について、より深い理解を得たいと思う。

二 官職はステイタス

中世は身分制社会である、とはよく言われることである。その基盤となったのが官職制度である。朝廷の官職は、令制そのものが形骸化しても、社会の秩序として機能し続けた。とりわけ武士の場合重要で、元服後、特定の官職に任じられることで、社会的に認知され、それがまた自身の身分の指標となり、ひいては家格へと転ずるのである。

武士は六位相当の諸官の三等官（判官）、とりわけ左右六衛府の兵衛尉・衛門尉・近衛将監に任じられるのが常である。これが身分階層としての「侍」である。たいていはそこで終わりで、官名（官途）を名字・仮名と組み合わせて、称号とした。戦国期には官途も、朝廷や幕府ではなく、主人から与えられたり、単なる自称となったりしたが、「侍」の指標としては変わらない。より上級の武士ならば、瀧口や検非違使を兼ねたり、さらに叙爵といって、官を辞退して従五位下に叙されるが、それでも「侍」である。大名クラスに生まれて初めて、受領といって、諸国の守に任じられる。これは階層としては「諸大夫」と言われる。

したがって、多くの武士は祖父・父・子と同じ官職を名乗って活動することになる。そして実名を称することはめったにない。このために、室町時代の歌僧正徹の、

　ことゝへばみし世の人の官《つかさ》にてその孫彦《ひこ》(曾孫)となのるほどなさ　（草根集・十五・一一二二一「懐旧」）

というような和歌が生まれて来る。

　ところで、金沢文庫古文書に見える兼好法師は、すでに成人して使者を務めたり、金沢貞顕書状の右筆を務めているが、そこでは「卜部兼好」として署名するのみで、元服はしたものの、称すべき官職を持っていなかった。同じ時期の貞顕の被官（家臣）では、倉栖兼雄が「掃部助」、向山景定や同敦利が「左衛門尉」の官途を名乗るのと、明らかに異質である。兼好の登場する史料の年代は、現在考えられている兼好の出家の年代にごく近いので、兼好は官職を帯びないまま遁世したとしてよい。その出自は広義では「侍」層ということになるが、むしろ門跡寺院に仕える坊官の如き存在であったかも知れない。彼らは法体ではあるものの、妻帯して世俗の業に携わり、その地位を世襲するからである。兼好の父もそのような法体をして、金沢氏に仕えたか、あるいは称名寺の庶政を担当した右筆であった可能性が高い。ところで『徒然草』の末尾の二百四十三段で、八歳の作者は父と「仏はいかなるものにか候らん」という問答を交わす。質問された父が、法体の者であったとしたら、にわかに面白味が増すであろう。さらには在俗時の身分は、けっ

きょく遁世者の社会的地位をも決定するので、遁世した兼好は、まったくの自由な境遇にあったということになる。

これまでのすべての伝記研究では、何種類かある卜部氏系図によって、神道を家業とする公家吉田家の傍流の出身であり、父は治部少輔兼顕、兄は民部大輔兼雄、自身は六位蔵人、ついで五位の左兵衛佐となり、仕えた天皇の早世により出家、という経歴を考証してきた。しかし、その根拠となった系図は、兼好の出自が忘れられ、『徒然草』が流行し始めた戦国時代末期の、吉田家による捏造であった。吉田家が系図の偽作に長けていたことは記すまでもあるまい。

これまで出家後の兼好、あるいは『徒然草』の世界について我々が持っていた文学史的知識も、すべて考え直さなくてはならない。没落した公家の出身であるから、『徒然草』には尚古的な思想が横溢しているとか、蔵人として内裏に仕えた経験が王朝文化の伝統を讃美する章段に結実しているとかいった体の解説は、注釈書で必ず説かれている。今後影響は小さくないと思われるが、ここでは措く。続いては身分を示す指標を何も帯びていない兼好が、どのような姿で往来していたのか、という点を『徒然草』から考えてみたい。もちろん兼好の生前の容姿を伝える史料はないが、推察する手がかりはあり、それが『徒然草』の性格をも物語るからである。

三　兼好とその「裹頭」姿

『徒然草』二百三十八段は、「御随身近友が自讃とて、七箇条書きとどめたることあり。みな馬藝、させることなきことどもなり。その例を思ひて、自讃のこと七つあり」として始まり、自讃七箇条を列挙する。個人的な経験を語ることに禁欲的であった兼好が、ここでは珍しく饒舌である。ところがいずれも他愛のない内容であり、自讃の名に値しないとされてまともに取り上げられない章段である。しかし、ここには兼好がどのような恰好をしていたのか、いわばかれの身体に関して、大きなヒントがあるからである。

まず最後の第七条を引用したい。

一、二月十五日、月あかき夜、うちふけて、千本の寺に詣でて、後より入りて、ひとり、顔深く隠して聴聞し侍りしに、優なる女の、姿にほひ、人よりことなるが、わけ入りて膝にゐかかれば、にほひなども移るばかりなれば、便あしと思ひて、すりのきたるに、なほゐ寄りて、同じ様なれば、立ちぬ。

二月十五日、千本釈迦堂つまり大報恩寺での大念仏会を聴聞した夜、見知らぬ美しい女房に誘惑されたが、相手にならなかった、とするもの。後日、これはある貴人が兼好の反応を試そうとした企みであったことが明かされるが、兼好は当日「顔深く隠して」参詣していたという。これはどのような姿であり、なぜこのようにしたのか。これに答えた注釈はほとんどない。

兼好はここで頭に頭巾などをかぶり目だけを出す姿、「裹頭」となったらしい。これは後述する「衣かづき」と同種と考えられる。頭巾や衣を被って頭頂部を隠すことで、本来そこに居てはならない存在でも居ることを可能にした。つまり正式な構成員に対して、自らの姿を見ないで欲しい、とする意志表示であった。いわば「隠れ蓑」であり、人形劇や歌舞伎舞台に出てくる「黒子」などと同じく、「衣かづき」「裹頭」の下は、見えて見えない身体なのである。

兼好に悪戯をした貴人は誰とも知られぬが、この貴人は簾や屏風で仕切られた「御局」のうちにいた。そこからも後方に座る「裹頭」が兼好であることが容易に看取できた。兼好はこのような姿で、公家・武家・寺家との境界を超えて活動し、都の各所に出没していたのである。

第六条は、さらに重要な段である。

一、顕助僧正に伴ひて、加持香水を見侍りしに、いまだ果てぬほどに、僧正帰り出で侍りしに、陣の外まで僧都見えず。法師どもを帰して求めさするに、「同じさまなる大衆多くて、え求めあはず」と言ひて、いと久しくて出でたりしを、「あなわびし。それ、求めておはせよ」と言はれしに、帰り入りて、やがて具して出でぬ。

兼好が大衆のなかで見失った僧を苦もなく探し出してきた、という自讃であるが、基礎的な解釈で不審が多く残されている。

まず顕助（一二九五〜一三三〇）とは、仁和寺の僧で、兼好の仕えたことがある金沢貞顕の庶長子である。鎌倉時代後期となると、京都の顕密大寺にも北条氏の子弟が迎えられ、僧綱として活動していたのである。顕助もその一人で、仁和寺でも有力な院家の真乗院を管領した。徒然草第六十段には、真乗院に住んだ盛親僧都のエピソードが載っているが、兼好は貞顕の縁で出入りしていたのである。そして顕助は東寺二長者であった嘉暦二年（一三二七）の後七日御修法では阿闍梨を勤めており、それ以外の某年、兼好が顕助の供をした時の記事と解される。

それでは、いつまでも戻って来ず、顕助が探しにいかせた「僧都」とは誰か。早くに文段抄に「僧正同道の人なりしを見うしなひたる也」といい、ほぼ全ての注釈が「顕助に従って拝観した僧のことであろう」などとする。しかし、いかにも唐突である。

いっさいの説明もなしに「僧都」という本文だけで読者に伝わっているのだから、候補者はただ一人、顕助の弟、少僧都貞助であろう。貞助は兄の後継者として、幼くして真乗院に迎えられていた。兼好は貞顕の縁で、貞助をも親しく知っていたはずで、顕助から貞助を探して来て欲しいと命じられた理由もおのずと明らかになる。

ついで、顕助一行が見物した「加持香水」とは、後七日御修法の掉尾となる行事である。

後七日御修法は、大内裏にあった真言院に於いて毎年正月八日から七日間にわたり東寺長者を導師とし玉体安穏・国家繁栄・五穀豊饒などを祈る。十二日からは三日間、大阿闍梨が香水を加持し、十四日の結願日の夜にこれを内裏清涼殿に持参し、天皇の身体に灌ぐ。加持香水とは、とくにこの儀を指した。なおこの十四日は御斎会の結願日でもあり、内論義が行われたが、加持香水も一連の行事として扱われ、担当の奉行も同一人である。

この時代には、内裏で儀式や法会が行われると、無数の雑人が見物のため「裹頭」や「衣かづき」の姿でつめかけたこと、数多くの証言が残されている。それは多く身分のない、都市の住民であったと考えられている。見物人が紫宸殿・清涼殿にも闖入する事態も招いた。とはいえ、天皇以下の廷臣も、自らが見られる身体であることを十分承知していて、見物人を排除しようとした形跡はない。

この章段の舞台は加持香水の行われた内裏清涼殿であった。その東庭からは建物の内部が見える。そこに集まっていたのは、この儀式とは直接関係のない見物人であって、任意のところから見守っていたに違いない。同じような裹頭姿があちこちに居るから、貞助はまぎれて、見分けもつかなかったのである。

ところで「陣の外」という語も十分に吟味されていない。「陣の外」とは、たとえば「死にければ陣の外に引き棄てつ」（枕草子第六段）という一節もあるように、内裏についてふつうに使われる語である。

「陣」ははなはだ多義的な語であるが、ただし中世の里内裏では「門」と同義であること、多

興福寺維摩会と参集した裹頭（国立国会図書館蔵『春日権現験記絵』巻11）

くの挙例により桃崎有一郎が証している（桃崎、二〇一〇）。門には廊が附属していて、衛門陣・兵衛陣に准じられたためらしい。

この章段の舞台となった内裏は、後醍醐天皇の居住した里内裏、二条富小路内裏である。この里内裏は、二条北・冷泉南・富小路東・京極西で四周を区され、方一町を占め、西礼（富小路に面した西向きを正門とする）御所であり、東向きの京極大路に面した門は裏門であった。この「京極西棟門」が、左兵衛陣に擬定されているので、「陣の外」とはその門外であろう。

もう明らかであろうが、顕助たちの一行は、ひそかに内裏清涼殿の加持香水を見物に行き、従者の僧は門外に控えていた。顕助は早く出て来たが、貞助は一向に出て来ない。従者たちに探しに行かせても、見物人が多すぎて分からない、そこで兼好が首尾良く探し出して来た、ということになる。もとより顕助も兼好も「裹頭」の姿であったと考えられる。

顕助が非公式に参内したのは、貞助に将来必ず奉仕するであろう内裏の加持香水の儀を見学させるためであろう。しかし貞助は若く地理にも不案内で、見物しているうちに迷子になってしまったのである。幼い弟がはぐれたからこそ「あなわびし」なのである。こうした事柄を前提として初めて理解できるが、兼好が、ここでの自らの姿とそれによって果たした役割とを明瞭に語っているのは注意されなければならない。

四　おわりに

「衣かづき」「裹頭」は内裏の深奥まで入り込み、貴顕と同じ空間で同じ経験を共有することができた。このため、当時の物語や日記の作者には、みずからを「衣かづき」「裹頭」に擬装することも見られる。北朝の関白であった二条良基には文字通り「衣かづきの日記」という作品があって、自らがプロデュースした内裏蹴鞠の会を第三者の視線で描いているが、こういう宮中の物語の語り手としてふさわしい存在であったからである。

「衣をかづいだ」身体は、このように変幻自在であり、時には奇怪な動きをする。このことを最後に取り上げたい。

『徒然草』第七十段には、次のような話がある。

元応の清暑堂の御遊に、玄上は失せにしころ、菊亭大臣、牧馬を弾じ給ひけるに、座に著きて、まづ柱を探られたりければ、一つ落ちにけり。御懐にそくひを持ち給ひたるにて付けられにければ、神供の参るほどによく干て、ことゆゑなかりけり。いかなる意趣かありけん。物見ける衣かづきの、寄りて放ちて、もとのやうに置きたりけるとぞ。

後醍醐天皇の大嘗会は文保二年（一三一八。「元応」は記憶違い）十一月に一連の儀式が執り行われ、二十四日が清暑堂御遊であった。ここでは権大納言菊亭兼季（後に太政大臣）が琵琶の名器牧馬を弾じたが、いざ所作の段となり、柱（琵琶の鹿頸に固定し左手の指で押して音程を作る四つの木片。平家琵琶では五つになる）が外れているのに気づいた。懐中の飯糊で修補し、御遊の時刻には完全に乾いて支障無かった。これは見物の「衣かづき」が琵琶に近づき柱を外していたのだ、という。

古注は「同藝あひねたむならひなれば」と、所作の人選をめぐる嫉妬と解したり（慰草）、現代の研究者は、大事には用意を怠るべからず式の教訓として「晴れの大事に処して、少しもあやまつことなくやりぬいた兼季の行動が、淡々と記されていて、読者を深い心の世界に導く」（安良岡康作『徒然草全注釈（下）』角川書店）などというが、正直、何を言いたいのか、よく分からない段である。最大の疑問は、この「衣かづき」はなぜこのような妨害に出たのか、であろう。

大嘗会では、天皇は大内裏の太政官庁に行幸する慣例であった。当時は既に荒野となっており、清暑堂も仮屋を建てたらしいが、それでも大嘗会となると群衆が殺到したようで、たとえば弁内侍日記では寛元四年（一二四六）の清暑堂御神楽を「衣かづきかさなりてさらに道なし」とある。しかも徒然草第十六段にも「大方、物の音には笛・篳篥、常に聞きたきは琵琶・和琴」と記す位で、名器が高位の公卿の手で合奏される御遊は、一種の野外コンサートのような雰囲気であった。そのコンサートの始まる直前に起きた椿事であった。

「衣かづき」については既に述べた通りであるが、かづいだ衣の下は男性であってもよい。ならば琵琶の柱を外した「衣かづき」は、兼季個人に「意趣」を含んで、かかる妨害行為に及んだとも取れる。しかし、兼季の事前の準備、そして落ち着き払った処理は、このような妨害が生ずることを十分に予想していたと思わせる。最も神聖厳重な儀式である大嘗会でも、闖入者の妨害を許し、さらには好奇心が暴走するような場面があったことは確かであろう。

兼好は「衣かづき」の行為について非難はしていない。しかし、あまりに悪質である。さらに一歩進めれば、後醍醐の即位を面白く思わない勢力の使嗾があったのかも知れない。両統の対立が半世紀にわたり、また朝廷・幕府の支配もようやく矛盾が露わとなっていた時代である。たとえ不可抗力の事件であっても、大嘗会の不首尾は、その天皇の治世の汚点となる。兼季は未然にこれを防いだというべきで、その用意周到さは、こうした高度な政治的なレヴェルでの判断にかかる。

しかも、ここにある通り、禁裏に伝わるもう一つの琵琶の名器、玄上（象）は、なぜか前々年秋に盗難に遭い、二年余の間紛失したままであり、翌元応元年（一三一九）五月、京都七条の土倉に持ち込まれて、回収される。

これとあわせて考えれば、この七十段は、鎌倉時代の終焉をもたらした、後醍醐の波瀾に満ちた治世をさえ予見させるのである。兼好は敢えて語らなかったものであろう。徒然草は後醍醐の倒幕の挙兵の直前に、ほとんどの章段を執筆していたと考えられている。兼好は傍観しているに過ぎず、決して同じ公家社会に属する人の眼でもあるまい。その視線は、あくまで都市の住民のそれであった。

主要参考文献

稲田利徳「覆面姿の兼好法師―「徒然草」第二百八十三段の自讃譚」（初出二〇〇三年）（『徒然草論』笠間書院、二〇〇八年）
小川剛生『新版　徒然草　現代語訳付き』KADOKAWA、二〇一五年。
小川剛生『兼好法師―徒然草に記されなかった真実』中公新書、中央公論新社、二〇一七年。
川平敏文『徒然草の十七世紀――近世文芸思潮の形成』岩波書店、二〇一五年。
小林智昭「加持香水をめぐる覚書」（初出一九六二）（『中世文学の思想』至文堂、一九六四年）
永井晋『金沢北条氏の研究』八木書店、二〇〇六年。
桃崎有一郎「中世京都の空間構造と「陣」―「陣」の多義性と「陣中」の範囲」（初出二〇〇五）（『中世京都の空間構造と礼節体系』思文閣出版、二〇一〇年）

錯綜するカッパの子
『カッパの飼い方』と西脇順三郎

加藤有佳織

はじめに

「盆過ぎメドチ談」(一九三二年)において柳田國男は、明治から大正へ切り替わるなかでカッパの受容がどのように変化したかをまとめている。まず「川童という怪物だけが、全国どこへ行ってもただ一種の生活、まるで判こで押したような悪戯を、いつまでも真似つづけて居る」と指摘する(三二五頁、以下の( )内は頁数を表す)。この「まるで判こで押したような悪戯」とは相撲のことで、日本各地のカッパが相撲を愛する所以が紐解かれる。そして、この全国に分布するカッパがいかに受容されていたかを、柳田は三段階に分けて論じる。つまり「ばけ物思想の進化過程、すなわち人が彼等に対する態度には三段の展開のあった」のであり、最初の段階では「敬して遠ざけ」、次に「できるだけ否認せんとし」ながら恐怖を克服し、最後には「信じない分子がいよいよ多くなると」戯言として扱われて「妖怪だということに帰着」する（三二一—二二）。そして、彼が「盆過ぎメドチ談」を発表した当時の「昔話にわずかに残って居る妖怪は、この三つの種類が錯綜して」いると分析する（三二二）。

とくに興味深いのは、全国のカッパが各段階の「錯綜」を抱え込んでいるという見解である。大きなパラダイムシフトのあった柳田の時代を映す視点であるとともに、現代もなお「全国どこへ行っても」よく知られるカッパのあり様を考えるときにも示唆に富む。環境保全のマスコットやご当地キャラクターとしても人気のある現代カッパからは、柳田の目撃した時代以降も「ばけ物思想の進化過程」は進行し続け、信じるか否かを問う段階さえ通過し、キャラクター化が進んだことがうかがわれる。それもまた「錯綜」し、柳田の生地である兵庫県福崎町は、愛らしい「フクちゃんとサキちゃん」の一方で、「ガタロウ」と「ガジロウ」という強面の（できれば敬遠したいような）キャラクターを同時に造型する。[1] 柳田が見た「錯綜」は、その出身地において現在見事に具現化されている。

このような「錯綜」は、人とカッパが出会う物語のなかではどのような効果を持つのだろうか。カッパは、実に頻繁に過去を想起させる装置となり、未来へ向かう直線的な時流をかき乱し、いわば人の時間の外側を垣間見せるように思われる。錯綜した時間のなかで、人の身体と人ならざる存在が接近したり二重写しになったりする。本稿では、人と人ならざる存在のあわいにいる「カッパの子」のバリエーションを考えてみたい。

風邪をひくカッパ

石川優吾『カッパの飼い方』のカッパは身近な存在である。二〇〇三年より『週刊ヤングジャンプ』(集英社)で連載され、単行本一五巻となる本作は、高度経済成長期の日本を舞台にする。最後の天然カッパである「カータン」とともに奈良県奥吉野で成長した主人公は、現在は東京で会社員生活を送っている。彼が養殖カッパのかぁたんを飼うことに始まる騒動を、ジョークをちりばめて描く作品である。昭和のペットブームを彷彿とさせる設定で、高度経済成長の反作用としての地方活性化が物語上欠かせない要素でもある。同時に、ペットとして飼われる養殖の仔カッパたちはかわいらしく、そのしぐさはユーモラスで愛嬌がある。

ここで注目したいのは、飼い始めて早々にカッパのかぁたんが鼻風邪をひいてしまう「その4 かぁたん風邪をひく」(第一巻一七一二二)である。慌てた主人公が動物病院へ行くと、亀と同じくカッパも甲羅の日光浴が必要で、鼻風邪と思われたのは、日光不足によるカルシウム欠乏の前兆であるという。生きものであるからにはカッパも具合が悪くなるのだ。ただ、これまでカッパの身体が不調をきたすのは、全国の伝承を集積した『河童伝承大事典』をもとに大別するなら、頭上のくぼみが乾上った時と、人に腕を切られたり引き抜かれたりした時であった。これに対し、洟をたらすかぁたんの姿はなかなか新鮮であり、そこには敬遠するべき異形性や人外感はなく、むしろ人間の日常性を帯びている。そして、かぁたんを動物病院へ運ぶ主人公は、幼い頃に高熱を出してカータンに背負われ病院へ行ったことを懐かしく思い出しており、ここでカッパのかぁたんの風邪様症状は、人である飼い主の風邪に近いものとして感じられる。かつては人とは異なる存在であったカッパは、こうして人と同じように風邪をひく存在になっている。

主人公はやがて会社を辞めてふるさとの町役場に再就職し、カッパの万病に効く「河童の泉」を湯治場（実施は冷水泉）として町おこしを図る（第一五巻四五―六八）。そして「河童村」は、都市化のなかで安全な居場所を失い健康を害したカッパたちとその飼い主たちでにぎわう。泉では亡くなったカッパを天へと見送る儀式も行われている（第一五巻八六―九〇）。本作において、ペットとして人と同じように年齢を数えて成長するカッパは、人の時間のなかに生きていて、病やいずれは死を受け取っているようにみえる。

人と暮らすカッパたちは、柳田の言う「ばけ物思想の進化過程」の遠い所産、さらに香川雅信が「郷土玩具と妖怪」において論じるキャラクター化の一例と言えるだろう。香川によれば、江戸時代に草双紙や浮世絵といった二次元メディアによる滑稽なキャラクター化がすすみ、近代においては立体化されることが増えてより親しみやすくなった。[2] この変化は、一九四〇年代以降の火野葦平や一九五〇年代の清水崑[3]によって加速した（五七〇―七二）。

このようなカッパのキャラクター化は、つまり同時に擬人化でもあった。マイケル・ディラン・フォスターは、現代日本の民話趣味においてカッパは「人の隠喩」となったことを指摘し、民話におけるカッパは「人の領分の外側にある未知なる世界を説明するためのものであった」のに対し、民話趣味のカッパは「人の領分をより分かりやすく説明し可視化するためのものである」と述べている（一二三）。確かに火野や清水の描くカッパはほとんど人のようであり、だからこそ親しみやすいと言えるかもしれない。さらには、人みずからカッパに擬することも稀ではない。たとえば辰野隆の『河童随筆』（一九四七年）は、熊谷守一の手になるカッパの画が自身によく似ていたことから、自らをカッパに喩えて綴ったエッセイ集であった。人智の及ばぬ存在から飼い慣らされ、カッパは人にとても近づいた。『カッパの飼い方』もまた、愛らしくとぼけたかぁたんたち仔カッパの行動を、人の子どものそれに比べ、人と同じような情を持ち行動する存在として描いている。

カッパの子

とはいえ、人外の存在から人に近い存在へ変容したという説明だけでは一面的かもしれない。たとえば柳田が妖怪を神仏が零落した存在と定義したことは有名である（「一目小僧その他」一二三）。その説によれば、カッパは水や水辺をつかさどる神々やその眷属が矮小化したものにあたる。しかし、柳田以降さまざまな研究者がさまざまに唱えているように、水神零落はカッパの起源をめぐる説のひとつであり、たとえば小松和彦は「河童——イメージの形成」のなかで、「近世に、妖怪視され賎視された「非人」「河原者」へのイメージを核にしつつ、それにカワウソやスッポンや猿などのイメージが賦与されて造形された妖怪」と定義し、カッパを人と動物の混成体と見る[4]（二一一）。カッパはすでにいくらかは人であり、人が作り出して疎外した人ならざる存在を象ってきたのである。

水神零落を論じた柳田自身、佐々木喜善からの聞き取りを主として編んだ『遠野物語』（一九一〇年）に、いくらかは人であるカッパを暗示する伝承をたしかに収めている。「五五」は、松崎村に二代続けてカッパの子の生まれた家があったという伝承で、「生まれし子は斬り刻みて一升樽に入れ、土中に埋めたり。その形きはめて醜怪なるものなりき」と記している（三五―三六）。カッパの子を宿した娘は「川の汀にうづくまりてにこにこと笑ひ」、常ならざる様子であることも強調されている。続く「五六」も同様に「河童らしき物の子」の話であり、以下のように綴られる。

上郷村の何某の家にても河童らしき物の子を産みたることあり。確かなる証とてはなけれど、身内まつ赤にして口大きく、まことにいやな子なりき。忌はしければ棄てんとてこれを携へて道ちがへに持ち行き、そこに置きて一間ばかりも離れたりしが、ふと思ひ直し、惜しきものな

り、売りて見せ物にせば金になるべきにとて立ち帰りたるに、早取り隠されて見えざりきとい
ふ。(三六)

カッパというかたちを借りて、嬰児殺しを記憶したのだろう。人ではない存在として排除され遺棄されるカッパの子の伝承は、人の手によって人ならざる存在が作り出されてきたことをうかがわせる。マリリン・アイヴィーは『遠野物語』のカッパについて、妊娠や出産の異常を含意しているのではないかと述べ(一二三)、カッパの子の伝承に異形の存在を排除してきた歴史を見透かしている。『遠野物語』の、とりわけ「五五」と「五六」のカッパは、人の身体の内に発生した異なるものであり、人であるにもかかわらず人として描くことのできないものや描きたくないものを表していた。

水神なり人智を越えた存在が馴致されて人懐こい存在へと変容したことと、人として描くことのできない人の化身であったこと。カッパには少なくともこれら二つの脈絡があって、その存在を解釈しようとするときは、二つの脈絡を重ねながら、人に近いようで人でないことを念頭に置く必要があるのだろう。だからたとえば、「人の隠喩」として「人の領分をより分かりやすく説明し可視化する」好例に見える芥川龍之介の小説「河童」が、人間社会の滑稽さを浮き彫りにするために、カッパ世界においては生まれるか否かを胎児自身が判断すると想像する点は、巽孝之が『Full-Metal Apache』のなかで指摘しているとおり、カッパの子の伝承の書き換えとしても

興味深い（七七）。カッパたちの暮らすパラレルワールドを介して当代日本の人々や社会を批判する「河童」は、同時に、カッパの子に意志を持たせ、生まれるかどうかを自ら判断させることをとおして『遠野物語』が記した異形の排除の歴史にも目配せする。[5] 加えて重要なのは、人の世界とそれとは別に存するカッパ世界の交錯を、芥川の「河童」は精神の錯乱として描いている点である。合理的な近代的人間のうちに非合理が潜むことを表わすのに、人の戯画であり人外の存在でありながら「ばけ物思想の進化過程」を経て「錯綜」したカッパは適していたのかもしれない。

『遠野物語』のカッパの子の伝承を想起させるもう一例として、西脇順三郎の詩を考えてみたい。豊穣なイメージを自由自在に動員する西脇の作品群において、カッパは、たとえば茄子やトコロテンのように継続して頻繁に登場するわけではない。そのため、カッパを論じることに意義があるのかどうか正直なところ分からない。しかし、人に近い人外の存在として、西脇の描くカッパはとても興味深い。

カッパが登場する最初の例は、『旅人かへらず』（一九四七年）に見つかる。一九四四年に構想され始め、戦後一九四七年に出版された詩集の第一詩で「幻影の河童」が旅人を呼び止める。

旅人は待てよ
このかすかな泉に
舌を濡らす前に

考へよ人生の旅人
汝もまた岩間からしみ出た
水霊にすぎない
この考える水も永劫には流れない
永劫の或時にひからびる
ああかけすが鳴いてやかましい
時々この水の中から
花をかざした幻影の人が出る
永遠の生命を求めるは夢
流れ去る生命のせせらぎに
思ひを捨て遂に
永劫の断崖より落ちて
消え失せんと望むはうつつ
さう言ふはこの幻影の河童
村や町へ水から出て遊びに来る
浮雲の影に水草ののびる頃（一七三—四）

湧水に喉をうるおす旅人に、生とはつかの間の経験であることを諭す「この幻影の河童」は、「遊びに来る」存在であって、村や町という人の時間の外側を生きている。芥川の「河童」では人がカッパ世界に迷い込み、カッパの世界と人の世界が交錯することを人の精神の錯乱として描いていた。その一方、『旅人かへらず』第一詩では、カッパが「遊びに来」て、異なる時間の交錯によって「幻影の人」との出会いを想像する。歩み進んでいく旅人を「待てよ」と呼び止めるこのカッパは、過去から未来へ直線的に進む時間を止め、幾層も通過して湧く泉のように時間をプールし、人が人でなくなる時間を想像させる。

あるいはこの一節は、カッパのいたずらのようにも演出されている。水音の聞こえてくるような湿り気を帯びた情景に繰り出された箴言を、「さう言ふはこの幻影の河童」と受けて「遊びに来」たカッパの言葉とすることで、自在に錯綜する時のヴィジョンを重々しいものにはしない。そのような姿勢は、平出隆が西脇の『詩学』を評した「東洋的な無の思想を求めたのではなく、それも越えるほどの冗談を求めた」という言葉にもどこか呼応するのではないか（一三）。カッパは人の時間を人外の時間に接続しながら、そこに生じるヴィジョンを「冗談」にする余裕を与えている。

『遠野物語』が記録したカッパの子の伝承をより鮮明に連想させるのは、『第三の神話』（一九五六年）の表題作品「第三の神話」や『えてるにたす』（一九六二年）所収の「音」である。まず「第三の神話」には、胎児、キュクロプス、そしてカッパを連想する女性の言葉があり、彼女のコケティッシュな言葉は同時にグロテスクに響く。

「見せて
この古い庭にとび出ている
この梅の木
わたくしのドレスに染めてみたいわ
この薔薇の胎児
この一つ眼のキュクロペスの河童
この木の木このやるせない木
没落の天使のひそむこの芋虫
このコリドンの庭に
やがてもどりたいものだわ」
とその晩遊びに来た女が
手相をみながら言つた（四五一―二）

はっきりとした女性の物言いは、彼女の望む梅染の奥ゆかしい色合いと好対照を作りながら、梅の木の姿を想像させる。年月を経て枝ぶりも散らかる古木だろうか。「やるせない木」と形容されるバラ科の果樹に、大きな一つ眼のキュクロプスとともに重ねられる「河童」は、前行の「胎児」という語と共鳴して、『遠野物語』のカッパの子を想起させるだろう。そして、生まれて間もなく樽に捨てられた赤子のイメージが滑り込んでくるなり、「わたくしのドレスに染めてみたい」色は錆びた赤味を帯び、禍々しささえ感じられる。

胎児としてのカッパは、「第三の神話」ではもう一箇所現れる。「すべての女を越え唯一の女となる」「第三の女」が、男性を想いながらキツネノマゴを摘む場面である。

女は男のために
キツネノマゴを摘む
自分の胎児をカッパとして
無意識に愛するのだ（四五四）

摘みとる所作の持つうつくしさと残酷さが印象的であるとともに、「カッパ」という表記に注意しておきたい。現在カッパと呼ばれているものには、各地域でさまざまな呼び名があった。[❖6]「河童」という表記は、ルビを添えられていなければ「かどう」や「かわわらべ」という読み方を排除せず、各地域のバリエーションの痕跡をわずかなりとも残す。その中で「かっぱ」という読み方は関東を中心とした呼称であり、それが総称的なものとして定着した。「カッパ」はそれゆえ関東地方の音感を持つが、その一方で、ギリシャ語アルファベットKやハワイの伝統布をひょっとすると意味し得る。「第三の神話」のこの一節において、「すべての女を越え」る女が宿しているのは、『遠野物語』の「河童らしき物の子」でありつつ、別の何かでもあり得るものかもしれない。そのようにまだ特定できない「胎児」であり続ける「第三の神話」の「カッパ」が、『遠野物語』の「河童らしき物の子」のように生まれて遺棄されるかどうかは、語られない。

そして、「音」にも胎児としてのカッパが描かれている。ひらがな「の」が作り出すリズムが楽しい一節に登場する。

刈入れの酒に
酔う人々のくらやみに
はしばみの実の
光りに
わが恋人の心が
あばかれて
恥かしく思う心の
女らしさの
かつぱの胎児の

動きに
よろこびのよろこびの
秋のよろこびのよろこびの
神のよろこび
こばると色の空に
飛ぶひよどりのよろこびの
とけた白いしいの実を落とす（六一四—五）

くり返される「よろこび」という語は、「かつぱの胎児」が存在して「動」いていることを朗らかに実感させるし、「秋」や「神」の「よろこび」も「飛ぶひよどり」の躍動感も、「かつぱ」の生まれてくる未来を頼もしいものに思わせる。「音」に描かれる「かつぱの胎児」は、時間の矢印をクルンと動かしてしまったように見える。『遠野物語』のカッパの子は、すでに生まれてそして生きられなかった存在として、忘却されつつある過去を留め、「音」の「かつぱの胎児」は、まだ生まれていないゆえに生きられるかもしれない存在として、未来を垣間見せる。古代に思索の源泉を見出していた西脇によって、カッパの子がまだ来ていない時間を表わすようになったのは、何だかとてもおもしろい。

封印されたまま忘れ去られる過去を表わすこともあれば、まだ見ぬ未来を表わすこともあるカッパ。振り返って『カッパの飼い方』とは、そのどちらでもなく、生まれた仔カッパが成長していくことの記録でもあるのだと気づかされる。人と人ならざる存在が同じ時間を生きているほのぼのとした姿は、生まれるかもしれなかった未来が現実になったものなのか、生まれたけれど生きられなかった過去の忘却なのか。ノスタルジックな物語のなかの「カッパの子」はそんな錯綜を含んでいる。

注

1 福崎町ウェブサイトより、「福崎町キャラクター「フクちゃんサキちゃん」(https://www.town.fukusaki.hyogo.jp/0000000023.html)、「福崎町キャラクター「ガジロウ」(https://www.town.fukusaki.hyogo.jp/0000000025.html) および「福崎町の妖怪たち」(https://www.town.fukusaki.hyogo.jp/0000002183.html)。

2 さらに収集趣味の対象ともなったことを香川は指摘し、各地のカッパを模るおみやげものの例を挙げている。(五六九—七〇頁、五七四頁)。

3 火野作品は『河童昇天』(一九四〇年)ほか一九四〇—六〇年代に多数。清水作品は「かっぱ川太郎」(一九五一年より『小学生朝日』連載、一九五二年に単行本化、一九五四—五六年にNHKアニメ化)や「かっぱ天国」(一九五三年より『週刊朝日』連載、一九五五年に単行本化)ともに和田『河童の文化誌』に詳しい。

4 小松和彦『異人論』も河童起源譚と「川の民」起源譚の相似を指摘する(二六〇頁)。

5 三五〇部の自費出版であった『遠野物語』以来、芥川は柳田の仕事を熱心に追いかけていた(東「河童三人男」四四六頁)。

❖6　詳細は和田寛『河童伝承大典』の各項表記を参照。柳田はその著作のなかで、カッパは「河童」「川童」「メドチ」等とを用いる。また、芥川が小説「河童」の冒頭で「どうか kappa と発音してください」と指定するのは、「いろいろ地方によって読み方があるからですよ」と柳田らとの対談で述べてもいる（「銷夏奇談」三六四頁）。

引用文献

芥川龍之介「河童」（一九二七年）『ちくま日本文学全集1　芥川龍之介』筑摩書房、一九九一年、三〇八―九七頁。

東雅夫編『柳花叢書　河童のお弟子』筑摩書房、二〇一四年。

東雅夫「編者解説　河童三人男」（東『柳花叢書　河童のお弟子』筑摩書房、四四三―五七頁）

石川優吾『カッパの飼い方』全一五巻。集英社、二〇〇三―二〇一〇年。

香川雅信「郷土玩具と妖怪――妖怪文化の〈伝統の創造〉」（小松和彦編『妖怪文化の伝統と創造』、せりか書房、二〇一〇年。五六〇―八四頁）

小松和彦『異人論』筑摩書房、一九九五年。

「河童――イメージの形成」『怪異の民俗学3　河童』河出書房新社、二〇〇〇年。

辰野隆『河童随筆』酣灯社、一九四七年。

西脇順三郎「音」（一九六二年）『定本』六一〇―一八頁。

「第三の神話」（一九五七年）『定本』三七七―四五六頁。

「旅人かへらず」（一九四七年）『定本』一六九―二五六頁。

『定本　西脇順三郎全詩集』筑摩書房、一九八一年。

平出隆「西脇順三郎を語る――『詩学』を読みながら」（『こころ』第一八巻、二〇一四年、一八―二五頁）

柳田國男、尾佐竹猛、芥川龍之介、菊池寛「銷夏奇談」（一九二七年）（東『柳花叢書　河童のお弟子』三三八―九九頁）

柳田國男『遠野物語』（一九三五年）角川書店、一九八九年。
「一目小僧その他」（一九三四年）（『定本　柳田國男集』第五巻、筑摩書房、一九六二年、一一一—三四〇頁）
「盆過ぎメドチ談」（一九三二年）（東『柳花叢書　河童のお弟子』三一四—二九頁）
和田寛『河童伝承大事典』岩田書院、二〇〇五年。
『河童の文化誌【明治・大正・昭和編】』岩田書院、二〇一〇年。
Foster, Michael Dylan. “The Metmorphosis of the Kappa: Transformation of Folklore to Folklorism in Japan.” *Asian Folklore Studies,* vol. 57, no.1, 1998, pp.1-24.
Ivy, Marilyn. *Discourses of the Vanishing: Modernity, Phantasm, Japan.* U of Chicago P, 1995.
Tatsumi Takayuki. “Deep North Gothic: Postoccidentalist Reading of Hearn, Yanagita, and Akutagawa.” *Full Metal Apache: Transactions between Cyberpunk Japan and Avant-Pop America,* Duke UP, 2006, pp. 71-85.

幻想か告発か

一八世紀拷問機械 The Air Loom の謎

宇沢美子

イントロダクション

一七九七年一月二八日ロンドン、英国最古の王立精神病院であるベスレム病院（通称ベドラム）に一人の男が収容された。男の名はジェイムズ・ティリー・マシューズ（James Tilly Matthews、一七七〇―一八一四年）といった。男はその前年末の英国下院議会の会場で、フランスとの開戦へむけ舵を取ろうとする政権に賛同する意見を述べていた内務大臣リヴァプール卿のスピーチを遮り、「裏切り者！」と叫び取り押さえられるという騒動を起こしていた。逮捕から一月にも満たずにベドラム収容となったのは当然、マシューズの正気が疑われた結果であった。

当時マシューズは二七歳、茶の仲買業を営んでいたが、その裏で自分は国際政治に暗躍したスパイだったというのが、本人の主張だった。が、その内実は本人がいうほど定かではない。わかっているのは、この自称スパイのマシューズこそ、英国の精神医学史上初の個人症例に取り上げられた患者であったことの方だろう。ベドラムで薬剤師の職責を担ったジョン・ハスラム(John Haslam、一七六四—一八四四)の著作『狂気の実例』(一八一〇年)[❖1]に引用・要約されたマシューズの妄想世界は、のちに精神分裂病(スキゾフレニア)と名付けられることになる症状の最初にして典型的な症例と考えられる。退院を強く求める親族が起こした一八〇九年の人身保護法に基づく裁判に破れ、結局マシューズは残る生涯のすべてをベドラム他の精神病院で幽閉されたまま過ごした。ハスラムの『狂気の実例』は、マシューズのベドラム幽閉を是とする、ベドラム側の医学的主張に根拠を与えるために出版されたものであり、判決がでた当時、少なくともハスラムにとって、マシューズの「狂気」は疑問の余地のないものだった。

ところが、その判決から六年後の一八一五年、判決の是非をめぐり議論が再燃した。英国議会下院(庶民院)が実施した各精神病院の内情についての大掛かりな実態聞き取り調査のなかで、前年に没していたマシューズの場合が人道的見地から問題視され、ハスラム『狂気の実例』が非人道的な扱いの証拠として扱われた。その結果、翌年、ハスラムがベドラムから解雇される、という不名誉なおまけまでついた。

ハスラムが信じて疑わなかった狂気は正気の、不合理は合理の対蹠点であるという主張、さらにはハスラムの患者に対する身体拘束を伴う処方・処置・治療（management）の正当性をめぐって、長き一八世紀の末に天と地ほどに異なる評価があいついでなされたことになる。この英国初の個人症例『狂気の実例』は、まさにそのような正気・狂気の極性解体の実例として読むことができるだろう。

歴史家のロバート・ダーントンは、一八世紀啓蒙主義時代は、「経験主義と実験主義の世紀であったばかりでなく、世界体系［systems］の世紀でもあった」と論じ、しかもその世界体系を構築するべく進展した科学自体が、「虚構から解放されることはなかった」とも述べたのだった。❖2 実際に患者マシューーズが図面を引き、また患者の心身に加えられる尋常ならざる拷問の数々をくりだす神ならぬ空気織機（The Air Loom）が支配する「狂気」の世界の記述はしたたかだ。細部に肥大するカタログのお化けのような形をもつこの特異な症例研究から、同時代の時代思潮・文化との重なりを検討してみよう。

スパイの告発

マシューーズがベドラムに幽閉されるまでの足跡は、歴史家マイク・ジェイ及びロイ・ポーターらの研究によりかなり詳細にあとづけられている。❖3 それによれば、一七九二年の冬、共和主義政治思想をもつウェールズ出身の哲人デヴィッド・ウィリアムズほか若干名の英国共和主義思想者たちが、共和制フランスの憲法執筆を手助けするべく招聘された際に便乗して、マシューズは渡仏した。革命期フランスの政治状況は不安定で、九三年一月には国王ルイ一六世が処刑され、イギリスとの戦争が避けられなくなってきたところでウィリアムズらは英国へ帰国したが、マシューズはひとりフランスに残留した。英国首相ピットと当時のフランス外相ブリゾにそれぞれ和平と新しい憲法の考え方などを提案する文書を送るも相手にされず、九三年秋には公安委員会に逮捕され、九六年までパリの牢獄他に収監された。公安委員会宛にはジェイムズ・ティリーの名で手紙を送り釈放を願ったが、そのなかには、英国のスパイという容疑を否認し訴える内容の手紙のほかに、なぜかパリのキャベツ栽培についての立案構想までが、含まれていたというから驚く[4]。

当時のパリはヨーロッパ全土を震撼させた恐怖政治時代の真只中、政治絡みの国際スパイという容疑が容疑であればなおのこと、いつ処刑されるかもしれない恐怖のうちに、マシューズが監獄のなかで精神を病んだとしても少しもおかしくはない。気狂い（ルナティック）の烙印をおされ出獄を許されたマシューズは帰英した。

マシューズは帰国後、戦争回避に尽力した報酬をリヴァプール卿に要求したものの、無視されるばかりで英仏間の往復に対しても交通費さえ払ってくれない！　と不満を爆発させ、自分が甘んじたフランスでの苦境と、細かに計算された貸し倒れ表ともども、卿と政府を誹謗する長い手紙を大臣に送りつけた。九六年一二月六日付の手紙の結びにはこうある。「貴殿は、その言葉のあらゆる意味合いにおいてもっとも非道な裏切り者（a most diabolical Traitor）であるとわたしは断言いたします。あなた様は私が狂人だと世間に思わせたかもしれませんが、私は狂人ではないと世間を納得させるまで努めてまいる所存です。我が卿、国民がまもなくわれわれのどちらが正しいか、公平な裁きをつけてくれることでしょう。それまでは、あなたの従順なしもべであるマシューズより」[4]。その月末に前述の下院での騒動を起こし逮捕され、翌年一月には裁定がおり、審議の結果ベドラム幽閉がきまったのである。

私はスパイだったというマシューズの政治的主張に対して、おまえはそう妄想しているだけだと司法と医学は手を組み処断し、マシューズを監獄ならぬ不治病棟に隔離した。ベドラムは、体制から逸脱したものたちがたどり着く墓場にも似ていた。

マッド・ドクターのキーワード

『狂気の実例』のハスラムはベドラムでは薬剤師という職についていた。病院にほとんどくることのなかった医師にかわって、極めて多くの患者の治療に実際にあたり、症例研究までこなしていたのがこのハスラムだった。エジンバラ大学で二年ほど医学の勉強をし、エジンバラ王立医学協会の会員として一七八五―八七年の間に二本の医学論文をまとめ協会で講義もした。ちなみに論文のテーマは、傷ついた人体組織の再生、ならびに梅毒についてであった[5]。身分の上ではべドラム勤務時はニセ医者（クワック）であったわけだが、多くの患者を診て生涯に一〇冊以上もの精神医学関係書を著したハスラムこそ、精神疾患についての専門知識を当時最も豊富にもっていた人物との評価は今なお高い。

ハスラムは、治療、処置という意味合いで「マネージメント」というキーワードを使用する。治療・処置としてはまず拘束衣や鎖などの使用や、暗い部屋に閉じ込めるなどの監禁を用いるのが一般的で、それはいわば身体を縛ることで精神的に枷をはめようとする方法であった。どれほど身体拘束が一般的だったかは、たとえばサー・チャールズ・ベルが残した素描画にも、[6]世紀の戯画家ウィリアム・ホガースが描いた代表作『放蕩者の行く末』（一七三三年）にも、患者の体を緊縛する拘束具が不可避的に描きこまれていることから推察できるだろう。医者兼小説家であったトバイアス・スモレットの小説『サー・ランスロット・グリーヴスの人生と冒険』（一七六〇年）にも、患者にとっての拘束（衣）の脅威が綴られていた。ベンジャミン・ラッシュ（米）のその名も「トランキライザー」や、エラスムス・ダーウィンの回転椅子といった、拷問道具さながらの身体拘束用機械類が、医師たちの手で考案、発明、実験されたのも長き一八世紀末のことであった。身体拘束のほかでは、瀉血、嘔吐、下剤なども一般的に使われた「治療法」だったが、これらはほぼどんな症状の患者にも定期的に用いられ、患者の身体を痛めつけた。

社会学者のアンドリュー・スカルは、こうした当時の「治療」の裏には、精神病者を「獣」のごとき存在とみなす伝統的な考え方があったと指摘する。治療とはすなわち獣を「飼い慣らす

(domesticate)」ことであり、医者と患者はとりもなおさず支配・非支配の関係にあり、治療すなわち支配の実態は、「恐怖」を与えることだった。[7] ハスラムの言葉で換言するなら、「狂人を扱う時には、監督者はまず彼らに対して優位な立場を獲得しなければならない」し、優位にたつためには、暗い部屋に閉じ込めたり、拘束具をつけたりといった身体的に抑制する以上に、「狂人のプライドを崩す」という精神的抑制の方が有効だ、となるだろう。[8]

マシューズの妻と友人たちは、一八〇九年の人身保護法裁判を起こすに当たり、二人のロンドンの著名な医師によるマシューズの正気鑑定書を提出した。ベドラム側はそれに対抗して、マシューズは完全に狂気との鑑定書をだし譲らず、困った司法は改めて医師八人を選び、彼らにマシューズの精神鑑定を依頼した。結果的にはベドラム側の診断が認められたが、そこに至る過程が、(精神)医学界全体の威信にかかわるスキャンダルな様相を呈した。理由は明白だろう。患者の正気・狂気をめぐって、医師たちの間で意見が二分した、とはつまりは、一つではない診断の可能性が露呈してしまったからである。ちょうど一人の奴隷が二人の主人を持つことで主人の権威を覆しうるように、患者もまた正反対の診断を同時に得ることで医者の権威を崩し得る。

『狂気の実例』の副題「奇妙な狂気の症例と、同じくらい奇態な医学的診断の差異を提示する」にすでに顕著であるように、マシューズ側の医者たちの診断に対し、ハスラムは辛辣な態度で応じた。ハスラム曰く。

狂気が理性の反対であるのは、光が闇の、直線が曲線の反対であるのと同じであれば、同一の患者について相反する診断が成され得たというのは実に驚愕すべきことである。……もし仮に、一方の診断が正しいのであれば、もう一方の診断は誤っていなければならない。なぜなら一人の人間が、同時に正気であり、かつまた狂気でもある、などということは、正確には言われ得ないことだからである。

善悪の彼岸さながらに、狂気と正気はあくまでも対立する、いや、対立しなければならない。だからこそ、患者が同時に狂気で正気だとした二つの拮抗する診断の同時存在は、（誤った）診断を下した側（つまりはマシューズ側の鑑定者たち）の理性をこそ疑わせる、とハスラムは断じる。

興味深いことに、この症例を書くにあたって、ハスラムはマシューズの書いていたという原稿を下敷きに用い、ある時は引用符つきで原文そのまま、またある時は、「マシューズ氏はこう主張している」と断った上で、マシューズの用語を用いてマシューズの主張を要約した。「読者はこれを読んでご自身で判断していただきたい」とはハスラムの言だが、それはこの症例を読めばマシューズの狂気は一目瞭然と考えたからこその発言である。しかし繰り返せば、「一人の人間が同時に正気であり、かつまた狂気でもある」とは、「正確には言われ得ない」言語上の法的破格、いわば狂気の沙汰だと断じていたのである。とすれば、正気であるはずの医者が、狂気であるはずの患者の言葉を、ひたすらなぞり要約するというこの症例テクストの作りそのものが、皮肉にもその「正確には言われ得ない」ことを別様に体現化していたともいえるだろう。そしてだからこそ、患者マシューズの言葉がそうやってベドラムの外に伝わることができたのである。

空気織機（The Air Loom）

「ロンドン市壁付近のとある部屋に、気化学（pneumatic chemistry）に通じた悪党一味が潜んでおり、彼らは空気織機を使って、自分を日夜拷問にかけているとエム氏は主張する」（19―20）とハスラム氏が主張するところから始まるのがマシューズの拷問世界観ともいうべき部分である。気化学や空気織機など耳慣れない言葉がでてくるが、マシューズの主張の骨子は自分が悪党一味に拷問されているというこの一文に尽きる。後続の文章は、すべてこの骨子の肉付けにほかならず、その肉付け作業をマシューズはきわめて几帳面に展開してみせる。

まず〈誰〉の部分にあたる「悪党一味」だが、彼らは「全員で七人、うち四人は男、三人は女」。一味のボスから順に「王様ビル」、速記係の「ジャック先生」、拷問機械製作者「ミドルマン」、磁石使いの「アーチー卿」（男装の女性という説あり）、大衆扇動感化役の「オーガスタ」、悪党たちに囚われ慰み者になっている「シャーロット」、拷問扇動に参加する「手袋女」と、ひとりひとりの名前やグループ内での役割をはじめ、身体的な特徴や特技などを列挙する悪党カタログである。いつも机にむかい記録ばかりとっているジャック先生に、ハスラムの姿がさらりと揶揄されているようにも読める。またシャーロットについての次のような文章――「悪党たちは彼女をほとんど裸同然のままにしておき、食事もろくに与えていない。マシューズ氏は、彼女が鎖でつながれているのではないかとも推測している、というのも、彼女はときおり、自分は彼と同じ囚人なのだといっているからである」(26)には、ベドラム内の患者の拘束された姿が描かれている。こうしてみると、この悪党尽くしにはじまるマシューズの妄想部分は、ハスラムがいうほど一目瞭然ではなさそうだ。一見あくまでも悪党妄想列挙風ではあるのだが、しかしてそれは妄想という診断があればこそ検閲を逃れることが許された患者側からの拷問告発だった可能性もあり、なかなかに正体がつかめない。

次にくるのが、悪党一味が操作する拷問装置についてである。名称はエアー・ルーム(空気+織機の意味)で、その機械の燃料の説明が、液体、気体、固体とりまぜての悪臭尽くしになっている。「男女の精液、銅の臭い、硫黄の臭い、硫酸ならびに硝酸の蒸発気、犬の尿、人間の口臭、腐敗臭、死臭、疫病臭、肥溜めの悪臭、馬のおなら、人間のおなら、ヒキガエルの毒、バラやカーネーションの香油、エジプトの嗅ぎタバコ」(28)。よく読めば、人間・動物・植物、性/生・死、有機物・無機物など、この一見破天荒な燃料臭気はその実かなり体系的に選ばれていることにも気づくだろう。この冗談めかした悪臭コレクションはベドラムに蔓延していた現実の悪臭を分類したものだったといっても多分少しもおかしくない。とすれば、この悪臭カタログもまた、ベドラムの内側で暮らす患者にとってのありがたくない日常を切り取った内部告発の可能性がある。

マシューズが描いた空気織機の図版がある【図版1】。真上から見た平面図と斜め横から見た立体図の二枚は、基本的に同じ装置と、それに関わる人物の配置を示したものである。中央の大きなテーブル、その上に突き出た金属製の棒、チューブで接続された燃料樽の列、ピアノフォルテを思わせる鍵盤、後方にうっすら霞む水車、そして機械に比し釣り合いがとれないほど小さな人間たち……。装置の上の金属棒から放射される「不可視」の磁力線が、マシューズと思しき人物を攻撃している。「磁石」「大衆扇動」といった言葉・ないしは道具立ては、ロイ・ポーターが指摘するように、パリを席巻したメスマーの動物磁気桶をあつらえた発作室を彷彿とさせるものが十分にある。しかし、少なくともこの図版をみるかぎり、これが恐ろしい拷問装置であるとは想像もつかない。同じ装置についての表象とはいえ、装置の脅威は圧倒的に言語を読んでこそ理解されるものであることが了解されるだろう。

悪人、悪臭に続くのは、空気織機の効能書きで、いかに遠く離れたままで攻撃目標の心身を痛ぶり操ることができるかの、これまたカタログである。空気織機の攻撃は複雑怪奇で、代表的な攻撃方法をいくつか引いてみると――

・流体拘束（Fluid Locking）舌の根元の筋肉繊維を拘束ないしは緊縮する。これで言葉が話せなくする。(30)

・突然死 - 圧搾またの名を海老破り（Sudden death-squeezing or Lobster-cracking）。攻撃される人間

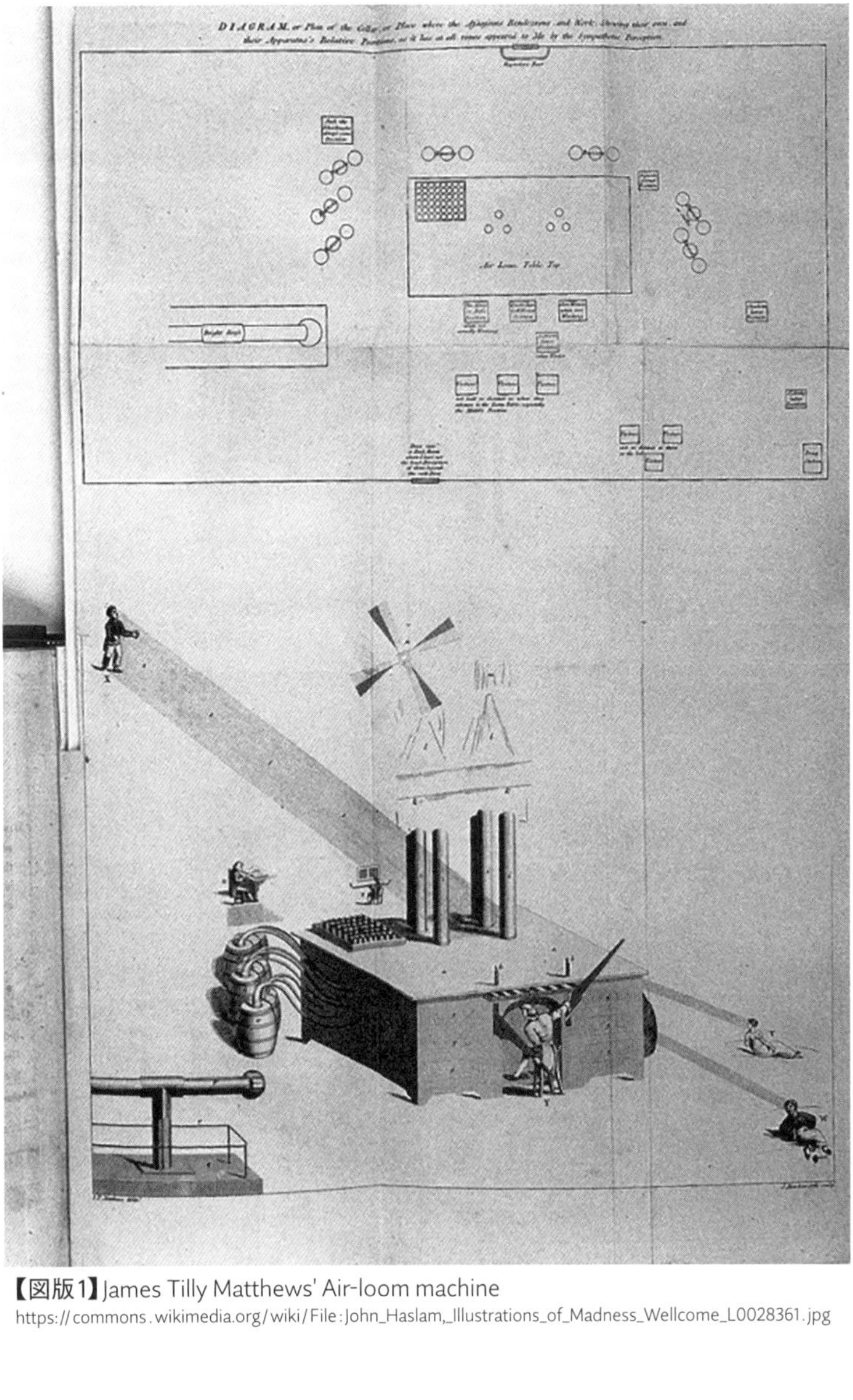

【図版1】James Tilly Matthews' Air-loom machine
https://commons.wikimedia.org/wiki/File:John_Haslam,_Illustrations_of_Madness_Wellcome_L0028361.jpg

のまわりの磁場に外的圧力をかけて、体液循環を停滞させ、即死させる。（32）

・爆弾‐炸裂（Bomb-bursting）。空気織機がもたらし得るもっとも激烈な苦痛のひとつ。脳や神経に内在する流体、血管を流れる発散気、胃腸の中のガスを希薄化し、かつ可燃性のものに変える。体全体に激痛をもたらす。攻撃対象が激痛を感じている際に、蓄電気を流すと、むごたらしい爆発を起こし、体がずたずたに裂け、頭の中で恐ろしい衝撃音が聞こえる。（36―37）

この他、「膀胱満杯」「縛り上げ」「ガス抜き取り」「眇目」「視覚停止」「突き上げ」、「膝‐釘どめ」など身体的拷問による苦痛も多いほか、攻撃対象の脳に直接語りかける「脳語り（Brain-saying）」、「凧揚げ（Kiting）」、「思考強制（Thought-making）」、イメージや考えをグロテスクに膨らませたり歪めたりする「脳味噌伸ばし（Lengthening the brain）」、「夢見（Dream-workings）」、五感と感情を離反させる「笑い強制（Laugh-making）」、「いわされ（Voice-saying）」、自分の腿から直接拷問者が命令する「股聞き（Thigh-talking）」等々、今でいうテレパシーやマインド・コントロールの類も延々と列挙されている。

このハスラムが主張するマシューズの「妄想世界」は、悪臭、悪党、拷問づくし……と繋がっていくその内容や名称はもちろんのこと、カタログ状に増殖する語り方が実に荒唐無稽な空気キコパタ風なのである。語り手は網羅への強い意思をみせる一方で、まるで人ごとのように自分の苦痛を解説してみせるのがカタログ語りの表裏をなす。文体は混淆的で、当時流行りの気化学であれ、解剖学であれ、専門用語と、ロブスターや凧など、日常用語が、同じ文章のなかに織り込まれており、読者に奇異な感じというかパロディを思わせる。マシューズが描いた空気織機の図版が理性を装い、空気織機の解説にある荒唐無稽さを裏切るというギャップも、マシューズの「妄想」世界の多面性を印象づける。

この「空気織機」という装置は、イーフレイム・チェンバーズの『サイクロペディア』(一七二八年)(のエイブラハム・リースが編纂した一七八三年版)の「織り機(Loom)」の項目と気学の図版頁に載っている、とマシューズは原典を示唆したという(20)。『サイクロペディア』といえば、一八世紀イギリスで一世風靡し、フランスに百科全書ブームを巻き起こした事典の元祖であり、ハスラムはリース編纂の百科事典にそのような言及はないと一笑に付すのだが、本当にそうだろうか? 元祖チェンバーズの事典をひらき、例えば「気学(pneumatics)」の項目をめくってみる。神や天使や霊魂といったギリシア語のプネウマへの言及、空気に関する学問としての気学への言及、そして種々の気学装置を配した図版だけの差し込みページ【図版2】、と文字とビジュアルが並列するのだが、その図版と記述の間に、一対一の対応が見えない構成は、『狂気の実例』のそれとそっくり。なかでも気学装置の図版ページの右下隅に置かれているフランシス・ホークスビーの空気ポンプの一部形状とそのすぐ隣に置かれている風車の組み合わせは、マシューズの空気織機のイラスト頁における風車が空気機械のそばに配置されるという不思議の図柄モチーフと

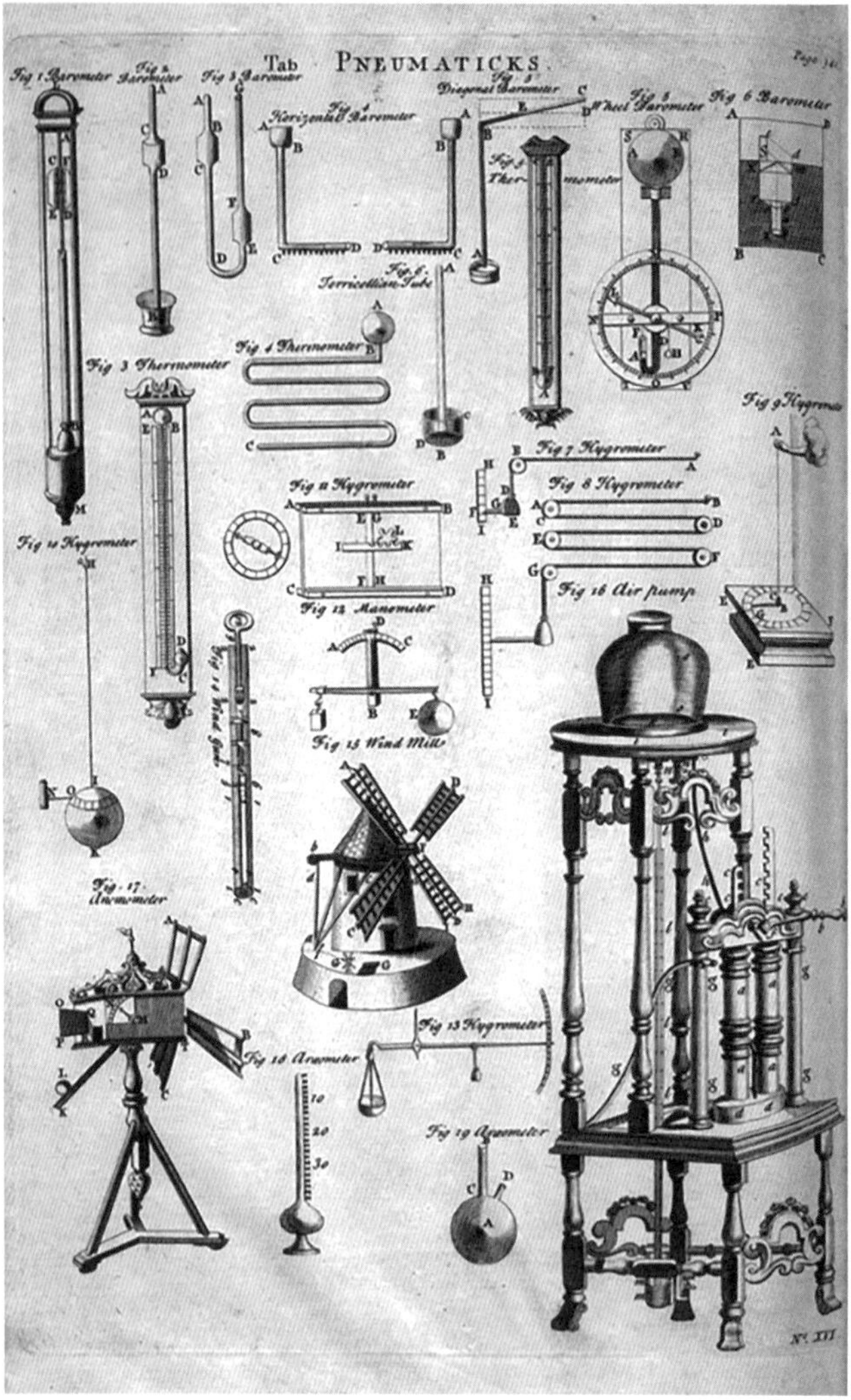

【図版2】Ephraim Chambers, *Cyclopædia* (1728) より
“Pneumatics” 図版頁（p.840とp.841の間）

http://digicoll.library.wisc.edu/cgi-bin/HistSciTech/HistSciTech-idx?type=turn&entity=HistSciTech.Cyclopaedia02.p0449&id=HistSciTech.Cyclopaedia02&isize=M

近似する。マシューズの図版をチェンバーズの事典の図版頁に付け加えても、多分それほど違和感はない。実際そう思わせるほど『狂気の実例』は百科事典を擬態している。

視覚文化史家のバーバラ・マリア・スタフォードはチェンバーズの百科事典のなかに、二枚の拮抗するタブロー、すなわち目次（作品構成の合理的な図表化）と扉絵（雑多な絵柄イメージを蒐集して合理体系そのものを嗤う）の二枚を見出し、その二つの拮抗を一八世紀啓蒙時代の知の特徴とした。さまざまな事物をどう収集するか、について、図表は系統を編み、扉絵は分解的（decomposing）な統一感の（ありえ）ない知の探求を表現し、事典のテクストのなかに埋め込まれたアルファベット順という、現代でも使われている合理的？並べ方の原則を、スタフォードはむしろ、一個一個の事象が前後のかかわりなく雑多に集められるという意味で非合理性へと結びつけたのだった。[10] 一見非合理で怪異な話が「症例」に収集されていく『狂気の実例』のマシューズ／ハスラムの語りに、それはどこか通底する合理と非合理の混在する奇態さであるかもしれない。

コーダ　戯画のレトリック

空気織機の拷問カタログは、患者マシューズの心身を戦場とする苦痛を蒐集する。苦痛ゆえのカタログ化か、カタログ化ゆえのさらなる苦痛か、その際限なき悪循環のうちに言葉は破格し歪み、心身はひたすら細部に分裂し、部位ごとに肥大し続ける。奇態な身体部位の語りはそうとしか語り得ない、それでも語りきれない苦痛の表象であり、その収集不能さをハスラムは妄想(mental delusion)の症状と断じる。

たしかにそうかもしれない。しかし全一という概念そのものを破綻させる細部の肥大、増殖、氾濫……と考えてみれば、それはまさに戯画（カリカチュア）の身振りでもあるはずだ。一八世紀を代表する戯画家ジェイムズ・ギルレイは正確にマシューズの同時代人であった。一八一五年にアルコール中毒とヒポコンデリー（心気症）を悪化させ自殺を遂げたこの戯画家の作品には、マシューズの「妄想」と同調するテーマや手法が頻出する。たとえばギルレイの「科学実験」（一八〇二年）に揶揄されているのはずばり、時代の最先端科学だった気化学実験講演の様子である。人体は一本の管であり、気化学実験熱の胡散臭さがおならに託されているのが、形而上と形而下を直結し秀逸に滑稽なのだ。「とても滑りやすい空気」（一八〇八年）には、足をすべらしカツラをとばす男の手に間違いなく寒暖計が握られている。ギルレイの版画には、放埓さを揶揄されるぶくぶくと肥えた男女、その究極の形となる球体人間まで登場してくるが、同じぶくぶくでも、ぶくぶく膨らむ意見の泡というテーマは、たとえば、「反対意見の泡」（一七八八年）にみられるように、ヴィジュアルの細部から告発する吹き出し文字というギルレイお得意の新手法に直結する。

ギルレイが描く雰囲気いっぱい細部に膨らむ戯画は、ハードな常識や権威の枠組みをそのちょっと内側から暗く嗤う。体系に内在しながらも、距離をもってそれを擬態する。そうすることで、既存の秩序、権威、体系そのものが、すでにはじめから誇大「妄想的」であるかもしれないという、柔らかくも執拗な疑念を読み込む。マシューズは彼の空気織機が百科事典に載っていたと主張した。ハスラムによって一笑に付されてしまったその主張こそ、戯画家マシューズのものだったのではないだろうか。光の世紀一八世紀啓蒙主義時代の象徴ともなった元祖百科事典に依拠しながらも、マシューズの百科事典的妄想が同時に描き出してみせたのは、啓蒙の時代が抱え込む闇の寓意、百科事典という体系妄想の戯画だったのではないだろうか。

❖注

❖1 John Haslam, *The Illustration of Madness.* Edited with an Introduction by Roy Porter. Routledge, 2014. 以下本書からの引用はページ数のみを本文中に付記する。

❖2 Robert Darnton, *Mesmerism and the End of the Enlightenment in France.* Revised Ed. Harvard UP, 1986, p.11.

❖3 Mike Jay, *A Visionary Madness: The Case of James Tilly Matthews and the Influencing Machine.* Foreword by Oliver Sacks. North Atlantic Books, 2014. 第四章ならびに第五章を参照。ならびにRoy Porter, "Introduction" to *The Illustration of Madness,* Routledge, 2014, pp.xi-lxiv.

❖4 Porter, "Introduction," pp. xxiii-xxiv に引用。

❖5 ハスラムのこの初期の経歴については Denis Leigh, "John Haslam, M.D.—1764-1844: Apothecary to Bethlem," *Journal of the History of Medicine and Allied Sciences,* vol.10, no.1 (January 1955), pp.17-44 が詳しい。

❖6 Sir Charles Bell, *Essays on the Anatomy of Expression in Painting,* 1806. https://archive.org/details/essaysonanatomyo00bell/page/2).

❖7 Andrew Scull, "The Domestication of Madness," *Medical History,* vol. xxvii, no.3 (July 1983), pp.233-48 を

参照。

❖8 Haslam, *Observations of Madness and Melancholy: Including Practical Remarks on Those Diseases; Together with Cases and an Account of the Morbid Appearances on Dissection* (1798; 2nd enlarged edition, J. Callow, 1809), p.279. 特に第七章「マネージメント」を参照。

❖9 英国へのメスメリズム伝播について、ならびにその証左としての『狂気の実例』を論じるものとしては、Porter, "UNDER THE INFLUENCE: MESMERISM IN ENGLAND," *History Today*, vol.35, no.9 (1985), pp.22-29を参照。

❖10 Barbara Maria Stafford, *Body Criticism: Imaging Unseen in Enlightenment Art and Medicine*. MIT, 1991, pp.170-172. 邦訳は高山宏訳、『ボディ・クリティシズム――啓蒙時代のアートと医学における見えざるもののイメージ化』国書刊行会、二〇〇六年。

おわりに

巽 孝之＋宇沢美子

本書は、二〇一七年と一八年の二年間、慶應義塾大学文学部設置総合講座「メディアとしての身体Ⅰ」「メディアとしての身体Ⅱ」として学事振興資金の助成を受け、三田キャンパスに内外の多くの講師を招いて展開した討議の成果である。

この総合講座が心理学専攻の坂上貴之、哲学専攻の岡田光弘の両氏をリーダーに文化人類学の宮坂敬造や棚橋訓、それにアメリカ文学専攻の巽を含む四名の共同コーディネータ制でスタートしたのは一九九四年。当初は毎年趣向を変えて「自我と意識」「イマジネーションとイメージ」「センスとノンセンス」「コミュニケーション　疎通と不通」「模倣と独創」「二〇世紀のトップ　一〇〇」といったテーマで行ってきたが、世紀転換期あたりから、せっかく充実してきたのだから単行本を目指そうとコーディネータ一同で決心し、二〇〇〇年の「ユートピアの期限」、二〇〇一年の「幸福の逆説」、二〇〇二年の「リスクの誘惑」、二〇〇三年〜四年の「情の技法」は、いずれも慶應義塾大学出版会から共同研究として刊行された。

その後も、新コーディネータとしてイギリス文学専攻の坂本光やアメリカ文学専攻の大串尚代らが加わり、一テーマ二年間の要領で「蒐集の科学」「愛とセクシュアリティ」「死と再生」「前衛と伝統」「自然と文明」「聖と俗」など緊密な議論を続行したのだが、残念ながらこの期間のものは、諸事情により単行書にはまとまっていない。しかし二〇一七年に「メディアとしての身体」を開始したころからコーディネータ一同に再び共同研究としてまとめようという気運が高まり、新曜社の清水檀氏の並々ならぬ尽力を得て、このように日の目を見た。共同コーディネータの岡原正幸、粂川麻里生、川畑秀明、佐川徹、加藤有佳織の各氏には、編者の巽・宇沢ともども、深く御礼申し上げる。総合講座のアシスタントを務めてくださった池中愛海、岩崎佑太、栗田くり菜、宮下みなみ、サイレイオク、プルサコワありなの皆さんのご尽力にも、こころより御礼申し上げたい。

もっとも、コロナ禍の緊急事態を挟んだとはいえ、最初の講義が二〇一七年であったから、その時点から数えると早くも七年以上が経過してしまい、早い段階で玉稿を提出して下さった寄稿者の方々には、まことに申し訳ない限りだ。もはや、お詫びの言葉もない。にもかかわらず、ギリギリまで待って落手し切った四〇編余の論考群は、文学研究から文化研究、医学的分析、性－政治学からスポーツやポップス、ファッションの研究まで文理横断し、書き手も学者研究者のみならず作家や評論家、音楽家まで多岐にわたり、どれも大いに楽しんで読ませていただいた。これだけの緻密な議論を集大成した本書は、まさに二一世紀の身体批評を切り拓く決定版となったことを、編者一同、確信した次第である。

遅れに遅れた本である。しかし、これほどに編集作業に神経を張り巡らせた経験も少ないので、構想六年の本でもある。

その成果を、ここに自信をもってお届けする。

二〇二四年一二月二五日

編者識

著者略歴

有光道生《ありみつ・みちお》
東京都出身。慶應義塾大学教授。論考に「今度は火だ——多様化する『黒さ』とBLMM時代のアフリカ系アメリカ文学」、(『現代思想 総特集＝ブラック・ライヴズ・マター』、青土社、2020)「『世界文学』としてのアフリカ系アメリカ文学——大陸中心主義と群島的アフリカ系アメリカ文学研究試論」(『アメリカ文学：日本アメリカ文学会東京支部会報』80号、2022)など。

今井浩《いまい・ひろし》
筑波大学修士課程(環境科学専攻)修了。1991年株式会社ワコール入社。ワコール人間科学研究所(当時)にて人体研究・製品開発研究に従事。2009年よりワコール中国人間科学研究所、2014年よりワコール人間科学研究所所長。株式会社ワコールホールディングス執行役員、ワコール健康保険組合常務理事を歴任し、2024年4月株式会社ワコールを退社。現在、国立研究開発法人科学技術振興機構技術主幹。

宇沢美子《うざわ・よしこ》
慶應義塾大学名誉教授、博士(文学)。専門はアメリカ文学・文化史研究、ジャポニズム、日米比較文化論。著書に『ハシムラ東郷——イエローフェイスのアメリカ異人伝』(東京大学出版会、2008)。共著書に『よくわかるアメリカ文化史』(巽孝之編著、ミネルヴァ書房、2020)、「野口米次郎の翻案探偵小説探訪——『幻島ロマンス』(1929)の東京府地図」(『アジア系トランスボーダー文学』山本秀行ほか編著、小鳥遊書房、2021)。翻訳書に『セクシュアル・ヴィジョン——近代医科学におけるジェンダー図像学』(ルドミラ・ジョーダノヴァ著、白水社、2001)など。

宇吹萌《うすい・めい》
オペラ台本作家・劇作家・演出家。東京都出身。慶應義塾大学大学院修士課程修了(唐十郎研究)。第3回宇野重吉演劇賞優秀賞受賞。著書に『THE BITCH／名もない祝福として』(而立書房、2020)。

大村敦志《おおむら・あつし》
1958年千葉県生まれ。学習院大学法務研究科教授。著書に『公序良俗と契約正義』(1995)『法典・教育・民法学』(1999)『フランスの社交と法』(いずれも有斐閣、2002)『民法0・1・2・3条』(みすず書房、2007)『民法改正を考える』(岩波新書、2011)『文学から見た家族法——近代日本における女・夫婦・家族像の変遷』(ミネルヴァ書房、2012)『民法のかたちを描く——民法学の法理論』(東京大学出版会、2020)など。

岡原正幸《おかはら・まさゆき》
1957年東京生まれ。慶應義塾大学名誉教授。一般社団法人岡原ゼミ理事長。感情社会学、障害学、アートベース・リサーチをこの国で牽引し、人文社会学系実践の社会実装を進めている。共著書に『感情資本主義に生まれて——感情と身体の新たな地平を模索する』(慶應義塾大学教養研究センター選書、2013)『生の技法——家と施設を出て暮らす障害者の社会学』(生活書院、201

7）『感情を生きる――パフォーマティブ社会学へ』（慶應義塾大学三田哲学会叢書）。編著書に『アート・ライフ・社会学――エンパワーするアートベース・リサーチ』（晃洋書房、2020）。共訳書に『アートベース・リサーチ・ハンドブック』（パトリシア・リーヴィー編著、福村出版、2024）など。

小川剛生《おがわ・たけお》

1971年生まれ。東京都出身。慶應義塾大学大学院博士課程中退。博士（文学）。現在、慶應義塾大学文学部教授。著書に『中世和歌史の研究――撰歌と歌人社会』（塙書房、2017）『兼好法師――徒然草に記されなかった真実』（中央公論新社、2017）『二条良基』（吉川弘文館、2020）『「和歌所」の鎌倉時代――勅撰集はいかに編纂され、なぜ続いたか』（NHK出版、2024）、編注に『正宗敦夫文集1・ふぐらにこもりて』（平凡社、2024）など。

小平麻衣子《おだいら・まいこ》

慶應義塾大学文学部教授。博士（文学）。専門は日本近代文学、ジェンダー批評。著書に『女が女を演じる――文学・欲望・消費』（新曜社、2008）『夢みる教養――文系女性のための知的生き方史』（河出書房新社、2016）『なぞること、切り裂くこと――虚構のジェンダー』（以文社、2023）。共編著に『ジェンダー×小説 ガイドブック――日本近現代文学の読み方』（ひつじ書房、2023）など。

柏端達也《かしわばた・たつや》

1965年生まれ。愛知県出身。慶應義塾大学文学部教授。著書に『コミュニケーションの哲学入門』（慶慶應義塾大学出版会、2016）、『現代形而上学入門』（勁草書房、2017）など。

加藤有佳織《かとう・ゆかり》

神奈川県出身。慶應義塾大学文学部准教授。共著書に『現代アメリカ文学ポップコーン大盛』（書肆侃侃房、2020）。訳書に『ゼアゼア』（トミー・オレンジ著、五月書房新社、2020）など。論文に「収容者が開拓者になるとき――ローズヴェルト政権の日系人収容とミネ・オオクボ」（巽孝之監修・大串尚代他編著『アメリカ文学と大統領――文学史と文化史』南雲堂、2023所収）。

上山健司《かみやま・けんじ》

1976年生まれ、愛知県出身。高校2年生（17歳）時、アルバイト帰りのバイクによる交通事故で脊髄損傷となる。2008年、放送大学教養学部卒業の後、星槎大学教職課程中退。2019年、社会福祉法人AJU自立の家・四季自立体験プログラム実行委員長就任。特別支援学校の児童や生徒の自立に向けたサポートに携わる。

川合健一《かわい・けんいち》

1985年、セゾングループにてトレヴィルを創業。文学、社会科学、美術にわたる幅広い出版活動を展開。1998年、セゾンの文化事業停止に伴い、トレヴィルの伝統を引き継ぎながら異端・幻想美術に重心を置いたエディシオン・トレヴィルを創業。H．R．ギーガー、山本タカト、空山基、松井冬子、伊豫田晃一、丸尾末廣、トレヴァー・ブラウン、ズジスワフ・ベクシンスキなどの作品集を刊行。

川畑秀明《かわばた・ひであき》

鹿児島市出身。九州大学大学院人間環境

学研究科博士課程修了。博士（人間環境学）。ユニバーシティカレッジロンドン認知神経学研究所研究員、鹿児島大学教育学部准教授等を経て、現在、慶應義塾大学文学部心理学専攻教授。専門は、感性科学・認知神経科学。著書に『脳は美をどう感じるか――アートの脳科学』（筑摩書房、２０１２）など。

北中淳子《きたなか・じゅんこ》
慶應義塾大学文学部教授。専門は医療人類学。シカゴ大学社会科学ＭＡ、マギル大学人類学部・医療社会研究学部Ph.D. 主著に、Depression in Japan (Princeton University Press, 2012; 仏語版２０１４、ペルシア語版２０２１、韓国語版２０２３）、『うつの医療人類学』（日本評論社、２０１４）とうつ病研究に対して、米国人類学会フランシス・シュー賞等国内外5つ受賞。Medical Anthropology Quarterly, BioSocieties, Transcultural Psychiatry (Associate Editor) 等欧米の主要なジャーナルの編集委員を務める。論文に「共感の技としての精神医療」（『精神神経学雑誌』１２３（９）２０２１、日本精神神経学会）など。

粂川麻里生《くめかわ・まりお》
１９６２年栃木県生まれ。慶應義塾大学大学院後期博士課程退学。『ワールドボクシング』誌記者、上智大学専任講師を経て、慶應義塾大学文学部教授、『三田文學』前編集長、「ゲーテ自然科学の集い」代表、公益財団法人ドイツ語学文学振興会理事長。専門領域はドイツ文学、学問理論、スポーツ史、大衆文化論。訳書に『ファウスト』（ゲーテ著、作品社、２０２２）など。

小谷真理《こたに・まり》
１９５８年富山県生まれ。ＳＦ＆ファンタジー評論家。日本ＳＦ作家クラブ会員。著書に『女性状無意識――テクノガイネーシス：女性ＳＦ論序説』（勁草書房、１９９４）『ファンタジーの冒険』（筑摩書房、１９９８）『テクノゴシック』（ホーム社、２００５）『性差事変――平成のポップ・カルチャーとフェミニズム』（青土社、２０２１）。編訳書に『テクスチュアル・ハラスメント』（ジョアナ・ラス著、インスクリプト、２００１）など。

後藤絵美《ごとう・えみ》
名古屋市出身。東京外国語大学アジア・アフリカ言語文化研究所。専門はイスラームの思想・文化・ジェンダー。著書に『神のためにまとうヴェール――現代エジプトの女性とイスラーム』（中央公論新社、２０１４）。共編著に『東大塾　現代イスラーム講義』（東京大学出版会、２０２３）、『イスラーム信頼学へのいざない』（東京大学出版会、２０２３）、『記憶と記録にみる女性たちと百年』（明石書店、２０２３）など。

サエキけんぞう《さえき・けんぞう》
１９５８年生まれ。千葉県出身。（有）パールネット所属。作詞家、アーティスト、獨協大学非常勤講師、大正大学客員教授。ロックバンドのボーカリストとして１９８０年ハルメンズ、86年パール兄弟でデビュー、作詞家として、沢田研二、小泉今日子、モーニング娘。他多数に提供。著書に『歯科医のロック』（角川書店、１９９０）『ロックとメディア社会』（新泉社、２０１１、ミュージックペンクラブ賞受賞）など。

佐川徹《さがわ・とおる》

１９７７年東京都生まれ。慶應義塾大学文学部准教授。共編著書に『アフリカで学ぶ文化人類学——民族誌がひらく世界』（昭和堂、２０１９）『歴史が生みだす紛争、紛争が生みだす歴史——現代アフリカにおける暴力と和解』（春風社、２０２４）など。

佐々木英子《ささき・えいこ》

青山学院大学非常勤講師。アプライドシアター研究所主宰。専門は応用演劇、ドラマ教育。ロンドン大学修士課程修了。文化庁在研にて英国ミドルセックス大学ドラマ教員研修に参加、現場を多数視察。２０００年から実践を刺戟に、演劇を道具とする場を提案。訳書に『ドラマ教育ガイドブック——アクティブな学びのためのアイデアと手法』（ブライアン・ラドクリフ著、新曜社、２０１７）『インプロをすべての教室へ——学びを革新する即興ゲーム・ガイド』（キャリー・ロブマン他著、ジャパン・オールスターズと共訳、新曜社、２０１６）。

座馬耕一郎《ざんま・こういちろう》

１９７２年、岐阜県生まれ。現在、長野県看護大学看護学部准教授。専門は人類学、霊長類学。著書に『チンパンジーは３６５日ベッドを作る——眠りの人類進化論』（ポプラ社、２０１６）。共著書に「離合集散が織りなす集団の動態——ヒトとチンパンジーの社会にみる概日性多相集団」（河合香吏編『関わる・認める』、京都大学学術出版会、２０２２所収）など。

島地保武《しまじ・やすたけ》

１９７８年生まれ。14歳でストリート・ダンス、20歳でモダン・ダンスを始める。２００６〜２０１５年、The Forsythe Company（フランクフルト）に所属。２０１３年に酒井はなとのダンス・ユニットAltneuを立ち上げる。これまでにいくつもの作品を発表し国内外で上演する。ＤａＢＹゲストアーティスト。

ジョー小泉《じょう・こいずみ》

本名：小山義弘。１９４７年、神戸市生まれ。神戸大学工学部機械科（院）修了。ボクシング国際マッチメーカー。ＷＯＷＯＷテレビ解説者。元岡山大学客員教授（２００８〜２０２１）。三菱重工業（株）勤務を経て１９８５年独立。17歳から米国「ＲＩＮＧ」誌日本通信員。マイク・タイソンの日本代理人として１９８８年、東京ドームの世界戦に貢献。２００８年、「国際ボクシング名誉の殿堂」入り。著書に『ボクシングは科学だ』（ベースボール・マガジン社、１９８６）『ボクシング珍談奇談』（リング・ジャパン、２００４）など。

髙橋裕子《たかはし・ゆうこ》

津田塾大学学芸学部英文学科卒業。１９８４年筑波大学大学院修士課程修了。米・カンザス大学大学院にて１９８３年M.A.、１９８９年Ph. D. 取得。１９９７年津田塾大学専任教員、２００４年同教授、２０１６年より学長。日本学術会議会員、International Federation for Research in Women's History 会長、大学基準協会会長。専門はアメリカ社会史（家族・女性・教育）。著書に『津田梅子——女子教育を拓く』（岩波ジュニア新書、２０２２）など。

巽孝之《たつみ・たかゆき》

1955年東京生まれ。慶應義塾大学文学部名誉教授。慶應義塾ニューヨーク学院第十代学院長。アメリカ文学思想史・批評理論専攻。日本アメリカ文学会第十六代会長。著書に『モダニズムの惑星——英米文学思想史の修辞学』(岩波書店、2013)『盗まれた廃墟——ポール・ド・マンのアメリカ』(彩流社、2016)『ニュー・アメリカニズム——米文学思想史の物語学』(青土社、2016年度・同書福澤賞、増補決定版2019)、*Full Metal Apache: Transactions between Cyberpunk Japan and Avant-Pop America* (Durham: Duke UP, 2006) など。

巽由樹子《たつみ・ゆきこ》

1978年、神奈川県出まれ。東京外国語大学大学准教授。専門はロシア文化史。著作に『ツァーリと大衆——近代ロシアの読書の社会史』(東京大学出版会、2019)など。訳書に『〈遊ぶ〉ロシア——帝政末期の余暇と商業文化』(L・マクレイノルズ著、共訳、法政大学出版局、2014)『ナターシャの踊り——ロシア文化史』(O・ファイジズ著、共訳、白水社、2021)『ウクライナの装飾文様』(M・サモーキシュ著、東京外国語大学出版会、2023)。

環ROY《たまき・ろい》

1981年、宮城県生まれ。ラッパー。これまでに6枚の音楽アルバムを発表。その他、パフォーマンス「あいのて」を島地保武とともに上演(神奈川芸術劇場、2024)。TV番組「デザインあneo」へ音楽家として参画(NHK教育、2023〜)。絵本『よなかのこうえん』を発表(福音館書店、2024)。ミュージックビデオ「ことの次第」が第21回文化庁メディア芸術祭にて審査委員会推薦作品へ入選。

千木良悠子《ちぎら・ゆうこ》

作家・劇作家・演出家。慶應義塾大学在学中、短編小説『猫殺しマギー』(「三田文学」2000、のちに産業編集センター、2003)を発表する。以降、小説やエッセイ、評論の執筆を行う。また2011年、劇団SWANNYを旗揚げし、多数の演劇作品を上演。2018年から2022年までドイツ・ベルリンに滞在して活動。著書に『だれでも一度は、処女だった。』(理論社、2009)『戯曲 小鳥女房』(ポット出版プラス、2018)『はじめての橋本治論』(河出書房新社、2024)など。

長澤均《ながさわ・ひとし》

服飾史家/グラフィック・デザイナー。美術展の宣材、装幀、CDデザインのかたわらファッション・カルチャー史に関して執筆。主な著書に『流行服——洒落者たちの栄光と没落の700年』(ワールドフォトプレス、2013)『ポルノ・ムービーの映像美学——エディソンからアンドリュー・ブレイクまで：視線と扇情の文化史』(彩流社、2016)『20世紀初頭のロマンティック・ファッション——ベル・エポックからアール・ヌーヴォー、アール・デコまでの流行文化史』(青幻舎、2018)『コンピュータ・ノスタルジア——デザインで見る黎明期のパーソナル・コンピュータ』(スタンダーズ、2024)など。オンライン古書店〈mondo modern〉運営。

中村香子《なかむら・きょうこ》

東洋大学国際学部国際地域学科教授。ケ

ニアの牧畜民サンプルの人びとを対象に、「身体装飾」「ライフコース」「観光と民族文化」「ジェンダー」などをキーワードに人類学的な調査を継続している。共著書に『アフリカ潜在力のカレイドスコープ』（落合雄彦編著、晃洋書房、2022）。論文に「『伝統』を見せ物に『苦境』で稼ぐ――『マサイ』民族文化観光の新たな展開」（『アフリカ研究』、日本アフリカ学会、2017）など。

新島進《にいじま・すすむ》
1969年、埼玉県生まれ。慶應義塾大学経済学部教授。専門は近現代フランス文学。編著書に『ジュール・ヴェルヌとフィクションの冒険者たち』（水声社、2021）、訳書に『独身者機械』（ミシェル・カルージュ著、東洋書林、2014）『カルパチアの城　ヴィルヘルム・シュトーリッツの秘密』（ジュール・ヴェルヌ著、インスクリプト、2018）など。

野中葉《のなか・よう》
慶應義塾大学総合政策学部准教授。専門分野は地域研究（インドネシア）。著書に『インドネシアのムスリムファッション――なぜイスラームの女性たちのヴェールはカラフルになったのか』（福村出版、2015）。共著書に『〈クリティカル・ワード〉ファッションスタディーズ――私と社会と衣服の関係』（フィルムアート社、2022）。共編著書に『東南アジアのイスラームを知るための64章』（明石書店、2023）など。論文に、"Practising Sunnah for Reward of Heaven in the Afterlife -The expansion of cadar wearing among urban Muslim women in Indonesia", Indonesia and the Malay World; 49 (145), 2021. など。

林浩平《はやし・こうへい》
詩人・文芸評論家。1954年生れ。東京大学卒。NHK勤務の後、早稲田大学院で古典和歌（京極派）を専攻、後に近代文学研究に転じ、瀧口修造・折口信夫・萩原朔太郎・三好達治らが専門。ロックや現代美術、ダンスも批評。恵泉女学園大学で特任教授をつとめた。著書に『折口信夫・霊性の思索者』（平凡社、2009）『テクストの思考――日本近現代文学を読む』（春風社、2011）『ブリティッシュ・ロック――思想・魂・哲学』（講談社、2013）『Lyrical Cry 批評集――1983―2020』（論創社、2020）『全身詩人　吉増剛造』（論創社、2023）など。詩集『心のどこにもうたが消えたときの哀歌』（書肆山田、2010）。

原田範行《はらだ・のりゆき》
1963年、埼玉県生まれ。慶應義塾大学文学部教授。日本学術会議会員。ジョナサン・スウィフト関係の著訳書に『ヴィジュアル版ガリヴァー旅行記』（岩波書店、2004）『「ガリバー旅行記」徹底注釈』（共著、岩波書店、2013）『風刺文学の白眉―「ガリバー旅行記」とその時代』（NHK出版、2014）『召使心得（他四篇）――スウィフト諷刺論集』（平凡社、2015）など。近著に『ガリヴァーはなぜ来日したのか――「日本」表象と近代小説の誕生』（ハヤカワ新書）。

平田栄一朗《ひらた・えいいちろう》
演劇学・ドイツ演劇研究。慶應義塾大学文学部教授。著書に『ドラマトゥルク――舞台芸術を進化／深化させる者』（三元社、2010）『在と不在のパラドックス――日欧の現代演劇論』（三元社、2016）。共編著に『Theater in Japan』（Theater der Zeit 社、２００９）『文化を問い直す——舞台芸術の視座から』（彩流社、２０２１）。訳書に『ポストドラマ演劇』（ハンス＝ティース・レーマン、共訳、同学社、２００２）『パフォーマンスの美学』（エリカ・フィッシャー＝リヒテ著、共訳、論創社、２００９）など。

藤木健二　ふじき・けんじ
１９７６年生。東京都出身。慶應義塾大学文学部教授。論文に「18世紀イスタンブルにおける皮鞣エイブラヒムの遺産とその相続」（『史学』第88巻３・４号、２０２０）、「18世紀イスタンブルの公衆浴場における「釜場の住人」」（『慶應義塾大学言語文化研究所紀要』第55巻、２０２４）など。

松尾瑞穂　まつお・みずほ
名古屋市出身。国立民族学博物館超域フィールド科学研究部准教授。専門は文化人類学、ジェンダー研究。著書に『ジェンダーとリプロダクションの人類学——インド農村社会の不妊を生きる女性たち』（昭和堂、２０１３）、『インドにおける代理出産の文化論——出産の商品化のゆくえ』（風響社、２０１３）、編著に『サブスタンスの人類学——身体・自然・つながりのリアリティ』（ナカニシヤ出版、２０２３）など。

松平保久　まつだいら・もりひさ
１９５４年東京都生まれ。会津松平家14代当主。１９７６年、学習院大学法学部を卒業後、ＮＨＫに入局。ＮＨＫ、ＮＨＫエンタープライズにてドラマ、音楽番組、ドキュメンタリーなど様々の番組の制作を担当。ＮＨＫエンタープライズ退職後は東洋ワークグループ名誉会長、ボナリ高原ゴルフクラブ理事長、ＮＨＫ／ＮＨＫエンタープライズ業務委託プロデューサーなどを務める。２０１１年８月に父・保定の跡を継いで14代当主に。幕末最期の会津藩主、松平容保の曾孫にあたる。歴史講演会、シンポジウムなどで会津藩の歴史、幕末史などを伝えている。

三室毅彦　みむろ・たけひこ
バークリー音楽院卒。ＮＹに移住し現地法人ＤＩＣＲ役員勤務後に帰国。音楽、スポーツ、身体コンディショニングに関する執筆編集業務および作曲演奏活動を経て、現在一般社団法人ＲＥＡＳＨ ＰＲＯＪＥＣＴ副代表・事務局長。慶應大学大学院ＳＤＭ研究所「身体性指向デザインラボ」研究員。形態学、認知運動科学研究。

宮坂敬造　みやさか・けいぞう
慶應義塾大学・東京通信大学名誉教授。トロント大学ノースロップ・フライセンター客員フェロー（１９９２〜４）、マッギル大学社会文化精神医学部門・医療の社会研究学科客員研究員（２００４〜５、２０１９）等を歴任。専門は人間科学（文化心理人類学、象徴・医療・映像・アート研究）。共編著に『リスクの誘惑』（慶應義塾大学出版会、２０１１）『映像にやどる宗教、宗教をうつす映像』（２０１１）『映像人類学——人類学の新たな実践へ』（２０１４、いずれもせりか書房）など。

吉田ゆか子　よしだ・ゆかこ
１９７６年、岡山県生まれ。専門は文化人類学、インドネシア地域研究。筑波大学大学院博士課程にてインドネシア・バリ島の仮面劇トペンの研究で博士号を取得。その後、国立民族学博物館の機関研究員を経て、２０１６年より東京外国語大学アジア・アフリカ言語文化研究所。現在准教授。著作に『バリ島仮面舞踊劇の人類学――人とモノの織りなす芸能』（風響社、2016）。共編著に『東南アジアで学ぶ文化人類学』（昭和堂、2024）など。

渡邊太　わたなべ・ふとし

1974年生まれ。大阪府出身。鳥取短期大学地域コミュニケーション学科教授。著書に『愛とユーモアの社会運動論――末期資本主義を生きるために』（北大路書房、2012）『芸術と労働』（共著、水声社、2018）『短大生のためのスタディスキル』（共著、今井出版、2022）など。主な論文に「鳥取中部地方芸術文化史を探る」（『ソシオロジ』67巻1号、2022）など。

ま行

や行

ら行

わ行

た行

な行

は行

さ行

事項索引

あ行

か行

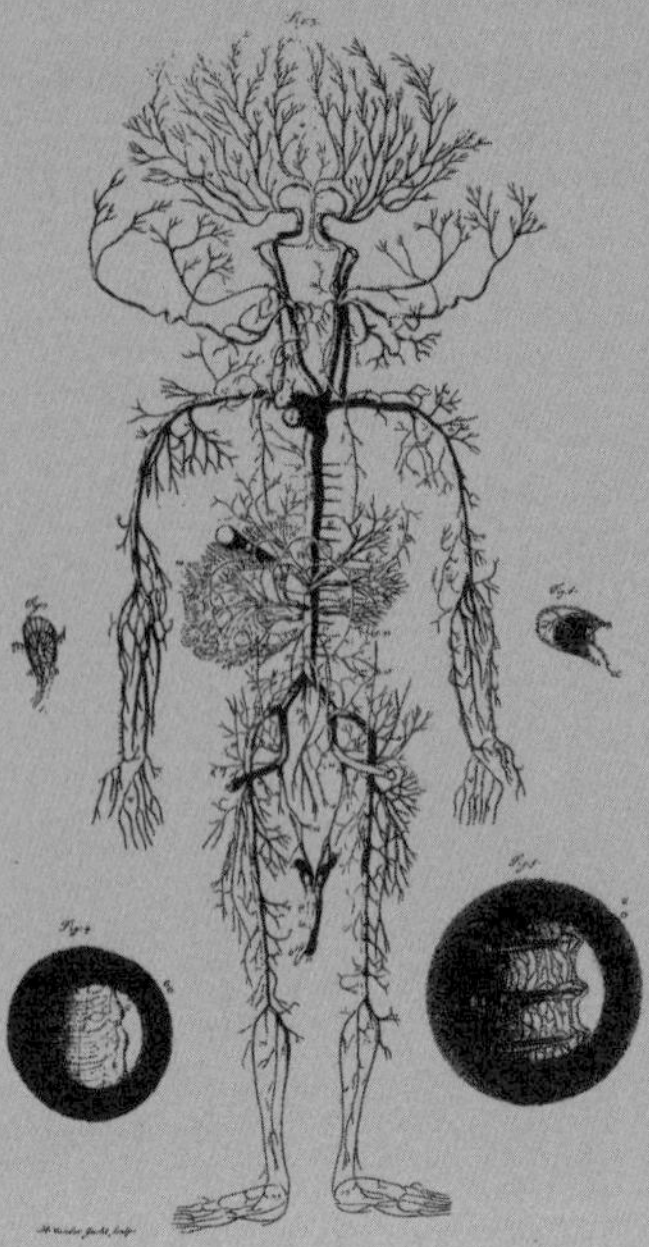

〈21世紀版〉身体批評大全

2025年3月3日　初版第1刷発行

編者　巽 孝之＋宇沢美子
発行者　堀江利香
発行所　株式会社 新曜社
1010051 東京都千代田区神田神保町3-9
Tel: 03-3264-4973　Fax: 03-3239-2958
e-mail: info@shin-yo-sha.co.jp
URL: https://www.shin-yo-sha.co.jp/

ブックデザイン　桜井雄一郎
印刷・製本　中央精版印刷 株式会社

Printed in Japan ISBN978-4-7885-1866-7 C0095